프로그래머의 여정

이 책은 프로그래머의 여정에서 중간 단계를 안내한다.

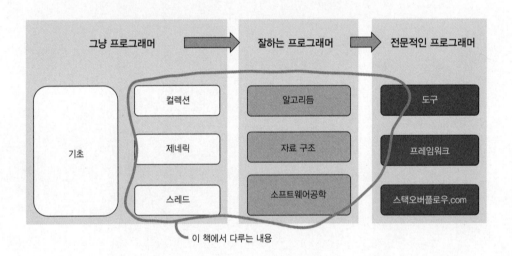

소프트웨어의 품격

소프트웨어의 품격

자바로 살펴보는
좋은 소프트웨어 개발

마르코 파엘라 지음 최광민 옮김

i!i
에이콘

에이콘출판의 기틀을 마련하신 故 정완재 선생님 (1935-2004)

추천의 글

지난 30년 동안 프로그래밍 서적 몇 권을 저술한 덕분에 책을 쓰는 일에 관한 조언을 요청받곤 한다. 그때마다 우선 한 장chapter을 완성해 보여달라고 요청하는데 대부분 그 후로 소식이 없다. 한 장도 쓰지 못한다면 책 한 권은 완성될 수 없고 더 이상 할 얘기도 없기 마련이다.

2018년 2월 나폴리 대학교 마르코 파엘라 교수로부터 이메일을 받았다. 그가 캘리포니아대에서 일하던 시절 만난 적이 있었다. 그는 책 저술에 대한 조언을 구했는데 이미 몇 장이 완성된 상태였다! 살펴본 내용이 마음에 들어 몇 가지 조언과 격려를 담아 답장을 보냈다. 그 후 한동안 연락이 없었지만 놀랍지는 않았다. 알고 지내던 편집자가 말했듯이 저술을 시작하는 사람은 매우 많지만 저술을 끝마치는 사람은 드물기 때문이다.

2019년 4월 매닝출판사로부터 그의 책이 출간된다는 이메일을 받았는데 정말 훌륭한 책이었다. 8월에는 마르코가 내게 머리말을 부탁해 흔쾌하게 승낙했다. (코어 자바 같은 고전적인) 프로그래밍 언어 관련 책을 쓸 때는 언어의 구성 요소와 특화된 API에 집중한다. 그리고 독자가 자료 구조와 알고리듬, (테스팅과 리팩터링, 디자인 패턴을 비롯한) 소프트웨어 공학 이론을 한 번쯤 접했다고 가정한다. 하지만 교수가 된 후 대학 교육 과정이 이러한 주제를 실용적이고 쉽게 가르치지 못한다는 사실을 깨달았다.

이 책은 그러한 부족함을 채워준다. 자바 프로그래밍의 기본에만 익숙하다면 저자가 고품질 프로그램을 향한 길을 제시할 것이다. 여러분이 알고리듬 설계, API 설계, 테스팅, 동시성에 경험이 있을 수 있지만 저자는 고전적인 주제에 새로운 관점을 제시한다.

저자는 한 예제를 다른 방식으로 계속 구현하면서 엄청나게 많은 통찰을 끌어낸다. 나는 이렇게 '실제로 돌아가는 예제'로 설명하는 방식을 좋아하지 않는다. 예제 프로그램이 진화하는 과정을 파악하기 위해 책을 꼭 순서대로 읽어야 하기 때문이다. 하지만 마르코의 예제는 영리하게 설계됐다. 놀랍고 흥미로운 핵심 개념 몇 가지를 첫눈에 이해한 후 각 장에서 독립적인 방향으로 코드를 발전시킨다. 이는 놀라운 경험이 될 것이다.

중요한 내용을 다루는 장을 읽은 후 '이전과 완전하게 다른 뭔가'를 발견할 것이다. 그랬다면 새로운 기술을 다른 상황에 적용할 차례다. 본문 중간의 퀴즈와 각 장 끝부분의 연습문제를 꼭 풀어보길 바란다.

고품질 소프트웨어를 만드는 일은 결코 간단하지 않다. 하지만 훌륭한 설계 이론과 장인정신을 다시 되새기는 것은 항상 도움을 준다. 내가 그랬듯이 여러분도 이 책에서 제시하는 신선한 관점을 즐겨보길 바란다.

– 케이 호스트만^{Cay Horstmann}
초보와 숙련된 프로그래머를 위한 수많은 책
(『Core Java』 시리즈, 『Modern JavaScript for the Impatient』 등)의 저자

| 지은이 소개 |

마르코 파엘라^{Marco Faella}

이탈리아 나폴리 페데리코 II 대학 조교수로 재임 중이다. 그의 연구 분야는 컴퓨터과학이지만 열정적인 강사이자 프로그래머 이기도 하다. 지난 13년 동안 고급 프로그래밍 강의를 해왔고 자바 자격증 참고서를 출간했으며 자바 스트림 영상 강의도 만 들었다.

| 감사의 말 |

책을 저술하는 데 스스로 큰 노력을 기울여야 한다는 것은 알고 있었지만 얼마나 많은 사람이 함께 노력해야 하는지는 미처 몰랐다. 매닝의 직원들이 다양한 역량을 쏟아준 덕분에 책의 품질을 원하던 수준까지 끌어올릴 수 있었다. 그리고 몇몇 전문가가 상세하게 검토해준 덕분에 내용을 개선할 수 있었다. 그들 모두 결과물에 만족할 수 있길 바란다.

나도 케이의 책으로 자바를 배웠고 학생들에게도 수년 동안 그의 책을 추천했다. 이 책의 머리말을 흔쾌하게 써줘 영광이다.

아디탸 카우식, 알렉산드로스 코포다키스, 보니 베일리, 엘리오 살바토레, 플라비오 디에즈, 포스트 헤인즈, 그레고리 레쉬트니악, 헤쌈 샤피에 모콰담, 이르판 울라, 제이콥 로메로, 존 구트리, 후안 J. 두릴로, 킴벌리 윈스턴-잭슨, 미샬 앰브로지윅스, 세르게 시몬, 스티븐 파르, 토르센 베버, 트래비스 네스로를 비롯한 모든 감수자가 이 책을 개선하는 데 도움을 줬다. 모든 분께 감사하다.

프로그래밍에 대한 내 열정은 호기심 많은 8살 소년에게 for 루프와 cos, sin 두 가지 마법으로 원을 그리는 방법을 가르쳐준 아버지로부터 생겼다. 아버지께 감사의 마음을 전하고 싶다.

| 옮긴이 소개 |

최광민(mhmckm@gmail.com)

한양대를 졸업하고 삼성SDS 연구소 책임연구원을 거쳐 인공지능 스타트업 알레시오에서 뱃속 아기 얼굴을 보여주는 서비스인 베이비 페이스를 연구 · 개발하는 CTO로 재직 중이다. 새로운 기술을 배우고 익히는 것을 좋아하며 기술을 바탕으로 좋은 가치를 전달하는 것을 목표로 삼고 있다.

초등학교 시절 부모님을 조르고 졸라 다녔던 컴퓨터학원에서 GW-BASIC으로 검은색 바탕에 회색 텍스트로 ASCII 아트를 그리며 놀던 기억이 난다. 지금 생각하면 별것 아니지만 당시는 그게 정말 재미있고 자못 자랑스러웠다. 그때는 그게 왜 그리도 재미 있었을까? 아마도 아무 제약이 없었기 때문이 아닐까? "언제 되냐?"며 재촉하는 영업 부서도, 결제가 안 된다며 불만을 토로하는 고객도, 예산을 꼬치꼬치 캐묻는 관리 부서도 없고 그 저 그리고 싶은 대로 화면에 그리면 그만이었다.

그 후 대기업과 스타트업이라는 극단적인 환경에서 소프트웨어를 개발하면서 뼈저리게 느낀 점은 소프트웨어를 개발하는 일에는 항상 제약이 따른다는 것이다. 소프트웨어는 정신적 노동의 결과물인 동시에 돈을 받고 팔려야 하는 '상품'이기 때문이다. 즉 소프트웨어 개발은 근본적으로 비즈니스라는 문맥을 벗어나 생각할 수 없기 때문에 항상 시간과 예산, 인력 등의 비용 제약을 수반한다.

소프트웨어 엔지니어로서 항상 겪는 갈등도 여기서 비롯된다. 모든 면에서 완벽한 소프트웨어를 만들고 싶은 욕심과 주어진 비용 안에서 과업을 완수해야 하는 제약 사이에 충돌이 발생한다. 결국 인생의 많은 측면이 그렇듯 소프트웨어 개발에도 완성도와 제약 사이의 적절한 균형이 필요하다. 무엇을 취하고 무엇을 버릴지, 무엇을 먼저 하고 무엇을 미뤄야 할지 끝없는 선택의 연속이다. 한마디로 기회비용을 항상 고려해야만 한다.

이 책의 중요한 주제 중 하나가 바로 기회비용이다. 저자는 소프트웨어의 품질을 결정하는 여러 기준을 소개하고 동일한 소프트웨어를 여러 측면에서 최적화하는 방법을 탁월하게 설명한다. 그리고 그 과정에서 각 기준 사이에 불가피한 기회비용이 있는 것을 보여준다.

프로그래밍 언어의 기본적인 내용을 익힌 개발자라면 이 책에서 크게 2가지를 얻을 수 있다. 첫째, 소프트웨어의 품질을 결정하는 여러 기준을 이해하고 그 기준에 부합하는 소프트웨어를 개발하는 방법을 살펴볼 수는 있다. 물론 책 한 권 읽는 것만으로는 고품질의 소프트웨어를 작성할 수 없지만 이 책을 좋은 출발점으로 삼을 수 있을 것이다.

둘째, 여러 품질 기준 사이에 필연적인 충돌이 있다는 것을 이해하고 이러한 기회비용을 어떻게 다룰지 생각할 기회를 얻는 것이다. 물론 책 내용만으로 현실에서 발생하는 모든 충돌을 이해할 수는 없다. 현실의 소프트웨어 개발은 품질 기준뿐만 아니라 사업적, 조직적 요소까지 영향을 미치므로 훨씬 복잡하다. 그래도 이상적인 생각만으로 전쟁터에 뛰어들기보다 마음의 준비를 단단히 하고 뛰어드는 것이 나을 것이다.

인생이 그렇듯 훌륭한 개발자, 엔지니어의 길도 순탄치만은 않다. 가보지 않은 길에 어떠한 괴물이 도사리고 있을지 알 수 없다. 그저 배우고 성장하며 묵묵히 걸어갈 뿐이다. 부디 여러분의 앞길에 이 책이 작은 이정표가 되길 바란다.

그리고 이 책을 번역하는 동안 인내심을 갖고 지원해주신 에이콘 출판사 임직원 여러분께 감사를 전한다. 책을 번역할 때마다 한 권의 책이 탄생할 때까지 얼마나 많은 사람의 노고가 필요한지 실감한다. 마지막으로 이 책의 출간에 도움을 주신 분과 주변 모든 분께 하느님의 사랑이 가득하길 기도한다.

7장 큰소리로 코딩하자: 가독성   263

처음에 내가 정한 책 제목은 『자바: 스타일 익히기』였다. 매닝의 현명한 직원들이 내게 눈길을 끄는 제목으로 바꾸자고 충고한 후 서문에라도 원래 제목의 의미를 설명하고 싶었다. 스타일 익히기의 전형적인 예로 프랑스 작가 레이먼드 큐뉴는 같은 이야기를 99가지 다른 방법으로 표현했다. 그 책의 요점은 의도적으로 평이하게 만들어진 이야기가 아니라 자연어의 무한한 표현력을 자유롭게 탐험하는 데 있다.

도널드 커누스 같은 저명인들이 문학과 프로그래밍의 간격을 좁히려고 했지만 프로그래밍은 문학이 아니다. 초보 프로그래머라면 프로그래밍 과제를 해결하는 최고의 방법이 수학에서 그렇듯 오직 한 가지라고 믿더라도 용서받을 수 있다. 하지만 오늘날 행해지는 실제 프로그래밍은 수학보다 문학에 훨씬 가깝다. 전례 없던 수준으로 추상적인 구성 요소를 포함할 수 있게 프로그래밍이 진화했고 목적을 이루는 방법 역시 늘었다. 새로운 언어는 소개된 후에도 진화하는 과정 중 한 가지 일을 해내는 다른 방법이 추가되곤 한다. 자바처럼 가장 많이 쓰이는 언어도 나름의 위치를 차지한 새로운 언어를 견제하고자 빠른 속도로 진화한다.

이 책에서는 어떠한 프로그래밍 작업에서든 고려해야 할 사항과 그 해답의 맛을 보여주고자 한다. 제시된 예제는 매우 평이하다. 수조를 나타내는 클래스를 다룰 텐데 수조를 파이프로 연결하거나 그 안에 액체를 채울 수 있다. 클라이언트는 물을 넣고 빼거나 새로운 파이프를 연결하는 방식으로 지속적인 상호작용을 한다. 이 일을 수행하는 18가지 다른 방법을 제시하고 토론하면서 성능과 코드의 명료성, 여러 가지 다른 측면에서의 소프트웨어 품질을 최대화한다. 이 책은 무미건조한 코드 조각의 나열이 아니다. 흐름에 따라 컴퓨터과학(여러 가지 자료 구조와 복잡도 이론, 분할상환 복잡도)과 자바 프로그래밍(스레드 동기화와 자바 메모리 모델), 소프트웨어 공학(규약에 따른 설계방법론과 테스팅 기법)의 특화된 주제를 다룰 것이다. 간단한 사례더라도 깊이 파고들면 더 나은 코드를 작성하는 데 도움을 주는 방대한 주제와 연관 있다는 것을 보여주는 것이 이 책의 목적이다.

참고문헌

이 책의 목적 중 하나는 소프트웨어 개발 관련 여러 분야의 호기심을 자극하는 것이다. 각 장 후반부에서 해당 주제의 참고문헌을 소개하는 것도 같은 이유다. 서문도 예외일 수 없으니 책 몇 권을 살펴보자.

- 레이먼드 큐뉴^{Raymond Queneau}, 『Exercises in Style』(New Directions, 2013)

  '스타일 익히기'의 원조로 불릴 만한 책으로 원서는 1947년 프랑스에서 출간됐다.

- 크리스티나 비데이라 로페스^{Cristina Videira Lopes}, 『Exercises in Programming Style』(CRC, 2014)

  저자는 간단한 파이썬 예제를 33가지 방식으로 프로그래밍한다. 코드 품질을 최적화하기보다 모든 스타일에서 각각 고려하는 측면을 강조한다. 다른 배울 것도 많지만 프로그래밍 언어의 역사를 많이 배울 수 있다.

  번역서: 『프로그래밍 패턴 – 프로그램을 작성하는 33가지 방법』(이상주 역)(위키북스, 2015)

- 매트 매든^{Matt Madden}, 『99 Ways to Tell a Story: Exercises in Style』(Jonathan Cape, 2006)

  코딩하다가 쉬고 싶을 때 한 가지 이야기를 99가지 스타일로 풀어낸 만화책을 읽어보자.

이 책의 핵심적인 아이디어는 다양한 측면에서 코드의 품질(비기능적 요구 사항)을 비교, 대조함으로써 숙련된 개발자의 마음가짐을 전달하는 것이다.

책 전반부의 도식도 전문적인 개발자에게 필요한 지식을 개괄하고 있다. 먼저 프로그래밍 언어의 기초 배우기부터 시작해야 한다. 자바를 예로 들면 클래스와 메서드, 필드 등을 포함하는데 이 책에서는 다루지 않는다. 그 다음에는 다음과 같은 3가지 경로를 따라갈 수 있다.

- **프로그래밍 언어**: 제네릭이나 스레드 활용을 비롯한 언어의 고급 기능을 배운다.
- **알고리듬**: 견고한 이론 분야와 표준적인 알고리듬과 자료 구조, 그 성능을 평가하는 방법을 배운다.
- **소프트웨어 공학**: 설계 이론과 방법론, 복잡성을 관리하는 데 도움을 주는 모범 사례를 배운다.

이 책은 이 세 영역을 모두 다룬다. 이들을 분리된 관점에서 다루기보다 각 장의 필요에 따라 섞어 재조합한다. 각 장에서는 시간 효율성과 가독성 등의 다양한 관점에서 소프트웨어의 품질을 조명한다. 이 책에서 다룰 '품질 관점'을 선택할 때 그 중요도나 범용성뿐만 아니라 클래스 하나처럼 작은 단위의 코드에도 의미 있게 적용 가능한지를 기준으로 삼았다. 더 나아가 이 책에서는 특정 도구의 사용법보다 일반적인 이론과 코딩 기법에 집중한다. 필요한 경우 특정한 관점에서 소프트웨어의 품질을 측정하고 최적화하는 데 도움을 주는 도구와 라이브러리도 소개한다.

이 책의 대상 독자

공식적인 교육을 받지 못한 주니어 개발자가 소프트웨어 개발의 시야를 넓히는 시작점으로 적합하다.

- 공식적인 교육이 부족하거나 컴퓨터과학, 컴퓨터공학 외의 다른 분야를 전공한 현업 개발자는 이 책을 통해 컴퓨터과학과 컴퓨터공학의 기법을 훑어보고 실제 프로그래밍 과업에서 근본적으로 상충하는 가치를 살펴볼 수 있다.
- 컴퓨터과학과 컴퓨터공학 전공생에게 별도 강의에서 배운 다양한 주제를 통합하는 사례를 제공한다. 프로그래밍과 소프트웨어 공학 교과서의 보충교재로 사용할 수 있다.

두 경우 모두에서 이 책을 읽는 데 가장 필요한 지식은 다음과 같다.

- 반복이나 재귀 등의 기본적인 프로그래밍 개념
- 캡슐화와 상속을 비롯한 기본적인 객체지향 프로그래밍 개념
- 제네릭과 표준 컬렉션, 기본적인 멀티스레드multi-thread(스레드 생성과 synchronized 키워드)를 포함한 중급 수준의 자바 실력

이 책의 구성

각 장에서 어떠한 관점의 코드 품질을 다루는지 다음과 같이 요약했다. 각 장 끝부분의 연습문제를 그냥 지나치지 말자. 상세한 해답을 제공하며 해당 장에서 다룬 기법을 다른 상황에 적용해 핵심 개념을 완성해 나갈 수 있다.

1장 프로그래밍 예제(수조 클래스)를 설명하고 경험이 부족한 프로그래머에게 나쁜 영향을 미치는 일반적인 오해를 보여주는 사례를 살펴본다.

2장 여러 가지 관점에서 균형 잡힌 품질을 제공하는 레퍼런스 구현을 자세하게 살펴본다.

3장 시간 효율성에 초점을 맞춰 레퍼런스 실행 시간을 수백 배(500배) 줄여본다. 상황에 따라 여러 가지 성능 기준 사이에 충돌이 발생하는 것을 설명한다.

4장 공간(메모리) 효율성을 실험한다. 객체를 이용해 레퍼런스 대비 50%의 메모리 사용량을 절감한다. 그리고 수조를 표현하는 데 '객체'를 사용하지 않음으로써 90%의 메모리를 절감한다.

5장 모니터링을 기반으로 신뢰성을 보장하기 위해 규약에 따른 설계방법론을 소개하고 메서드 규약과 클래스 불변 조건에 기반한 런타임 체크와 어서션을 이용해 레퍼런스를 견고하게 만드는 방법을 살펴본다.

6장 단위 테스트로 신뢰성을 향상한다. 코드 커버리지 측정을 비롯한 각종 도구를 이용해 클래스의 테스트 슈트를 설계하고 실행하는 기법을 알아본다.

7장 가독성을 다룬다. 명료한 자기설명적 코드의 모범 사례를 따라 레퍼런스를 리팩터링한다.

8장 동시성과 스레드 안전성을 살펴본다. 스레드 동기화와 관련 있는 기본적인 개념을 되새겨보고 예제를 바탕으로 교착 상태와 경합 조건을 피하는 데 복잡한 기법이 필요하다는 것을 확인한다.

9장 재사용성에 집중한다. 유사한 구조를 지닌 다른 문제에 레퍼런스 클래스를 활용할 수 있게 제네릭을 이용한 일반화를 실습한다.

부록 A 간결함을 주제로, 레퍼런스 코드 길이의 15% 정도로 짧은 구현 방식을 살펴본다.

부록 B 가장 중요한 소프트웨어 품질 기준을 통합해 궁극의 수조 클래스를 작성한다.

예제 코드 다운로드

이 책의 모든 코드는 공개된 온라인 깃허브 저장소(https://bitbucket.org/mfaella/exercisesinstyle)에 장별로 정리돼 있다. 이 코드들은 같은 Container 클래스를 여러 버전으로 구현한 것이다. 각 버전에는 별칭을 붙여뒀는데 그 별칭을 패키지 이름으로 사용했다. 예를 들어 1.8절에서 소개한 첫 번째 버전의 별칭은 Novice이며 저장소에서 이에 해당하는 클래스는 eis.chapter1.novice.Container다. 책 후반부 표에서 주요 클래스와 그 설명을 볼 수 있다.

이 책의 예제 코드는 매닝출판사의 웹사이트 https://www.manning.com/books/seriously-good-software와 에이콘출판사 깃허브 저장소(https://github.com/AcornPublishing/seriously-software)에서도 다운로드받을 수 있다.

왜 자바이고 어떠한 자바를 사용하는가?

알다시피 자바는 빠른 속도로 발전하고 있으며 6개월마다 새로운 버전이 등장한다. 이 책을 쓰는 시점에서 현재 버전은 자바 12다.

이 책은 자바 프로그래밍에 초점을 맞추고 있지는 않다. 어떠한 프로그래밍 언어를 사용하든 여러 가지 소프트웨어 품질 기준을 평가하고 그 사이에서 균형을 잡는 습관을 들이는 것이 목적이다. 예제는 자바로 작성했다. 내가 자바 경험이 있고 자바가 가장 많이 사용되는 언어 중 하나이기 때문이다.

이 책에서 가르치는 이론은 다른 언어에도 동일하게 적용할 수 있지만 사용하는 언어가 자바에 가까울수록 책의 내용 중 많은 부분을 그대로 적용할 수 있다. 예를 들어 C#은 자바와 유사하며 이 책에서는 C#에 다르게 적용되는 내용을 정리해뒀다.

책의 예제와 온라인 저장소의 코드 중 99%는 자바 8로 작성됐다. 드물지만 정적 메서드인 List.of를 이용해 리스트를 만들어내는 기능을 비롯해 자바 9에 포함된 사소한 기능을 사용했다.

문의

매닝출판사의 https://www.manning.com/books/seriously-good-software에서 원서 오탈자를 확인할 수 있으며 책에 대한 의견을 남기거나 기술적인 질문을 하거나 저자와 다른 사용자로부터 도움을 받을 수 있다.

한국어판의 정오표는 에이콘출판사의 도서정보 페이지 http://www.acornpub.co.kr/book/seriously-software에서 찾아볼 수 있으며 이 책과 관련해 질문이 있다면 이 책의 옮긴이나 에이콘출판사 편집 팀(editor@acornpub.co.kr)으로 문의해주길 바란다.

Part 1

먼저 알아야 할 것들

이 책의 핵심은 한 가지 예제를 바탕으로 서로 다른 측면의 소프트웨어 품질^{software quality}을 독립적으로 최적화하는 데 있다. 1부에서는 일반적인 소프트웨어 품질 개념을 살펴보고 이 책 전체에 걸쳐 반복적으로 해결해 나갈 간단한 프로그래밍 예제를 소개한다.

두 가지 구현을 살펴볼 텐데 첫 번째로 초보 프로그래머나 만들 만한 구현을 살펴보고 두 번째로 다양한 품질 기준 사이의 균형을 맞춘 레퍼런스 버전을 소개한다.

1

소프트웨어 품질과
앞으로 풀어야 할 문제

1장에서 다루는 내용

- 서로 다른 관점과 목적에서 소프트웨어 평가하기
- 내적(internal) 소프트웨어 품질과 외적(external) 소프트웨어 품질 구별하기
- 기능적(functional) 소프트웨어 품질과 비기능적(nonfunctional) 소프트웨어 품질 구별하기
- 소프트웨어 품질 기준 사이의 상호작용과 상충성(trade-off)

이 책의 핵심 아이디어는 다양한 측면에서 코드의 품질(비기능적 요구 사항nonfunctional requirement)을 비교, 대조함으로써 숙련된 개발자의 마음가짐을 전달하는 것이다. 성능performance과 가독성readability을 비롯한 대부분의 품질 기준은 모든 소프트웨어에 적용할 수 있다는 점에서 범용적이다. 이러한 사실을 강조하고자 여러 장에 걸쳐 같은 예제를 살펴볼 텐데 물이 채워진 수조로 이뤄진 시스템을 표현하는 간단한 클래스를 예제로 삼는다.

1장에서는 이 책에서 공부할 소프트웨어 품질 기준을 소개한 후 수조 예제의 명세specification를 설명한다. 그리고 기본적인 구현을 제시한다.

1.1 소프트웨어 품질

이 책에서는 여러 가지 측면의 품질을 말하는데 여기서 말하는 품질이란 소프트웨어의 전반적인 가치가 아니라 소프트웨어가 지녀야 할 특정 특성을 말한다. 반대로 모든 특성을 품질로 취급할 수는 없다. 예를 들어 소프트웨어가 어떠한 프로그래밍 언어로 작성됐느냐는 분명하게 소프트웨어의 특성을 이루는 요소지만 품질이라고 할 수는 없다. 적어도 이론상 품질은 측정 가능한 특성을 말한다.

다른 모든 제품과 마찬가지로 사람들이 소프트웨어의 품질을 논할 때 가장 관심을 갖는 부분은 시스템이 그 요구 사항을 얼마나 잘 달성하느냐. 하지만 불행하게도 소프트웨어의 요구 사항을 평가하는 것은 물론 제대로 정의하는 것만으로도 어렵다. 요구 사항 분석^{Requirement Analysis} 분야가 따로 있을 정도다. 그렇다면 품질은 어떻게 측정해야 할까? 시스템이 사용자에게 필요한 서비스를 안정적이고 일관성 있게 제공하는 것만으로는 충분하지 않다는 말인가?

무엇보다 사용자 스스로 필요한 서비스가 무엇인지 정확하게 알지 못하며 알기 위해서는 시간과 도움이 필요하다. 그리고 그러한 필요를 만족시키는 것이 끝이 아니다. 서비스를 얼마나 빨리 제공하는가? 얼마나 정확하게 제공하는가? 사용자에게 긴 훈련이 필요한가? 아니면 잘 설계된 UI 덕분에 사용법을 한눈에 알 수 있는가? 더 나아가 시간이 흐르면서 시스템을 수정하고 고치고 개선하다 보면 새로운 품질 변수가 등장한다. 시스템의 내부 동작을 얼마나 쉽게 이해할 수 있는가? 소프트웨어의 일부에 영향을 미치지 않고 다른 부분을 수정하고 확장할 수 있는가? 생각해보면 수없이 많다.

이러한 여러 기준을 정리하기 위해 전문가들은 크게 2가지 특성으로 품질 기준을 분류한다. 내적 품질과 외적 품질, 기능적 품질과 비기능적 품질이다.

소프트웨어 품질 표준

ISO와 IEC 표준제정위원회는 1991년부터 9126 표준이라는 이름으로 소프트웨어 품질 요구 사항을 정의했고 2011년부터는 25010 표준을 제정했다.

1.1.1 내적 품질과 외적 품질

최종 사용자^{enduser}가 시스템과 상호작용하는 동안 인지할 수 있는 품질을 외적 품질이라고 한다. 반면 소스 코드를 봐야만 알 수 있는 품질을 내적 품질이라고 한다. 하지만 두 종류의 품질 사이의 경계는 명확하지 않다. 최종 사용자는 일부 내적 품질을 간접적으로 체험할 수 있고 모든 외적 품질은 소스 코드에 의존한다.

예를 들어 유지보수성^{maintainability}(소프트웨어를 얼마나 쉽게 수정하고 고치고 확장할 수 있는가?) 은 내적 속성이지만 프로그래머가 소프트웨어의 결함을 고치는 것이 오래 걸린다면 최종 사용자도 이를 인지할 수 있다. 반대로 잘못된 입력에 대한 견고성은 흔히 외적 속성으로 분류되지만 소프트웨어의 일부(라이브러리^{library})가 최종 사용자가 아닌 다른 시스템 모듈과 상호작용한다면 내적 속성으로 간주할 수 있다.

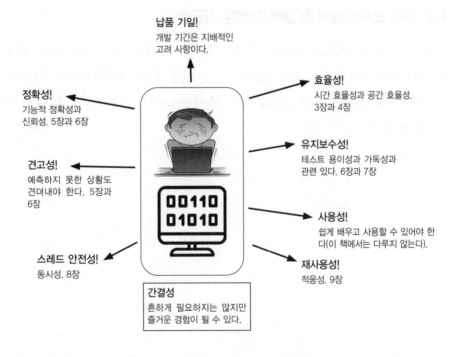

▲ **그림 1.1** 기능적 요구 사항과 비기능적 요구 사항은 소프트웨어를 반대 방향으로 끌고 간다. 그 사이에서 균형을 잡는 것은 여러분 몫이다.

1.1.2 기능적 품질과 비기능적 품질

품질의 두 번째 분류는 소프트웨어가 무엇을 하는가(기능적 품질)와 어떻게 하는가(비기능적 품질)에 대한 것이다. 내적, 외적 분류법을 여기에 적용할 수도 있다. 소프트웨어가 뭔가를 수행하면 그 효과를 최종 사용자가 체감할 수 있으므로 모든 기능적 품질은 외적 품질이다. 반면 비기능적 품질은 그것이 코드 자체와 관련되느냐, 코드로부터 파생된 특성과 관계되느냐에 따라 내적 품질이나 외적 품질이 될 수 있다. 앞으로 배울 품질은 이 모두를 포함하며 그림 1.2는 1장에서 소개한 모든 품질 기준을 2차원 스펙트럼으로 보여준다. 수평축은 내적, 외적 분류, 수직축은 기능적, 비기능적 분류를 표현한다. 1.2절에서는 최종 사용자가 직접 체감할 수 있는 주요 소프트웨어 품질 기준을 살펴본다.

1.2 외적 소프트웨어 품질에 가까운 기준들

외적 소프트웨어 품질은 소프트웨어의 관측 가능한 행동과 관련된 것으로 자연스럽게 소프트웨어 개발 과정의 주요 고려 사항이 된다. 이러한 품질을 소프트웨어에 적용하기 전에 일반적이고 직관적인 설명을 위해 토스터를 예로 들겠다. 이제 가장 중요한 외적 품질을 살펴보자.

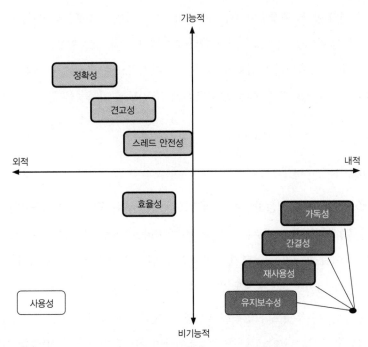

▲ **그림 1.2** 2가지 기준으로 분류된 소프트웨어 품질. 내적, 외적 기준(수평축)과 기능적, 비기능적 기준(수직축). 이 책에서 중점적으로 다루는 품질 기준은 굵은 선으로 표시했다.

1.2.1 정확성

요구 사항이나 명세를 비롯해 명문화된 목적을 고수하라

토스터가 제대로 작동하려면 적당하게 썬 빵을 노릇하고 바삭하게 조리해야 한다. 반면 소프트웨어는 고객이 동의한 기능을 제공해야 한다. 이는 말 그대로 기능적 품질에 속한다.

정확성correctness을 달성하는 딱 부러진 비결은 없지만 정확한 소프트웨어를 작성할 확률을 높이고 결함을 쉽게 찾도록 많은 사람이 모범 사례와 개발 프로세스를 참조한다. 이 책에서는 여러분의 회사에서 어떠한 개발 프로세스를 채택하든 프로그래머 개인 수준에서 적용할 수 있는 기법을 다룬다.

무엇보다 개발자 스스로 달성할 명세를 명확하게 이해하지 못하면 정확성도 달성할 수 없다. 명세를 규약contract 관점에서 바라보고 그 규약을 지키도록 구현하는 방법이 유용한데 5장에서 설명한다. 불가피한 결함을 피하는 주요 방법은 소프트웨어와 가상의 상호 작용을 하는 것이며 이를 테스트^{test}라고 한다. 6장에서는 테스트 케이스^{test case}를 설계하는 방법과 그 효과를 측정하는 방법을 알아본다. 마지막으로 테스트가 실패하기 전후에 원래 코드의 저자와 동료가 문제를 쉽게 발견할 수 있도록 가독성을 향상시키는 방법을 공부한다.

1.2.2 견고성

잘못된 입력이나 불리하고 예상하지 못한 외부 조건(자원 부족 등)에 대한 복원력을 갖추자 정확성과 견고성^{robustness}은 때로는 신뢰성^{reliability}이라고 할 수 있다. 견고한 토스터[1]라면 빵 대신 베이글이나 포크를 집어넣거나 아무 것도 넣지 않으면 가열을 시작하지 않는다. 그리고 과열 등에 대비한 보호장치도 필요하다.

견고한 소프트웨어는 무엇보다 입력이 유효한 값인지 확인한다. 그렇지 않으면 문제를 알리고 적절하게 반응한다. 견고한 프로그램이라면 치명적인 오류가 발생할 때 사용자 데이터와 그 시점까지 수행한 계산 결과를 최대한 저장한 후 중단한다. 5장에서는 엄격한 명세와 메서드 규약^{method contract}과 클래스 불변 조건^{class invariant}의 런타임 모니터링을 바탕으로 견고성을 촉진하는 방법을 다룬다.

1.2.3 사용성

소프트웨어 사용법을 배우고 그 목표를 달성하는 데 필요한 노력 정도(사용 용이성)

요즘 자동 토스터는 빵을 밀어 넣고 가열을 시작하는 레버나 가열 정도를 조절하는 장치가 필요 없고 사용하기 매우 쉽다. 소프트웨어의 사용성^{usability}은 사용자 인터페이스^{UI, User Interface} 디자인과 밀접하게 관련된 것으로 인간-컴퓨터 상호작용^{HCI, Human-Computer Interaction}이나 사용자 경험^{UX, User Experience} 디자인 같은 분야에서 주로 다룬다. 이 책은 최종 사용자에게 직접 노출되지 않는 소프트웨어 시스템에 초점을 맞추므로 사용성은 설명하지 않는다.

---

1 토스터의 견고성을 과소평가하지 말자. 매년 700명 이상이 토스터 사고로 사망한다.

1.2.4 효율성

적당한 자원 소모량

토스터의 경우 효율성^{efficiency}은 토스팅을 마치는 데 얼마나 많은 시간과 전기가 필요한지를 말한다. 소프트웨어를 예로 들면 모든 프로그램은 시간과 공간(메모리) 2가지 자원을 소모한다. 3장, 4장에서 바로 이 시간 효율성^{time efficiency}과 공간 효율성^{space efficiency}을 다룬다. 대부분의 프로그램이 네트워크 대역폭과 데이터베이스 연결을 비롯한 다양한 자원을 필요로 하며 이러한 자원 사이에는 상충하는 면이 존재한다. 예를 들어 더 강력한 토스터는 더 빠른 대신 더 높은 최대 전력을 사용한다. 마찬가지로 일부 프로그램은 더 큰 메모리를 사용하는 대가로 더 빠른 속도를 얻을 수 있다.

효율성을 외적 품질에 포함해 설명하지만 그 본질은 모호하다. 예를 들어 일부 최종 사용자에게 제약이 있을 때 실행 속도는 눈에 띄게 차이 난다. 네트워크 대역폭 같은 자원의 사용량은 사용자가 알 수 없으며 특별한 도구를 사용하거나 소스 코드를 분석해야만 자원 사용량을 알 수 있다. 그림 1.2에서 효율성이 가운데쯤 위치하는 이유가 바로 여기 있다.

일반적으로 사용자는 서비스가 몇 밀리 초 안에 제공되는지, 몇 킬로바이트^{KB}의 데이터가 네트워크로 전송되는지 신경 쓰지 않으므로 효율성은 비기능적 품질에 속한다. 하지만 다음과 같은 2가지 상황이라면 효율성을 기능적 품질로 생각할 수 있다.

- **성능이 중요한 응용 분야**: 이러한 경우 성능 보장을 명세의 일부로 여긴다. 물리적 센서나 액추에이터와 상호작용하는 임베디드 장치^{embedded device}를 떠올려 보자. 소프트웨어의 응답 시간은 시간 제약을 반드시 준수해야 한다. 산업, 의료, 자동차 등의 응용 분야에서 이러한 기능적 불일치는 최악의 경우 생명을 위협하는 사건을 부를 수도 있다.
- **정상적인 운영에 영향을 미칠 정도로 효율성이 떨어지는 경우**: 실패의 치명도가 낮은 소비자용 프로그램의 경우에도 사용자가 감당할 수 있는 속도 저하와 메모리 부족에는 한계가 있기 마련이다. 그 한계를 넘으면 효율성 부재가 기능적 결함 수준으로 부상할 수 있다.

1.3 내적 소프트웨어 품질에 가까운 기준들

내적 품질을 더 잘 평가하고 싶다면 프로그램을 실행하기보다 프로그램의 소스 코드를 살펴봐야 한다. 이제 가장 중요한 내적 품질을 알아보자.

1.3.1 가독성

동료 프로그래머가 명확하게 이해해야 한다

다른 내적 품질과 마찬가지로 토스터의 구조와 설계를 말하고 있다는 것을 깨닫지 못하면 토스터의 가독성을 논하는 것이 이상해 보인다. 소프트웨어 품질 관련 국제 표준을 살펴보면 분석 가능성^{analyzability}을 논하고 있다. 가독성 높은 토스터란 토스터를 점검하기 위해 그 내부를 들여다볼 때 분석하기 쉽고 전자장치와 가열장치가 잘 분리돼 있고 쉽게 식별할 수 있는 전원 회로와 타이머로 구성된 내부 구조가 명확하게 드러나는 토스터를 말한다.

가독성 높은 프로그램은 막힘 없이 읽힌다. 다른 프로그래머도 쉽게 이해할 수 있고 나자신이 프로그램을 작성할 당시의 생각을 전부 잊은 후에도 쉽게 이해할 수 있다. 가독성은 매우 중요하지만 자주 저평가받기도 한다. 7장에서 자세하게 다룬다.

1.3.2 재사용성

유사한 문제를 해결하기 위해 코드를 쉽게 재사용할 수 있으며 이를 위해 필요한 변경이 적다(적응성)

토스터를 만드는 회사가 그 설계와 부품을 다른 가전제품에 적용할 수 있다면 토스터를 재사용한다고 할 수 있다. 예를 들어 전원 코드는 표준이며 유사한 소형 기기와 호환된다. 타이머는 전자레인지 등에 사용될 수 있다.

코드 재사용은 객체지향$^{OO, Object Oriented}$ 패러다임의 역사적 인기 비결 중 하나다. 경험에 의하면 폭넓게 재사용 가능한 소프트웨어 구성 요소만으로 복잡한 시스템을 구축한다는 비전은 과장된 것으로 드러났다. 그 대신 요즘에는 재사용에 초점을 맞춰 설계된 라이브러리와 프레임워크^{framework}를 선호하는 추세다. 그리고 프레임워크 계층 위에 재사용을 고려하지 않고 응용 프로그램에 특화된 얇은 코드 계층을 올린다. 9장에서 재사용성 reusability을 다룬다.

1.3.3 테스트 용이성

프로그램의 모든 동작을 촉발하고 그 효과를 관측하는 테스트를 작성할 수 있는가? 얼마나 쉽게 작성할 수 있는가?

테스트 가능한 토스터를 논의하기 전에 토스터를 테스트한다[2]는 말의 의미를 짚어보자. 합리적인 시험 절차는 적당한 온도계를 구멍에 넣고 토스터를 작동하는 것이라고 생각할 수 있다. 적당한 시간 안에 미리 정해진 기준 온도에 충분하게 근접한다면 성공이다. 테스트 가능한 토스터를 사용하면 사람의 개입을 최소화해 테스트 절차를 자동 반복해 쉽게 수행할 수 있다. 예를 들어 버튼을 눌러 동작하는 토스터는 레버를 당기는 토스터보다 테스트 용이성testability이 높다. 기계는 레버를 당기거나 우회하는 것보다 버튼을 누르거나 우회하는 것이 더 쉽기 때문이다.

테스트 가능한 코드는 호출자가 모든 예상 동작을 검증할 수 있는 API를 제공한다. 예를 들어 void 메서드(일명 프로시저)는 결과 값을 리턴하는 메서드보다 테스트하기 어렵다. 6장에서 테스트 기법과 테스트 용이성을 살펴본다.

1.3.4 유지보수성

버그를 쉽게 찾아 수정하고 소프트웨어를 발전시킬 수 있다

유지보수가 가능한 토스터는 분해와 정비가 쉽다. 그 설계는 폭넓게 이용 가능하며 그 구성 요소는 교체할 수 있다. 마찬가지로 유지보수가 쉬운 소프트웨어는 분석하기 쉽고 모듈화가 깔끔하게 이뤄져 있다. 즉 명확하게 정의된 역할과 명확하게 정의된 방식으로 상호작용하는 구성 요소를 갖추고 있다. 6장과 7장에서 다룰 테스트 용이성과 가독성은 유지보수에서 중요한 역할을 한다.

---

2   한 보고서에 의하면 '토스터를 테스트하는 방법을 설명하시오'라는 질문이 소프트웨어 공학 분야의 면접에서 단골로 등장한다고 한다.

FURPS 모델

전통적인 기술 기반 대기업은 소프트웨어 개발 프로세스에 적용할 수 있는 자체 품질 모델을 개발하곤 한다. 예를 들어 휴렛-팩커드는 FURPS라는 잘 알려진 모델을 개발했는데 이 모델은 소프트웨어 특성을 기능성, 사용성, 신뢰성, 성능, 지원 용이성(supportability) 5가지로 분류한다.

▼ **표 1.1** 코드 품질 사이의 전형적인 상호작용. ↓는 상충 관계를 나타내며 −는 관계 없음을 나타낸다. Code Complete의 그림 20-1에서 영감을 얻었다(1장 후반부의 참고문헌 참조).

	가독성	견고성	공간 효율성	시간 효율성
가독성				
견고성	−			
공간 효율성	↓	−		
시간 효율성	↓	↓	↓	

1.4 소프트웨어 품질 기준 사이의 상호작용

일부 소프트웨어 품질 기준은 서로 상충하는 목표를 갖는 반면 일부 소프트웨어 품질은 서로 밀접한 관련이 있다. 그에 따라 모든 공학적 분야에서는 이들 사이의 균형을 잡으려는 시도가 이뤄진다. 수학자들은 이러한 유형의 문제를 다중 기준 최적화$^{multi-criteria}$ ^{optimization}라고 부르는데 상충하는 여러 품질 기준 사이에서 최적의 답을 찾는 것을 말한다. 추상적인 수학 문제와 달리 소프트웨어 품질은 정량화가 어려울 수 있다(가독성을 정량화할 수 있을까?). 다행히 최적의 답을 찾을 필요는 없으며 목적에 부합하는 정도의 방법을 찾으면 된다.

표 1.1은 책에서 살펴볼 4가지 품질 기준의 관계를 요약한 것인데 시간 효율성과 공간 효율성 모두 가독성을 저해할 수 있다. 최대 성능을 얻으려면 추상화를 희생하는 대신 저수준 코드를 작성해야 하기 때문이다. 자바에서는 객체^{object} 대신 기본 타입$^{primitive type}$을 사용하거나 컬렉션^{collection} 대신 배열^{array}을 사용하거나 극단적인 경우 성능에 큰 영향을 미치는 부분을 C와 같은 저수준 언어로 작성한 후 자바 네이티브 인터페이스$^{Java\ Native}$ ^{Interface}를 사용해 저수준 언어로 작성된 부분과 연결할 수도 있다.

메모리 요구량을 최소화하는 데 기본 타입과 특수한 인코딩encoding(하나의 값으로 다른 뭔가를 나타내는 방식)을 사용하는 것이 도움이 된다(4.4절에서 그 예를 볼 수 있다). 이러한 모든 기술은 가독성과 유지보수성을 저해하는 경향이 있다. 반대로 가독성 높은 코드는 더 많은 임시 변수와 지원 메서드support method를 사용하므로 이러한 저수준 성능 향상이 어렵다.

시간 효율성과 공간 효율성도 서로 충돌한다. 예를 들어 성능 향상을 위한 일반적인 전략으로서 필요할 때마다 계산하는 대신 메모리에 추가 정보를 저장한다. 대표적인 예로 단일 연결 리스트singly linked list와 이중 연결 리스트doubly linked list의 차이를 들 수 있다. 모든 노드의 '이전' 링크link는 원칙적으로 리스트를 스캔해 계산할 수 있지만 '이전' 링크를 저장하고 유지하면 임의 노드를 상수 시간 안에 삭제할 수 있다. 4.4절의 예제 클래스는 공간 효율성이 향상된 대신 실행 시간이 길어진 예를 보여준다.

견고성을 극대화하려면 비정상적인 상황을 확인하고 적절한 방식으로 대응하는 코드를 추가해야 하는데 일반적으로 이러한 검사는 매우 제한적이더라도 성능 부담을 발생시킬 수 있다. 반면 공간 효율성은 그 영향을 전혀 받지 않는다. 마찬가지로 원칙적으로는 견고한 코드라는 이유로 가독성이 떨어질 이유는 없다.

소프트웨어 척도

소프트웨어 품질은 소프트웨어 척도(software metric)와 관련 있다. 소프트웨어 척도는 소프트웨어의 일부를 정량화할 수 있는 속성을 말한다. 문헌에서 수백 가지 척도가 제안됐으며 가장 일반적인 2가지로 코드 라인 수(일명 LOC)와 순환 복잡성(cyclomatic complexity: 중첩(nesting)이나 가지치기(branching) 정도를 나타내는 척도)을 들 수 있다. 척도는 프로젝트를 평가하고 모니터링하는 객관적인 수단을 제공함으로써 프로젝트 개발과 관련 있는 의사결정을 돕는다. 예를 들어 순환 복잡도가 높으면 테스트에 더 큰 노력이 필요할 수 있다.

최신 IDE는 기본적인 기능이나 플러그인을 바탕으로 일반적인 소프트웨어 척도를 자동으로 계산한다. 이러한 척도 사이의 상대적 장점과 1장에서 설명한 일반적인 소프트웨어 품질의 관계, 척도를 효과적으로 사용하는 방법 등은 소프트웨어 공학 커뮤니티에서 매우 큰 논란거리다. 6장에서 그 척도 중 하나인 코드 커버리지 척도를 활용하는 방법을 살펴본다.

개발 시간은 이러한 소프트웨어 품질과 상충하는 영향을 미친다. 비즈니스상의 이유로 소프트웨어를 빨리 개발해야 하지만 품질 특성을 최대화하려면 신중한 노력과 시간이 필

요하다. 관리자가 신중하게 설계된 소프트웨어의 잠재적 이점을 중시하더라도 고품질 소프트웨어를 얻는 데 필요한 시간을 추정하는 것은 까다롭다. 다양한 개발 프로세스가 이 문제의 다양한 해법을 제시하는데 일부 개발 프로세스는 위에서 언급한 소프트웨어 척도의 사용을 옹호한다.

이 책에서는 프로세스 논쟁을 피하는 대신 미리 정해진 API를 제공하는 클래스 하나로 구성된 작은 소프트웨어 단위에 의미 있게 적용할 수 있는 소프트웨어 품질에 중점을 둔다. 이 책에서는 시간 효율성, 공간 효율성, 신뢰성, 가독성, 일반성을 다루는 정도로 충분하므로 사용성과 보안을 비롯한 다른 품질은 논외로 한다.

1.5 특수한 품질

앞에서 설명한 소프트웨어 품질에 더해 일반적으로 거론되는 소프트웨어 품질은 아니지만 클래스 수준에서 필요한 2가지 속성인 스레드 안전성과 간결성을 살펴보자.

1.5.1 스레드 안전성

멀티스레드 환경에서 매끄럽게 작동하는 클래스

멀티스레드 프로그램 상황에만 적용되므로 일반적인 소프트웨어 품질로 여기지는 않지만 이러한 상황은 너무 보편적이다. 스레드 동기화[thread synchronization] 문제는 매우 까다로워 동시성[concurrency]을 제공하는 기본적인 기능을 다룰 줄 아는 것은 프로그래머에게 매우 값진 기술이다.

스레드 안전성[thread safety]을 내적 품질로 생각할 수 있지만 이는 실수다. 사용자는 프로그램이 단일 스레드로 작동하는지, 멀티스레드로 작성하는지를 모를 뿐이다. 멀티스레드 프로그램에서 스레드 안전성은 기본적인 필요 사항이며 관측 가능한 외적 품질에 속한다. 스레드 안전성 문제는 무작위적이고 재현하기 어려워 발견하기 힘든 버그를 야기하곤 한다. 그림 1.2에서 스레드 안전성을 정확성, 견고성과 같은 영역에 둔 이유가 바로 여기에 있다. 8장에서 일반적인 동시성 문제를 피하고 스레드 안전성을 보장하는 방법을 알아본다.

1.5.2 간결성

주어진 작업을 수행할 수 있는 가장 짧은 프로그램 만들기

일반적으로 이는 코드 품질과는 관련 없다. 오히려 끔찍하고 난해한 코드로 귀결된다. 부록 A에서 그 예를 살펴볼 텐데 언어의 한계까지 밀어붙이고 자바를 비롯해 여러분이 선택할 수 있는 모든 언어 지식을 시험할 것이다.

하지만 간결성^{succinctness}을 목표로 삼아야 할 경우도 있다. 스마트카드 같은 저사양 임베디드 시스템이 그러한 경우다. 스마트카드에는 매우 작은 메모리가 탑재되므로 프로그램이 실행 도중 사용할 수 있는 램^{RAM}도 작을 뿐만 아니라 프로그램 자체 크기도 영속적인 메모리에 들어갈 만큼 작아야 한다. 요즘 스마트카드에는 4KB의 RAM과 512KB의 영속적 메모리가 탑재되는데 이러한 경우 약간의 바이트코드 명령어$^{bytecode\ instruction}$도 상대적으로 큰 논쟁거리가 될 수 있고 소스 코드가 짧을수록 도움이 된다.

1.6 앞으로 살펴볼 예제: 수조 시스템

1.6절에서는 이 책에서 반복적으로 풀어야 할 프로그래밍 문제를 설명한다. 각 장에서는 서로 다른 소프트웨어 품질 기준을 목표로 삼아 문제를 해결한다. 우선 필요한 API를 살펴본 후 간단한 사용 예와 초기 구현을 제시한다.

여러분이 새로운 소셜 네트워크를 위한 핵심 인프라를 구현한다고 가정해보자. 사람들은 서로 등록하고 연결되며 연결은 대칭적이다(페이스북에서 내가 여러분과 연결되면 여러분도 나와 연결된다). 그리고 연결된 사람들에게 직·간접적으로 메시지를 보내는 기능도 필요하다. 이 책에서는 메시지 내용이나 사람들의 속성에 신경 쓸 필요가 없도록 앞에서 언급한 핵심 기능을 더 간단한 상황에 적용해본다.

이 책의 예제에서는 사람 대신 무한대의 용량을 갖고 서로 구별할 수 있는 일련의 수조를 다룬다. 특정 시점에 수조에는 특정 양의 액체가 담겨 있고 두 수조는 파이프를 통해 영구적으로 연결된다. 메시지를 보내는 대신 수조에 물을 채우거나 뺄 수 있는데 연결된 두 수조는 상호작용을 하며 같은 양의 액체를 나눠 담는다.

1.6.1 API

수조에 필요한 API를 살펴보자. 우선 Container 클래스를 만들고 빈 수조를 생성하는 public 생성자^{constructor}를 추가한다. 그리고 다음 3가지 메서드가 필요하다.

- `public double getAmount()`: 현재 이 컨테이너에 담긴 물의 양을 리턴한다.
- `public void connectTo(Container other)`: 이 수조를 다른 수조 other에 영구적으로 연결한다.
- `public void addWater(double amount)`: amount 만큼의 물을 이 수조에 넣는다. 이 수조에 직·간접적으로 연결된 수조들로 물을 공평하게 분산시킨다.

    수조에서 물을 뺄 때는 amount를 음수로 지정한다. 이 경우 연결된 수조들에 충분한 물이 있어야 한다. 수조에 담긴 물의 양이 음수일 수는 없기 때문이다.

2장부터 다룰 모든 예제는 위의 API를 준수하지만 API를 변경하는 것이 품질 기준 향상에 도움을 줄 때는 따로 언급한다.

수조 사이의 연결은 대칭적이다. 즉 물은 양방향으로 흐를 수 있다. 이처럼 대칭적 링크로 연결된 수조는 컴퓨터 과학에서 다루는 무향 그래프의 한 예인데 다음 상자에서 그래프 관련 기본 개념을 훑어볼 수 있다.

무향 그래프

컴퓨터과학에서 한 쌍씩 연결된 뭔가로 이뤄진 네트워크를 그래프(graph)라고 한다. 여기서 연결된 뭔가를 노드(node)라고 하며 연결 자체를 간선(edge)이라고 한다. 연결이 대칭적인 경우 연결에 방향이 없으므로 무향 그래프(undirected graph)라고 한다. 그리고 직·간접적으로 연결된 노드의 집합을 연결된 컴포넌트(connected component)라고 한다. 이 책에서는 연결된 가장 큰 컴포넌트를 그룹(group)이라고 부른다.

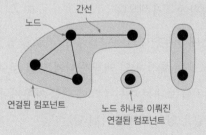

▲ 컴퓨터과학에서 다루는 그래프의 구성 요소

`addWater`를 제대로 구현하려면 연결된 모든 수조에 물을 균등하게 넣거나 빼야 하므로 연결된 컴포넌트를 구해야 한다. 여기서 주어진 알고리듬적^{algorithmic} 문제를 해결하려면 노드 생성(`new Container`)과 간선 삽입(`connectTo` 메서드)에 따른 정보를 관리해야 한다. 즉 일종의 동적 그래프 연결성 문제$^{dynamic\ graph\ connectivity\ problem}$로 볼 수 있다.

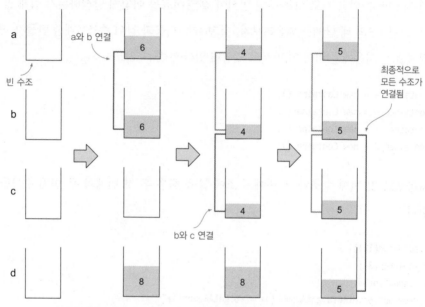

▲ **그림 1.3** 네 단계에 걸쳐 빈 수조 4개를 연결된 수조 그룹으로 만드는 예

이러한 문제는 다양한 분야에서 네트워크로 연결된 뭔가를 다룰 때 매우 중요하다. 소셜 네트워크에서 연결된 컴포넌트는 친분 관계로 연결된 사람의 그룹을 나타내며 이미지 처리 분야에서는 같은 색으로 연결된(인접한) 픽셀 그룹을 알면 물체를 인식하는 데 도움을 받을 수 있다. 컴퓨터 네트워크 분야에서 연결된 컴포넌트를 찾아 관리하는 단계는 라우팅에 필수적이다. 9장에서 이러한 다양한 문제를 다룬다.

1.6.2 활용 사례

앞에서 살펴본 API를 활용하는 간단한 예제를 살펴본다. 먼저 수조 4개를 생성한 후 그중 2개에 물을 채운다. 그리고 (그림 1.3처럼) 모든 수조가 한 그룹이 될 때까지 수조를 연결한다. 이 예제에서는 물을 먼저 채운 후 수조를 연결했지만 일반적으로 이 2가지 동작의 순서는 상관 없다. 더 나아가 필요하면 언제든지 수조를 더 생성할 수 있다.

예제는 네 부분으로 나뉜다(UseCase 클래스는 온라인 저장소(https://bitbucket.org/mfaella/exercisesinstyle)에서 찾을 수 있다). 이렇게 하면 다른 장에서도 프로그램의 특정 부분을 쉽게 지칭할 수 있고 서로 다른 구현 방식이 같은 목표를 어떻게 달성하는지 쉽게 알 수 있다. 그림 1.3의 네 단계를 떠올려보자. 첫 번째로 다음과 같이 수조 4개를 만들자. 만들어진 수조는 처음에는 비어 있고 서로 고립돼 있다(연결되지 않았다).

```
Container a = new Container();
Container b = new Container();
Container c = new Container();
Container d = new Container();
```

다음으로 첫 번째 수조와 네 번째 수조에 물을 채운 후 첫 번째와 두 번째 수조를 연결한다.

```
a.addWater(12);
d.addWater(8);
a.connectTo(b);
System.out.println(a.getAmount()+" "+b.getAmount()+" "+
                c.getAmount()+" "+d.getAmount());
```

이 코드가 실행되면 수조 a와 b가 연결된 상태이므로 수조 a에 채운 물이 두 수조에 나뉘어 들어간다. 수조 c와 d는 아직 고립된 상태다. 따라서 println의 출력 결과는 다음과 같아야 한다.

```
6.0 6.0 0.0 8.0
```

이제 c를 b에 연결한 후 새로운 연결로 인해 연결된 모든 수조로 물이 재분배되는지 확인하자.

```
b.connectTo(c);
System.out.println(a.getAmount()+" "+b.getAmount()+" "+
                c.getAmount()+" "+d.getAmount());
```

이 시점에서 c는 b에 연결된 상태이고 a에도 간접적으로 연결된다. 따라서 a, b, c는 모두 상호작용하게 되고 세 수조에 담긴 물이 각 수조에 균등하게 분배된다. 반면 수조 d는 영향을 받지 않으므로 출력은 다음과 같다.

```
4.0 4.0 4.0 8.0
```

이 시점에서 예제의 결과에 주목하자. 2장부터 서로 다른 구현 방식이 어떻게 같은 결과로 이어지는지 보여주기 위해 지금까지의 시나리오를 이용할 것이다.

마지막으로 d를 b에 연결하며 모든 수조가 연결된 한 그룹이 되게 하자.

```
b.connectTo(d);
System.out.println(a.getAmount()+" "+b.getAmount()+" "+
                   c.getAmount()+" "+d.getAmount());
```

결론적으로 모든 수조에 같은 양의 물이 담긴다.

```
5.0 5.0 5.0 5.0
```

1.7 데이터 모델과 데이터 표현

수조 클래스class의 요구 사항을 이해했으니 이제 설계와 실제 구현을 고민할 차례다. 명세에 따라 API가 정해졌으니 각 Container 객체에 필요한 필드field와 클래스 자체에 필요한 필드(정적 필드static field)를 생각해보자. 2장 예제에서 어떠한 품질 기준을 목표로 삼는지에 따라 선택할 수 있는 필드가 완전하게 달라진다는 것을 깨닫게 될 것이다. 여기서는 목표로 삼는 품질 기준과 상관 없이 적용할 수 있는 내용을 살펴보자.

우선 명세에서 요구하는 서비스를 제공하는 데 충분한 정보를 객체에 담아야 한다. 이러한 기본 조건을 만족한다면 다음 2가지를 결정해야 한다.

1. 꼭 필요하지 않은 추가적인 정보도 저장해야 하는가?
2. 저장하려는 정보를 어떻게 인코딩할 것인가? 어떠한 데이터 타입과 자료 구조가 적합하며 어떠한 객체에서 이를 책임지고 관리할 것인가?

1번 질문을 곱씹어보면 추가적인 정보를 저장하는 2가지 이유가 있다. 첫 번째 이유는 성능 향상이다. 한 필드를 다른 필드를 바탕으로 만들어낼 수 있는 경우가 이에 속한다. 이때 그 필드를 만들어내는 비용이 필드를 유지하는 비용보다 크면 추가적인 필드를 둘 수 있다. 연결 리스트를 예로 들면 리스트 길이를 구할 때마다 리스트를 스캔하며 노드 수를 셀 수 있지만 그 대신 리스트 객체에 그 길이를 저장할 수도 있다. 두 번째로 향후 확장 여지를 남기기 위해 추가 정보를 저장할 수 있는데 1.7.2절에서 그 예를 살펴보자.

어떠한 정보를 저장할지 결정했다면 이제 2번 질문에 답하기 위해 클래스와 필드의 객체에 어떠한 타입이 적합한지를 정해야 한다. 우리가 다루는 수조 예제처럼 간단한 경우에도 이 질문에 답하기는 쉽지 않다. 이 책 전체에서 증명하겠지만 상황에 따라 고려하는 품질 기준에 따라 존재하는 몇 가지 대안 중에서 최선의 대안이 달라진다.

우리의 경우 수조의 현재 상태를 설명하는 정보를 2가지로 나눌 수 있다. 수조에 담긴 물의 양과 다른 수조와의 연결 정보가 필요하다. 1.7.1절과 1.7.2절에서 이 2가지를 살펴보자.

1.7.1 물의 양 저장하기

우선 getAmount 메서드는 컨테이너가 물의 양을 '알아야 한다'라고 요구한다. 여기서 '안다'라는 말은 해당 정보를 반드시 수조 내부에 저장해야 한다는 뜻은 아니다. 컨테이너는 단지 물의 양을 측정하고 리턴할 방법만 있으면 된다. 나아가 API에서 물의 양을 double로 표현해야 한다고 명시하므로 각 수조에 물의 양을 나타내는 double 타입 필드를 포함하는 방식이 자연스러운 구현이 될 것이다. 여기서 더 자세하게 살펴보면 연결된 같은 그룹에 속하는 모든 수조에 담긴 물의 양이 같다는 것을 알 수 있다. 따라서 수조의 그룹을 나타내는 별도 객체에 물의 양을 한 번만 저장하는 방법이 좋을 수도 있다. 이렇게 하면 addWater 메서드를 호출할 때 해당 수조에 다른 많은 수조가 연결된 경우에도 한 객체만 수정하면 된다.

마지막으로 그룹을 나타내는 별도 객체 대신 한 그룹을 대표하는 특별한 수조에만 물의 양을 저장할 수도 있다. 이 시점에서 요약하면 적어도 3가지 방식이 적절해 보인다.

1. 각 수조에 현재 '물의 양'을 필드로 저장한다.
2. 별도 '그룹' 객체에 '물의 양' 필드를 저장한다.
3. 그룹마다 그룹을 대표하는 수조에만 현재 '물의 양'을 저장하고 해당 그룹에 속하는 모든 수조에 같은 양의 물을 적용한다.

이 책에서 살펴볼 여러 가지 구현 방식마다 위의 3가지 대안(그리고 몇 가지 추가적인 대안) 중 선호하는 방법이 다르며 각 대안의 장·단점을 자세하게 알아본다.

1.7.2 연결 상태 저장하기

수조에 물을 넣을 때 액체가 직·간접적으로 연결된 모든 수조에 균등하게 분배돼야 하므로 그 수조에 연결된 모든 수조를 알 수 있어야 한다. 이때 직접적인 연결과 간접적인 연결을 구별할지가 중요한 결정이라고 할 수 있다. a와 b 사이의 직접적인 연결은 a.connectTo(b)나 b.connectTo(a)를 호출해야만 생성되지만 간접적인 연결[3]은 직접적인 연결이 파생된 결과로 생겨난다.

저장할 정보 고르기

명세에서 요구하는 기능만 놓고 보면 직접적인 연결과 간접적인 연결을 구별할 필요가 없으므로 더 일반적인 유형이라고 할 수 있는 간접적인 연결을 저장할 수 있다. 하지만 미래에 'connectTo'와 반대되는 기능을 하는 'disconnectFrom' 연산을 추가하고자 한다면 직접적인 연결과 간접적인 연결을 구별하지 않으면 'disconnectFrom'을 올바로 구현할 수 없다.

나아가 직접적인 연결을 수조 사이의 선으로 표현한 그림 1.4의 두 시나리오를 보자. 메모리에 간접적인 연결만 저장한다면 두 시나리오를 구별할 수 없다. 두 경우 모두 모든 수조가 간접적으로 연결되기 때문이다. 이제 두 시나리오에 일련의 연산을 같은 순서로 적용할 경우 같은 결과를 얻어야 한다. 하지만 클라이언트가 다음과 같은 연산을 적용하는 경우를 생각해보자.

---

3   수학적 용어로 표현하면 전이 폐포(transitive closure)라고 한다.

```
a.disconnectFrom(b);
a.addWater(1);
```

(그림 1.4의 왼쪽) 첫 번째 시나리오에 위의 코드를 적용하면 세 수조가 여전히 서로 연결돼 있으므로 새로 넣은 물도 모든 수조에 똑같이 나뉘어 들어간다. 반면 (그림 1.4의 오른쪽) 두 번째 시나리오에 위의 코드를 적용하면 a와 b의 연결을 끊음으로써 수조 a가 고립되고 새로 넣은 물은 a에만 들어간다. 즉 간접적인 연결만 저장하는 방식은 새로 추가될 'disconnectFrom' 연산과 호환되지 않는다.

요약하면 'disconnectFrom' 연산이 추가될 가능성이 크다고 생각한다면 직접적인 연결을 간접적인 연결과 구별해 저장해야 한다. 하지만 미래의 확장 정보가 없다면 그러한 유혹을 조심해야 한다. 프로그래머는 과잉된 일반화에 쉽게 빠지며 그로 인한 비용보다 미래에 생길 이득을 더 크게 평가하곤 한다. 추가적인 기능으로 인해 개발 시간이 늘어날 뿐만 아니라 꼭 필요하지 않은 클래스 멤버도 필수 멤버와 마찬가지로 테스트하고 문서화하고 유지보수해야 한다.

저장해야 할 추가 정보를 생각하면 끝이 없다. 1시간보다 오래된 연결을 모두 제거하고 싶다면? 연결을 만들 때 시간을 저장해야 한다! 연결을 생성한 스레드 개수를 알고 싶다면? 연결을 생성한 스레드 목록을 모두 저장해야 한다! 이 책에서는 지금 당장 목적 달성에 필요한 정보만 저장한다.[4] 예외적인 경우는 명시적으로 언급한다.

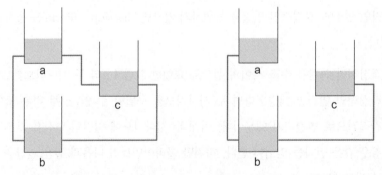

▲ **그림 1.4** 3개의 수조로 이뤄진 시나리오. 수조 사이의 선은 직접적인 연결을 표현한다.

---

4   익스트림 프로그래밍(extreme programming)에서는 이러한 원칙을 "그건 필요 없어(YAGNI, You aren't gonna need it)"라는 구호로 부른다.

표현 방식 고르기

간접적인 연결만 저장하는 데 최종적으로 동의했다면 연결을 실제로 어떻게 표현할지 고민할 차례다. 이런 관점에서 보면 Pipe라는 새로운 클래스를 명시적으로 만들 것인지, 수조 객체 안에 필요한 정보를 저장(암묵적 표현)할 것인지 필수적으로 선택해야 한다.

첫 번째 방식이 객체지향 정설에 잘 부합한다. 실세계의 수조는 파이프로 연결되며 파이프는 실재하는 객체로서 수조와 명백하게 구별되므로 별도로 모델링할 가치가 있다. 하지만 1장 명세에는 Pipe 클래스를 전혀 언급하지 않으며 수조 안에 감춰져 클라이언트에게는 보이지 않는다. 더 중요한 점은 파이프 객체는 매우 작은 기능만 포함한다는 사실이다. 파이프는 연결된 두 수조를 참조할 뿐 다른 속성이나 복잡한 연산을 포함하지 않는다.

여러 근거상 새로운 클래스를 만드는 이점이 별로 없으므로 실용적인 면에서 암묵적인 표현 방식을 따르도록 한다. 그렇게 함으로써 파이프 객체에 따로 접근하지 않고도 같은 그룹의 수조를 알아낼 수 있다. 그렇다면 수조를 연결하는 참조를 어떻게 관리할까? 언어의 핵심 기능과 API에 따라 배열, 리스트, 집합 등 여러 가지 방법이 존재하는데 책 전체(특히 4장과 5장)에서 서로 다른 품질 기준을 최적화하는 과정에서 자연스럽게 살펴볼 것이므로 여기서는 자세하게 살펴보지 않는다.

1.8 Hello containers! [Novice]

예제와 친숙해지는 차원에서 C를 비롯한 구조적인 언어를 약간 배운 후 자바를 접한 지 얼마 안된 초보 프로그래머가 작성할 만한 Container 구현을 살펴보자. 여기서 살펴볼 클래스는 앞으로 등장할 수많은 버전 중 첫 번째 버전이다. 모든 버전에는 각 버전을 쉽게 찾아 비교할 수 있도록 별명을 붙였다. 이번 버전의 별명은 Novice이고 저장소에서 전체 이름은 eis.chapter1.novice.Container다.

1.8.1 필드와 생성자

아무리 숙련된 전문가라도 새로운 언어의 문법을 익히고 가까이 있는 API를 찾아 헤매던 초보 시절이 있기 마련이다. 처음에는 많은 자료 구조 중에서 배열을 선택하고 구문 오류를 해결하는 것이 버거우며 코딩 스타일을 고심한다. 몇 번의 시행착오 끝에 클래스 몇 개를 컴파일하고 요구 사항을 충족시키는 데 성공한 것처럼 보인다. 아마도 코드 1.1과 같이 시작하는 코드일 것이다.

```
코드 1.1  Novice: 필드와 생성자

public class Container {

    Container[] g;    ❶ 연결된 수조의 그룹
    int n;            ❷ 그룹의 실제 크기
    double x;         ❸ 이 수조에 담긴 물의 양

    public Container() {
        g = new Container[1000];    ❹ 주의: 매직 넘버!
        g[0] = this;                ❺ 수조를 그룹에 추가
        n = 1;
        x = 0;
    }
}
```

사소하지만 사소하다고 할 수 없는 결함이 몇 개 존재한다. 우선 쉽게 눈에 띄고 고치기 쉬운 결함부터 손대보자. 다른 결함은 2장 더 나은 버전에서 차차 해결한다.

인스턴스 필드 3개의 의도는 다음과 같다.

- g는 이 수조에 연결된 모든 수조와 (생성자에서 바로 알 수 있듯이) 현재 수조를 담는 배열이다.
- n은 g에 포함된 수조의 개수다.
- x는 현재 수조에 담긴 액체의 양이다.

한눈에 알 수 있는 아마추어의 특징은 바로 변수 이름이 짧고 이름으로부터 아무 것도 알 수 없다는 것이다. 전문가라면 테러리스트가 엄청나게 견고한 수조 시스템을 60초 안에 해킹하라고 협박하더라도 그룹을 g라고 부르지는 않는다. 이는 단순한 농담이 아니다. 7장 에서 살펴보겠지만 의미 있는 이름은 코드의 가독성을 높이는 첫 번째 원칙이다.

가시성^{visibility} 문제도 있다. 필드는 기본 가시성 대신 private여야 한다. 기본 가시성은 private보다 개방적이며 같은 패키지에 포함된 다른 클래스로부터의 접근을 허용한다. 정보 은닉$^{information\ hiding}$(일명 캡슐화^{capsulation})은 객체지향의 기본적인 원칙으로 클래스가 다른 클래스의 내부 구현에 신경 쓰지 않게 하고 잘 정의된 공개 인터페이스를 바탕으로 다른 클래스와 상호작용하게 한다(관심사 분리$^{SoC,\ Separation\ of\ Concerns}$의 한 형태로 볼 수 있다). 결과적으로 기존 클라이언트에 영향을 미치지 않고 클래스를 수정할 수 있게 한다.

관심사 분리의 원칙은 이 책의 기초를 뒷받침한다. 이 책 전반에서 제시하는 많은 구현이 같은 공개 API를 준수하므로 클라이언트는 어떠한 구현을 사용하더라도 같은 결과를 얻는다. 적절한 가시성 덕분에 각 구현이 API를 실현하는 방식은 외부로부터 감춰진다. 더 깊이 생각해보면 서로 다른 소프트웨어 품질을 최적화하는 것 자체가 관심사 분리의 극단적인 예다. 너무 극단적이어서 실용적이지 않고 교과서에나 나올 만하다.

다음으로 코드 1.1의 6번째 줄에 있는 배열의 크기는 매직 넘버의 전형적인 예다. 즉 이름이 없는 상수를 사용했다. 모범 사례가 보여주듯이 모든 상수는 final 변수에 대입해야 한다. 이렇게 함으로써 (1) 변수의 이름에서 상수의 의미를 알 수 있고 (2) 상수 값을 한 번만 설정할 수 있다(상수를 여러 번 사용하는 경우 특히 유용하다).

배열을 사용한 것도 부적절하다. 연결된 수조의 최대 개수에 미리 정해진 한계를 두기 때문이다. 그 한계가 너무 작으면 프로그램에 오류가 발생하고 너무 크면 공간을 낭비한다. 게다가 배열을 사용하면 그룹에 속한 수조의 개수를 계속 유지해야 한다(필드 n이 그 역할을 한다). 자바 API가 더 나은 제안을 제공하는데 2장에서 살펴본다. 하지만 공간을 절약하는 것이 주 목적인 5장에서는 배열이 유용하다.

1.8.2 getAmount와 addWater 메서드

이제 다음 두 메서드의 소스 코드를 점검하자. 코드는 다음과 같다.

코드 1.2 Novice: getAmount와 addWater 메서드

```
public double getAmount() { return x; }
```

```
public void addWater(double x) {
    double y = x / n;
    for (int i=0; i<n; i++)
        g[i].x = g[i].x + y;
}
```

getAmount는 간단한 겟터^{getter}다. addWater에서 사용한 변수 x와 y에는 전형적인 변수 명명과 관련 있는 문제가 존재한다. 반면 i는 배열의 인덱스를 가리키는 전통적인 이름이므로 문제가 없다. 그리고 코드의 마지막 행에서 += 연산자를 사용했다면 g[i].x를 두 번 반복할 필요도 없고 같은 변수를 증가시킨다는 의도를 파악하기 위해 행의 앞뒤를 살펴보는 수고도 필요 없을 것이다.

addWater에서는 x가 음수인지 확인하지 않았고 x가 음수일 때 현재 그룹에 요청을 만족할 수 있을 만큼의 물이 담겨 있는지도 확인하지 않았다. 이러한 견고성 문제를 6장에서 집중적으로 다룬다.

1.8.3 connectTo 메서드

마지막으로 우리의 초보 프로그래머가 두 그룹의 수조를 연결해 병합하는 connectTo 메서드를 구현할 차례다. 이 메서드를 실행한 후에는 두 그룹의 수조가 상호작용하면서 모두 같은 양의 물을 담게 된다. 우선 두 그룹에 담긴 전체 물의 양을 계산하고 두 그룹에 포함된 수조의 개수를 알아낸다. 이렇게 알아낸 물의 양을 수조 개수로 나누면 병합 후 수조 하나에 담길 물의 양을 알 수 있다.

그리고 두 그룹의 수조가 포함된 배열을 갱신해야 한다. 간단하게 생각해 어느 한 그룹의 배열에 속한 모든 수조를 다른 그룹의 배열 끝에 추가하면 된다. 다음 코드에서는 중첩된 루프를 사용해 이를 수행한다. 마지막으로 모든 수조에 대해 그룹의 크기를 나타내는 n과 물의 양을 나타내는 x를 갱신한다.

코드 1.3 Novice: connectTo 메서드

```
public void connectTo(Container c) {
    double z = (x*n + c.x*c.n) / (n + c.n); ❶ 병합 후 수조 하나에 담길 물의 양
```

```
    for (int i=0; i<n; i++)        ❷ 첫 번째 그룹의 수조 g[i]에 대해
        for (int j=0; j<c.n; j++) {  ❸ 두 번째 그룹의 수조 c.g[j]에 대해
            g[i].g[n+j] = c.g[j];    ❹ c.g[j]를 g[i]의 그룹에 추가
            c.g[j].g[c.n+i] = g[i];  ❺ g[i]를 c.g[j]의 그룹에 추가
        }


    n += c.n;

    for (int i=0; i<n; i++) {    ❻ 그룹의 크기와 물의 양 갱신
        g[i].n = n;
        g[i].x = z;
    }
}
```

connectTo 메서드에서 잘못된 변수 이름의 폐해를 여실하게 알 수 있다. 변수 이름이 모두 한 글자여서 무슨 일이 벌어지는지 알 수 없다. 7장에서 가독성이 최적화된 버전을 미리 살짝 살펴보면 확연한 차이를 깨달을 것이다.

3개의 for 루프를 향상된 for 구문(C#에서 foreach 구문이라고 부르는 것)으로 대체하는 방법도 가독성을 향상시키는 좋은 방법인데 고정 크기의 배열을 이용하면 이 작업이 약간 귀찮아진다. 이제 코드 1.3의 마지막 for 루프를 다음과 같이 바꿨다고 가정하자.

```
    for (Container c: g) {
        c.n = n;
        c.x = z;
    }
```

이 루프는 확실하게 가독성이 좋지만 변수 c가 실제로 수조가 존재하는 위치의 다음 요소를 가리키면 NullPointerException이 발생하면서 프로그램이 중단된다. 해결책은 단순하다. null 참조를 만나면 루프를 탈출한다.

```
    for (Container c: g) {
        if (c==null) break;
        c.n = n;
        c.x = z;
    }
```

코드 1.3의 가독성은 엉망이지만 일정한 제약 안에서 보면 주어진 connectTo 메서드는 논리적으로 정확하다. 하지만 this와 c가 이미 연결된 상태에서 이 메서드를 호출하면 어떻게 될까? 구체적으로 새로운 두 수조에 대해 다음 코드를 실행한다고 가정해보자.

```
a.connectTo(b);
a.connectTo(b);
```

무슨 일이 벌어질지 알겠는가? 호출자의 이 작은 실수를 connectTo 메서드가 견뎌낼 수 있는가? 더 읽어 내려가기 전에 잠시 생각해보자.

정답을 말하자면 이미 연결된 수조를 다시 연결하면 수조 상태가 망가진다. 수조 a의 그룹 배열에는 a의 참조 2개와 b의 참조 2개가 포함되며 그룹의 크기 n은 2가 아닌 4가 된다. b에도 비슷한 일이 벌어진다. 게다가 this와 c가 간접적으로 연결된 경우 호출자도 이러한 결함을 눈치채기 어렵다. 즉 다음과 같은 시나리오를 살펴보자(여기서도 세 수조 a, b, c는 새로 생성된 수조다).

```
a.connectTo(b);
b.connectTo(c);
c.connectTo(a);
```

마지막 행이 실행되기 전에 (그림 1.4의 오른쪽처럼) 수조 a와 c는 간접적으로 연결된 상태다. 마지막 행에서는 이 둘을 직접적으로 연결하는데 명세만 보면 합법적인 연산이며 그림 1.4의 왼쪽과 같이 된다. 하지만 코드 1.3의 connectTo 구현은 모든 그룹의 배열이 세 수조의 사본을 한 번씩 더 저장하며 그룹의 크기도 3이 아닌 6이 된다.

이 구현의 또 다른 한계는 병합된 그룹의 크기가 (마법의 수인) 1000보다 큰 경우 나타난다.

```
g[i].g[n+j] = c.g[j];
c.g[j].g[c.n+i] = g[i];
```

코드 1.3의 이 두 행 모두 ArrayIndexOutOfBoundsException을 발생시키면서 프로그램을 중지시킨다.

2장에서는 여기서 언급한 대부분의 문제를 해결하고 서로 다른 코드 품질 사이에서 적절한 균형을 맞춘 레퍼런스 구현을 살펴본다.

요약

- 내적, 외적 소프트웨어 품질과 기능적, 비기능적 소프트웨어 품질을 구별할 수 있다.
- 일부 소프트웨어 품질 기준은 서로 상충하며 일부는 밀접한 관계를 갖는다.
- 이 책에서는 수조 시스템을 통합적인 예제로 사용해 소프트웨어 품질을 다룬다.

참고문헌

이 책은 서로 함께 다뤄지는 일이 별로 없는 방대한 주제를 압축해 전달하므로 각 주제를 대략 훑어볼 수밖에 없다. 그래서 각 장의 내용을 깊이 있게 살펴볼 수 있는 참고자료 목록을 각 장의 후반부에 제공한다.

- Steve McConnell, 『Code Complete 2판』(Microsoft Press, 2004)
  코딩 스타일과 좋은 소프트웨어의 전반적인 내용을 다루는 명저다. 특히 코드 품질 사이의 상호작용을 다룬다.
  번역서: 『코드 컴플리트 2』(서우석 역)(위키북스, 2020)
- Diomidis Spinellis, 『Code Quality: The Open Source Perspective』(Addison Wesley, 2006)
  이 책에서 언급한 품질 속성과 유사한 내용을 다루지만 내용을 풀어가는 방식은 정반대다. 한 가지 예제를 이용하는 대신 유명한 오픈 소스 프로젝트에서 발췌한 다양한 코드 조각을 사용한다.
- Stephen H. Kan, 『Metrics and Models in Software Quality Engineering』(Addison Wesley, 2003)

소프트웨어 품질 척도를 깊이 있고 체계적으로 다룬다. 척도를 통계적으로 측정하는 방법과 이를 이용해 소프트웨어 개발 과정을 모니터링하고 관리하는 방법을 살펴본다.

- Christopher W. H. Davis, 『Agile Metrics in Action』(Manning Publications, 2015)

8장에서 소프트웨어 품질과 이를 측정하는 척도를 다룬다.

2

레퍼런스 구현

2장에서 다루는 내용

- 표준 컬렉션 사용
- 소프트웨어 설계를 표현하는 다이어그램 그리기
- big-O 표현법으로 성능 표현하기
- 클래스의 메모리 사용량 측정하기

2장에서는 명확성, 효율성, 메모리 사용량 등 서로 다른 품질 기준 사이에 적절한 균형이 잡힌 Container 클래스 구현을 살펴본다.

1.7절에서 봤듯이 수조 사이의 간접적인 연결만 저장하고 관리하도록 한다. 실제로는 각 수조에 직·간접적으로 연결된 다른 수조의 참조 즉 그룹을 저장해야 한다. 자바 컬렉션 프레임워크^{JCF, Java Collections Framework}에 익숙해져야 한다. 이제 그룹을 표현하는 최적의 클래스를 향한 여행을 시작하자.

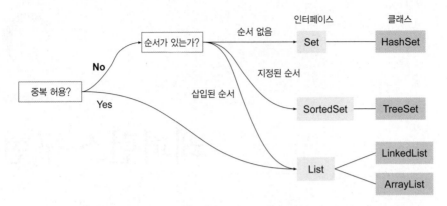

▲ **그림 2.1** 항목의 모음을 저장할 때 적합한 자바 인터페이스나 클래스를 선택하는 방법

자바 컬렉션 프레임워크

표준 컬렉션의 대부분은 자바 1.2에서 소개됐고 자바 1.5(나중에 자바 5로 명명됐다)에서 새로 등장한 제네릭을 십분 활용할 수 있도록 중대한 재설계를 거쳤다. 이렇게 만들어진 API를 JCF라고 하는데 자바 생태계의 핵심 중 하나다. 약 25개의 클래스와 인터페이스로 구성되며 연결 리스트와 해시테이블(hash table), 균형 트리(balanced tree)를 비롯한 일반적인 자료 구조는 물론 동시성 지향(concurrency oriented) 기능도 제공한다.

어떠한 항목을 저장할 적절한 컬렉션을 선택할 때는 2가지 질문에 답해야 한다. 컬렉션이 중복된 항목을 포함하는가? 요소 사이의 순서에 유의해야 하는가? 우리의 경우 대답은 모두 '아니오'다. 즉 수조의 그룹은 수학적 집합^set과 비슷하며 이는 그림 2.1에서 보듯이 JCF의 Set 인터페이스에 해당한다.

이제 Set의 구현체 즉 이 인터페이스를 구현한 클래스 중 하나를 선택해야 한다. 여기서는 가장 일반적이고 대부분의 상황에서 최선의 효율성을 보여주는 HashSet을 선택한다.

돌발 퀴즈 1 여러분 스마트폰의 연락처를 저장한다면 어떠한 컬렉션 인터페이스와 클래스를 선택해야 할까?

2.1 레퍼런스 코드 [Reference]

Container 클래스 레퍼런스 버전의 생성자와 필드부터 설계를 시작하자. 이번 버전의 별칭은 Reference다. 앞에서 컬렉션을 논의했듯이 새로 생성되는 모든 수조에 그 자신을 초기 값으로 포함하는 그룹을 HashSet으로 만든다.

인터페이스에 프로그램하라

이 말은 구체적인 구현이 아닌 API에 설계 역량을 집중하라는 일반적인 조언을 표현한 말로 5장에서 살펴볼 규약에 의한 설계방법론과 밀접한 관련이 있다. 필드를 선언할 때 주어진 작업을 수행할 수 있는 선에서 가장 일반적인 인터페이스 타입으로 선언하는 것도 좁은 범위에서 이 규칙을 적용한 예로 볼 수 있다.

'인터페이스에 프로그램하라'라는 원칙에 따라 그룹 필드를 Set으로 선언하고 구체 클래스인 HashSet을 실체화^{instantiate}한다. 이로써 구체 타입을 다른 클래스로부터 감출 수 있다. 이 방법의 장점은 나중에 마음이 바뀌어 구체 타입을 HashSet이 아닌 다른 Set 구현체로 바꾸더라도 이를 둘러싼 코드를 변경할 필요가 없다는 것이다.

다음으로 수조에 담긴 물의 양을 double로 저장하며 필드는 암묵적으로 0으로 초기화된다. 이를 구현한 코드는 다음과 같다.

```java
import java.util.*;    ❶ 앞으로 import 구문은 생략한다.

/* 수조 클래스.        ❷ 이 주석은 Javadoc에 있어야 한다(7장 참조).
 *
 * by Marco Faella
 */
public class Container {

    private Set<Container> group;  ❸ 이 수조에 연결된 수조들
    private double amount;         ❹ 이 수조에 담긴 물의 양

    /* 빈 수조를 만든다.       */  ❺ 이 부분도 Javadoc에 있어야 한다.
    public Container() {
        group = new HashSet<Container>();
        group.add(this);          ❻ 처음에는 그룹에 이 수조만 존재한다.
    }
}
```

Novice 버전과 비교하면 캡슐화와 변수 명명도 적절하다. 필드는 모두 private이고 필드 이름도 충분하게 설명적이다. 여기서는 원시적인 방법으로 주석을 달았는데 가독성에 초점을 맞출 7장에서 살펴볼 세련된 방법과 비교하기 위해 일부러 그렇게 했다.

다른 메서드를 더 살펴보기 전에 3장부터 설명할 다른 버전과 쉽게 비교할 수 있도록 도움을 주는 시각적 장치를 소개한다.

2.1.1 메모리 레이아웃 다이어그램

모든 Container 버전은 데이터를 표현하기 위해 각각 다른 방식으로 필드를 활용한다. 여기서는 일련의 수조가 메모리에 실체화된 모습을 표현하는 메모리 레이아웃 다이어그램으로 이를 도식화한다. 이를 바탕으로 각 메모리 표현을 이해할 수 있는 시각적 모델을 떠올릴 수 있고 다른 버전과 쉽게 비교할 수도 있다. 1장에서 살펴본 표준 시나리오의 첫 세 단계가 실행된 후의 모습만 예로 든다. 즉 (a에서 d까지) 수조 4개를 만든 후 다음 코드를 실행한 상태를 예로 든다.

```
a.addWater(12);
d.addWater(8);
a.connectTo(b);
b.connectTo(c);
```

이 시점에서 그림 2.2와 같이 세 수조는 한 그룹으로 연결되고 네 번째 수조는 고립된 상태다. 메모리 레이아웃 다이어그램은 UML 객체 다이어그램과 비슷하게 객체가 메모리에 자리잡은 모습을 보여준다. 두 다이어그램 모두 객체의 필드와 그들 사이의 관계를 포함한 객체의 스냅샷^{snapshot}을 표현한다. 이 책에서는 설명하려는 내용에 더 적절하고 직관적인 형태로 변형한 나만의 객체 다이어그램을 사용한다. 그림 2.3은 Reference 버전으로 UseCase의 세 번째 단계까지 진행된 모습을 보여준다. 보다시피 필드의 타입과 바이트 크기를 비롯한 세부 사항은 생략했다. 나아가 각 객체에 저장된 정보와 객체의 관계에 집중할 수 있도록 HashSet의 내부 구성도 완전하게 생략했다. HashSet의 메모리 레이아웃은 2.2.1절에서 살펴본다.

실무에서는 표준 UML 다이어그램을 다루는 경우가 많으므로 가장 일반적인 UML 다이어그램 2가지를 간략하게 설명한다.

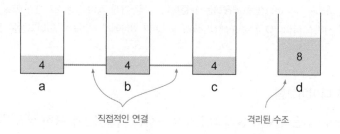

▲ **그림 2.2** UseCase의 세 단계가 실행된 후의 상태. a부터 c까지 연결한 후 a와 d에 물을 넣었다.

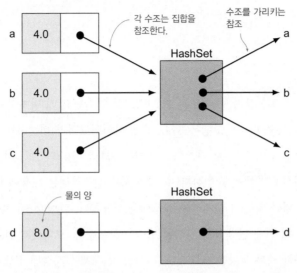

각 수조는 집합을 참조한다.

수조를 가리키는 참조

HashSet

물의 양

HashSet

▲ **그림 2.3** UseCase의 세 단계가 실행된 후의 Reference의 메모리 레이아웃. HashSet에 포함된 참조는 수조의 이름을 가리키는 화살표로 간단하게 표현했다.

> **범용 모델링 언어**
>
> 범용 모델링 언어(UML, Unified Modeling Language)는 소프트웨어 시스템의 다양한 측면을 표현할 수 있는 풍부한 다이어그램을 제공하는 표준이다. 그중 가장 많이 쓰는 2가지가 바로 클래스 다이어그램과 시퀀스 다이어그램(sequence diagram)이다. 3장에서 시퀀스 다이어그램을 살펴본다.

UML 클래스 다이어그램

클래스 다이어그램은 일련의 클래스의 정적 속성을 기술하는데 특히 상속^{inheritance}과 포함^{containment}을 비롯한 클래스 사이의 관계를 보여준다. 바로 위에서 살펴본 객체 다이어그램은 클래스의 개별 인스턴스를 묘사한다는 점만 제외하면 클래스 다이어그램과 밀접한 관련이 있다.

예를 들어 Reference의 클래스 다이어그램은 그림 2.4와 같다. Container 상자는 매우 자기설명적$^{self-descriptive}$인데 필드와 메서드를 포함하며 가시성이 public이면 +, private이면 −로 표시한다. HashSet 상자에는 아무 필드나 메서드도 없는데 이는 클래스 다이어그램에서 적법한 표현 방식이며 원하는 만큼 추상적이거나 구체적으로 표현할 수 있다.

두 상자 사이의 선은 두 클래스의 관계를 나타내며 연관 관계^{association}라고 부른다. 선의 양쪽 끝 위에는 해당 연관 관계에서 각 클래스의 역할(멤버와 그룹)과 연관 관계의 관계 차수^{cardinality}를 명시했다. 관계 차수는 해당 클래스의 얼마나 많은 인스턴스가 상대방 클래스와 관계를 맺는지를 보여준다. 여기서는 각 수조가 한 그룹에 속하고 한 그룹은 하나 이상의 멤버를 포함하므로 UML 표기법에 따라 '1..*'로 표시한다.

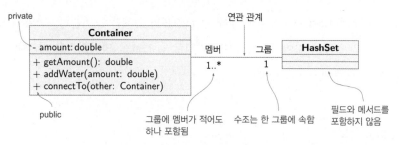

▲ **그림 2.4** Reference의 UML 클래스 다이어그램(상세 버전)

그림 2.4의 클래스 다이어그램은 형식적으로는 맞지만 대부분 목적에 비춰보면 너무 상세하다. UML 다이어그램은 시스템의 모델을 기술할 뿐 시스템 자체를 기술하지는 않는다. 다이어그램이 너무 상세하면 차라리 소스 코드로 대체하면 된다. 따라서 Reference의 클래스 다이어그램과 같이 표준 컬렉션을 명시적으로 나타내기보다 클래스 사이의 연관 관계를 구현하는 방법의 하나로 해석해야 한다.

여기서는 HashSet 대신 Container 클래스 자체를 가리키는 더 추상적인 연관 관계로 표현할 수 있다. 이로써 구현 방식을 설명하기보다 각 수조가 0개 이상의 다른 수조와 연결된다는 아이디어를 더 잘 나타낼 수 있다. 그림 2.5는 이를 시각적으로 표현한다.

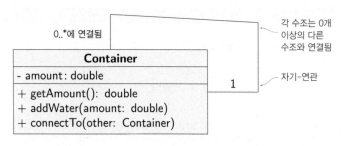

▲ **그림 2.5** Reference의 UML 클래스 다이어그램(추상화 버전)

돌발 퀴즈 2 클래스 다이어그램으로 자바 클래스의 주요 속성과 메서드, 클래스의 관계를 표현하자.

UML 객체 다이어그램

UML 객체 다이어그램은 클래스 다이어그램과 비슷해 보인다. 객체(클래스 인스턴스)는 클래스와 달리 각자 이름이 부여되고 타입에 밑줄을 표시한다. 그림 2.6은 Reference의 객체 다이어그램인데 UseCase의 세 단계를 실행한 후의 상태를 보여준다. 객체 다이어그램도 그림 2.5의 클래스 다이어그램과 마찬가지로 HashSet을 명시적으로 나타내는 대신 수조 사이의 연관 관계로 모델링했다.

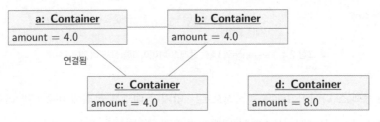

▲ **그림 2.6** Reference의 객체 다이어그램(추상화 버전)

3장에서는 객체 사이의 동적 상호작용을 시각화하는 UML 다이어그램인 시퀀스 다이어그램을 소개한다.

2.1.2 메서드

getAmount 메서드는 전형적인 겟터로 따로 설명할 내용이 없다.

코드 2.2 Reference: getAmount 메서드

```
public double getAmount() { return amount; }
```

다음으로 connectTo 메서드(코드 2.3)를 만들 차례다[1]. 우선 두 수조를 연결하는 작업이 두

---

1 앞으로 나올 모든 코드에서 코드 서식에 약간의 재량을 발휘했다. 루프와 몸체를 한 행에 작성하는 것도 포함된다. 이는 코드를 짧게 해 한쪽에 넣기 위해서다. 앞과 마찬가지로 가독성 향상을 위해 코드 2.3에 주석을 많이 넣었지만 최근에는 설명적인 이름을 갖는 더 작은 메서드로 나누는 추세다. 7장에서 살펴본다.

그룹을 병합하는 것도 포함한다는 점을 알아야 한다. 따라서 두 그룹에 담긴 모든 물의 양을 계산하고 병합 후 각 수조에 담길 물의 양을 계산한다. 그리고 해당 수조의 그룹이 두 번째 그룹을 포함하도록 두 번째 그룹의 모든 수조를 병합된 새로운 그룹에 추가한다. 마지막으로 모든 수조에 담긴 물의 양을 처음 계산했던 양으로 조정한다.

코드 2.3 Reference: connectTo 메서드

```java
public void connectTo(Container other) {

    // 이미 연결됐으면 아무 것도 하지 않는다.
    if (group==other.group) return;

    int size1 = group.size(), ❶ 병합 후 각 수조에 담길 물의 양 계산
        size2 = other.group.size();
    double tot1 = amount * size1,
           tot2 = other.amount * size2,
           newAmount = (tot1 + tot2) / (size1 + size2);

    // 두 그룹을 병합
    group.addAll(other.group);
    // other에 연결된 모든 수조의 그룹을 수정 ❷ 이러한 주석은 적당한 이름의 지원 메서드로 대체할 수 있다.
    for (Container c: other.group)  { c.group = group; }
    // 모든 수조의 물의 양 수정
    for (Container c: group) {  c.amount = newAmount; }
}
```

addWater 메서드는 그룹에 속한 모든 수조에 같은 양의 물을 분배한다.

코드 2.4 Reference: addWater 메서드

```java
public void addWater(double amount) {
    double amountPerContainer = amount / group.size();
    for (Container c: group) c.amount += amountPerContainer;
}
```

Novice와 마찬가지로 물을 빼는 동작을 위해 인자에 음수를 허용하는데 요청을 수행하는 데 필요한 만큼의 물이 있는지 확인하지 않았다. 따라서 수조에 담긴 물의 양이 음수

가 될 위험이 있다(5장에서 견고성 문제를 해결한다). 다음 두 절에서는 여기서 살펴본 레퍼런스 구현의 메모리 소모량과 시간 소모량을 분석한다. 이를 바탕으로 앞으로 살펴볼 다른 버전과 성능을 비교할 수 있다.

2.2 메모리 요구 사항

기본 타입의 크기는 고정된 것임에도 불구하고 자바 객체의 메모리 크기를 평가하기란 쉽지 않다. 객체의 정확한 크기를 계산하는 데 필요한 다음과 같은 3가지 요소는 아키텍처와 JDK 제공자마다 다르다.

- 참조의 크기
- 객체 헤더^{object header}
- 패딩^{padding}

이러한 요인들이 객체의 크기에 영향을 미치는 방식도 어떠한 JVM에서 프로그램을 실행하느냐에 따라 다르다. 자바 프레임워크는 2가지 명세, 자바 언어와 가상 머신^{VM}에 기반한다는 점을 떠올려보자. 각기 다른 제공자^{vendor}마다 나름의 컴파일러와 VM을 구현하며 위키피디아에 따르면 이 책을 쓰는 시점에 18개의 JVM이 활발하게 개발돼 나왔다.[2] 이제 메모리 관련 3가지 요인을 자세하게 살펴보자. 우선 참조 크기는 언어 명세에 명시되지 않는다. 32비트 하드웨어에서는 참조 크기가 32비트이고 요즘 64비트 프로세서에서는 압축된^{compressed} 일반 객체 포인터^{OOPs, Ordinary Object Pointers} 기술 때문에 32비트나 64비트일 수 있다. 압축 OOPs 기술을 이용하면 하드웨어가 64비트 주소를 제공해도 참조를 32비트로 저장할 수 있다. 물론 해당 참조가 접근 가능한 힙 공간^{heap space}은 32GB로 제한된다. 앞으로 메모리 사용량을 분석할 때는 참조 크기를 32비트로 가정한다. 앞으로 논하는 VM 의존적인 인자는 모두 오라클의 표준 JVM인 HotSpot을 기준으로 한다.

---

2 http://mng.bz/zlm6

두 번째로 모든 객체의 메모리 레이아웃은 JVM이 요구하는 표준 정보를 포함하는 헤더로 시작한다. 따라서 필드가 없는(상태가 없는stateless) 객체라도 메모리를 차지한다. 객체 헤더의 구성은 이 책의 범위에서 벗어나지만[3] 자바 언어가 제공하는 3가지 기능인 리플렉션reflection, 멀티스레딩, 가비지 컬렉션garbage collection과 주로 관련 있다.

1. 리플렉션을 위해서는 모든 객체가 자신의 타입을 알아야 한다. 따라서 객체에 클래스의 참조를 저장하거나 로딩된 클래스가 담긴 테이블의 특정 요소를 가리키는 정수 형태의 식별자가 필요하다. 이러한 방식 덕분에 instanceof 연산자로 객체의 동적인 타입을 확인하거나 Object 클래스의 getClass 메서드로 객체의 (동적) 클래스에 대한 참조를 얻어올 수 있다.

   같은 맥락에서 배열에 포함될 내용의 타입 정보를 저장해야 한다. 배열에 대한 모든 쓰기 연산이 런타임 타입 확인을 지원하기 때문이다(타입이 맞지 않으면 ArrayStoreException을 일으킨다). 하지만 이러한 정보 때문에 배열의 크기가 많이 늘어나지 않으며 같은 타입의 배열끼리 타입 정보를 공유할 수도 있다. 예를 들어 모든 문자열의 배열은 '문자열 배열'을 가리키는 같은 Class 객체를 참조한다.

2. 멀티스레드 지원을 위해 각 객체에 모니터monitor가 할당된다(synchronized 키워드를 이용해 모니터에 접근할 수 있다). 따라서 헤더에 모니터 객체의 참조를 포함해야 한

---

3   자세한 내용이 궁금하다면 https://hg.openjdk.java.net/jdk10/jdk10/hotspot에서 HotSpot의 소스 코드를 살펴보라. 객체 헤더의 내용은 src/share/vm/oops/markOop.hpp에서 볼 수 있다.

다. 현대적인 가상 머신은 여러 스레드가 한 객체에 대한 배타적 접근을 경쟁적으로 얻어내려고 할 경우에만 모니터 객체를 생성한다.

3. 가비지 컬렉션은 각 객체에 참조 카운트[reference count]를 비롯한 정보가 있어야 한다. 현대적인 가비지 컬렉션 알고리듬은 객체가 만들어진 시점을 기반으로 각 객체를 서로 다른 세대[generation]로 나눈다. 이러한 경우 헤더에 age 필드도 필요하다.

이 책에서는 현대적인 64비트 JVM의 일반적인 관례에 따라 객체 하나당 12바이트의 공간을 차지한다고 가정한다. 표준적인 객체 헤더 외에도 배열에는 배열의 길이도 저장해야 하므로 16바이트로 가정한다(즉 빈 배열도 16바이트를 차지한다).

마지막으로 하드웨어 아키텍처에 따라 데이터가 특정한 경계에 맞게 정렬되길 강제하거나 권고한다. 즉 2의 제곱 수(보통 4나 8)의 배수인 주소를 사용해야 하드웨어가 효율적으로 작동한다. 이러한 이유로 컴파일러나 가상 머신은 패딩을 이용한다. 객체의 각 필드와 객체 자체의 크기가 워드[word] 단위에 정렬되도록 빈 공간을 삽입해 객체의 메모리 레이아웃을 부풀린다. 이 책에서는 아키텍처에 의존적인 패딩 문제는 무시한다.

C#의 객체 크기

C#의 상황도 앞에서 설명한 자바와 비슷하며 메모리 오버헤드가 발생하는 이유도 비슷하다. 32비트 아키텍처에서 객체의 헤더는 12바이트이고 64비트 아키텍처에서는 16바이트다.

2.2.1 Reference의 메모리 요구량

이제 Reference 구현의 실제 메모리 사용량을 살펴보자. 우선 Container 객체에는 다음과 같은 내용이 필요하다.

- 12바이트의 오버헤드
- (double 타입의) amount 필드를 저장하는 8바이트
- 수조의 집합을 가리키는 4바이트의 참조와 집합 자체의 크기

HashSet의 메모리 사용량을 평가하려면 그 구현을 고려해야 한다. HashSet은 일반적으로 연결 리스트(여기서는 버킷bucket이라고 부른다)의 배열로 구현할 수 있고 특정 위치를 저장할 여분의 필드 1~2개가 더 필요하다. 각 요소가 서로 다른 버킷에 들어가는 이상적인 경우를 가정하면 요소 개수만큼의 버킷이 존재한다. 너무 자세한 내용은 생략하고 이러한 이상적인 단순한barebone HashSet은 약 52바이트를 차지한다. 집합의 요소마다 (리스트를 가리키는) 참조와 32바이트 정도의 요소 1개를 포함하는 리스트가 필요하다. '비어 있는empty'이라는 단어 대신 '단순한'이라는 단어를 사용한 이유는 빈 HashSet이라도 초기 용량이 0이 아니기 때문이다(현재 OpenJDK에서는 16버킷). 이 초기 용량은 처음으로 삽입될 요소를 위해 예약된 자리다. 그림 2.7은 언급된 객체들의 내부적인 세부 사항과 메모리 요구량을 구체적으로 보여준다.

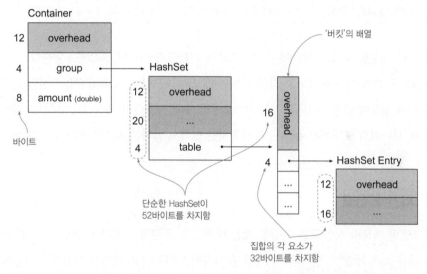

▲ **그림 2.7** Reference 버전에 사용된 수조의 자세한 메모리 소모량. HashSet에서는 버킷 테이블의 크기에 낭비가 없고 해시 함수도 완벽하다고 가정한다. 즉 각 버킷마다 요소가 하나씩 들어가는 이상적인 상황을 전제로 한다.

객체 크기 측정

JDK는 주어진 클래스의 객체에 대해 객체 헤더를 포함한 내부적인 메모리 레이아웃을 조사할 수 있는 도구인 JOL(Java Object Layout)을 포함한다. http://openjdk.java.net/projects/code-tools/jol/에서 찾아볼 수 있다.

돌발 퀴즈 3 `android.graphics.Rect` 클래스는 `int` 타입의 `public` 필드 4개를 포함한다. `Rect` 객체는 몇 바이트를 차지할까?

서로 다른 구현을 실제 숫자로 쉽게 비교하기 위해 2가지 시나리오의 메모리 사용량을 평가해본다. 첫 번째는 1,000개의 고립된 수조로 이뤄진 시나리오이고 두 번째는 연결된 10개 수조로 구성된 그룹이 100개 있는 시나리오다. 이 두 시나리오에서 레퍼런스 구현의 성능은 표 2.1과 같다. 이 수치는 좋은 걸까, 나쁜 걸까? 고립된 수조 하나당 100바이트는 너무 큰가?

▼ **표 2.1** 대표적인 두 시나리오에 대한 Reference의 메모리 사용량

시나리오	크기(계산 방법)	크기(바이트)
고립된 수조 1,000개	1,000 * (12 + 8 + 4 + 52 + 32)	108,000
크기가 10인 그룹 100개	1,000 * (12 + 8 + 4) + 100 * (52 + 10 * 32)	61,200

이보다 더 개선할 수 있을까? 이 수치만으로는 판단하기 어렵다. 3장과 4장에서 몇 가지 대안적인 구현 방식을 살펴보고 그들 사이의 메모리 소모량을 비교해보면 적절한 근거에 기반해 이 질문에 답할 수 있을 것이다(스포일러 주의: 4장에서 가장 작은 버전을 살펴볼 텐데 두 시나리오 모두에서 4KB만 차지하지만 앞에서 살펴본 API와 호환되지 않는다).

2.3 시간 복잡도

프로그램의 메모리 사용량을 측정할 때는 바이트를 표준적인 기본 단위로 사용한다. 앞에서 다룬 로우 레벨low-level 세부 사항을 무시하면 일반적으로 어떠한 컴퓨터를 사용하든 자바 프로그램의 메모리 사용량은 같다.

시간을 측정할 때는 상황이 더 복잡하다. 같은 프로그램이라도 어떠한 컴퓨터에서 실행되느냐에 따라 매우 다르게 실행된다. 따라서 실제 실행 시간을 측정하는 대신 프로그램이 기본적인 단계basic step를 실행하는 횟수를 측정한다. 기본 단계를 간단하게 정의하면 실행하는 데 상수 시간constant time이 소요되는 모든 연산이라고 할 수 있다. 예를 들어 모

든 산술 연산^{arithmetic operation}과 비교 연산을 기본 단계⁴로 생각할 수 있다.

또 다른 쟁점은 어떠한 입력이 주어지느냐에 따라 같은 함수라도 수행해야 할 기본 단계 수가 달라질 수 있다는 점이다. 예를 들어 코드 2.3의 connectTo 메서드를 살펴보자. 이 메서드는 다음과 같은 2가지 입력을 받아들인다.

- 명시적인 입력은 파라미터^{parameter}로 주어진 Container 타입의 other 뿐이다.
- 인스턴스 메서드로서 this를 암묵적인 파라미터로 받아들인다. 따라서 현재 수조 도 유효한 입력 중 하나다.

메서드는 2개의 for 루프를 포함하며 루프의 길이(반복 횟수)는 병합할 두 수조 그룹의 크기에 의존한다. 즉 입력에 따른 함수라고 할 수 있다.

이러한 경우 입력에서 알고리듬 수행 시간에 영향을 미치는 요소를 가려내 수치 형태의 파라미터로 요약한다. 일반적으로 이러한 요약 과정에서 어떠한 방법이든 입력 크기를 측정하는 작업이 필요하다. 입력 크기가 같은 경우에도 알고리듬이 수행하는 기본 단계 수가 달라진다면 주어진 크기의 입력에 대해 최대한 많은 단계가 실행되는 최악의 경우^{worst case}만 고려한다.

connectTo 메서드를 생각해보면 병합해야 할 두 수조 그룹의 크기 size1과 size2를 파라 미터로 생각할 수 있다. 이 두 파라미터를 바탕으로 다음 코드와 같이 connectTo 메서드 를 분석할 수 있다.

코드 2.5 Reference: connectTo 메서드(주석 생략)

```
public void connectTo(Container other) {

    if (group==other.group) return;  ❶ 한 단계

    int size1 = group.size(),
        size2 = other.group.size();
double tot1 = amount * size1,                    ❷ 다섯 단계
        tot2 = other.amount * size2,
```

---

4   기본 단계의 엄밀한 정의는 튜링 머신을 비롯한 계산의 형식 모델(formal model)에 기반해야 한다. 그 후에야 튜링 머신의 단 계를 상수 개수만큼 필요로 하는 연산을 기본 단계로 정의할 수 있다.

```
        newAmount = (tot1 + tot2) / (size1 + size2);

    group.addAll(other.group);                          ❸ size2 단계
    for (Container c: other.group)  c.group = group;    ❹ size2 단계
    for (Container c: group)   c.amount = newAmount;    ❺ size1 + size2 단계
}
```

루프 밖에 있는 모든 연산은 기본적으로 상수 시간에 실행될 뿐만 아니라 파라미터인 size1과 size2와 무관하므로 한 단계로 가정한다. group.addAll을 'size2 단계'로 평가한 것은 많은 세부 사항을 무시한 것인데 hashCode 메서드가 주어진 객체를 표현 가능한 정수 전체 범위로 고르게 분배한다고 가정했을 때의 기대치다.

> |노트| 해시 테이블과 그 성능을 더 깊이 이해하고 싶다면 2장 후반부의 참고문헌을 비롯한 자료 구조 관련 책을 참조하자.

이러한 전제하에 connectTo가 수행하는 기본 단계 수는 다음과 같다.

$$6 + 2 * size2 + (size1 + size2) = 6 + size1 + 3 * size2 \qquad (*)$$

하지만 위의 식에서 숫자 6이 인위적으로 느껴질 수 있다. 자바가 아니라 어셈블리assembly를 기준으로 했다면 6 대신 6,000이 될 수도 있고 튜링 머신 단계를 기준으로 했다면 600만이 될 수도 있다. 같은 이유로 size2에 곱해진 수 3도 근본적으로 인위적이다. 다시 말해 여기서 상수 3과 6은 기본 단계를 얼마나 세분하느냐에 따라 달라질 수 있다.

이러한 세분화 문제를 피해 단계 수를 평가하는 흥미로운 방법이 바로 크기 파라미터가 증가함에 따라 실행되는 단계 수가 얼마나 빨리 증가하는지 살펴보는 것이다. 이를 증가의 차수order of growth라고 하며 컴퓨터과학의 한 분야인 복잡도 이론complexity theory의 핵심 개념을 이룬다. 증가의 차수 개념을 채용하면 기본 단계의 세분화 정도를 정하는 부담에서 해방되며 더 추상적인 성능 평가가 가능해져 성능 비교가 쉬워진다. 그리고 증가의 차수는 함수의 점근적asymptotic 작동을 보장한다. 즉 파라미터 값이 커져도 항상 같은 추세를 유지한다.

증가의 차수를 나타내는 가장 일반적인 방법은 big-O 표기법이다. 기본 단계 산술식(∗)을 big-O 표기법으로 표현하면 $O(\text{size1}+\text{size2})$인데 보다시피 더하거나 곱해지는 임의의 상수를 효과적으로 생략했다. 엄밀하게 말해 big-O 표기법은 함수 증가의 상한계 upper bound를 나타낸다. 즉 $O(\text{size1}+\text{size2})$는 실행 시간의 증가세가 size1과 size2의 선형 함수보다 높지 않다는 것을 의미한다.

connectTo 메서드는 단순해 size1과 size2의 값이 같으면 수행되는 기본 단계 횟수도 항상 같다. 하지만 일부 알고리듬은 입력의 크기로 표현할 수 없는 기타 특성에 의존함으로써 비정규적인 성능 특성을 보인다. 예를 들어 정렬되지 않은 배열에서 주어진 값을 찾는다고 가정해보자. 그 값을 (상수 시간에) 바로 찾을 수도 있고 주어진 값이 존재하지 않는 경우 (선형 시간에) 배열 전체를 훑어봐야 할 수도 있다. 이러한 경우 복잡도 분석에서는 일반적으로 가장 많은 단계가 실행되는 입력을 고려한다. 즉 최악의 경우를 가정한다. 이러한 이유로 표준적인 알고리듬 성능 평가를 최악 점근 복잡도라고 부른다. 요약하면 정렬되지 않은 배열의 검색 알고리듬 (최악 점근) 복잡도는 $O(n)$이다. 표 2.2는 일반적인 big-O 한계와 그 이름, 그에 해당하는 배열 관련 알고리듬을 보여준다. 배열을 이용한 알고리듬에서 파라미터 n은 배열의 크기를 나타낸다.

▼ **표 2.2** big-O 표기법의 일반적인 복잡도 한계

표기	이름	예
$O(1)$	상수 시간	배열의 첫 번째 요소가 0인지 확인
$O(\log n)$	로그 시간	이진 탐색(binary search): 정렬된 배열에서 주어진 값을 찾는 영리한 방법
$O(n)$	선형 시간	정렬되지 않은 배열에서 최대값 찾기
$O(n \log n)$	유사 선형(quasilinear) 시간	병합 정렬(merge sort)로 배열 정렬하기
$O(n^2)$	이차(quadratic) 시간	버블 정렬(bubble sort)로 배열 정렬하기

돌발 퀴즈 4 정렬되지 않은 정수 배열에 대해 배열 요소들이 회문palindrome을 형성하는지 확인하는 작업의 복잡도는 어떠한가?

점근적 표기법을 더 깊이 살펴보기 전에 connectTo의 두 파라미터를 하나로 합쳐 분석을 간단하게 만들자. 현재까지 생성된 모든 수조의 개수를 n이라고 하면 size1 + size2는 n보다 작거나 같다(각 그룹 사이에는 중복된 수조가 없다). 함수의 상한계가 $O(\text{size1} + \text{size2})$이므로 이보다 큰 $O(n)$도 함수의 상한계다. 즉 connectTo 연산 횟수의 최대 증가세는 수조 전체 개수의 선형 함수 이하다. 이러한 방법이 너무 대략적이라고 느껴질 수도 있다. size1과 size2는 n보다 훨씬 작다. 하지만 이러한 대략적인 방법만으로도 앞으로 살펴볼 다양한 구현 방식의 효율성을 비교하는 데 충분하다.

---

big-O 표기법의 정식적인 정의

어떠한 알고리듬의 복잡성이 $O(f(n))$라는 것은 주어진 입력의 크기가 n일 때 알고리듬이 수행하는 기본 단계의 횟수가 $f(n)$를 상한계로 한다는 뜻이다. 입력의 크기를 n이라는 하나의 파라미터로 측정하는 방법에만 동의한다면 이는 합리적이다.

더 엄격하게 설명하면 입력의 크기 n에 대해 알고리듬이 수행하는 연산 수를 나타낼 때 어떠한 함수 $f(n)$에든 big-O 표기법을 적용할 수 있다. 어떠한 알고리듬이 크기 n인 입력에 대해 실제로 $g(n)$만큼의 단계를 실행한다고 가정하자. 여기서 알고리듬의 복잡도가 $O(f(n))$라는 것은 다음 수식을 만족하는 두 수 m과 c가 존재한다는 것을 의미한다(단, $n \geq m$).

$$g(n) \leq c \cdot f(n)$$

즉 입력의 크기가 충분하게 크면 실제로 실행된 단계 수는 함수 f 값에 상수를 곱한 것 이하다.

복잡도 이론은 이밖에도 하한계와 상·하한계를 비롯한 다양한 표기법을 제공한다.

2.3.1 Reference의 시간 복잡도

이제 Reference의 모든 메서드의 복잡도를 엄밀하게 정할 수 있다. getAmount 메서드는 단순한 겟터이므로 상수 시간을 소모한다. connectTo와 addWater는 그룹에 속하는 모든 수조에 연산을 취한다. 그룹의 최대 크기는 전체 수조의 개수이므로 최악의 경우 복잡도는 수조의 개수 n에 선형적이다. 표 2.3은 이를 요약한 것이다. 3장에서는 시간 복잡도를 개선하는 방법을 알아본다.

▼ 표 2.3 전체 수조의 개수 n에 대한 Reference의 시간 복잡도

메서드	시간 복잡도
getAmount	$O(1)$
connectTo	$O(n)$
addWater	$O(n)$

2.4 배운 내용 연습하기

2장에서 배운 내용을 3장부터 여러 상황에 적용해볼 것이다. 이 책에서는 한 가지 예제를 바탕으로 여러 주제를 설명하므로 배운 내용을 여러 가지로 응용해봐야 한다. 이를 위해 연습 문제를 제공한다. 물론 여러분 스스로 해결해야 하지만 그럴 시간이나 의도가 없다면 적어도 연습 문제와 해답을 읽어보길 바란다. 해답은 자세하게 설명했고 각 장 내용에 유용한 통찰을 더해준다. 그리고 여러 장의 연습 문제를 바탕으로 책에서 다루지 않은 JDK와 기타 라이브러리의 여러 클래스를 다뤄볼 수 있다.

연습 문제 1

1. 다음 메서드의 복잡도는?

```java
public static int[][] identityMatrix(int n) {
    int[][] result = new int[n][n];
    for (int i=0; i<n; i++) {
        for (int j=0; j<n; j++) {
            if (i==j) {
                result[i][j] = 1;
            }
        }
    }
    return result;
}
```

2. 메서드의 결과에 영향을 미치지 않고 더 효율적으로 만들 수 있는가?

3. 더 효율적인 버전을 만들었다면 더 낮은 복잡도를 보이는가?

연습 문제 2

java.util.LinkedList<T> 클래스는 T 타입 객체의 참조를 포함하는 이중 연결 리스트를 구현한다. 소스 코드[5]를 확인한 후 요소 개수가 n일 때 LinkedList의 크기를 바이트 단위로 평가하라(n개 객체가 차지하는 공간은 제외한다).

연습 문제 3(미니 프로젝트)

소셜 네트워크의 개인을 나타내는 User 클래스를 만들고 다음과 같은 기능을 제공하자.

- 각 사용자는 이름이 있다. 이름을 받아들이는 public 생성자를 만들자.
- 다음과 같은 메서드로 친구 관계를 맺을 수 있다.

      public void befriend(User other)

  친구 관계는 대칭적이다. 즉 a.befriend(b)는 b.befriend(a)와 같다.

- 클라이언트는 다음과 같은 메서드를 이용해 주어진 두 사용자가 직접적인 친구인지, 간접적인 친구(친구의 친구)인지 알 수 있다.

      public boolean isDirectFriendOf(User other)
      public boolean isIndirectFriendOf(User other)

요약

- UML 객체 다이어그램과 시퀀스 다이어그램을 비롯한 정적, 동적 다이어그램을 바탕으로 소프트웨어의 구조와 동작을 시각화할 수 있다.
- 빈 자바 객체도 12바이트의 메모리를 차지하는 것은 객체 헤더 때문이다.
- 점근적 복잡도는 하드웨어에 독립적인 방식으로 시간 효율성을 평가한다.
- big-O 표기법은 시간 복잡도의 점근적 상한계를 표현하는 가장 일반적인 방식이다.

5　현재 시점에서는 http://mng.bz/KElg에서 소스 코드를 찾을 수 있다.

퀴즈와 연습문제 정답

돌발 퀴즈 1

연락처가 이름과 전화번호로 구성된다고 가정하자. 일반적으로 이름의 알파벳 순으로 연락처 목록을 정리할 텐데 이는 객체의 내용(여기서는 이름)을 순서 기준으로 사용한다. 따라서 연락처 목록은 SortedSet으로 표현하는 방법이 적합하고 그 표준적인 구현체가 바로 TreeSet 클래스다.

실제 스마트폰의 연락처는 많은 속성을 포함하고 여러 가지 앱과 연동되는 복잡한 객체다. 따라서 데이터베이스에 저장하는 것이 좋다(안드로이드는 SQLite를 사용한다).

돌발 퀴즈 2

자바 클래스와 메서드를 표현하는 클래스 다이어그램을 살펴보자.

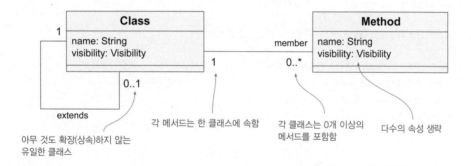

돌발 퀴즈 3

android.graphics.Rect 객체는 12바이트의 오버헤드와 $4 * 4$ 바이트의 정수 필드를 합쳐 총 28바이트의 메모리를 차지한다. 다른 경우와 마찬가지로 이는 패딩 문제를 무시한 평가인데 패딩을 고려하면 다음 8의 배수인 32바이트를 차지할 가능성이 크다.

돌발 퀴즈 4

길이가 짝수 n인 배열이 회문인지 확인하고 싶다면 i를 0부터 n/2까지 반복하며 a[i]와 a[n-1-i]가 같은지 확인하면 된다. 여기서 반복 횟수는 n/2이므로 증가의 차수는 $O(n)$이다(상수 계수 $\frac{1}{2}$은 점근적 표기에 영향을 미치지 않는다).

연습 문제 1

1. 메서드의 복잡도는 $O(n^2)$, 즉 이차다.

2. 중첩된 루프와 if문을 사용하지 않은 더 효율적인 버전은 다음과 같다.

```
public static int[][] identityMatrix(int n) {
    int[][] result = new int[n][n];   ❶ 이 행렬은 0으로 초기화됨
    for (int i=0; i<n; i++) {
        result[i][i] = 1;
    }
    return result;
}
```

3. 이 새로운 버전의 복잡도는 여전히 이차다. 두 번째 행에서 배열을 할당할 때 암묵적으로 배열의 모든 요소 n^2개를 0으로 초기화하기 때문이다.

연습 문제 2

LinkedList의 소스 코드에서 관련 부분을 살펴보자.

```
public class LinkedList<E> extends AbstractSequentialList<E> ... {
  transient int size = 0;
  transient Node<E> first;
  transient Node<E> last;

  ...
  private static class Node<E> {
    E item;
    Node<E> next;
    Node<E> prev;
    ...
  }
}
```

상위 클래스^superclass로 AbstractSequentialList와 AbstractList, AbstractCollection이 순서대로 보인다. 이중에 인스턴스 필드를 포함하는 클래스는 AbstractList뿐인데 이 필드는 리스트를 순회하는 동안 동시적 수정을 감지하는 데 쓰인다.

```
protected transient int modCount = 0;
```

n개 요소를 포함하는 LinkedList가 차지하는 공간은 다음과 같다.

- 오버헤드 12바이트

- 세 필드 size와 first, last를 저장하는 3 * 4바이트

- 상속된 modCount 필드 4바이트

여기에 각 요소가 차지하는 메모리도 있다.

- 오버헤드 12바이트

- 세 필드 item과 next, prev를 저장하는 3 * 4바이트

요약하면 요소 n개를 포함하는 LinkedList는 $28 + n * 24$ 바이트를 차지한다.

연습 문제 3

직접적 연결(친구 관계)과 간접적 연결을 구별해야 한다는 점만 제외하면 문제에 주어진 명세는 수조 시나리오와 비슷하다. 한 가지 방안은 직접적인 연결만 명시적으로 저장하고 간접적인 연결은 필요할 때 확인하는 것이다. 이러한 클래스는 다음과 같이 시작할 것이다.

```java
public class User {
   private String name;
   private Set<User> directFriends = new HashSet<>();

   public User(String name) {
      this.name = name;
   }

   public void befriend(User other) {
      directFriends.add(other);
      other.directFriends.add(this);
   }

   public boolean isDirectFriendOf(User other) {
      return directFriends.contains(other);
   }
```

간접적 연결을 확인하려면 (무향) 그래프를 순회해야 하는데 가장 간단한 알고리듬으로 너비 우선 탐색[BFS, Breadth-First Search]을 사용할 수 있다. 이 알고리듬은 노드를 다음과 같은 2가지로 나눠 관리한다.

- 앞으로 방문할 노드의 전방[frontier]에 있는 노드
- 이미 방문한[visited] 또는 closed 노드

BFS는 다음과 같이 구현할 수 있다.

```java
public boolean isIndirectFriendOf(User other) {
    Set<User> visited = new HashSet<>();
    Deque<User> frontier = new LinkedList<>();

    frontier.add(this);
    while (!frontier.isEmpty()) {
        User user = frontier.removeFirst();
        if (user.equals(other)) {
            return true;
        }
        if (visited.add(user)) {    ❶ 아직 방문하지 않은 경우
            frontier.addAll(user.directFriends);    ❷ addAll로 맨 끝에 추가함
        }
    }
    return false;
}
```

참고문헌

자바 프로그램 입문서는 수없이 많지만 내가 추천하는 책은 다음과 같다.

- Cay S. Horstmann, 『Core Java』(Prentice Hall, 2015)
  API의 상당 부분을 학습할 수 있는 두 권의 두꺼운 책
  번역서: 『가장 빨리 만나는 코어 자바 9』(신경근 역)(길벗, 2018)
- Peter Sestoft, 『Java Precisely 3/E』(MIT Press, 2016)
  입문용 서적은 아니지만 언어와 엄선된 API(컬렉션과 자바 8 스트림 포함)를 간결하고 알기 쉽게 설명한 참고서

시간 복잡도와 big-O 표기법이 궁금하다면 모든 알고리듬 입문서에서 이 주제를 통합적으로 다룬다. 다음 책은 고전 명저 중 하나다.

- Thomas Cormen, Charles Leiserson, Ronald Rivest, Clifford Stein, 『Introduction to Algorithms』(MIT Press, 2009)

  번역서: 『Introduction to Algorithms』(문병로, 심규석, 이충세 공역)(한빛아카데미, 2014)

마지막으로 UML과 이와 관련된 소프트웨어 공학 기법은 다음을 참조하자.

- Martin Fowler, 『UML Distilled』(Addison-Wesley, 2003)

  제목이 말해주듯 UML 표기법을 200페이지 이내로 압축해 소개한다. 특히 클래스 다이어그램과 시퀀스 다이어그램에 초점을 맞춘다.

  번역서: 『표준 객체 모델링 언어 입문』(홍릉과학출판사, 2005)

- Craig Larman, 『Applying UML and Patterns』(Prentice Hall, 2004)

  범위와 분량 면에서 파울러의 책보다 훨씬 방대하다. UML은 물론 객체지향 분석과 설계를 체계적으로 소개한다. 제2판은 무료로 다운로드 받을 수 있다.

Part 2

소프트웨어 품질

2부에서는 여러 가지 소프트웨어 품질을 깊이 살펴보고 이를 개선하기 위한 최적화를 수행한다. 3장에서는 시간과 메모리 측면에서 효율성을 다루는데 그 도구로서 알고리듬과 자료 구조를 활용한다.

5장과 6장에서는 계약에 의한 설계와 테스트 등의 기법을 바탕으로 신뢰성 향상에 집중한다. 7장에서는 가독성 높은 코드 작성의 우수 사례를 살펴본다. 8장과 9장에서는 스레드 안전성과 재사용성 관련 고급 프로그래밍 기법을 맛본다.

3

질주 본능: 시간 효율성

3장에서 다루는 내용

■ 리스트와 집합, 트리를 비롯한 일반적인 자료 구조 사이의 성능 비교

■ 주어진 자료 구조의 최악의 경우 성능과 장기적인 평균 성능 평가

■ 클래스의 특정 메서드에 계산 부하를 집중시키거나 여러 메서드로 분산하기

펀치 카드로 프로그래밍하던 고대로부터 가능한 최고 속도를 달성하는 것은 프로그래머를 매료시켰다. 나아가 이러한 욕구를 채우기 위해 컴퓨터과학의 많은 분야가 생겨났다. 3장에서는 각기 다른 방식으로 속도를 최적화하는 3가지 수조 구현을 살펴본다. 그런데 왜 3가지일까? 가장 나은 한 가지만 알면 되지 않을까? 모든 상황에서 최선의 방법은 존재하지 않는다는 것이 3장에서 얻을 교훈이다.

기본적인 프로그래밍 강의와 컴퓨터과학 교육 과정에서는 이러한 사실을 과소평가하곤 한다. 컴퓨터과학을 가르칠 때 특히 알고리듬과 자료 구조 강의에서는 시간 효율성을 주로 다루는데 이러한 강의와 교과서에서는 한 번에 한 가지 문제, 예를 들어 그래프나 균형 트리를 순회하는 문제에 집중한다. 이처럼 입력과 출력이 주어진 한 가지 알고리듬 문제를 다룰 때는 두 알고리듬의 성능을 비교할 수 있다. 그리고 최악의 경우 점근적 시간 복잡도가 가장 낮은 쪽이 가장 빠른 방법이라고 결론짓는다. 컴퓨팅 문제 관련 연구는

바로 이러한 식으로 이뤄진다.

한편 우리가 다루는 수조 문제를 비롯한 실세계에서 마주치는 문제는 그렇지 않다. 단순하게 입력을 받고 출력하고 종료하는 문제가 아니다. 서로 영향을 주고받는 메서드와 몇 번이고 되풀이해 사용하는 기능을 설계해야 한다. 선택된 자료 구조가 한 메서드에는 적합해 복잡도를 낮출 수 있지만 다른 메서드에는 부적합해 복잡도를 증가시킨다. 이러한 이유로 모든 경우에 최적인 방법은 찾기 어렵고 상충하는 대안이 존재할 뿐이다.

3장에서는 1장에서 제시한 API를 준수하는 3가지 수조 구현 방식을 살펴본다. 3가지 방식은 성능 특성이 서로 다르며 적어도 최악의 경우 복잡도에서 다른 모든 방식을 항상 압도하는 방식은 존재하지 않는다. 이와 달리 많은 연산을 수행할 때 주어진 구현의 평균적인 성능을 평가하는 방법도 배우는데 이러한 평균 성능을 기준으로 하면 대부분의 경우 세 번째 구현이 최선이다. 3.4절에서는 간단한 성능 테스트를 바탕으로 이를 확인해본다.

부분 순서

우리가 다루는 예제처럼 여러 메서드가 존재하는 경우 여러 구현 방식 사이에서 최악의 경우 복잡도에 부분 순서 관계가 성립한다. 부분 순서는 여러 항목 중 둘을 뽑았을 때 둘 사이에 성립하는 관계로 그중 일부 쌍이 비교 불가한 관계를 말한다. 예를 들어 두 명이 '~의 자손'이라는 관계를 생각해보자. (철수, 영희) 쌍이 있을 때 철수가 영희의 자손이라면 '~의 자손' 관계가 성립한다. 관계가 없는 두 명 a와 b가 있을 때 두 쌍 (a, b)와 (b, a) 모두 '~의 자손' 관계가 성립하지 않으며 이는 '~의 자손' 관계가 부분 순서를 따른다는 것을 의미한다. 부분 순서를 따르는 어떠한 관계에서 비교 가능한 집합 안에서 다른 어떠한 항목보다 작지 않은 항목을 극대 원소(top item)라고 한다.

경제학자들은 극대 원소를 파레토 최적(Pareto Optimal)이라고도 하며 모든 파레토 최적 항목의 집합을 파레토 경계(Pareto Front)라고 한다. '~의 자손'이라는 말을 '~보다 작다'로 해석하면 전설 속 아담과 이브는 다른 누구보다 작지 않으므로(자손이 아니므로) 유일한 극대 원소다.

컴퓨터 관련 예를 더 살펴보면 자바의 기본 타입 사이의 확대 변환(Promotion) 규칙도 부분 순서를 따른다. 'int'는 'long'보다 작고(변환할 수 있고) 'boolean'과 'int'는 비교 불가하다.

클래스를 설계할 때 메서드의 호출 빈도와 호출 순서를 알 수 없다면(사용 프로파일(Usage Profile)을 얻을 수 없다면) 성능 특성이 파레토 최적인 구현 방식을 선택하는 것이 최선이다. 그러한 구현에서는 다른 메서드의 성능을 저해하지 않으면서 한 메서드의 성능을 개선할 수 없다. 3장에서는 수조 문제 관련 3가지 파레토 최적 구현 방식을 제시한다.

돌발 퀴즈 1 자바 프로그램에서 사용하는 클래스 사이에는 어떠한 부분 순서가 성립할까?

3.1 상수 시간에 물 넣기 [Speed1]

Reference 구현에서 선형 복잡도였던 addWater 메서드를 최적화하는 방법을 살펴보자. 클래스 내의 다른 메서드의 복잡도에 영향을 미치지 않고 addWater 메서드의 복잡도를 상수 시간으로 감소시킬 수 있다. 이보다 더 좋을 수 있을까?

Reference 구현에서 addWater 문제는 현재 수조에 연결된 모든 수조를 방문해 물의 양을 조절해야 한다는 점이다. 하지만 연결된 모든 수조에 담긴 물의 양이 같은 경우 이러한 방식은 낭비가 크다. Container 클래스의 amount 필드를 새로운 클래스인 Group으로 옮기면 이러한 낭비를 없앨 수 있다. 같은 그룹에 속하는 모든 수조는 같은 Group 객체를 참조하고 이 객체에 해당 그룹에 속하는 수조에 담긴 물의 양을 저장한다.

Speed1 구현에서 Container 클래스의 필드는 하나뿐이다.

```
private Group group = new Group(this);
```

코드 3.1에서 보듯이 새로운 클래스 Group은 중첩된 클래스인데 모든 수조는 이 클래스의 객체를 참조한다. Group의 생성자에 this를 넘겨주고 첫 번째 수조를 포함하는 새로운 그룹을 만들었다. Group 객체에는 2개 필드가 있는데 그룹에 속하는 수조에 담긴 물의 양과 그룹에 포함된 수조의 집합을 저장한다. 이렇게 함으로써 모든 수조는 자신이 속한 그룹을 참조하고 그룹은 그 안에 포함된 모든 수조를 알 수 있다.

Group 클래스를 static으로 선언한 이유는 그룹이 그 그룹을 생성한 수조에 영구적으로 연결될 필요가 없기 때문이고 private로 선언한 이유는 클라이언트에 노출되지 않기 위해서다. 클라이언트는 그룹을 사용할 필요가 없고 그룹에 직접 접근하면 안된다. 이처럼 전체 클래스가 private이므로 생성자와 필드에 가시성 제한자를 명시할 필요가 없다.

```
private static class Group {
  double amountPerContainer;
  Set<Container> members;    ❶ 연결된 모든 수조의 그룹

  Group(Container c) {
    members = new HashSet<>();
    members.add(c);
  }
}
```

그림 3.1은 UseCase의 세 단계를 실행한 후의 모습이다. 4개의 수조(a, b, c, d)를 생성했고 다음과 같이 메서드를 호출한다.

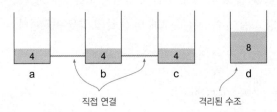

▲ **그림 3.1** UseCase의 세 단계를 실행한 후의 모습. 수조 a와 b, c는 연결됐고 a와 d에 물을 부었다.

```
a.addWater(12);
d.addWater(8);
a.connectTo(b);
b.connectTo(c);
```

connectTo 메서드는 Reference와 매우 비슷하며 온라인 저장소(https://bitbucket.org/mfaella/exercisesinstyle)에서 볼 수 있다.

그림 3.2에서는 UseCase의 현 시점에서 Speed1의 메모리 레이아웃을 볼 수 있다. 수조가 두 그룹으로 나뉘어 있으므로 Group 객체도 2개가 존재하며 각 그룹에 속하는 수조의 집합과 그 수조에 담긴 물의 양을 포함한다.

이제 코드 3.2처럼 Container의 메서드를 Group 객체를 이용해 쉽게 작성할 수 있다.

```
public double getAmount() { return group.amountPerContainer; }

public void addWater(double amount) {
  double amountPerContainer = amount / group.members.size();
  group.amountPerContainer += amountPerContainer;
}
```

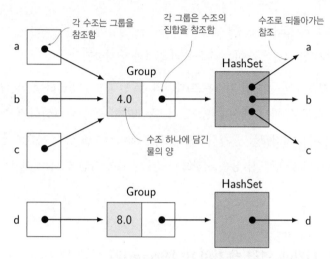

▲ **그림 3.2** UseCase의 세 단계를 수행한 시점에서 Speed1의 메모리 레이아웃

3.1.1 시간 복잡도

Reference와 마찬가지로 connectTo에서 그룹에 속한 모든 수조를 순회해야 하므로 시간 복잡도는 표 3.1과 같다. 표에서 보듯이 이 구현 방식에서 성능의 병목은 connectTo 메서드다.

메서드	시간 복잡도
getAmount	$O(1)$
connectTo	$O(n)$
addWater	$O(1)$

connectTo 메서드의 두 단계 모두 선형 시간이 소요된다.

1. addAll 메서드를 이용해 두 그룹의 요소를 병합하기
2. 나머지 한 그룹에 속하는 수조들의 그룹을 변경하기

첫 번째 단계는 집합을 연결 리스트로 대체해 두 컬렉션을 병합하는 연산을 상수 시간으로 줄이면 속도를 쉽게 개선할 수 있다. 두 번째 단계는 개선하기 복잡하다. 사실 getAmount의 시간 복잡도를 증가시키지 않고는 connectTo를 상수 시간에 완료할 수 없다. 하지만 connectTo를 반드시 상수 시간으로 만들어야 한다면 3.2절에서 살펴볼 구현을 이용하자.

3.2 상수 시간에 연결 추가하기 [Speed2]

3.2절에서는 connectTo의 복잡도를 상수 시간으로 줄이는 것을 목적으로 새로운 버전의 수조 클래스 Speed2를 만들어 본다. 그 과정에서 2가지 기법을 사용한다.

1. 병합 연산을 상수 시간에 수행할 수 있는 자료 구조를 이용해 연결된 수조의 그룹을 표현한다.
2. 물의 양을 갱신하는 작업을 최대한 나중으로 미룬다.

첫 번째 기법에서는 전혀 다른 방식을 이용해 연결된 수조의 그룹을 표현하는 데 순환 연결 리스트circular linked list를 직접 구현해야 한다.

3.2.1 순환 리스트로 그룹 표현하기

순환 연결 리스트는 각 노드가 순환하는 형태로 다음 노드를 가리키는 일련의 노드로 이

뤄진다. 첫 노드나 마지막 노드, 머리나 꼬리 개념이 존재하지 않는다. 빈 순환 연결 리스트는 아무 노드도 포함하지 않지만 노드 하나를 포함하는 순환 연결 리스트에서는 그 노드의 다음 노드로 자신을 가리킨다.

수조 예제에서는 각 수조가 단일 순환 연결 리스트^{singly linked circular list}의 노드이며 다음과 같은 코드처럼 amount 필드와 next 참조를 포함한다.

> **코드 3.3** Speed2: 필드

```java
public class Container {
  private double amount;
  private Container next = this;
```

돌발 퀴즈 2 단일 순환 연결 리스트에서 주어진 노드를 제거하는 연산의 복잡도는 어떠한가?

예제에서 이용하고 싶은 순환 연결 리스트의 장점은 서로 다른 리스트에 속하는 두 노드가 주어졌을 때 단일 연결만으로도 두 리스트를 상수 시간에 병합할 수 있다는 점이다. 그림 3.3처럼 두 노드의 next 참조를 서로 바꾸면 리스트를 병합할 수 있다.

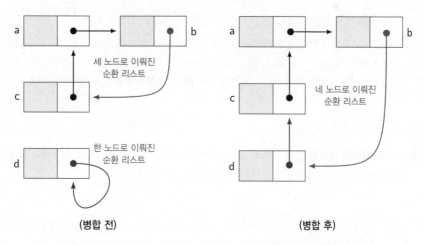

▲ **그림 3.3** 두 노드(b와 d)의 next 참조를 서로 바꾸면 리스트를 병합할 수 있다.

하지만 이 방법은 주어진 두 노드가 서로 다른 리스트에 속할 때만 제대로 작동한다. 두 노드가 같은 리스트에 속하면 참조를 서로 바꿈으로써 거꾸로 한 리스트를 2개 리스트로 나눈다. 따라서 Novice 구현과 같은 문제가 발생한다. 즉 주어진 두 수조가 직·간접적으로 연결되지 않은 경우에만 connectTo가 제대로 동작한다.

connectTo 메서드에서 두 그룹을 병합하기 전에 주어진 두 수조가 연결됐는지 확인하면 되겠지만 이렇게 하려면 두 리스트 중 적어도 하나를 스캔해야 하므로 상수 시간 복잡도를 달성할 수 없다. 상수 시간의 성능을 원한다면 이러한 견고성의 결함을 감내해야 한다. 5장에서 더 튼튼한 수조 클래스를 만들어보자.

일반적인 연결 리스트는 어떠할까?

상수 시간 병합이 가능한 자료 구조는 순환 리스트뿐만이 아니다. 일반적인 연결 리스트도 이러한 성질을 만족할 수 있는데 그러려면 병합 연산에서 두 리스트의 처음과 마지막 요소(머리와 꼬리)에 직접 접근할 수 있어야 한다. 이를 살펴보기 위해 비어 있지 않은 두 단일 연결 리스트 list1과 list2의 head와 tail에 바로 접근할 수 있다고 가정하자. 병합 연산은 다음과 같은 코드 두 줄로 수행할 수 있다.

```
list1.tail.next = list2.head;
list1.tail = list2.tail;
```

이 두 줄을 실행한 후 list1은 병합된 리스트를 가리키고 list2는 변화가 없다.

하지만 연결 리스트를 이용해 상수 시간에 수조를 연결할 수는 없다. 모든 수조가 각각 리스트의 머리와 꼬리에 직접 접근해야 한다는 점을 고려해야 한다. 두 그룹을 병합할 때 관련된 모든 수조가 병합된 후의 머리와 꼬리를 알 수 있게 갱신해야 하는데 이 과정에서 선형 시간이 필요하다.

|**팁**| 자바 표준에 포함된 연결 리스트 구현(LinkedList)은 상수 시간 병합을 제공하지 않는다. list1.addAll(list2)을 호출하면 list2의 모든 요소를 순회한다.

그림 3.4는 위에서 살펴본 수조 구현(Speed2)을 바탕으로 UseCase에서 병합 전후의 메모리 레이아웃을 보여준다. 리스트의 노드 자체가 수조라는 점을 제외하면 그림 3.3과 비슷한 구조다. 그림 왼쪽에서 수조 a와 b, c는 서로 연결된 상태이므로 해당 노드가 순환

하는 형태로 연결된다. 수조 d는 고립된 상태이므로 next가 자신을 참조한다.

그림 오른쪽에서는 b.connectTo(d)를 실행한 후 무슨 일이 벌어지는지를 보여준다. b와 d의 next 참조를 교체하는 것만으로 두 리스트가 병합됐다. 다음 코드에서 보듯이 connectTo 구현에는 두 참조를 맞바꾸는 내용뿐이다.

```
public void connectTo(Container other) {    ❶ this와 other의 next 필드를 맞바꿈
  Container oldNext = next;
  next = other.next;
  other.next = oldNext;
}
```

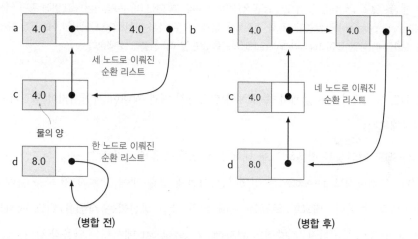

(병합 전)　　　　　　　　　**(병합 후)**

▲ **그림 3.4** UseCase에서 b.connectTo(d) 실행 전후 시점에 Speed2의 메모리 레이아웃. b와 d의 next 참조를 교체하는 것만으로 두 그룹이 병합된다.

3.2.2 갱신 지연

connectTo를 상수 시간에 실행하기 위해 물의 양을 갱신하지 않는다. 물의 양은 getAmount를 호출할 때 비로소 알 수 있다. 이를 지연성^{laziness}이나 지연 평가$^{lazy\ evaluation}$라고 하는데 프로그래머가 즐겨 사용하는 기법 중 하나이며 함수형 프로그래밍에서 유래한다. 지연성은 필요한 시점까지 계산을 미루는 아이디어를 말한다.

돌발 퀴즈 3   여러분의 삶에서 즉시 해야 할 2가지 일과 최대한 지연시켜야 할 2가지 일을 생각해보자.

addWater에도 지연성을 적용해 그룹 내에 물을 실제로 분배하지 않고 해당 수조만 갱신할 수 있다. 불행하게도 getAmount를 실행하는 시점에 그룹 내에 같은 양의 물을 분배하는 대가를 치러야 한다. 명료한 코드를 위해 물의 양을 갱신하는 작업을 별도 메서드인 updateGroup으로 분리하자. 최종적인 addWater와 getAmount 메서드는 다음과 같다.

코드 3.5 Speed2: addWater와 getAmount 메서드

```
public void addWater(double amount) {
    this.amount += amount;   ❶ 현재 수조만 갱신함
}

public double getAmount() {
    updateGroup();   ❷ 지원 메서드에서 물을 분배하는 일을 수행
    return amount;
}
```

코드 3.6의 갱신 메서드는 그룹을 나타내는 순환 리스트를 두 번 순회한다. 첫 번째 순회에서는 그룹 내에 담긴 물의 총량과 수조 개수를 구한다. 두 번째 순회에서는 앞에서 얻은 결과를 이용해 수조에 담긴 물의 양을 새로 갱신한다.

코드 3.6 Speed2: 지원 메서드 updateGroup

```
private void updateGroup() {
    Container current = this;
    double totalAmount = 0;
    int groupSize = 0;

    do {    ❶ 첫 번째 순회: 물의 총량과 수조 개수를 구함
        totalAmount += current.amount;
        groupSize++;
        current = current.next;
    } while (current != this);
    double newAmount = totalAmount / groupSize;

    current = this;
    do {    ❷ 두 번째 순회: 물의 양을 갱신
        current.amount = newAmount;
        current = current.next;
    } while (current != this);
}
```

두 번의 순회 모두 순환 리스트의 모든 노드를 방문해야 한다. 영원한 순환을 막으려면 임의의 노드에서 시작해 next 참조를 따라가다가 시작했던 노드로 되돌아왔을 때 멈춰야 한다.

이제 다음 2가지를 고려해야 한다.

1. getAmount를 호출할 때마다 updateGroup을 꼭 호출해야 할까? 수조가 이미 갱신됐는지를 알려주는 불리언boolean 플래그를 이용하면 불필요한 updateGroup 호출을 막을 수 있을까?

2. updateGroup 호출을 getAmount에서 addWater로 옮길 수 있을까? 읽기보다 쓰기를 수행할 때 대가를 치르는 편이 더 합리적이지 않을까?

불행하게도 2가지 개선안 모두 불가능하다. 즉 수조를 연결하는 연산을 상수 시간에 수행할 수 없다.

첫째, 모든 수조에 updated 플래그[1]를 추가했다고 가정해보자. 그룹을 갱신할 때마다 수조의 플래그가 변경되고 나중에 getAmount를 호출할 때는 updateGroup을 호출할 필요가 없다. 여기까지는 만사형통이다. 이제 connectTo로 두 그룹을 병합한다고 가정해보자. 모든 수조의 updated 플래그를 재설정해야 하지만 이 작업은 상수 시간에 수행할 수 없다. 이렇게 첫 번째 개선은 실패로 돌아간다.

둘째, updateGroup 호출을 getAmount에서 addWater로 옮길 수는 있지만 connectTo에서도 updateGroup을 호출해야 한다. 그렇게 하지 않고 그룹을 병합한 직후 물의 양을 조회하면 잘못된 정보를 얻는다. 이로 인해 connectTo의 복잡도가 선형 시간이 되므로 3.3.2절의 목적을 달성하지 못한다.

Speed2의 최악의 경우 시간 복잡도는 표 3.2와 같다. 예상했던 대로 선형 시간이 필요한 비싼 연산을 getAmount로 옮김으로써 connectTo와 addWater를 상수 시간에 수행할 수 있다.

▼ 표 3.2 Speed2의 시간 복잡도. n은 모든 수조의 개수

메서드	시간 복잡도
getAmount	$O(n)$
connectTo	$O(1)$
addWater	$O(1)$

3.3 최적의 균형: 합집합 찾기 알고리듬 [Speed3]

우리가 다루는 수조 문제는 전통적인 합집합 찾기union-find 문제와 유사하다. 합집합 찾기 문제는 분리된 다수의 집합을 다루는데 집합마다 특별하게 선택된 대표representative 요소가 존재하며 다음과 같은 2가지 연산을 제공해야 한다.

---

1   Speed1과 유사하게 updated 플래그를 수조에서 Group으로 옮길 수도 있다. 하지만 이렇게 최적화해도 getAmount의 최적의 경우 복잡도는 여전히 선형적이다.

- 두 집합을 병합(union 연산)
- 주어진 요소가 속하는 집합의 대표 찾기(find 연산)

3.3절에서는 수조 문제에 합집합 찾기를 적용한 구현 방식(별칭 Speed3)을 살펴본다. 이 방식은 실제로 최적의 성능을 발휘한다.

연결된 수조로 이뤄진 수조의 그룹이 합집합 찾기 문제에서 다루는 집합에 대응한다. 그룹의 대표는 어떠한 수조도 될 수 있고 각 그룹의 대표 수조에 물의 양을 저장한다. 수조에서 getAmount를 호출하면 find 연산을 수행해 그룹을 대표하는 수조를 찾고 물의 양을 구한다.

수많은 뛰어난 컴퓨터 과학자가 이 문제에 도전했고 여기서 설명할 알고리듬이 거의 최적에 가깝다. 이 알고리듬에서는 수조의 그룹을 트리 형태로 표현하는데 각 수조가 트리 안에서의 부모만 참조하면 된다. 그리고 각 트리의 루트root가 그룹의 대표가 된다. 대표 수조에는 트리의 크기도 저장해야 하는데 그 이유는 잠시 후에 알아보자.

부모 포인터 트리

부모 포인터 트리는 각 노드가 부모 노드 하나만 가리키는 식으로 데이터가 연결된 자료 구조다. 다른 노드를 가리키지 않는 노드는 루트라는 특별한 노드 하나뿐이다. 그리고 어떠한 노드에서든 포인터를 계속 따라가면 루트에 이를 수 있다. 이러한 제약 때문에 트리에는 순환 경로(cycle)가 존재하지 않으므로 트리도 유향 무순환 그래프(DAG, Directed Acyclic Graph)의 일종이다.

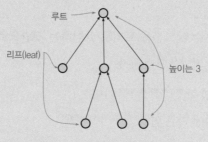

▲ 부모 포인터 트리

자식이 없는 노드를 리프라고 한다. 부모 포인터 트리에서는 각 노드가 그 부모를 참조하지만 자식의 참조는 저장하지 않는다. 그래서 리프에서 루트로 향하는 방향으로만 트리를 탐색할 수 있다. 트리의 높이는 어떠한 노드에서 루트에 이르는 최장 경로의 길이다.

> 컴퓨터과학에서는 트리를 그릴 때 루트를 위에 그리고 나머지를 아래 방향으로 그린다. 뿌리가 공중에 매달린 셈이다.

돌발 퀴즈 4 여러분이 자바 컴파일러를 만든다고 가정해보자. 클래스 사이의 상속 관계를 트리로 나타낸다면 부모 포인터 트리와 자식 포인터 트리 중 어느 방식을 사용하겠는가?

트리 알고리듬 관련 논의를 바탕으로 수조의 필드를 정리하면 다음 코드와 같다.

코드 3.7 Speed3: 생성자가 필요 없는 선택된 필드

```
public class Container {
    private double amount;
    private Container parent = this;   ❶ 각 수조는 자기 트리의 루트로 시작함
    private int size = 1;
```

parent==this이면 트리의 루트로 판단할 수 있다. 코드 3.7에서 보듯이 모든 새로운 수조는 트리의 루트이자 해당 트리에 포함된 유일한 노드다. amount와 size 필드는 루트 수조에서만 사용하므로 다른 수조에서는 공간 낭비[2]를 초래한다. 메모리 최적화된 구현이라면 이에 대한 조치가 필요할 것이다.

3.3.1 그룹 대표 찾기

원하는 성능을 얻으려면 수조 그룹을 트리로 표현하는 것만으로는 부족하다. 트리 연산을 수행할 때 다음 2가지 기법을 적용하자.

1. find 연산: 경로 압축^{path comparison} 기법
2. union 연산: 크기에 따른 연결^{link-by-size} 정책

find 연산과 경로 압축 기법부터 살펴보자. 그룹 대표 수조에 물의 양을 저장하므로 Container의 모든 연산은 그룹 대표를 찾아야 한다. 앞에서 부모 포인터 트리를 설명했듯

---

2 4장 연습문제 3에서 이 문제를 다루고 해답을 제시한다.

이 그룹 대표는 쉽게 찾을 수 있다. parent==this를 만족하는 루트를 만날 때까지 부모 참조를 따라가면 된다. 경로 압축 기법은 트리 탐색 도중 만나는 모든 노드를 루트의 직계 자녀로 만드는 방식이다. 트리를 탐색하는 동안 다음에 연산을 더 효율적으로 수행할 수 있도록 트리를 변경한다.

실제로는 루트를 찾는 것은 findRootAndCompress라는 private 지원 메서드로 옮긴다(코드 3.8). 이 메서드는 현재 수조부터 시작해 트리의 루트에 이를 때까지 트리를 위로 탐색한다. 그리고 이 과정에서 방문하는 모든 수조의 부모를 루트로 설정한다. 따라서 이 과정에서 변경된 수조 중 하나의 메서드를 호출하면 해당 노드는 이미 루트의 직계 자식이므로 상수 시간에 연산을 마칠 수 있다.

세 수조 x, y, root를 예로 들어보자. 그림 3.5의 왼쪽처럼 root는 그룹의 대표이고 y는 root의 자식, x는 y의 자식이다.

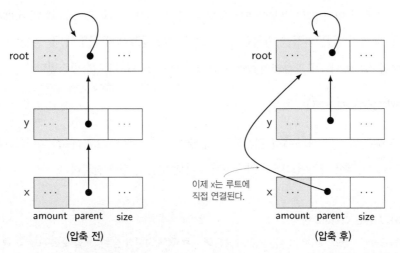

(압축 전)   (압축 후)

▲ **그림 3.5** Speed3 구현에서 연결된 세 수조에 대해 x.findRootAndCompress()를 호출하기 전후의 메모리 레이아웃. 호출 후 x는 root의 직계 자손이 된다. amount와 size의 값은 중요하지 않으므로 생략한다.

x.findRootAndCompress()를 호출하면 root의 참조를 리턴한다. 그리고 그 과정에서 x에서 root에 이르는 경로상 모든 노드를 root의 직계 자손으로 만들어 x에서 root에 이르는 경로를 압축한다. 이 예제에서 y는 이미 root의 직계 자식이므로 경로가 압축되는 수조는 x

뿐이다. 그림 3.5의 오른쪽에서 그 결과를 볼 수 있다. 이러한 압축 과정을 구현하는 것이 복잡해 보일 수도 있지만 코드 3.8처럼 재귀적 구현을 이용하면 단 세 줄로 우아하게 작성할 수 있다.

```
private Container findRootAndCompress() {
    if (parent != this)      ❶ this가 트리의 루트인지 확인
        parent = parent.findRootAndCompress();  ❷ 재귀적으로 루트를 찾고 루트를 부모로 지정
    return parent;
}
```

재귀 메서드는 이해하기 어려울 수 있으니 코드의 내용을 한 단계씩 분석해보자. 루트 수조에서 findRootAndCompress를 호출하면 해당 수조(this)를 그대로 리턴한다. 트리 아래에 있는 수조에 이 메서드를 호출하면 그 부모에 메서드를 재귀적으로 호출한다. 그 부모가 그룹의 루트가 아니면 그 부모에 메서드를 다시 호출한다. 그리고 루트에 대해 메서드를 호출할 때까지 같은 과정을 반복한다. 이 시점부터 루트에서 시작해 첫 호출 수조까지 return이 전파된다. 그 과정에서 parent 참조가 루트를 가리키도록 변경한다.

```
x.findRootAndCompress()
```

그림 3.6은 세 수조 예제에서 위 코드를 실행하는 과정은 UML 시퀀스 다이어그램으로 나타낸다. 이러한 다이어그램이 익숙하지 않다면 다음 상자를 참조하자.

UML 시퀀스 다이어그램

그림 3.6의 시퀀스 다이어그램은 시간의 흐름에 따른 객체 사이의 상호작용을 보여준다. 각 객체는 상자로 표현되고 여기에 점선으로 표시된 생명선(lifeline)이 수직으로 연결된다. 시간은 위에서 아래로 흐르며 메서드 호출(메시지)은 호출자(caller)의 생명선에서 피호출자(callee)의 생명선으로 향하는 화살표로 표현한다. 메시지로부터 메서드 실행이 시작되는데 메서드 실행은 피호출자의 생명선에 걸친 가늘고 긴 활성화 상자로 표시한다. (그림 3.6처럼) 메서드의 리턴 값을 강조하고 싶다면 활성화 상자에서 호출자로 되돌아가는 점선 화살표를 추가한다.

그림 3.6은 x.findRootAndCompress() 호출로부터 시작된 동작 순서를 보여준다. findRootAndCompress는 y에 대해 자신을 호출하고 그 다음에는 root에 대해 호출한다. 그 후 root의 참조가 최초 호출자에게까지 리턴된다. 그리고 그 과정에서 모든 parent 참조를 root로 설정한다. 앞에서 논의한 대로 최종적인 메모리 레이아웃은 그림 3.5의 오른쪽과 같고 압축의 결과로 x는 root에 직접 연결된다.

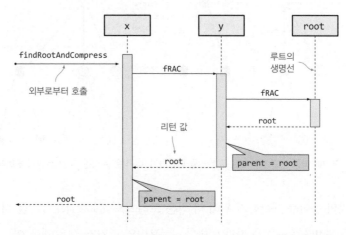

▲ **그림 3.6** 그림 3.5에 묘사한 세 수조 시나리오에서 x.findRootAndCompress()를 호출했을 때의 시퀀스 다이어그램. 추가된 설명은 표준 UML의 일부가 아니며 fRAC는 findRootAndCompress의 줄임말이다.

findRootAndCompress를 구현하고 나면 getAmount와 addWater 메서드는 간단하다. 다음 코드와 같이 그룹의 루트를 구하고 루트에 저장된 amount 필드를 조회하거나 수정한다.

코드 3.9 Speed3: getAmount와 addWater 메서드

```
public double getAmount() {
    Container root = findRootAndCompress();   ❶ 루트를 구하고 경로 압축

    return root.amount;                        ❷ 루트로부터 물의 양 읽기
}
public void addWater(double amount) {
    Container root = findRootAndCompress();   ❸ 루트를 구하고 경로 압축

    root.amount += amount / root.size;         ❹ 루트에 물의 양 더하기
}
```

3.3.2 수조의 트리 연결하기

트리 구조를 이용하면 수조를 연결하는 알고리듬을 직관적으로 생각할 수 있다. 그림 3.7
과 같이 두 그룹의 루트를 찾고 둘 중 하나를 다른 하나의 자식으로 만들면 두 그룹을 병
합할 수 있다.

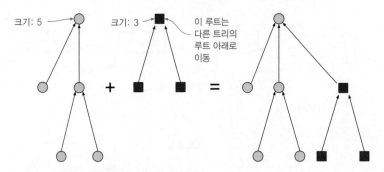

▲ **그림 3.7** 크기에 따른 연결 정책대로 두 트리를 병합하기. 더 작은 트리는 더 큰 트리의 루트에 연결된다.

병합 후 트리의 높이를 제한하기 위해 더 작은 트리(노드 개수가 적은 트리)를 더 큰 트리의
루트 아래로 옮긴다는 규칙을 따라야 한다. 두 트리의 크기가 같은 경우 어느 쪽을 선택
해도 좋다. 이를 크기에 따른 연결 정책이라고 하며 3.3.3절에서 설명하듯이 성능 달성에
중요한 역할을 한다. 이 정책을 구현하려면 루트가 트리의 크기를 알아야 하므로 모든 수
조에 size 필드를 추가했다.

코드 3.10은 connectTo를 구현하는 방법 중 하나를 보여준다. 우선 병합할 두 그룹의 루
트를 찾는다. 그리고 주어진 두 수조가 이미 연결됐는지 즉 두 루트가 같은지 확인한다.
이 단계를 생략하면 Novice와 Speed2에서 겪었던 오류(견고성의 부재)를 다시 겪는다. 이
미 같은 그룹에 속한 두 수조를 다시 연결하면 자료 구조의 일관성이 깨진다. 다음으로
수조에 담길 물의 양을 계산하고 앞에서 설명한 크기에 따른 연결 정책을 이용해 트리를
병합한다.

```
public void connectTo(Container other) {
    Container root1 = findRootAndCompress(),           ❶ 두 트리의 루트 찾기
              root2 = other.findRootAndCompress();
    if (root1==root2) return;                          ❷ 꼭 확인해야 함!
    int size1 = root1.size, size2 = root2.size;
    double newAmount = ((root1.amount * size1) +
                        (root2.amount * size2)) / (size1 + size2);

    if (size1 <= size2) {                              ❸ 크기에 따른 연결 정책
        root1.parent = root2;                          ❹ 첫 번째 트리를 두 번째 트리의 루트에 연결
        root2.amount = newAmount;
        root2.size += size1;
    } else {
        root2.parent = root1;                          ❺ 두 번째 트리를 첫 번째 트리의 루트에 연결
        root1.amount = newAmount;
        root1.size += size2;
    }
}
```

이 정도면 UseCase를 시뮬레이션하는 데 충분한 정보를 얻었다. 그림 3.8은 UseCase의 세 단계를 수행한 후의 메모리 레이아웃을 보여준다. 이 시점에서 수조 a, b, c로 이뤄진 그룹의 대표는 b이고 수조 d는 고립된 상태이므로 d가 대표다.

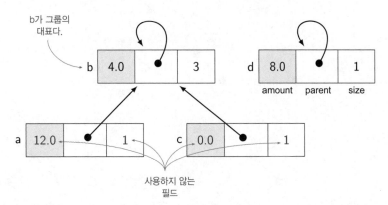

▲ **그림 3.8** UseCase의 세 단계를 수행한 후의 메모리 레이아웃. a와 c의 amount와 size 필드는 객체의 동작에 영향을 미치지 않는 무의미한 필드이므로 회색으로 표시했다. 그룹 대표 노드의 필드만 유의미하고 최신으로 유지된다.

3.3.3 최악의 경우의 시간 복잡도

수조의 모든 메서드가 findRootAndCompress를 호출하므로(connectTo에서는 두 번 호출) Speed3의 성능을 다른 수조 구현과 비교하려면 findRootAndCompress의 최악의 경우의 시간 복잡도를 평가해야 한다. findRootAndCompress는 루프를 포함하지 않는 재귀 메서드이므로 그 복잡도는 재귀 호출의 횟수(재귀의 깊이)와 같고 이는 곧 주어진 노드에서 루트에 이르는 경로 길이와 같다. 최악의 경우 루트로부터 가장 멀리 떨어진 수조의 메서드를 호출할 수 있는데 이때 경로 길이는 트리 높이와 같다. 그렇다면 노드 개수에 대한 트리 높이의 최댓값을 알아야 한다. 여기서 크기에 따른 연결 정책이 빛을 발하는데 이 정책은 트리 높이가 노드 개수의 로그를 넘지 않는다는 것을 보장한다. 예를 들어 수조 8개로 이뤄진 그룹에서 트리 높이는 3을 넘지 않는다($2^3 = 8$이므로 $3 = \log_2 8$이다).

그림 3.9는 로그 높이를 갖는 트리를 만들어내는 union 연산 과정을 보여준다. 그 비결은 항상 같은 크기의 트리를 병합하는 것이다. 이러한 병합을 수행할 때마다 트리 높이는 1씩 증가하지만 노드 개수는 2배가 된다. 따라서 트리 높이는 트리 크기에 밑수가 2인 로그를 취한 값과 항상 같다.

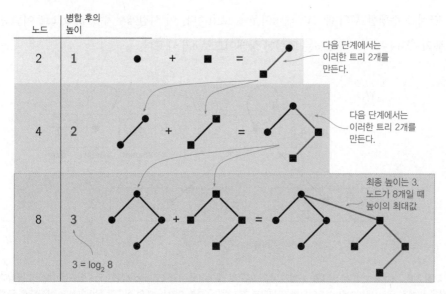

▲ **그림 3.9** 로그 높이를 갖는 트리를 만들어내는 union 연산 과정. 노드 개수에 비해 가질 수 있는 트리 높이의 최댓값을 알 수 있다.

이제 `findRootAndCompress` 호출이 로그 시간을 소모하는 이유를 알게 됐다. 모든 public 메서드는 `findRootAndCompress`를 호출하므로 최악의 시간 복잡도는 표 3.3과 같다.

▼ **표 3.3** Speed3의 시간 복잡도. n은 모든 수조의 개수

메서드	시간 복잡도
getAmount	$O(\log n)$
connectTo	$O(\log n)$
addWater	$O(\log n)$

한 가지 중요한 사실은 `x.findRootAndCompress()` 호출이 로그 시간을 소모하지만 경로 압축 덕분에 x로부터 루트에 이르는 경로상 모든 수조에 대한 메서드 호출은 상수 시간에 수행된다는 점이다. 이러한 이유로 수조의 세 메서드의 복잡도를 로그 시간이라고 생각하는 것은 오해라고 볼 수도 있다. 수조의 메서드를 처음 호출한 경우에만 로그 시간에 수행되기 때문이다. 3.3.4절에서는 이러한 우려를 고려해 다른 유형의 복잡도 분석을 수행한다. 표 3.3의 최악의 경우의 복잡도를 바탕으로 3장에서 살펴본 3가지 구현의 성능을 비교해보자.

그림 3.10은 3장에서 소개한 3가지 구현에서 `getAmount`와 `connectTo` 메서드의 성능을 시각적으로 보여준다. 예상대로 어떠한 구현도 다른 구현을 압도적으로 이기지는 못한다. Speed1은 `getAmount`를 상수 시간으로 보장하는 유일한 구현이고 Speed2는 `connectTo`에서 최고 성능을 보장한다. Speed3은 두 메서드 사이의 균형을 추구하며 두 메서드 모두 로그 시간 복잡도를 보장한다. 어떠한 두 구현을 비교해도 한 메서드의 성능은 개선되는 반면 다른 메서드의 복잡도는 높아진다. 3장 전반부에서 설명했듯이 파레토 최적의 좋은 예라고 할 수 있다.

그림 3.10이 보여주듯이 세 구현 중 하나를 선택하려면 응용 환경과 클라이언트의 메서드별 호출 빈도를 분석해야 한다. `getAmount`를 가장 많이 호출한다면 Speed1을 선택해야 하고 반대로 `connectTo`를 더 많이 호출한다면 Speed2를 선택해야 한다.

3.3.4절에서 배우겠지만 지금까지 다룬 최악의 경우의 분석은 Speed3의 입장에서 불공평하다. 최악의 경우 복잡도 분석을 분할상환 복잡도^{armotized complexity} 분석으로 대체하

면 Speed3의 성능이 빛을 발한다. 이는 최악의 경우 분석이 틀렸다는 뜻이 아니라 Speed3의 입장에서는 최악의 경우가 드물어 성능 평가가 합리적이지 않다는 뜻이다.

3.3.4 분할상환 시간 복잡도

표준적인 분석이 알고리듬을 한 번 실행하는 데 초점을 맞춘다면 분할상환 분석은 여러 번 실행하는 경우를 고려한다. 이러한 분석은 추가적인 연산을 바탕으로 미래의 효율성을 높이는 알고리듬에 적합하다. 이러한 경우 추가적인 연산을 투자[investment] 즉 미래의 이득을 얻기 위한 비용이라고 볼 수 있다. 알고리듬이 한 번 실행되는 경우를 분석한다면 당장의 비용은 고려하지만 미래의 이득은 고려하지 않는다. 분할상환 분석은 연산이 여러 번 실행되는 상황을 고려함으로써 현재의 비용과 미래의 이득을 모두 따질 수 있다.

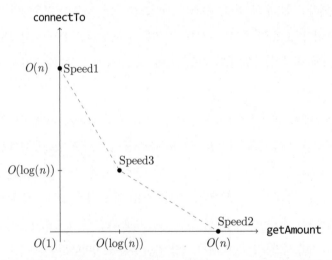

▲ **그림 3.10** Speed1, Speed2, Speed3 구현에서 getAmount와 connectTo 메서드의 최악의 시간 복잡도를 보여주는 그래프. 세 구현을 잇는 점선은 파레토 경계를 나타낸다.

예제의 findRootAndCompress에서는 'compress' 부분이 추가 비용에 해당한다. 루트를 찾는 과정에서 필요하지는 않지만 나중에 메서드 호출을 효율적으로 만든다.

분할상환 분석을 하려면 n개 수조에 대해 수행되는 연산 횟수 m을 정해야 한다. 장기적인 비용을 알기 위해 m이 n보다 크다고 가정하자. 다음으로 connectTo, getAmount, addWater가 각각 몇 번씩 호출되는지를 정해야 한다. 한 가지 주의할 점은 connectTo는 $n - 1$번 호출까지만 영향을 미친다는 사실이다. 그 이후로는 모든 수조가 한 그룹이므로 아무 의미가 없다. 따라서 다음과 같은 연산 집합을 분석 대상으로 삼는 것이 합리적이다.

1. 적어도 n번 연산을 수행한다.
2. connectTo는 최대 $n - 1$번 호출한다.
3. 나머지 연산은 모두 getAmount이거나 addWater다.

이제 표준 복잡도 분석과 마찬가지로 이러한 연산 집합(주어진 조건을 만족하는 연산 순서 중 최악의 경우)을 수행할 때 기본 단계를 실행하는 횟수의 증가 차수를 알아내야 한다. 실제적인 분석은 이 책의 범위를 벗어나므로 3장 후반부의 참고문헌을 참조하자. 복잡도 상한계를 도출하는 것만 해도 복잡하기 때문이다. 여기서 상한계를 가장 정확하게 나타내려면 상수보다 크지만 유사 선형($m \log m$)보다 작은 함수가 필요한데 이 함수가 간단하지 않다. 표 3.4에서 보듯이 복잡도를 $O(m * \alpha(n))$로 쓸 수 있는데 여기서 α를 역 아커만 함수[inverse Ackermann function]라고 한다.

▼ **표 3.4** Speed3의 분할상환 시간 복잡도. $\alpha(\cdot)$는 역 아커만 함수

시나리오	분할상환 시간 복잡도
n개 수조에 m번 연산을 수행	$O(m * \alpha(n))$

아커만 함수

아커만 함수 $A(k, j)$는 1928년 윌리엄 아커만(William Ackerman)이 소개했다. 그는 유명한 수학자 데이비드 힐버트(David Hilbert)의 제자이며 자신도 큰 성과를 거둔 연구자다. 아커만 함수는 알고리듬상으로는 계산할 수 있지만 원시 재귀[3] 부류에 속하는 연산만으로는 계산 불가한 함수의 첫 번째 예다. 이 함수의 가장 중요한 특성은 인자 값이 작을 때도 함수가 극도로 빨리 증가한다는 것이다. 예를 들어 $A(2, 1) = 7$, $A(3, 1) = 2{,}047$, $A(4,1) > 10^{80}$이다.

역 아커만 함수 $\alpha(n)$은 $A(k, 1) \geq n$을 만족하는 가장 작은 정수 k를 가리킨다. $A(k, 1)$이 매우 빨리 증가하므로 k 값이 작아도 함수 값이 n보다 커지게 할 수 있다. 특히 n이 10^{80}보다 작을 때 k의 최대값은 4다. 참고로 10^{80}은 우주에 존재하는 원자 개수와 비슷하다.

---

3 원시 재귀 함수란 재귀로 표현할 수 있는 함수 중 특정 조건을 만족하는 부분 집합을 말한다. - 옮긴이

위의 상자에서 설명했듯이 역 아커만 함수는 기본적으로 상수로 볼 수 있다. 따라서 실용적인 관점에서 보면 대부분의 경우 $O(m * \alpha(n))$의 상한계는 상수다. 여기서는 m번 연속된 연산의 복잡도를 논하므로 상한계가 $O(m)$라는 것은 장기적으로 각 연산이 상수 시간을 차지한다는 뜻이다. 3.4.1절 실험에서 보듯이 이 경우 분할상환 분석이 최악의 경우의 분석보다 합리적이고 일반적인 시나리오에서는 Speed3이 더 나은 성능을 보인다.

3.3.5 크기가 변하는 배열을 이용할 경우의 분할상환 분석

union-find 트리를 이용했을 때의 세부 사항을 고려하면 분할상환 분석이 매우 복잡하다. 그 대신 더 간단하면서도 매우 현실적인 경우를 살펴보자. 자바의 Vector와 ArrayList, C#의 List처럼 크기가 자동으로 변하는^{resizable} 배열을 이용하는 것이다. 이러한 클래스는 크기가 변하는 컬렉션을 연속된 메모리에 저장하는 편리한 기능을 제공하며 컬렉션에 속하는 임의의 요소에 상수 시간에 접근할 수 있다. 이를 위해 컬렉션을 배열에 저장하고 필요할 때 크기를 재조정한다. 하지만 배열을 제자리^{in place}에서 확장할 수[4]는 없다.[5] 배열을 확장할 때는 더 큰 배열을 새로 할당한 후 기존 배열 내용을 새로 할당한 배열로 복사한다. 이러한 연산의 비용은 어떠할까? 요소를 추가할 때마다 이러한 크기 변경 연산이 필요하다고 가정하면 새로운 요소를 추가하는 연산의 복잡도는 어떠할까? 이 질문에 답하려면 분할상환 분석이 효과적이다. 오라클 문서에서의 다음과 같은 ArrayList 설명을 참조하자.

> 추가 연산은 분할상환 상수 시간에 동작한다. 따라서 n개 요소를 추가하는 작업은 $O(n)$ 시간을 요구한다.

OpenJDK의 ArrayList 구현을 살펴보면 그 이유를 알 수 있다.[6] ArrayList의 초기 용량을 10칸으로 시작하고 배열을 확장하는 것은 private 메서드인 grow에서 수행한다. grow 메서드에서 핵심적인 코드는 다음과 같다.

---

4   여기서 말하는 제자리 확장이란 이미 할당된 메모리 공간과 연속된 주소에 할당 영역을 추가하는 연산을 말한다. - 옮긴이

5   로우 레벨 언어에서는 가능하다. C언어 표준 라이브러리의 realloc 함수를 참조하자.

6   http://mng.bz/j5m8에서 찾아볼 수 있다.

```
int newCapacity = oldCapacity + (oldCapacity >> 1);
...
elementData = Arrays.copyOf(elementData, newCapacity);
```

>>는 오른쪽 비트 시프트^{bitwise right shift}로 정수를 2로 나누는 효율적인 방법을 제공한다. 결과적으로 첫 번째 행은 용량을 50% 증가시킨다. 즉 배열을 키워야 할 때마다 요소 하나를 더하지 않고 50%씩 커진다. 이러한 전략 덕분에 (분할상환) 복잡도를 낮출 수 있다. 그후에는 새 배열을 할당하고 기존 배열 내용을 복사하는 정적 유틸리티 메서드인 Arrays.copyOf 메서드를 이용해 배열을 재할당한다.

이제 새로 생성한 ArrayList에 n번 삽입(add 메서드)을 수행할 때 총 복잡도를 따져보자. 배열 재할당이 몇 번 발생하는지를 알아야 하는데 이 횟수를 k라고 하자. 그리고 재할당할 때마다 용량은 1.5배 커진다. 초기 용량이 10이므로 k번 재할당 후 용량은 $10 * 1.5^k$가 된다. n번 삽입을 수행하려면 용량은 최소 n이어야 한다. 즉 다음과 같은 식이 성립한다.

$$10 * 1.5^k \geq n$$

이는 $k \geq \log_{1.5} \frac{n}{10}$이라는 것을 뜻한다. 밑이 1.5인 로그가 등장했지만 $1.5^{(\log_{1.5} x)} = x$라는 사실을 이용하면 로그를 제거할 수 있으니 조금만 참자. k는 정수이므로 $\log_{1.5} \frac{n}{10}$[7]보다 크거나 같은 최소 정수다. k가 정수라는 제약을 없애고 $k = \log_{1.5} \frac{n}{10}$이라고 하면 계산이 간단해진다. 이는 근사치지만 최종 결과에는 영향을 미치지 않는다.

삽입을 n번 수행한다고 하면 ArrayList의 초기 용량이 10이므로 처음 10번의 삽입은 빠르게(비용 1로) 수행된다. 11번째 삽입에서는 grow가 호출되고 배열 크기가 15로 증가한다. (위 코드의) Arrays.copyOf는 기존 배열에서 값을 10번 복사하고 나머지 다섯 칸은 null로 초기화하므로 이 연산의 비용은 15다. 요약하면 n번 삽입 연산의 비용은 다음과 같이 표현할 수 있다.

$$\text{cost}(n) = \underbrace{1 + 1 + \ldots + 1}_{\text{add 10번}} + \underbrace{15}_{\text{grow}} + \underbrace{1 + 1 + \ldots + 1}_{\text{add 5번}} + \underbrace{22}_{\text{grow}} + 1 + 1 + \ldots$$

---

7   알고 보면 어떠한 정수도 $\log_{1.5} \frac{n}{10}$일 수는 없다. 그 이유가 궁금한가?

이를 정리하면 다음과 같다.

$$
\begin{aligned}
\mathrm{cost}(n) &= 10 + (15 + 5) + (22 + 7) + (33 + 11) + \ldots \\
&= 10 + (15 * 1 + 5 * 1) + (15 * 1.5 + 5 * 1.5) + \left(15 * (1.5)^2 + 5 * (1.5)^2\right) + \ldots \\
&= 10 + \sum_{i=0}^{k} \left(15 * (1.5)^i + 5 * (1.5)^i\right) \\
&= 10 + 20 \sum_{i=0}^{k} (1.5)^i
\end{aligned}
$$

여기서 상수 a의 첫 k제곱의 합을 나타내는 표준 공식을 적용할 수 있다.

$$
\sum_{i=0}^{k} a^i = \frac{a^{k+1} - 1}{a - 1}
$$

이 공식에 $a = 1.5$와 $k = \log_{1.5} \frac{n}{10}$을 대입하면 다음과 같은 식을 얻는다.

$$
\begin{aligned}
\mathrm{cost}(n) &= 10 + 20 * \frac{1.5^{\left(\log_{1.5} \frac{n}{10} + 1\right)} - 1}{1.5 - 1} \\
&= 10 + 20 * \frac{1.5 * 1.5^{\left(\log_{1.5} \frac{n}{10}\right)} - 1}{0.5} \\
&= 10 + 20 * 2 * \left(1.5 * \frac{n}{10} - 1\right) \\
&= 10 + 60 * \frac{n}{10} - 40 \\
&= 6 * n - 30 \\
&= O(n)
\end{aligned}
$$

요약하면 삽입을 n번 수행하는 비용은 n에 선형적으로 비례하며 장기적으로 삽입을 한 번 수행하는 평균 비용은 상수라고 볼 수 있다. 위의 수식을 보면 삽입 연산을 여러 번 실행할수록 grow를 한 번 호출하는 비용은 커지지만 이 비용을 수많은 삽입 연산으로 나누면 연산 한 번 당 평균 비용은 상수다(위 식에서는 6이다).

하지만 ArrayList의 삽입 연산에는 단점도 있다. 장기적으로 삽입 연산 한 번의 비용은 상수지만 일련의 삽입 연산 사이의 성능차가 심하다. 대부분의 삽입은 비용이 매우 낮지만 가끔 기존에 삽입한 모든 요소를 복사(사실 그 참조를 복사)하는 작업을 수행해야 한다.

네트워크 분야에서는 이러한 연산을 시간에 따른 변동성이 큰high jitter 고처리량high-throughput 연산이라고 한다. 반대로 LinkedList의 삽입 연산은 처리량은 비슷하지만 모든 삽입 연산의 수행 시간이 같으므로(리스트에 새 노드를 할당하는 시간은 같다) 시간에 따른 변동성이 기본적으로 없다.

3.4 구현 방식 비교하기

3.3.5절에서는 각각 다른 방식으로 성능을 최적화한 3가지 수조 구현을 살펴보고 최악의 경우 복잡도와 분할상환 복잡도를 바탕으로 성능을 평가했다. 최악의 경우 분석은 한 메서드에 대해 최악의 입력을 고려하는 반면 분할상환 분석은 여러 메서드로 이뤄진 연산이 임의의 횟수만큼 여러 번 수행되는 경우를 고려한다. 두 경우 모두 증가의 차수(자세한 내용은 2.3절 참조)만 알아내는데 덕분에 실제 실행 시간을 모르더라도 성능 비교가 가능하다. 하지만 여러분이 나처럼 회의적이라면 이론적으로 분석한 성능이 실제 실행 시간과 상응하는지 실험해보고 싶을 것이다.

3.4.1 실험

다음과 같은 테스트 케이스를 바탕으로 3장에서 다룬 3가지 구현과 Reference 구현을 비교해보자.

1. 수조 20,000개를 만들고 각각에 물을 넣는다(생성자와 addWater를 20,000번 호출).
2. 수조를 2개씩 10,000개 쌍으로 연결하고 각 쌍에 물을 넣은 후 각각의 물의 양을 조회한다(connectTo와 addWater, getAmount를 10,000번씩 호출).
3. 모든 수조가 한 그룹으로 묶일 때까지 수조의 쌍을 연결한다. 연결을 한 번 수행할 때마다 물을 넣고 물의 양을 조회한다(connectTo, addWater, getAmount를 10,000번씩 호출).

여기에 주어진 수조의 개수는 나의 시행착오를 바탕으로 구현 방식의 차이가 충분하게 두드러지고 짧은 시간 안에 실험을 여러 번 수행할 수 있게 정했다. 표 3.5는 나의 랩톱에서 실행 시간을 측정한 것인데 3장의 모든 구현이 기대만큼 Reference를 크게 압도하며 최대 수백 배 빠르다. 특히 Speed3은 500배 빠르다. 반면 Speed2는 Speed1과 Speed3보다 수백 배 느리다(그래도 Reference보다 훨씬 빠르다). 앞에서 말했듯이 Speed2는 다른 연산에 비해 getAmount가 드물게 수행되는 경우에만 적합한데 불행하게도 테스트 케이스는 그렇지 않다.

▼ 표 3.5 첫 번째 실험: 20,000개 수조에 다양한 연산의 실행 시간을 밀리세컨드(milliseconds) 단위로 측정

버전	시간(msec)
Reference	2,300
Speed1	26
Speed2	505
Speed3	6

이러한 관찰 결과를 확인하기 위해 getAmount를 맨 마지막에 한 번만 수행하도록 테스트 케이스를 변경하자. 이 낯선 시나리오는 Speed2에 가장 유리한 경우로 연출한 것이다. 나의 랩톱에서 측정한 실행 시간을 표 3.6에서 볼 수 있다. Speed2의 성능이 Speed3과 비슷해지지만 나머지 구현은 큰 변화가 없다. 여기서 물의 양을 조회하는 연산 비용이 다른 연산에서는 매우 낮다는 것을 알 수 있다. 두 번째 실험이 보여주듯이 성능 관점에서는 Speed3이 전반적으로 최고의 선택이다.

▼ 표 3.6 두 번째 실험: 20,000개 수조에 다른 연산을 그대로 수행하고 getAmount는 한 번만 실행한 시간을 밀리세컨드 단위로 측정

버전	시간(msec)
Reference	2,300
Speed1	25
Speed2	4
Speed3	5

3.4.2 이론 대 실제

3장의 세 구현을 비교하면서 표 3.7에서 보듯이 표준적인 최악의 경우 복잡도 분석 무용론이 제기된다. 각 구현이 특정 상황에서는 다른 구현을 앞서지만 모든 경우에 최적인 구현은 존재하지 않는다. 구체적으로 수조의 연결 상태가 자주 바뀌지 않고 물을 넣고 빼거나 물의 양을 조회하는 것이 잦은 경우에는 Speed1이 가장 빠르다. 수조에 새로운 연결이 자주 추가되고 물을 넣고 빼는 것이 잦지만 물의 양을 조회할 일이 별로 없다면 Speed2가 가장 빠르다. 마지막으로 Speed3은 특정 연산이 더 빠르지도 않고 모든 연산 수행 시간이 비슷한 어중간한 버전처럼 느껴진다. 따라서 클라이언트가 클래스를 어떻게 사용하는지(사용량 프로파일) 알 수 없는 경우에만 적합한 버전으로 생각할 수 있다. 하지만 분할상환 분석과 실제 실험에서는 대부분의 일반적인 상황은 물론 (두 번째 실험처럼) 인위적인 상황에서도 Speed3이 가장 빠르다는 것을 알 수 있다.

버전	getAmount	addWater	connectTo
Reference	$O(1)$	$O(n)$	$O(n)$
Speed1	$O(1)$	$O(1)$	$O(n)$
Speed2	$O(n)$	$O(1)$	$O(1)$
Speed3	$O(\log n)$	$O(\log n)$	$O(\log n)$

그렇다고 최악의 경우 복잡도 분석이 쓸모 없다는 뜻은 아니다. 최악의 경우 복잡도 분석은 고립된 상황에서 한 번 수행되는 알고리듬을 비교할 때는 여전히 유용한 방식이다. 그리고 함께 소개된 (big-O를 포함한) 점근적 표기법은 분할상환 분석과 평균적인 경우 분석 average-case analysis을 비롯해 모든 종류의 성능 분석에 추상화의 강력한 장점을 제공한다.

> **평균적인 경우 분석**
>
> 평균적인 경우 분석은 또 다른 분석 방법으로 주어진 알고리듬에 대해 최악의 경우보다 가능한 모든 입력의 평균 복잡도를 구하는 데 초점을 맞춘다. 이때 모든 입력은 같은 확률로 등장한다고 가정한다.

단지 최악의 경우를 따질 때 주의할 점을 명심하자. union-find처럼 정교한 알고리듬은 시간이 흐르면서 효과가 발휘되는 시간 투자가 있으므로 연산을 장기적으로 여러 번 실행해야 그 강점을 발휘한다.

3장에서 배웠듯이 메서드를 호출하는 클라이언트와 지속적인 상호작용을 하는 클래스를 설계할 때는 각 메서드의 복잡도를 따로 고려하는 것만으로는 충분하지 않다. 첫째, 메서드 사이의 성능이 서로 영향을 미친다. 우리가 다룬 예제에서는 계산 부담을 다른 메서드로 옮길 수 있었다. 즉 한 메서드를 빠르게 하면 다른 메서드가 느려진다. 둘째, 다음 실행을 빠르게 하기 위해 당장의 시간을 투자할 수 있었다.

첫 번째(메서드 사이의 상호작용) 문제를 고려한다면 복잡도 분석과 사용량 프로파일 분석을 병행하는 방법이 가장 좋다. 사용량 프로파일을 이용하면 클라이언트와 클래스의 상호작용에서 나타나는 특성을 알 수 있다. 사용량 프로파일에 포함되는 대표적인 정보로는 클래스 메서드의 수행 빈도와 실행 순서를 들 수 있다. 이러한 정보를 바탕으로 최고 성능을 달성하는 데 어떠한 메서드가 가장 큰 영향을 미치는지 알 수 있다.

두 번째 문제를 고려하면 Speed3에 적용했던 분할상환 분석을 바탕으로 장기적으로 나타나는 시간투자 효과를 평가할 수 있다. 두 방법 모두 머리로 이해하기는 어렵지만 실행하기는 어렵지 않다. 소프트웨어를 직접 만들고 실행할 필요가 없기 때문이다. 실용적인 관점에서 가장 쉬운 방법은 여러 방식을 구현해보고 프로파일링하는 것이다. 프로파일링 환경이 실제 사용 환경과 비슷하다면 이 방법이 가장 정확하다.

3.5 전혀 새로운 문제에 적용해보기

이제 3장에서 다룬 성능 향상 기법을 새로운 예제에 적용해보자. 3장 이후 모든 장에서 다음과 같은 구조를 따른다.

1. 익숙한 수조 예제를 바탕으로 천천히 자세하게 살펴본다.
2. 전혀 새로운 예제를 제시한다. 시작하는 데 필요한 내용만 제공하고 나머지는 여러분에게 맡긴다.
3. 각 장 맨 끝에서 다른 예제를 더 제시하고 해당 주제를 깊이 이해한다.

3.5절에서는 일련의 정수 관련 요약 통계 기능을 제공하는 IntStats 클래스[8]를 설계해보자. 이 클래스는 public 메서드 3개를 제공한다.

- public void insert(int n): 정수 하나를 리스트에 추가한다. 어떠한 순서로든 추가될 수 있다.
- public double getAverage(): 리스트에 추가된 모든 정수의 산술 평균을 구한다.
- public double getMedian(): 리스트에 추가된 모든 정수의 중앙 값^{median}을 구한다. 중앙 값은 정렬된 정수 목록에서 가운데 위치한 값이다. 예를 들어 2, 10, 11, 20, 100의 중앙 값은 가운데 요소인 11이다. 정수의 개수가 짝수일 때는 가운데 위치한 두 요소의 산술 평균을 중앙 값으로 한다. 예를 들어 2, 10, 11, 20의 중앙

---

8 자바 8에서는 IntSummaryStatistics라는 비슷한 클래스를 제공하지만 중앙 값은 제공하지 않는다.

값은 10.5다. 이처럼 정수의 중앙 값도 실수^{real number}일 수 있다.

이 메서드에 대해 3.5.1절에서 제시할 3가지 서로 다른 성능 요구 사항을 만족해야 한다.

3.5.1 빠른 삽입

insert와 getAverage가 상수 시간을 차지하도록 IntStats 클래스를 설계하라.

다음 구현은 삽입과 평균 계산을 상수 시간에 할 수 있다. 중앙 값 계산은 리스트를 간단하게 정렬하는 방식으로 구현했고 유사 선형($O(n \log n)$) 시간을 소모한다. getMedian을 선형 시간으로 구현할 수 있지만 이 책의 범위에서 벗어난다.[9]

```java
public class IntStats {
    private long sum;                                    ❶ 리스트에 포함된 정수의 합
    private List<Integer> numbers = new ArrayList<>();

    public void insert(int n) {
        numbers.add(n);
        sum += n;
    }
    public double getAverage() {
        return sum / (double) numbers.size();
    }
    public double getMedian() {
        Collections.sort(numbers);           ❷ 리스트를 정렬하는 라이브러리 메서드
        final int size = numbers.size();
        if (size \% 2 == 1) {                 ❸ 홀수 크기
            return numbers.get(size/2);
        } else {                             ❹ 짝수 크기
            return (numbers.get(size/2 -1) + numbers.get(size/2)) / 2.0;
        }
    }
}
```

---

9   인터넷이나 3장의 참고문헌에서 추천하는 알고리듬 서적에서 선형 시간 선택(linear-time selection) 알고리듬을 찾아보자.

3.5.2 빠른 조회

getAverage와 getMedian이 상수 시간을 차지하도록 IntStats 클래스를 설계하라.

삽입 연산을 할 때마다 리스트를 정렬하면 getMedian의 계산 부담을 insert로 쉽게 옮길 수 있다. 그 결과 삽입에 걸리는 시간이 상수에서 유사 선형($O(n \log n)$)으로 증가한다.

더 흥미로운 방법을 살펴보면 새로 추가하는 수를 항상 적절한 위치에 삽입해 리스트를 정렬된 상태로 유지할 수 있다.

```java
public void insert(int n) {
    int i = 0;
    for (Integer k: numbers) {
        if (k>= n) break;              ❶ n보다 크거나 같은 첫 번째 수에서 멈춤
        i++;
    }
    numbers.add(i, n);                  ❷ i번째 위치에 n을 삽입
    sum += n;
}
```

getMedian을 수행할 때는 리스트가 이미 정렬된 상태이므로 정렬을 수행하지 않는다는 점만 제외하면 나머지 두 메서드는 고칠 부분이 없다. 이제 insert는 선형 시간을 소모하지만 getAverage와 getMedian은 상수 시간에 수행된다.

마지막으로 리스트를 (TreeSet과 비슷한) 균형 트리로 대체하면 insert의 복잡도를 선형에서 로그로 낮출 수 있다.

3.5.3 모든 것을 빠르게

세 public 메서드 모두 상수 시간에 수행되는 IntStats를 설계할 수 있을까? 유감스럽게도 불가능하다. 더 구체적으로 말해 insert와 getMedian을 동시에 상수 시간으로 만들 수는 없다. 중앙 값을 상수 시간에 구하려면 항상 최신 상태를 유지해야 한다. insert를 실행할 때마다 중앙 값을 갱신해야 하는데 이는 현재 중앙 값 다음으로 작거나 큰 값을 찾아야 한다는 것을 의미한다. 간단한 선형 시간 탐색을 이용하거나 '빠른 조회' 절에서 소

개했던 정수의 순서를 유지하는 자료 구조를 이용할 수 있다. 하지만 두 경우 모두 삽입을 상수 시간에 수행할 수 없다.

이러한 자료 구조가 존재한다면 어떠한 데이터든 선형 시간에 정렬할 수 있지만 이는 불가능한 것으로 널리 알려졌다.

3.6 실제 사례

3장에서 다룬 추론 방식을 성능이 중요한 다양한 영역에 적용할 수 있다. 몇 가지 예를 살펴보자.

- 현대적인 기계 학습 알고리듬을 다룰 때 시간 효율성을 고려할 필요가 있다. 모델을 학습하는 데 중요한 2가지 재료가 있다. (a) 많은 데이터와 (b) 최적의 모델을 얻기 위해 시행착오를 반복하는 실험이다. 모델이 해답으로 수렴하는지 보기 위해 모니터를 쳐다보는 것은 영리하지도 생산적이지도 않다. 널리 쓰는 딥러닝^{deep learning} 프레임워크에서는 학습하는 동안 수행하는 연산을 계산 그래프^{computational graph}로 모델링해 현대적인 컴퓨터 아키텍처의 도움을 받는다. 이러한 그래프를 병렬로 실행되는 여러 프로세서에 분산한다.

- 딥러닝을 비롯한 차선책을 선택할 수 있는 경우더라도 반응성^{responsiveness}을 고려한다면 쉽지 않다. 온라인 서점에서 알고리듬 서적을 검색하는 데 10분이 걸린다면 다른 서점을 찾아볼 것이다. 추천 결과가 아무리 정확하더라도 그렇게 오래 걸린다면 사람들이 찾지 않을 것이다(정확도와 시간 효율성 사이에는 거의 항상 기회비용이 존재한다).

- 시간 효율성이 여러분 회사의 수입에 즉각적인 영향을 미칠 수 있다. 금융상품의 고빈도 거래는 말 그대로 밀리세컨드 단위로 이뤄지므로 거래 알고리듬의 시간 효율성은 필수다. 예상대로 고빈도 거래는 자동으로 이뤄지며 경쟁사보다 2배 느린 속도로 거래한다면 여러분 회사에게 불행한 일이다.

- 엉성하게 설계한 고빈도 거래 시스템 때문에 사업에 지장을 주는 것은 불행한 일이지만 리얼타임^{real-time} 시스템의 장애는 재앙적이다. 리얼타임 시스템은 물리적

인 과정에 반응해야 하며 시간 효율성이 중요한 제약이다. 정해진 시간 안에 시스템이 작동하지 않는다면 장애와 같다.

전력망 시스템을 예로 들면 전산실에서 실행되는 자동 발전 제어 시스템은 제어 신호를 보내 발전량과 전력 소모량 사이의 균형을 맞춘다. 이러한 시스템에서 정상적인 신호를 내보내지 않으면 대규모 정전사태 등의 재앙이 벌어질 수 있다.

3.7 배운 내용 적용해보기

다음 2가지 기능을 수조에 추가한다고 가정해보자.

- groupSize: 파라미터가 없는 인스턴스 메서드로 현재 수조에 직·간접적으로 연결된 수조 개수를 리턴한다.
- flush: 파라미터와 리턴 값이 없는 인스턴스 메서드로 현재 수조에 직·간접적으로 연결된 수조에 담긴 물을 모두 배수한다.

연습문제 1

3장에서 살펴본 3가지 수조 구현에 groupSize 메서드를 추가하자. 단 필드를 추가하거나 기존 메서드를 변경하지 않는다.

1. 3가지 경우에 최악의 경우 점근적 복잡도는 어떠한가?
2. 다른 메서드의 점근적 복잡도를 증가시키지 않고 groupSize가 상수 시간에 수행되도록 Speed2를 수정할 수 있는가?

연습문제 2

3장에서 살펴본 3가지 수조 구현에 flush 메서드를 추가하자. 단 기존 메서드를 변경하지 않는다.

1. 3가지 경우에 최악의 경우 점근적 복잡도는 어떠한가?
2. 다른 메서드의 점근적 복잡도를 증가시키지 않고 flush가 상수 시간에 수행되도록 Speed2를 수정할 수 있는가?

연습문제 3(미니 프로젝트)

1. 전기가 흐르는 그리드^{grid}와 그리드로부터 전력을 공급받는 전자장치^{appliance}를 나타내는 두 클래스인 Grid와 Appliance를 설계하라. 그리드는 제공 가능한 최대 전력, 전자장치는 소비 전력을 특징으로 포함한다. plugInto 메서드를 이용해 전자장치를 그리드에 연결할 수 있고 인스턴스 메서드 on과 off를 이용해 전자장치를 켜고 끌 수 있다(새로 생성되는 전자장치는 꺼진 상태다). 전자장치를 다른 그리드에 연결하면 자동으로 기존에 연결된 그리드와 연결을 끊는다. 과부하가 걸린 그리드의 전자장치를 켜면 on 메서드는 예외를 던진다. 마지막으로 Grid 클래스의 residualPower 메서드는 그리드에 남아 있는 전력량을 리턴한다.

여러분이 작성한 코드는 다음과 같이 실행돼야 한다.

```
Appliance tv = new Appliance(150), radio = new Appliance(30);
Grid grid = new Grid(3000);

tv.plugInto(grid);
radio.plugInto(grid);
System.out.println(grid.residualPower());
tv.on();
System.out.println(grid.residualPower());
radio.on();
System.out.println(grid.residualPower());
```

그 출력은 다음과 같아야 한다.

```
3000
2850
2820
```

2. 모든 메서드가 상수 시간에 실행되도록 두 클래스를 설계할 수 있는가?

연습문제 4

1. ArrayList에서 배열이 가득 찰 때마다 용량을 10%씩 증가시킨다면 add의 분할상환 복잡도는 여전히 상수 시간인가?

2. 이렇게 하면 배열의 용량을 확장하는 일이 더 자주 벌어진다. 정확하게 얼마나 자주 확장을 수행하는가?

요약

- 같은 클래스더라도 여러 가지 방법으로 성능을 최적화할 수 있다.
- 사용량 프로파일을 바탕으로 클래스가 수행하는, 비용이 가장 많이 드는 계산을 다른 메서드로 옮길 수 있다.
- 순환 연결 리스트는 임의의 요소에서 시작하는 두 목록을 병합하기에 적합한 자료 구조다.
- 부모 포인터 트리는 union-find에 적합한 자료 구조다.
- 분할상환 분석은 일련의 연산을 장기적으로 수행할 때 클래스의 평균 성능을 알 수 있는 도구다.

퀴즈와 연습문제 정답

돌발 퀴즈 1

자바 프로그램 클래스 사이에는 2가지 부분 순서가 성립한다. (a) '~의 서브클래스'와 (b) '~의 내부 클래스'다.

돌발 퀴즈 2

단일 연결 순환 리스트에서 주어진 노드를 삭제하는 것은 선형 시간($O(n)$)을 소모한다. 삭제하려는 노드에서 시작해 해당 노드의 이전 노드를 만날 때까지 리스트를 순회해야 한다. 그리고 이전 노드의 next 참조가 삭제하는 노드의 다음을 가리키도록 변경한다.

돌발 퀴즈 3

가능하면 미루고 싶은 일은 얼마든지 많다. 세차나 치과 진료도 포함된다. 반면 이 질문에 답을 하는 것을 포함해 당장 하고 싶은 일을 찾기는 어렵다.

돌발 퀴즈 4

부모 포인터 트리가 더 적합하다. 클래스를 컴파일할 때는 주어진 클래스의 슈퍼클래스를 알아야 한다. 예를 들어 컴파일러는 각 클래스의 생성자에 슈퍼클래스의 생성자를 호출하는 코드를 삽입한다. 반면 서브클래스를 알더라도 클래스를 컴파일하는 것과는 무관하다.

연습문제 1

1. Speed1(상수 시간):

```java
public int groupSize() {
    return group.members.size();
}
```

Speed2(선형 시간):

```java
public int groupSize() {
    int size = 0;
    Container current = this;
    do {
        size++;
        current = current.next;
    } while (current != this);
    return size;
}
```

Speed3(최악의 경우 로그 시간, 분할상환 분석은 상수 시간):

```java
public int groupSize() {
    Container root = findRootAndCompress();
    return root.size;
}
```

2. Speed2에 groupSize라는 인스턴스 필드를 추가하고 connectTo를 실행할 때마다 갱신하면 groupSize의 시간 복잡도를 쉽게 개선할 수 있다.

연습문제 2

1. Speed1(상수 시간):

```
public void flush() {
   group.amountPerContainer = 0;
}
```

Speed2(선형 시간):

```
public void flush() {
   Container current = this;
   do {
      current.amount = 0;
      current = current.next;
   } while (current != this);
}
```

Speed3(최악의 경우 로그 시간, 분할상환 분석은 상수 시간):

```
public void flush() {
   Container root = findRootAndCompress();
   root.amount = 0;
}
```

2. Speed2에서 다른 메서드의 복잡도를 높이지 않고 flush의 복잡도를 상수 시간으로 낮출 수는 없다. 그러려면 현재 수조를 포함한 그룹이 flush된 사실을 알 수 있도록 표식을 붙여야 한다. 하지만 flush를 호출한 후에도 addWater와 connectTo, flush를 얼마든지 호출할 수 있으므로 마지막으로 getAmount를 호출한 후에 발생한 모든 이벤트의 복잡한 내역을 표식에 포함해야 한다. 즉 flush를 상수 시간에 구현하려면 getAmount를 호출했을 때 수조에 발생한 이벤트를 재현하기 위해 무한하게 많은 이벤트 내역을 저장해야 하며 이로 인해 복잡도가 상수 시간을 초과한다.

연습문제 3

Grid에 남은 전력을 저장하고 항상 최신으로 유지하면 1과 2에서 모든 연산을 상수 시간에 수행할 수 있다. 그리드가 자신에게 연결된 전자장치를 알 필요가 없다는 점에 주목하

자. 그 대신 현재 전자장치에 연결된 그리드의 참조를 유지하고 아직 연결하지 않은 경우에는 null로 설정하면 된다. 결과적으로 그리드의 구조는 다음과 같다.

```
public class Grid {
    private final int maxPower;
    private int residualPower;
    ...
```

그리고 전자장치는 다음과 같다.

```
public class Appliance {
    private final int powerAbsorbed;
    private Grid grid;
    private boolean isOn;
    ...
```

전자장치를 켜고 끌 때 연결된 그리드의 남은 전력을 수정할 수 있어야 한다. 이를 위해 residualPower 필드에 직접 접근하기보다 그리드가 과부하 상태일 때 특정한 예외를 던지는 메서드를 Grid에 추가하자.

```
void addPower(int power) {
    if (residualPower + power < 0)
        throw new IllegalArgumentException("Not enough power.");
    if (residualPower + power > maxPower)
        throw new IllegalArgumentException("Maximum power exceeded.");
    residualPower += power;
}
```

이상적으로는 전자장치에서만 이 메서드를 호출할 수 있어야 하지만 Grid와 Appliance가 별도의 최상위 클래스인 경우에는 우리가 원하는 방식의 접근 제어는 자바에서는 불가능하다. 이 메서드를 부분적이라도 은닉하려면 두 클래스를 한 패키지에 넣은 후 위의 코드에서 보듯이 addPower에 패키지(기본) 가시성을 부여한다.

여기서는 그리드가 과부하일 때 IllegalArgumentException을 던지지만 IllegalState Exception도 이러한 상태를 잘 설명한다. 풀어 말하면 인자 power 값이 잘못돼 객체 필드

residualPower의 현재 상태와 호환되지 않는다. 이러한 경우 조슈아 블로츠[Joshua Bloch]는 IllegalArgumentException을 던지는 것을 추천한다(이펙티브 자바 항목 72). 인자 값이 어떻게 주어지든 작동할 수 없는 경우에만 IllegalStateException을 던지는 방안을 고려하자.

Appliance와 Grid 클래스의 코드는 저장소(https://bitbucket.org/mfaella/exercisesinstyle)에서 볼 수 있다.

연습문제 4

1. 답은 긍정적이다. 10%는 물론 용량을 어떠한 비율로 확장하더라도 삽입 연산의 분할 상환 복잡도는 상수 시간이다. 3.3.5절의 수식에서 1.5를 다른 수로 바꿔도 결과는 같다.

   10%씩 확장하는 경우 1.1을 넣어보자. 적절한 비율을 선택하면 시간과 공간 사이의 균형을 맞출 수 있다. 비율이 낮을수록 상수는 커지고 시간 효율성은 떨어진다. 반면 ArrayList의 용량이 실제 크기와 비슷해질수록 공간을 절약할 수 있다.

2. 3장에서 설명했듯이 인자 f로 용량을 확장할 때 n번 삽입을 수행하면 $\log_f \frac{n}{10}$번의 재할당이 수행된다. 따라서 50%가 아니라 10%씩 확장하는 경우 재할당 횟수는 다음과 같이 증가한다.

$$\frac{\log_{1.1} \frac{n}{10}}{\log_{1.5} \frac{n}{10}} = \log_{1.1} 1.5 \approx 4.25$$

   정리하면 10%씩 확장할 때가 50%씩 확장할 때보다 4.25배 많은 재할당을 수행한다.

참고문헌

union-find 알고리듬과 분할상환 복잡도를 다루는 널리 알려진 알고리듬 서적 여러 권이 존재한다.

- Thomas Cormen, Charles Leiserson, Ronald Rivest, Clifford Stein, 『Introduction to Algorithms』(MIT Press, 2009)

번역서: 『Introduction to Algorithms』(문병로, 심규석, 이충세 공역)(한빛아카데미, 2014)

- Jon Kleinberg, Eva Tardos, 『Algorithm Design』(Pearson, 2005)
- union-find 알고리듬을 빠르게 훑어보고 싶다면 프린스턴의 케빈 웨인^{Kevin Wayne}이 『Algorithm Design』의 내용을 바탕으로 이 문제의 역사와 성질을 요약한 고품질 슬라이드를 제공한다. 슬라이드는 인터넷에서 쉽게 찾을 수 있다.

3장에서는 자바에 국한된 성능 향상 팁 대신 언어에 독립적이고 알고리듬 이론과 관련 있는 고수준 기법에 초점을 맞췄다. 특정 분야의 요구에 맞게 VM을 최적화하는 방법이 궁금하다면 다음 책을 학습해보자.

책의 상당 부분을 가비지 컬렉션에 할당하는데 몇 가지 알고리듬이 서로 다른 성능 특성을 제공하며 어떠한 알고리듬도 모든 경우에 다른 알고리듬을 압도하지는 않는다. 이에 더해 자바에서 제공하는 모니터링과 성능 프로파일링 도구도 다룬다.

- Scott Oaks, 『Java Performance: The Definitive Guide』(O'Reilly Media, 2014)
  번역서: 『자바 성능 튜닝』(최가인 역)(비제이퍼블릭, 2016)

4

소중한 메모리: 공간 효율성

프로그래머는 때때로 가능하면 작은 공간에 데이터를 저장해야 한다. 우리 직관과 반대로 대상이 되는 장치의 메모리가 작은 것이 원인인 경우는 별로 없다. 그보다 저장할 데이터가 너무 많은 경우가 많다. 예를 들어 비디오 게임 같은 소프트웨어는 하드웨어 한계에 도전하곤 한다. 차세대 콘솔 게임기는 수십 GB의 메모리를 자랑하지만 게임은 이를 쉽게 넘어서므로 데이터를 복잡한 방식으로 압축하는 경우가 많다.

4장에서는 우리가 작성하는 물 관리 시스템이 수백만, 수십억 개의 수조를 다룬다고 가정하므로 최대한 많은 수조를 메모리에 적재할 수 있도록 노력해야 한다. 따라서 수조 하나당 메모리 사용량을 최소로 줄여야 한다. 반면 임시 지역 변수는 메서드가 실행되는 동안에만 메모리를 점유하므로 신경 쓸 필요가 없다.

4장에서 살펴볼 구현 방식과 2장의 Reference 구현을 메모리 사용량 면에서 비교한다. 클래스에서 사용하는 필드를 다시 살펴보면 다음과 같다.

```
public class Container {
    private Set<Container>group;        ❶ 이 수조에 연결된 수조 집합
    private double amount;               ❷ 수조에 담긴 물의 양
```

4.1 검소한 버전 [Memory1]

매우 간단한 몇 가지 기교만으로 Reference보다 메모리를 절약할 수 있다. 첫 번째로 수조에 담긴 물의 양을 배 정도$^{double-precision}$ 수로 표현할 필요가 없을 수 있다. 물의 양을 저장하는 필드를 double에서 float로 바꾸면 수조 하나당 4바이트를 아낄 수 있다. addWater의 인자와 getAmount의 리턴 값도 float로 바꾸려면 공개된 API를 약간 변경해야 한다. 이렇게 변경된 클래스도 1장의 UseCase와 완벽하게 호환된다는 점에 주목하자. 이는 예제에서 물의 양을 정수로 전달하기 때문인데 정수 인자는 float와 double 둘 다로 변환할 수 있다.

> **공간을 절약하는 데이터 타입**
>
> 주요 자바 API에서는 크기가 작은 데이터 타입이 큰 역할을 하지 않지만 메모리가 문제가 되는 상황에서는 이에 대한 지원이 중요하다. 예를 들어 안드로이드에서는 double 대신 float를 바탕으로 주요 수학 연산을 지원하는 FloatMath 클래스를 제공한다. 그리고 스마트카드를 위한 자바 명세 (Java Card)에서는 API에서 대부분의 정수를 short나 byte로 인코딩한다.

돌발 퀴즈 1   여러분의 프로그램에 'Hello World'라는 문자열 리터럴^{literal}이 10번 등장한다면 이 문자열을 저장하는 데 메모리가 얼마나 소모될까?

이제 group 필드를 살펴보자. 레퍼런스 구현에서 이 필드를 set 타입으로 만든 이유는 그룹에 순서가 없고 중복도 없어야 한다는 의도를 명확하게 드러내기 위해서다. 이처럼 의도를 명확하게 하는 것을 포기하는 대신 ArrayList를 사용하면 많은 메모리를 절약할 수 있다. ArrayList는 일반적인 배열을 둘러싼 얇은 랩퍼^{wrapper}일 뿐이므로 요소 하나당 4바이트의 메모리를 사용한다. 별칭이 Memory1인 Container 클래스는 다음과 같은 코드로

시작한다.

코드 4.1 Memory1: 필드와 getAmount 메서드, 생성자는 필요 없음

```
public class Container {
    private List<Container> group;         ❶ 필요할 때 ArrayList로 초기화됨
    private float amount;

    public float getAmount() { return amount; }
```

나아가 다른 수조에 연결되지 않은 수조가 많다면 정말 필요한 시점에서 리스트를 초기화(지연 초기화lazy initialization)함으로써 공간을 절약할 수 있다. 즉 고립된 수조의 group 필드는 null이다. 이렇게 하면 명시적인 생성자는 필요 없지만 곧 살펴보듯이 connectTo와 addWater 메서드에서 고립된 수조를 특별한 경우로 처리해야 한다.

일반적으로 Set을 List로 대체할 때는 중복된 요소를 자동으로 거부하는 기능이 사라지므로 주의해야 한다. 다행히 connectTo에서 병합되는 두 그룹은 이미 배타적임을 보장하므로 Reference 구현에서는 이 기능에 의존하지 않는다. 변경된 connectTo 구현은 다음과 같다.

코드 4.2 Memory1: connectTo 메서드

```
public void connectTo(Container other) {
    if (group==null) {                    ❶ 이 수조가 고립된 상태였다면 그룹을 초기화
        group = new ArrayList<>();
        group.add(this);
    }
    if (other.group==null) {              ❷ other가 고립된 수조라면 other의 그룹을 초기화
        other.group = new ArrayList<>();
        other.group.add(other);
    }
    if (group==other.group) return;       ❸ 두 수조가 이미 연결됐는지 확인

    int size1 = group.size(),             ❹ 물의 양을 다시 계산
        size2 = other.group.size();
    float tot1 = amount * size1,
          tot2 = other.amount * size2,
```

```
        newAmount = (tot1 + tot2) / (size1 + size2);

    group.addAll(other.group);          ❺ 두 그룹을 병합
    for (Container x: other.group) { x.group = group; }
    for (Container x: group) { x.amount = newAmount; }
}
```

마지막으로 addWater에서도 null 포인터를 역참조^{dereference}하지 않도록 고립된 수조를 특별하게 처리해야 한다. 코드는 다음과 같다.

코드 4.3 Memory1: addWater 메서드

```
public void addWater(double amount) {
  if (group==null) {            ❶ 고립된 수조라면 이 수조만 갱신
    this.amount += amount;
  } else {
    double amountPerContainer = amount / group.size();
    for (Container c: group) {
      c.amount += amountPerContainer;
    }
  }
}
```

이제 위 구현의 메모리 레이아웃을 살펴보면서 4.1절을 끝마치자. 평소처럼 UseCase의 첫 세 부분을 실행한다고 가정하자. 즉 a부터 d까지 4개의 수조를 만들고 다음과 같은 코드를 수행한다.

```
a.addWater(12);
d.addWater(8);
a.connectTo(b);
b.connectTo(c);
```

그림 4.1은 이 시나리오를 설명하며 그림 4.2는 Memory1의 메모리 레이아웃을 묘사한다. 레이아웃은 Reference와 비슷하지만 HashSet 대신 ArrayList를 사용했고 수조 d가 요소가 하나인 HashSet을 참조하는 대신 null 값을 갖는다. 세 번째 차이점은 물의 양을 double 대신 float 타입에 저장한 것인데 그림에서는 보이지 않는다.

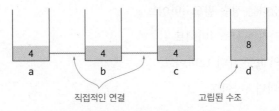

▲ **그림 4.1** UseCase의 세 단계를 실행한 후의 모습. 수조 a와 b, c는 연결됐고 a와 d에 물을 부었다.

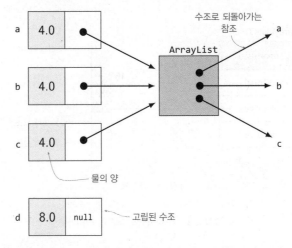

▲ **그림 4.2** UseCase의 세 단계를 실행한 상태에서 Memory1의 메모리 레이아웃

4.1.1 공간 및 시간 복잡도

이제 Memory1에서 수조 하나의 메모리 사용량을 평가할 때다. 우선 `ArrayList`의 메모리 소모를 측정해보자. `ArrayList`는 내부적으로 배열과 특별한 용도의 2~3개 필드로 구현된다. `ArrayList`에 실제로 저장된 요소의 개수를 크기라고 하며 이와 별개로 내부적인 배열 길이를 용량이라고 한다. `ArrayList`의 메모리 소모량은 다음과 같다.

- 객체 표준 헤더 12바이트
- 리스트에 수행된 구조적 수정(삽입과 삭제) 횟수를 저장하는 정수 필드 4바이트
  (리스트를 순회하는 동안 리스트가 수정되면 예외를 던지는 용도로 사용함)

- 크기를 저장하는 정수 필드 4바이트

- 배열을 가리키는 참조 4바이트

- 배열 객체의 표준 헤더 12바이트

- 배열 한 칸마다 4바이트

그림 4.3은 ArrayList의 메모리 레이아웃을 보여준다. 요소 n개를 포함하는 ArrayList는 적어도 n칸 배열이 필요하므로 위의 분석에 따르면 최소 $50 + 4n$바이트가 필요하다.

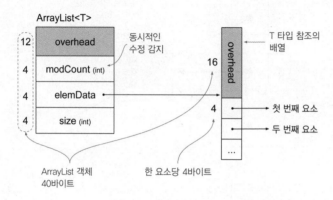

▲ **그림 4.3** ArrayList의 메모리 레이아웃

실제로는 ArrayList의 용량이 크기보다 크다. ArrayList의 용량을 넘어선 상태에서 요소를 추가하면 더 큰 배열을 만든 후 이전 배열의 요소를 복사한다. 이때 전반적인 성능 향상을 위해 배열 용량을 한 칸씩 늘리는 대신 3장 3.3.5절에서 자세하게 설명했듯이 용량을 50%씩 확장한다. 따라서 어느 시점이든 ArrayList의 용량은 그 크기의 100~150% 사이에 위치한다. 추후 분석에서는 평균치인 125%를 가정한다.

이제 결과를 따져보면 표 4.1과 같다. 수조가 고립된 경우(첫 번째 시나리오) ArrayList는 존재하지 않는다. (null 값을 갖는) 그룹 참조 4바이트와 amount 필드 4바이트, 객체 헤더 12바이트로 이뤄진 Container 객체만 고려하면 된다. 수조를 10개씩 묶어 100개 그룹을 만들 때(두 번째 시나리오)는 1,000개 수조 객체에 ArrayList 100개의 메모리 사용량을 더해야 한다.

▼ 표 4.1 Memory1의 메모리 요구 사항

시나리오	사용량(수식)	사용량(바이트)	레퍼런스 대비
고립된 1,000개	$1,000*(12+4+4)$	20,000	19%
10개 묶인 그룹 100개	$1,000*(12+4+4)+100*(40+10*1.25*4)$	29,000	47%

표 4.1에서 보듯이 Reference를 약간만 변경해도 꽤 큰 공간을 아낄 수 있다. 모든 수조가 고립된 첫 번째 시나리오에서는 리스트가 정말 필요한 시점에 초기화하는 전략을 취해 실제로는 할당된 리스트가 전혀 없게 해 상당한 메모리를 절약했다. 두 번째 시나리오에서는 HashSet을 ArrayList로 대체해 메모리를 50% 절감했다.

4.1.1절에서 달성한 메모리 절감효과 대신 치러야 할 성능상 비용은 없다. 표 4.2에서 보듯이 세 메서드의 복잡도가 Reference와 같기 때문이다. 하지만 코드 가독성은 Reference보다 떨어진다. 첫째, group 필드를 List 타입으로 선언하면 그룹이 중복을 허용하지 않는 순서 없는 집합이라는 사실을 알 수가 없다. 둘째, 수조가 고립된 경우를 특별하게 처리하는 것은 순전히 공간을 아끼기 위해 코드를 복잡하게 만든다.

▼ 표 4.2 Memory1의 시간 복잡도. n은 모든 수조의 개수. Reference의 복잡도와 같다.

메서드	시간 복잡도
getAmount	$O(1)$
connectTo	$O(n)$
addWater	$O(n)$

HashSet을 비롯한 표준 컬렉션의 메모리 부담이 크다는 점은 널리 알려져 몇몇 프레임워크에서는 공간 효율성을 개선한 대안을 제공한다. 안드로이드는 SparseArray 클래스를 제공한다. 이 클래스는 정수 키와 이에 대응하는 참조를 표현하며 크기가 같은 2개 배열을 이용해 구현된다. 첫 번째 배열은 키를 오름차순으로 저장하며 두 번째 배열은 그에 상응하는 값을 저장한다. 이러한 자료 구조로 인해 시간 복잡도가 높아지는 대신 메모리 효율성을 개선할 수 있다. 주어진 키에 상응하는 값을 조회할 때 이진 탐색을 이용해 키 배열을 검색하는 데 로그 시간이 걸린다. 4장 후반부 연습문제 2에서 SparseArray를 자세하게 분석해보자.

기본 타입만 저장할 때는 GNU Trove(https://bitbucket.org/trove4j/trove)를 비롯한 여러 라이브러리에서 값에 상응하는 클래스를 랩핑하는 부담을 없앤 특화된 set과 map 구현을 제공한다.

4.2 일반 배열 [Memory2]

메모리 절감의 두 번째 시도인 Memory2에서는 ArrayList 대신 일반 배열을 이용해 그룹을 표현하고 배열 길이는 그룹 크기와 같게 관리한다. 클래스 시작 부분의 코드는 다음과 같다.

코드 4.4 Memory2: 필드와 getAmount 메서드. 생성자는 필요 없음

```
public class Container {
    private Container[] group;
    private float amount;

    public float getAmount() { return amount; }
```

Memory1과 마찬가지로 꼭 필요할 때 즉 수조가 다른 수조에 처음 연결될 때 group에 배열을 할당한다. 그림 4.4는 UseCase 시나리오에서 메모리 레이아웃을 보여준다.

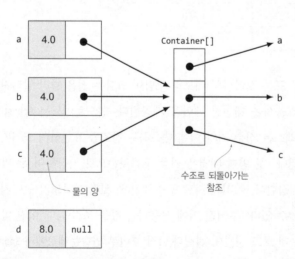

▲ 그림 4.4 UseCase의 세 단계를 실행한 상태에서 Memory2의 메모리 레이아웃

connectTo는 Memory1과 유사하지만 추상화 정도가 낮아져 더 복잡해졌다. 예를 들어 두 ArrayList를 병합할 때는 addAll 메서드만 호출하면 되지만 두 배열을 병합하려면 둘 중 하나를 재할당한 후 다른 배열을 복사해야 한다.

코드 4.5 Memory2: connectTo 메서드

```
public void connectTo(Container other) {
  if (group==null) {                    ❶ 이 수조가 고립된 상태였다면 그룹을 초기화
    group = new Container[] { this };
  }
  if (other.group==null) {              ❷ other가 고립된 수조라면 other의 그룹을 초기화
    other.group = new Container[] { other };
  }
  if (group == other.group) return;     ❸ 두 수조가 이미 연결됐는지 확인

  int size1 = group.length,             ❹ 물의 양을 다시 계산
      size2 = other.group.length;
  float amount1 = amount * size1,
      amount2 = other.amount * size2,
      newAmount = (amount1 + amount2) / (size1 + size2);

  Container[] newGroup = new Container[size1 + size2]; ❺ 새로운 그룹 할당

  int i=0;
  for (Container a: group) {      ❻ 첫 번째 그룹의 모든 수조에 대해 ...
    a.group = newGroup;           ❼ ... 그룹 갱신
    a.amount = newAmount;         ❽ ... 물의 양 갱신
    newGroup[i++] = a;            ❾ ... newGroup의 뒤에 추가
  }
  for (Container b: other.group) {     ❿ 두 번째 그룹에 같은 작업 수행
    b.group = newGroup;
    b.amount = newAmount;
    newGroup[i++] = b;
  }
}
```

마지막으로 addWater는 물의 양을 저장하는 변수 타입이 double이 아닌 float라는 점에서 Memory1과 같다.

```
코드 4.6  Memory2: addWater 메서드
```

```java
public void addWater(float amount) {
    if (group==null) {
        this.amount += amount;
    } else {
        float amountPerContainer = amount / group.length;
        for (Container c: group) {
            c.amount += amountPerContainer;
        }
    }
}
```

4.2.1 공간 및 시간 복잡도

표 4.3의 평가에서 보듯이 표준적인 시나리오에서 n개 수조를 포함하는 일반 배열은 $16+4n$바이트를 차지한다. 수조가 고립된 경우(첫 번째 시나리오) 그룹에 배열을 할당하지 않으므로 Memory1과 마찬가지로 수조 하나당 20바이트를 차지한다. 수조를 10개씩 100개 그룹으로 묶은 경우(두 번째 시나리오)에는 그룹 하나당 10칸짜리 배열이 필요하다. 즉 배열 하나당 16바이트의 오버헤드와 실제 내용을 저장하는 $4*10$바이트가 필요하다.

나쁜 소식은 Memory2의 공간 절약이 Memory1에 비해 두드러지지 않는다는 점이다. 고립된 수조의 경우 크기 변화가 없고 수조 그룹을 ArrayList에서 일반 배열로 교체한 점에서는 차이가 크지 않다. 그보다 메모리가 많이 절약된 진짜 이유는 배열 길이를 그룹 크기에 딱 맞게 관리했기 때문이다. 이와 달리 ArrayList는 배열 용량을 느슨하게 관리한다.

▼ 표 4.3 Memory2의 메모리 요구 사항

시나리오	사용량(수식)	사용량(바이트)	레퍼런스 대비
고립된 1,000개	$1,000*(12+4+4)$	20,000	19%
10개씩 묶인 그룹 100개	$1,000*(12+4+4)+100*(16+10*4)$	25,600	42%

지금까지 수조 그룹을 표현하기 위해 사용한 3가지 표준적인 자료 구조인 HashSet(Reference와 Speed1), ArrayList(Memory1), 일반 배열(Memory2)의 메모리 요구 사항을 비교해보는 것이 좋겠다. Speed2와 Speed3에서 사용한 자료 구조는 직접 구현한 자료 구

조로 일반적인 용도로 바로 사용할 수 없으므로 제외한다.

표 4.4는 메모리 요구 사항을 요약해 보여준다. 객체 참조를 저장하는 일반 배열 크기는 16바이트의 오버헤드와 요소 하나당 4바이트로 쉽게 평가할 수 있다. ArrayList 크기는 4.1.1절에서 자세하게 분석했는데 여기서는 내부적인 배열의 용량과 리스트의 크기가 같다고 가정한다(실제로는 용량이 최대 50% 더 클 수도 있다). 2.2.1절에서 HashSet의 크기를 분석했는데 마찬가지로 분석을 간단하게 하기 위해 같은 가정을 했다.

▼ **표 4.4** 일반적인 컬렉션의 메모리 요구 사항. ArrayList와 HashSet은 용량과 크기가 같다고 가정한다. 두 번째 열의 제목이 '비어 있는'이 아니라 '객체 자체'인 것은 각 컬렉션의 초기 용량을 고려하지 않았기 때문이다.

종류	크기(객체 자체)	크기(요소 하나당)
array	16	4
ArrayList	40	4
LinkedList	24	24
HashSet	52	32

표에서 보듯이 메모리 요구 사항 관점에서 보면 배열과 ArrayList는 매우 유사하다. 하지만 ArrayList는 자동 크기 조정을 비롯한 편의 기능을 제공하므로 더 유용하고 높은 추상화 수준을 제공해 코드 가독성을 높이는 데 도움을 준다. 게다가 ArrayList는 제네릭을 적절하게 지원하지만 일반 배열은 제네릭에 적합하지 않다.

돌발 퀴즈 2 타입 파라미터 T에 대해 'new T[10]'이 적법한 자바 표현식이 아닌 이유는?

HashSet은 그 둘과는 체급부터 다르다. 삽입되는 모든 요소를 새로운 객체로 감싸기 때문이다. 하지만 다음과 같은 독보적인 기능을 최적의 시간에 제공한다.

- 멤버십 쿼리membership query를 상수 시간에 제공(contains 메서드)
- 중복된 요소의 삽입을 상수 시간으로 방지(add 메서드)
- 임의의 요소를 상수 시간에 제거(remove 메서드)

여러분의 프로그램에서 이러한 기능이 필요하고 메모리 제약이 심하지 않다면 일반적으로 HashSet이 메모리 사용량보다 큰 보상을 줄 것이다.

성능 관점에서 보면 표 4.5에서 보듯이 Memory2의 시간 복잡도는 Memory1, Reference와 같다. 결국 Memory2는 Memory1의 `ArrayList`를 일반 배열로 대체했을 뿐이다.

▼ **표 4.5** Memory2의 시간 복잡도. n은 모든 수조의 개수. Reference의 복잡도와 같다.

메서드	시간 복잡도
getAmount	$O(1)$
connectTo	$O(n)$
addWater	$O(n)$

`ArrayList`의 영리한 크기 조절 정책 덕분에 삽입을 분할상환 상수 시간에 수행할 수 있는데 Memory1이 아무 이득을 얻지 못하는 이유가 궁금할 수 있다. 이러한 장점이 `connectTo`의 성능 향상에 도움을 주지만 메서드 안에서 수행하는 다른 연산 때문에 이러한 장점이 드러나지 않는다. 자세하게 살펴보면 Memory1은 두 그룹을 다음과 같이 병합한다.

```
group.addAll(other.group);
```

`group`과 `other.group`은 모두 `ArrayList`다. Memory2는 다음과 같이 병합을 수행한다.

```
Container[] newGroup = new Container[size1 + size2];
```

일반적으로 `ArrayList`에서 미리 확보한 여분의 용량이 재할당 없이 두 번째 `ArrayList`의 모든 요소를 옮기는 데 충분한 크기일 수 있으므로 첫 번째 방식이 더 효율적이다. 하지만 두 버전의 `connectTo` 모두 그 다음 단계에서 전체 그룹의 모든 요소를 순회한다. 그 결과 점근적 관점에서 보면 다음 단계의 루프가 그 전에 절약한 시간을 모두 상쇄한다. 결국 두 `connectTo`의 복잡도는 $O(n)$로 같아진다.

마지막으로 Memory2의 장점을 하나 더 살펴보면 자바 API의 클래스를 사용하지 않는다는 점에서 완전하게 자기포함적[self-contained]이다. 자바 9에서 모듈[module] 시스템이 도입되면서 실행 환경을 제한할 수 있게 됐는데 Memory2는 이러한 환경에서도 잘 동작한다는 장점이 있다.

4.3 객체여, 안녕 [Memory3]

빈 자바 객체도 12바이트를 차지하므로 1장의 관례를 유지하는 이상 수조를 더 작게 만들 수는 없다. 이제 공간을 최소화하기 위해 API를 변경할 수 있다고 가정하자. 수조에 담긴 물의 양을 조회하고 물의 양을 변경하고 두 수조를 연결하는 원래 기능만 제공한다면 어떻게 고쳐도 좋다. 이러한 서비스를 제공하는 데 필수적인 최소 메모리 공간은 어떠할까?

공간 사용량을 대폭 줄이려면 수조를 표현하는 수단으로 객체를 계속 고집할 수는 없다. 하지만 클라이언트는 여전히 각 수조를 식별할 수 있어야 한다. 해답은 수조를 유일하게 식별하는 데 필요한 정보 즉 핸들handle을 클라이언트에게 제공하는 것이다. 수조 객체를 가리키는 참조도 핸들의 역할을 완벽하게 수행하지만 12바이트의 오버헤드를 피해야 하므로 사용할 수가 없다. 이제 메모리 오버헤드를 동반하지 않는 대안적인 핸들을 살펴보자.

4.3.1 객체를 사용하지 않는 API

수조를 객체로 저장하는 대신 클라이언트가 정수 ID로 수조를 식별하게 해 공간을 절약할 수 있다. 즉 클라이언트 측에서 정수 ID를 수조의 핸들로 사용한다. 그리고 그 정수 ID로 인덱싱되는 공간 효율성이 높은 자료 구조에 필요한 정보(물의 양과 수조 간 연결)를 저장한다. 이쯤에서 어떠한 자료 구조가 떠오르는가? 그렇다. 배열이다. 따라서 수조의 생성자 대신 새로운 수조의 ID를 리턴하는 정적 메서드를 추가한다.

```
int id = Container.newContainer();
```

그리고 수조 객체에 c.getAmount()를 호출하는 대신 수조의 ID를 받아들이는 정적 메서드를 호출한다.

```
float amount = Container.getAmount(id);
```

마찬가지로 두 수조를 연결할 때도 정적 메서드 connect에 두 수조의 ID를 넘겨준다.

```
Container.connect(id1, id2);
```

이러한 구현은 모든 객체지향 원칙에 반하며 완전하게 공간 제약에 초점을 맞춘 것이다.

이 API에 익숙해지기 위해 1장의 시나리오(UseCase)에 수조 객체 대신 정수 ID를 적용해 보자. 우선 UseCase의 첫 부분을 살펴보면 다음과 같다.

```
Container a = new Container();
Container b = new Container();
Container c = new Container();
Container d = new Container();

a.addWater(12);
d.addWater(8);
a.connectTo(b);
System.out.println(a.getAmount() + " " + b.getAmount() + " " +
                   c.getAmount() + " " + d.getAmount());
```

여기서 수조 객체를 정수 ID로 대체한 코드는 다음과 같다.

```
int a = Container.newContainer(), b = Container.newContainer(),
    c = Container.newContainer(), d = Container.newContainer();

Container.addWater(a, 12);
Container.addWater(d, 8);
Container.connect(a, b);
System.out.println(Container.getAmount(a) + " " +
                   Container.getAmount(b) + " " +
                   Container.getAmount(c) + " " +
                   Container.getAmount(d));
```

메모리 효율성을 높일 목적으로 일반 배열을 추천했지만 배열을 사용하면 캐시 지역성 cache locality 덕분에 시간 효율성도 높일 수 있다. 간단하게 말해 (배열처럼) 메모리상에서 가까운 곳에 있는 데이터에 접근하는 편이 (연결 리스트처럼) 무작위적으로 흩어진 데이터에 접근하는 것보다 빠르다. 이는 주 메모리와 CPU 사이의 성능차를 줄여주는 메모리 버퍼인 CPU 캐시의 구조 때문이다. 캐시는 소량의 이웃한 데이터를 저장한다. 따라서 두 데이터를 가까운 곳에 저장하면 데이터를 캐시로 옮길 때 두 데이터가 함께 옮겨질 가능성이 커지고 데이터 접근이 빨라진다. 예를 들어 한 객체 안의 모든 필드는 메모리상에서 가까운 곳에 저장되고 한 필드에 접근하면 다른 필드의 접근도 빨라질 수 있다.

메모리 계층 구조

현대적인 컴퓨터는 여러 레벨의 계층 구조로 구성되는데 아래 레벨로 갈수록 크기는 커지고 속도는 느려진다. 최상위 레벨은 CPU 레지스터(register)인데 보통 수백 바이트에 그친다. 레지스터는 CPU 의 원래 동작 속도에 맞출 수 있는 유일한 메모리로 1 CPU 사이클(cycle) 안에서 데이터를 읽고 쓸 수 있다.

레지스터 아래에는 캐시가 있는데 캐시는 여러 레벨로 나뉘며 수백 메가바이트에 달한다. 최상위 캐시의 읽기(데이터를 최상위 캐시에서 레지스터로 옮기는 작업)는 몇 사이클만 소모하지만 주 메모리로부터 읽는 작업은 수백 사이클을 소모한다.

캐시는 여러 개의 라인(line)으로 구성되며 한 라인의 크기는 워드(word) 몇 개 정도다. 프로그램이 새로운 메모리 위치에 접근할 때 그 위치의 주소에서 시작해 한 라인에 해당하는 영역을 통째로 옮긴다. 주어진 위치에 배열의 첫 번째 요소가 있었다면 연속된 요소 몇 개를 한 캐시 라인으로 모두 옮겨 필요할 때 레지스터로 빠르게 읽을 수 있도록 준비한다.

최근의 데스크톱용 AMD Zen 아키텍처를 자세하게 살펴보자. 캐시는 세 레벨로 구성되며 한 라인 은 64바이트다. 다음 표는 메모리 계층 구조의 주요 사양을 보여준다(http://mng.bz/E1IX).

레벨	크기(코어당)	지연(사이클)
레지스터	128바이트	1
L1 캐시	32KB	4
L2 캐시	512KB	17
L3 캐시	2MB	40
주 메모리	16GB(일반적으로)	~300

돌발 퀴즈 3 set이 HashSet 타입이라면 set.contains(x)를 호출해 다음 호출 set.contains(y)의 속도가 개선될 수 있을까? set이 TreeSet이라면 어떠할까?

자바에서 캐시 지역성을 활용하면서 데이터를 저장하려면 일반 배열이나 배열을 바탕으로 한 ArrayList와 같은 클래스를 사용해야 한다. 하지만 ArrayList를 비롯한 제네릭 클래스는 참조만 저장하므로 캐시 지역성도 참조 자체에 국한되며 참조가 가리키는 데이터 (객체)에는 적용되지 않는다. 예를 들어 ArrayList<Integer>는 Integer의 참조를 배열에 저장하는데 참조 자체는 이웃한 메모리 위치에 저장되지만 실제 정수 값은 그렇지 않다.

Integer 참조를 저장하는 일반 배열도 마찬가지이며 그림 4.5는 이를 보여준다.

ArrayList의 자동 크기 조정을 비롯한 편의 기능과 기본 배열의 캐시 지역성을 모두 누리고 싶다면 GNU Trove와 같은 외부 라이브러리가 필요하다. GNU Trove는 기본 정수를 저장하는 크기 변경이 가능한 배열을 구현한 TIntArrayList를 제공한다.

4.3.2 필드와 getAmount 메서드

별칭이 Memory3인 Container 클래스는 수조와 수조의 그룹을 모두 정수 ID로 식별하며 두 클래스(정적 필드) 배열을 이용해 필요한 정보를 인코딩한다.

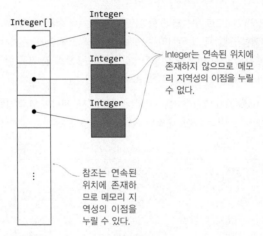

▲ **그림 4.5** Integer 객체의 배열. 배열 자체는 연속된 메모리 구역이지만 배열에서 가리키는 Integer 객체는 메모리에서 흩어져 있다.

- group 배열은 수조 ID를 그룹 ID로 맵핑한다.
- amount 배열은 그룹 ID를 그룹에 속한 수조 하나에 담긴 물의 양에 맵핑한다.

getAmount 메서드를 호출하면 주어진 수조 ID를 이용해 group 배열에서 그룹 ID를 조회하고 그룹 ID를 이용해 amount 배열로부터 그룹의 물의 양을 얻는다. 코드는 다음과 같다.

코드 4.7 Memory3: 필드와 getAmount 메서드

```
public class Container {
```

```java
private static int group[] = new int[0];        ❶ 수조 ID를 그룹에 매핑
private static float amount[] = new float[0];   ❷ 그룹 ID를 수조당 물의 양에 매핑

public static float getAmount(int containerID) {
    int groupID = group[containerID];
    return amount[groupID];
}
```

필드를 크기가 0인 배열로 초기화하는 방법이 이상할 수 있지만 그럴 만한 이유가 있다. 그렇게 함으로써 첫 번째 수조의 생성 작업을 특별하게 취급할 필요가 없어지고 코드의 일관성과 의도가 드러난다. 특히 `group.length`와 `amount.length`가 항상 `null`이 아니므로 언제든지 접근할 수 있다.

4.3.3 팩터리 메서드로 수조 생성하기

이제 생성자를 대체한 정적 메서드 `newContainer`를 살펴보자. 클래스의 새로운 인스턴스를 리턴하는 메서드를 팩터리 메서드^{factory method}라고 한다. Memory3의 목적이 객체를 사용하지 않는 것이다 보니 `newContainer`도 실제로 객체를 생성하지는 않지만 새로운 수조의 ID를 리턴함으로써 팩터리 메서드의 역할을 한다.

팩터리 메서드 대 FACTORY METHOD

클래스의 새로운 인스턴스를 리턴하는 메서드를 팩터리 메서드라고 한다. 생성자와 비교할 때 팩터리 메서드의 장점은 다음과 같다.

- 특정 클래스의 객체는 물론 리턴 타입의 하위 타입을 모두 리턴할 수 있다.
  예를 들어 EnumSet(요소가 주어진 열거형에 속하는 Set 구현) 클래스는 여러 가지 정적 팩터리 메서드를 이용해야만 새로운 집합을 생성할 수 있다. 이 클래스의 팩터리 메서드는 성능상 이유로 주어진 열거형의 크기에 따라 다른 구현체(EnumSet의 서브클래스)를 리턴한다.
- 앞의 설명과 달리 팩터리 메서드에서 실제로 새로 생성된 객체를 리턴할 필요는 없다.
  객체가 불변(immutable)이라면 객체를 캐싱하거나 재사용해도 문제가 없다. 팩터리 메서드 `Integer.valueOf`는 기본 정수를 `Integer` 객체로 감싸는데 새로운 객체를 리턴할 수도 있고 안 할 수도 있다.

한편 (영어 대문자로 쓴) FACTORY METHOD는 Gang of Four가 정의한 디자인 패턴(design pattern) 중 하나다. FACTORY METHOD라는 이름 그대로 팩터리 메서드를 지칭하지만 특별한 경우에 국한된다. 클라이언트에게 객체를 제공하되 서브클래스에서 객체의 실제 타입을 정할 수 있다. 예를 들어 Iterable 인터페이스의 iterator 메서드도 이 패턴의 한 예다.

newContainer를 구현하려면 새로운 수조를 저장한 후 그 ID를 리턴해야 한다. 새로운 수조는 모두 새로운 그룹에 속하므로 두 배열 모두 한 칸을 확장해야 한다. 정적 메서드 Arrays.copyOf를 이용하는데 이 메서드는 크기가 다를 수 있는 다른 배열로 복사한다. 새로운 배열의 크기가 더 작다면 나머지 요소는 버리고 반대로 우리 예제와 같이 더 크다면 새로운 배열을 할당할 때와 같이 남는 자리를 0으로 채운다. 새로운 수조는 비어 있으므로 amount 배열의 남은 칸에 기본 값 0을 사용하는 것이 적절하다. 반대로 group 배열에서는 새로운 그룹의 ID를 명시적으로 설정해야 하며 그룹의 ID로 사용하지 않은 수 중에서 가장 작은 수를 선택해야 한다. 즉 확장하기 전 group 배열의 크기를 ID로 사용한다. 이제 다음과 같은 코드로 구현을 끝마친다.

코드 4.8 Memory3: newContainer 메서드

```
public static int newContainer() {
    int nContainers = group.length,
        nGroups = amount.length;
    amount = Arrays.copyOf(amount, nGroups + 1);      ❶ amount에 0을 추가
    group = Arrays.copyOf(group, nContainers + 1);    ❷ group에 0을 추가
    group[nContainers] = nGroups;                     ❸ 새로운 수조의 그룹 ID를 설정

    return nContainers;                               ❹ 새로운 수조의 ID를 리턴
}
```

이에 더해 클라이언트가 Container 객체를 생성할 필요가 없으므로 이를 막아야 한다. 컴파일러가 기본 생성자를 만들지 않도록 몸체가 빈 private 생성자를 추가하자. 다음 상자에서 인스턴스화 불가능^{non-instantiable} 클래스를 작성하는 여러 방법을 비교해본다.

돌발 퀴즈 4 딱 한 번만 인스턴스화 가능한 클래스(싱글턴^{singleton})는 어떻게 설계할까?

그림 4.6은 UseCase의 첫 세 단계를 실행한 후의 메모리 레이아웃을 보여준다. 수조는 ID가 0과 1인 두 그룹으로 나뉜다. group 배열은 각 수조의 ID, amount 배열은 각 그룹의 수조 하나에 담긴 물의 양을 저장한다.

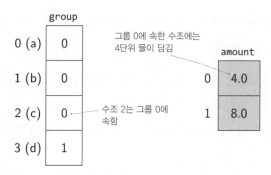

▲ **그림 4.6** UseCase의 세 단계를 실행한 상태에서 Memory3의 메모리 레이아웃

amount 배열의 크기를 최적으로 유지하려면 그룹 ID 사이에 빈 공간이 없어야 한다. 그룹 ID가 1, 3, 5로 사이에 공간이 있다면 세 그룹을 저장하는 데 여섯 자리가 필요하다. 정식으로 다음과 같은 클래스 불변 조건을 지켜야 한다.

전체 그룹 수가 n일 때 그룹의 ID는 0부터 $n - 1$까지의 정수다.

클래스의 불변 조건이란 클래스의 메서드가 실행되는 동안을 제외하고 항상 성립해야 하는 조건이다. 따라서 클래스의 모든 메서드는 시작 시점에 불변 조건이 참이라는 사실에 의존할 수 있고 실행이 끝난 후에는 불변 조건이 계속 성립하는 것을 보장해야 한다(6장에서 이 주제를 다시 살펴보자).

앞의 불변 조건이 성립한다면 배열 크기가 전체 그룹 개수와 같으므로 amount 배열을 최소 크기로 유지할 수 있다. 그룹을 추가하기만 하고 제거하지 않는다면 이 조건을 쉽게 유지할 수 있다. 하지만 connect 연산에서 두 그룹을 병합하면서 그룹을 제거한다. 따라서 이러한 연산으로 그룹을 제거할 때 그룹 ID를 재배열하는 추가 작업이 필요하다. 이를 위해 빠진 ID(빈 자리)를 ID가 가장 큰 배열에 할당함으로써 빈 자리를 시퀀스의 맨 뒤로 옮기면 빈 자리를 간단하게 없앨 수 있다. 4.3.4절에서 설명할 removeGroupAndDefrag 메서드가 이 작업을 책임진다.

4.3.4 ID로 수조 연결하기

이제 코드 4.9의 connect 메서드를 살펴보자. Memory3의 다음과 같은 특별한 기능을 제외하면 익숙한 구조일 것이다.

- 그룹의 크기를 바로 알 수 없다. 그 대신 지원 메서드 groupSize에서 주어진 ID가 group 배열에서 등장하는 횟수를 계산한다.
- 두 그룹을 병합할 때 두 번째 그룹에 속한 모든 수조에 첫 번째 그룹의 ID를 할당한다.
- 맨 끝에서 지원 메서드 removeGroupAndDefrag를 호출해 그룹의 ID를 재배열한다.

```
public static void connect(int containerID1, int containerID2) {
    int groupID1 = group[containerID1],
        groupID2 = group[containerID2],
        size1 = groupSize(groupID1),         ❶ 나중에 이 메서드를 살펴본다.
        size2 = groupSize(groupID2);
    if (groupID1 == groupID2) return;        ❷ 두 수조가 이미 연결됐는지 확인

    float amount1 = amount[groupID1] * size1, ❸ 물의 양을 다시 계산
          amount2 = amount[groupID2] * size2;
    amount[groupID1] = (amount1 + amount2) / (size1 + size2);

    for (int i=0; i<group.length; i++) {     ❹ 두 번째 그룹의 수조에 첫 번째 그룹 ID를 할당
        if (group[i] == groupID2) {
            group[i] = groupID1;
        }
    }
    removeGroupAndDefrag(groupID2);
}
```

항상 그렇듯이 connect는 연결을 맺은 후 수조에 담길 물의 양을 계산해야 하며 이를 위
해 병합할 두 그룹의 크기를 알아야 한다. 하지만 그룹의 크기를 아무 데도 저장하지 않
았으므로 주어진 그룹 ID를 공유하는 수조의 개수를 세어야 한다. private 지원 메서드
groupSize가 이러한 역할을 하며 코드는 다음과 같다.

```
private static int groupSize(int groupID) {
    int size = 0;
    for (int otherGroupID: group) {
        if (otherGroupID == groupID) {
            size++;
        }
    }
    return size;
}
```

마지막으로 앞에서 언급한 removeGroupAndDefrag 메서드는 클래스 불변 조건을 유지한 채 그룹을 제거하는 역할을 한다.[1] 그 내부 동작을 이해하려면 connect에서 k를 인자로 removeGroupAndDefrag를 호출했다면 group 배열의 아무 요소도 k와 같지 않다는 것을 알아야 한다. 즉 아무 수조도 그룹 k에 속하지 않는다. 하지만 클래스 불변 조건을 유지하면서 그룹 ID k를 바로 제거할 수는 없다. 그룹 ID k를 그냥 제거하면 빈 자리가 생기기 때문이다. 그 대신 그룹 ID k를 다른 그룹에 할당하고 두 배열을 적당하게 조정한다. 제거를 수행하기 전에 그룹 ID가 0부터 $n - 1$까지라고 가정하면 가장 간단한 방법은 $n - 1$번째 그룹에 ID k를 할당하고 ID $n - 1$을 제거하는 것이다.

코드 4.11의 for 루프에서는 $n - 1$번째 그룹에 속해 있던 모든 수조에 ID k를 할당한다. amount[groupID]로 시작하는 행에서는 $n - 1$ 그룹의 물의 양을 k 그룹으로 옮긴다. amount로 시작하는 마지막 행에서는 amount 배열의 뒷부분을 지워 그룹 $n - 1$을 효과적으로 제거하고 불변 조건을 유지한다. 결과적으로 원한 대로 그룹 ID가 0부터 $n - 2$까지 할당된다.

---

1   메서드 이름에서 defrag는 파일이 디스크의 연속된 위치에 머물도록 블록을 재배열하는 파일 시스템 관리 연산인 파편화 제거 (defragmentation)에서 따왔다.

```
private static void removeGroupAndDefrag(int groupID) {
    for (int containerID=0; containerID<group.length; containerID++) {
        if (group[containerID] == amount.length-1) {
            group[containerID] = groupID;
        }
    }
    amount[groupID] = amount[amount.length-1];
    amount = Arrays.copyOf(amount, amount.length-1);
}
```

그림 4.7은 앞의 시나리오에서 아래 세 줄의 코드를 실행했을 때 그 효과를 한 단계씩 보여준다.

```
Container.addWater(a, 12);
Container.addWater(d, 8);
Container.connect(a, b);
```

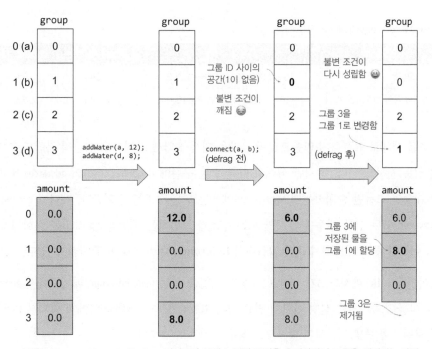

▲ **그림 4.7** removeGroupAndDefrag 메서드가 클래스 불변 조건을 유지하면서 그룹을 제거하는 과정

그림에서는 connect의 마지막 부분 특히 removeGroupAndDefrag 호출(코드 4.9의 마지막 행) 전후를 볼 수 있다. 호출 전에서 그룹 ID 1이 아무 수조에도 할당되지 않았으므로 불변 조건이 깨진 상태다. 호출 후 파편화 제거 과정에서 그룹 3을 1로 바꾸고 해당 물의 양을 amount[1]로 옮겨 불변 조건이 다시 성립한다.

제거할 그룹이 맨 마지막 그룹이라면($k = n - 1$이라면) 어떠한 일이 생길까? 한 번 확인해 보면 이 경우를 특별하게 취급할 이유가 없다는 것을 알 수 있다. $k = n - 1$이면 if 구문 의 조건이 항상 거짓이므로 for 루프는 아무 것도 하지 않는다. 대입문(amount[groupID])도 아무 효과가 없으며 마지막 행(amount)은 단지 amount 배열에서 마지막 요소를 제거할 뿐 이다.

4.3.5 공간 및 시간 복잡도

세 번째 구현은 그 크기가 수조 개수, 그룹 개수와 같은 일반 배열 2개를 바탕으로 하므 로 표 4.6과 같이 공간 복잡도를 쉽게 평가할 수 있다.

▼ **표 4.6** Memory2의 메모리 요구 사항

시나리오	사용량(수식)	사용량(바이트)	레퍼런스 대비
고립된 1,000개	4＋16＋1,000＊4＋4＋16＋1,000＊4	8,040	7%
10개씩 묶인 그룹 100개	4＋16＋1,000＊4＋4＋16＋100＊4	4,440	7%

수조를 객체로 표현하지 않음으로써 공간을 대폭 절약했고 적어도 점근적 복잡도 측면에 서 성능 저하도 없다. 하지만 실제로 다른 모든 구현에서 connect(To)와 addWater가 처리 할 대상인 그룹만 순회하는데 Memory3에서는 모든 수조를 순회한다. 게다가 connect와 addWater 모두 그룹 개수를 알려면 모든 수조를 포함하는 배열(group 배열)을 순회해야 한 다. 이러한 루프 때문에 수조가 많을수록 Reference 대비 성능이 떨어질 수 있다.

나아가 public 메서드 3개 외에도 생성자 역할을 하는 newContainer 메서드에서 Arrays. copyOf를 호출하므로 선형 시간이 필요하다. Reference를 비롯해 앞에서 살펴본 다른 모 든 구현은 루프를 포함하지 않으므로 상수 시간으로 충분하다.

4.4 블랙홀 [Memory4]

별칭이 Memory4인 4장 마지막 구현에서는 수조 하나당 4바이트만 사용하는 대가로 시간 복잡도를 희생한다. 이를 위해 정적 배열 하나에 모든 수조를 저장하고 각 요소를 2가지 용도로 사용한다. 일반적으로 그룹이 연결 리스트로 저장된 것처럼 같은 그룹에 속하는 다음 수조의 인덱스를 배열 요소로 저장한다. 고립된 수조이거나 그룹의 마지막 수조여서 다음 수조가 존재하지 않는다면 수조에 담긴 물의 양을 저장한다(한 그룹에 속하는 수조에 담긴 물의 양은 모두 같다).

인덱스와 물의 양을 한 배열에 저장해야 하는데 인덱스는 정수이고 물의 양은 부동 소수점 수다. 배열을 어떠한 타입으로 해야 할까? 2가지 방법이 있는데 메모리 소모량은 같다(수조 하나당 4바이트).

1. **int 타입 배열**: 요소 값을 물의 양으로 해석해야 할 때는 특정 수로 나눠 부동 소수점 수를 효과적으로 구현할 수 있다. 예를 들어 물의 양을 10,000으로 나누면 소수점 아래 다섯 자리까지 표현할 수 있다.

2. **float 타입 배열**: 요소 값을 배열의 인덱스로 해석해야 할 때는 우선 음이 아닌 정수인지 확인한다. (특정 값보다 작은) 음이 아닌 모든 정수는 부동 소수점 수의 특별한 경우에 포함된다.

여기서는 두 번째 방법을 선택하고 주의 사항도 곧 살펴본다.

코드 4.12 Memory4: 필드, 생성자는 필요 없음

```
public class Container {
   private static float[] nextOrAmount;
```

그렇다면 배열의 요소를 읽을 때 그 값이 next인지 amount인지 어떻게 알 수 있을까? 컴퓨터 메모리가 정말 부족하던 옛 시절에 쓰던 꼼수를 사용하자. 둘 중 한 경우를 양수, 나머지 하나를 음수로 인코딩하는 것이다. 더 정확하게 말해 양수는 다음 수조의 인덱스로 해석하고 음수는 그 수에 −1을 곱한 수를 물의 양으로 해석한다. 예를 들어 nextOrAmount[4] == -2.5라면 수조 4가 그룹의 마지막 수조(또는 고립된 수조)이고 2.5단위

의 물이 담겨 있다.

한 가지 주의할 점은 요소 값이 0인 경우 인덱스와 물의 양 모두로 해석될 수 있지만 float 타입은 '양의 0'과 '음의 0'을 구별하지 않는다는 점이다. 이러한 모호함을 피하려면 0은 물의 양으로 해석하고 다음 수조의 인덱스에는 0을 사용하지 않아야 한다. 그렇다고 0번 칸을 버릴 수는 없으므로 모두 인덱스에 1을 더하자(이를 편향bias이라고 한다). 4번 수조 다음이 7번 수조라면 nextOrAmount[4] == 8이다.

그림 4.8은 UseCase의 첫 세 단계를 실행한 후 Memory4의 메모리 레이아웃을 보여준다. 첫 요소 값 2.0은 편향이 더해진 next 인덱스다. 즉 첫 번째 수조(수조 a)가 수조 1(수조 b)에 연결된 것을 나타낸다. 세 번째 요소 값 −4.0은 c가 그룹의 마지막 수조이며 그 그룹에 속한 수조에 담긴 물의 양은 4.0단위라는 것을 보여준다.

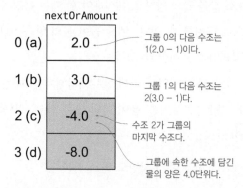

▲ **그림 4.8** UseCase의 세 단계를 실행한 상태에서 Memory2의 메모리 레이아웃. float 타입 요소 4개를 포함하는 배열은 한 그룹에 속한 수조를 연결하고 물의 양을 저장하는 2가지 역할을 한다.

코드 4.13은 getAmount 메서드를 보여준다. (두 번째 행에서) 연결 리스트처럼 next 값을 따라가다가 음수나 0으로 표시된 리스트의 마지막 수조를 만나면 멈춘다. 그리고 그 값에 반대 부호를 취하면 원하던 물의 양을 얻는다. 세 번째 행의 끝에 있는 −1은 인덱스에서 편향을 제거하는 역할을 한다. 그리고 return 다음의 마이너스 부호는 물의 양을 얻기 위해서다.

```
public static float getAmount(int containerID) {
    while (nextOrAmount[containerID]>0) {  ❶ 그룹의 마지막 수조 찾기
        containerID = (int) nextOrAmount[containerID] -1;  ❷ 편향 제거
    }
    return -nextOrAmount[containerID];  ❸ 원래 부호로 되돌리기
}
```

배열의 인덱스를 float로 표현하는 방식에는 숨은 단점이 있다. 이론적으로 배열의 인덱스는 음수가 아닌 32비트 정수 범위 즉 0에서 $2^{31} - 1$(Integer.MAX_VALUE에 정의된 값으로 약 20억에 가깝다)까지 가능하다. float의 범위는 훨씬 넓지만 해상도^{resolution}가 가변적이다. 즉 그림 4.9처럼 연속한 두 float 사이의 거리는 수의 크기에 따라 변한다. float 값이 작은 경우(0에서 가까우면) 두 float 값 사이의 거리는 매우 작다. float 값이 크면 그 다음 float 값까지의 거리도 멀어진다. 특정 지점 이후로는 그 거리가 1보다 커지고 float 값이 정수를 지나친다.

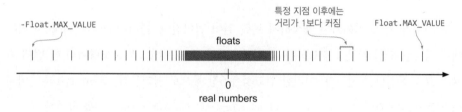

▲ 그림 4.9 실수와 float 타입 값의 관계

예를 들어 float는 범위가 넓어 1E10(10^{10}, 즉 100억)을 정확하게 표현할 수 있지만 정수 타입은 그럴 수 없다. float과 정수 타입 모두 1E8(1억)을 표현할 수 있지만 값이 1E8인 float 변수에 1을 더하면 여전히 1E8이다. 100,000,001이라는 수를 표현하기에는 float가 가진 수가 부족하다. 즉 1E8과 다음 float 값 사이의 거리가 1보다 크다. float의 전체 범위에는 1E8이 충분하게 포함되지만 무간섭 정수 범위$^{uninterrupted\ integer\ range}$ 즉 편차 없이 정확하게 표현 가능한 정수 범위 밖에 있다. 표 4.7은 가장 일반적인 기본 수치 타입의 무간섭 정수 범위를 보여준다.

기본 수치 타입의 무간섭 정수 범위 비교. 무간섭 정수 범위는 편차 없이 정확하게 표현 가능한 정수 범위를 말한다.

타입	최상위 비트	최고 10진 자릿수	무간섭 정수 범위
int	31	9	0 to $2^{31} - 1 \approx 2 * 10^9$
long	63	18	0 to $2^{63} - 1 \approx 9 * 10^{18}$
float	24	7	0 to $2^{24} - 1 \approx 16 * 10^6$
double	53	15	0 to $2^{53} - 1 \approx 9 * 10^{15}$

돌발 퀴즈 5 루프 while(x+1==x)이 영원하게 계속되도록 변수 x의 데이터 타입과 초기값을 정하라.

float를 배열의 인덱스로 사용하는 것은 끔찍하게 나쁜 방법이다. 인덱스가 무간섭 정수 범위 안에 있을 때만 제대로 동작하는데 그 범위는 Integer.MAX_VALUE보다 훨씬 작다. 정확하게 얼마나 작은지 알아보자. 음이 아닌 정수의 최상위 비트는 31이고 음이 아닌 float의 최상위 비트는 24다. $31 - 24 = 7$이므로 float의 한계는 Integer.MAX_VALUE보다 $2^7 = 128$배 작다.

수조 개수가 2^{24}를 넘어가면 예상하지 못한 일이 벌어진다. 따라서 newContainer 메서드에서 적당한 확인 절차가 필요하다. 하지만 4장의 주제는 메모리 소모량이니 한 번에 한 가지 코드 품질만 개선하자. 이러한 견고성은 6장 몫으로 남겨둔다. Memory4의 나머지 소스 코드는 온라인 저장소(https://bitbucket.org/mfaella/exercisesinstyle)를 참조하자.

4.4.1 공간 및 시간 복잡도

Memory4의 정적 배열 하나는 배열 자체를 가리키는 참조 4바이트와 배열의 표준 오버헤드 16바이트, 요소 하나당 4바이트를 차지한다. 이렇게 구현하면 수조의 연결 상태와 상관 없이 수조 개수만으로 공간 소모량이 정해진다. 표 4.8은 지금까지 주로 다룬 두 시나리오의 메모리 사용량을 평가한 것이다.

이러한 극단적인 메모리 절감은 표 4.9에서 보듯이 상당한 성능 저하를 부른다. connect와 addWater 메서드에 특정 그룹에 속한 수조의 인덱스가 주어졌을 때 그 그룹의 크기를 알아야 한다. 이를 위해 그룹의 첫 번째 수조로 돌아가 수조 리스트를 한 번 훑어봐야 한다. 그룹의 첫 번째 수조를 찾기도 쉽지 않다. 그 첫 번째 수조는 아무 next 포인터도 가리키지 않는 요소인데 이를 찾으려면 그룹 리스트를 거꾸로 순회해야 하고 결국 제곱 시간이 걸린다.

▼ **표 4.8** Memory requirements of Memory4

시나리오	사용량(수식)	사용량(바이트)	레퍼런스 대비
고립된 1,000개	4+16+1,000*4	4,020	4%
10개씩 묶인 그룹 100개	4+16+1,000*4	4,020	7%

▼ **표 4.9** Memory4의 시간 복잡도

메서드	시간 복잡도
getAmount	$O(n)$
connectTo	$O(n^2)$
addWater	$O(n^2)$

4.5 공간-시간 기회비용

우선 4장에서 다룬 4가지 버전과 2장 Reference의 메모리 요구 사항을 요약하고 비교해보자(표 4.10 참조).

▼ **표 4.10** 4장의 모든 구현과 Reference의 메모리 요구 사항. Memory3과 Memory4는 객체를 사용하지 않는 API를 노출한다.

시나리오	버전	바이트	레퍼런스 대비
고립된 1,000개	Reference	108,000	100%
	Memory1	20,000	19%
	Memory2	20,000	19%
	Memory3	8,040	7%
	Memory4	4,020	4%

10개씩 묶인 그룹 100개	Reference	61,200	100%
	Memory1	29,000	47%
	Memory2	25,600	42%
	Memory3	4,440	7%
	Memory4	4,020	7%

표 4.10이 보여주듯이 컬렉션과 인코딩을 적절하게 선택하면 상당한 메모리를 절감할 수 있다. 객체로 인한 오버헤드 한계를 넘으려면 1장에서 설명한 API 명세를 어기고 수조를 객체가 아닌 정수 ID로 식별해야 한다. 4장의 모든 구현은 가독성을 희생했고 그 결과 유지보수성도 저하됐다. 메모리 효율성이라는 목표 때문에 하이 레벨 컬렉션 대신 로우 레벨 타입(주로 배열)을 사용했고 Memory4에서 배열 인덱스를 float로 표현하는 등의 특별한 인코딩을 이용했다. 대부분의 프로그래밍 환경에서는 이러한 기법을 꺼리지만 임베디드 시스템과 같이 메모리 제약이 심하거나 매우 큰 데이터를 메모리에 올려야 할 때 유용하다.

1장에서 논의한 대로 공간 효율성과 시간 효율성은 상충하는 경향이 있다. 지금까지 이러한 원칙의 긍정적인 예와 부정적인 예를 살펴봤는데 그림 4.10이 이를 보여준다. 그림에서 7개 구현과 2장 Reference 구현의 공간 및 시간 요구 사항을 도표로 표현하고 있다. Memory3과 Memory4는 공간을 절약하는 대가로 수조의 API를 변경했다는 것을 명심하자.

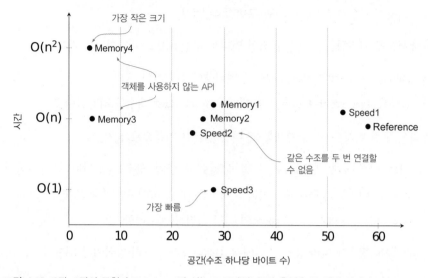

▲ **그림 4.10** 3장, 4장의 구현과 Reference의 성능 프로파일. 공간 측정은 두 번째 시나리오(수조 1,000개를 10개짜리 그룹 100개로 구성)에서 수조 하나당 차지하는 평균 바이트 수를 기준으로 한다. 시간 측정은 세 클래스 메서드 중 가장 높은 복잡도를 기준으로 하며 Speed3은 분할상환 복잡도를 평가한다.

도표에서는 3장과 4장의 가장 고도화된 구현이 상응하는 품질을 최대화하는 것을 보여준다. Speed3은 수행 속도가 가장 빠르고 Memory4는 공간 효율성이 가장 높다. Memory4는 수조 하나당 4바이트를 차지할 만큼 메모리 효율성을 극대화하지만 그 대가로 시간 복잡도가 2차 함수로 커진다. 시간과 공간 사이의 기회비용을 잘 보여주는 예라고 할 수 있다.

Speed3은 시간 효율성과 공간 효율성 둘 다 개선했으며 메모리 사용량은 Memory2에 매우 근접하다. Memory2는 표준 API를 변경하지 않고 달성할 수 있는 최대 공간 효율성을 보여준다. 결론적으로 메모리가 극히 제한적인 경우가 아니라면 대부분의 실제 환경에서 Speed3의 자료 구조가 최적이라고 볼 수 있다.

4.6 전혀 새로운 문제에 적용해보기

이제 공간 절약 기법을 다른 시나리오인 멀티셋$^{multi-set}$에 적용해보자. 멀티셋은 중복된 요소를 포함할 수 있는 set이다. 즉 멀티셋 {a, a, b}는 {a, b}와 다르다. 하지만 요소 순서는 고려하지 않으므로 {a, b, a}와 구별할 수 없다.

다음 메서드를 지원하는 공간 효율적인 멀티셋 구현 MultiSet<T>를 설계하라.

- public void add(T elem): elem을 멀티셋에 삽입한다.
- public long count(T elem): 멀티셋에 저장된 elem 개수를 리턴한다.

서로 다른 구현 방식을 비교, 선택할 때 다음 질문을 기준으로 삼자.

1. 서로 다른 n개 객체를 여러 번 삽입했고 삽입 횟수는 m이라고 가정하자(즉 $m \geq n$). 여러분의 구현에서 이를 저장하는 데 몇 바이트가 필요한가?
2. 여러분의 구현에서 add와 count의 시간 복잡도는 어떠한가?

예상되는 중복 횟수에 따라 공간 측면에서 최적의 2가지 구현 방식이 존재한다.

4.6.1 중복이 적을 때

중복이 적을 거라고 예상한다면 배열 하나를 이용할 수 있다. 처음 삽입한 객체이든 중복된 객체이든 배열 끝에 추가한다.

4장에서 논의했듯이 ArrayList를 사용하면 메모리를 약간 더 사용하는 대신 구현이 훨씬 간단해지므로 매우 좋은 선택이다. 나아가 ArrayList는 제네릭도 잘 처리한다.

코드는 다음과 같다.

```
public class MultiSet<T> {
  private List<T> data = new ArrayList<>();

  public void add(T elem) {
    data.add(elem);
  }
  public long count(T elem) {
    long count = 0;
    for (T other: data) {
      if (other.equals(elem)) {
        count++;
      }
    }
```

```
        return count;
    }
}
```

새로 도입된 스트림 라이브러리를 이용하면 count 메서드를 다음과 같이 한 줄로 작성할 수 있다.

```
public long count(T elem) {
    return data.stream().filter(x -> x.equals(elem)).count();
}
```

add 메서드는 (분할상환) 상수 시간을 차지하며(3.3.5절 참조) count는 선형 시간을 차지한다. 서로 다른 객체 n개를 m번 삽입한 후의 메모리 사용량은 (n과 상관 없이) $56 + 4 * m$ 바이트다. 구체적으로 다음과 같다.

- MultiSet 객체의 오버헤드 12바이트
- ArrayList를 가리키는 참조 4바이트
- ArrayList가 차지하는 40바이트(표 4.4 참조)
- 멀티셋 요소를 가리키는 참조 $4 * m$바이트

4.6.2 중복이 많을 때

중복이 빈번하다면 배열 2개를 사용하는 편이 낫다. 한 배열에는 객체, 다른 배열에는 각 배열의 중복된 개수를 저장한다. 컬렉션 프레임워크에 익숙하다면 이러한 일에는 Map이 안성맞춤이라고 생각할 수 있다. 하지만 표준적인 Map 구현(HashMap과 TreeMap)은 ArrayList 2개보다 더 큰 메모리를 차지한다.

코드는 다음과 같다.

```
public class MultiSet<T> {
    private List<T> elements = new ArrayList<>();
    private List<Long> repetitions = new ArrayList<>();
    ...
```

나머지 구현은 연습문제로 남겨둔다. 다만 repetitions의 i번째 요소(repetitions.get(i)으로 얻은 값)는 객체 elements.get(i)의 중복된 횟수여야 한다.

성능면에서 보면 삽입할 객체가 새로운 것인지 중복된 것인지를 알기 위해 elements를 순회해야 한다. 따라서 add와 count의 최악의 경우 복잡도는 상수 시간이다.

서로 다른 객체 n개를 m번 삽입한 후의 메모리 사용량은 (m과 상관 없이) $100 + 28 * n$바이트다. 구체적으로 다음과 같다.

- MultiSet 객체의 오버헤드 12바이트
- ArrayList 2개를 가리키는 참조 $2 * 4$바이트
- ArrayList 2개가 차지하는 $2 * 40$바이트
- (첫 번째 배열에서) 유일한 요소를 가리키는 참조 $4 * n$바이트
- (두 번째 배열에서) 유일한 요소별로 중복 횟수를 나타내는 Long 객체 $(4 + 20) * n$바이트(Long 객체 하나는 $12 + 8 = 20$바이트)

$100 + 28 * n < 56 + 4 * m$인 경우 즉 객체별 평균 중복 횟수가 7 이상이면 ($m > 11 + 7 * n$) 두 배열을 이용한 방법의 메모리 효율성이 더 높다.

4.7 실제 사례

3장과 4장에서 알고리듬의 효율성에 영향을 미치는 2가지 주요 요인인 시간과 공간을 다뤘다. 살펴봤듯이 같은 문제도 다른 방법으로 해결할 수 있다(예를 들어 수조 그룹을 저장하는 데 ArrayList 대신 HashSet을 사용할 수 있다). 그리고 어느 방식을 사용하느냐에 따라 시간과 공간 사이의 기회비용이 따른다. 최적의 선택은 풀어야 할 문제의 상황에 따라 달라진다. 여기서는 공간 효율성이 중요한 사례를 살펴보자.

- 기계학습은 데이터 세트Dataset를 다루는 것이라고 할 수 있다. 데이터 세트는 일반적으로 알고자 하는 특징feature이나 변수variable를 포함하는 인스턴스의 내용을 행row으로 포함하는 밀집 행렬dense matrix로 표현된다.[2] 더 복잡한 데이터 세트로

---

2 밀집 행렬이란 요소 값이 대부분 0이 아닌 행렬을 말한다. 반대로 요소 값의 대부분이 0인 행렬을 희소 행렬(sparse matrix)이라고 한다. - 옮긴이

유향 그래프를 들 수 있다. 예를 들어 웹 페이지를 노드로 표현하고 페이지 사이의 링크를 간선으로 표현할 수 있다. 이론적으로는 이러한 그래프를 인접 행렬^{adjacency matrix}로 표현할 수 있다. 인접 행렬은 그래프의 노드(웹 페이지)를 행과 열에 대응시킨 정사각 행렬이다. 행렬 값이 1이면 대응하는 페이지 사이에 간선(링크)이 존재하는 것, 0이면 존재하지 않는 것을 나타낸다. 그래프가 희소한^{sparse} 경우 행렬 요소 대부분을 사용하지 않으므로 메모리가 낭비된다. 이러한 경우 시간 효율성을 희생하는 대신 메모리 효율성이 높은 표현 방식을 고려할 수 있다.

■ 요즘 스마트폰은 랩톱과 비슷한 크기의 메모리를 탑재하지만 2000년대 초반 구글이 안드로이드 운영체제를 설계하던 시절에는 그렇지 않았다. 따라서 안드로이드는 오늘날 스마트폰보다 메모리가 훨씬 작은 환경에서 동작해야 했고 API 전반에 걸쳐 메모리 효율성을 고려한 흔적을 볼 수 있다.

　－ `android.util` 패키지에서는 표준 자바 패키지에서 메모리 효율성을 개선한 여러 클래스를 제공한다. 예를 들어 `SparseArray`는 맵(연관 배열)의 메모리 효율성을 개선한 클래스로 정수 키를 객체로 맵핑한다(4장 연습문제 2에서 이 클래스를 분석해본다).

　－ 그래픽 관련 모든 안드로이드 클래스는 좌표와 회전 각도 등을 저장할 때 `double` 대신 단정도^{single precision float}를 사용한다.

■ 이종^{heterogeneous} 시스템 사이에서 데이터를 교환할 때는 XML을 널리 사용한다. 응용 프로그램에서는 XML을 구문 분석^{parsing}해 그 내용은 관계형 데이터베이스^{relational database}에 저장하거나 XML 자체를 BLOB으로 저장한다. 이어지는 비즈니스 로직^{business logic}에서는 관계형 스키마^{schema}를 바탕으로 쿼리^{query}를 실행한다. 반면 원래 XML을 다시 요청하는 경우는 드물다. 따라서 XML 문서를 데이터베이스에 저장하기 전에 압축을 수행해 공간 효율성을 개선할 수 있다.

4.8 배운 내용 적용해보기

연습문제 1

4.6절에서 멀티셋 설명을 읽어보자. 구글 Guava 라이브러리(https://github.com/google/guava)는 MultiSet 인터페이스와 여러 가지 구현을 com.google.common.collect 패키지에서 제공한다. Multiset<E>의 주요 메서드는 다음과 같다.

- public boolean add(E elem): elem을 멀티셋에 삽입한 후 (Collection 인터페이스와 호환성을 유지하기 위해) true를 리턴한다.
- public int count(Object elem): 멀티셋에 저장된 elem 개수를 리턴한다.

HashMultiset의 소스 코드를 확인한 후 다음 질문에 답해보자.

1. add와 count 메서드의 시간 복잡도는 어떠한가?
2. 이 클래스는 시간과 공간 중 어느 것에 초점을 맞춰 최적화했는가? 아니면 둘 사이의 균형을 유지하는가?

힌트: HashMultiset과 추상 슈퍼클래스 AbstractMapBasedMultiSet의 소스 코드를 모두 살펴보자.

연습문제 2

android.util.SparseArray는 객체 배열의 공간 효율성을 개선한 클래스로 0으로 시작하는 연속적인 구간이 아닌 임의의 정수를 인덱스로 사용할 수 있다. 즉 Map<Integer, Object>을 대신한다. 내부적으로 배열 2개로 구현되는데 하나는 인덱스(키)를 저장하고 다른 하나는 객체(값)를 저장한다.

android.util.SparseArray 클래스의 소스 코드(http://mng.bz/DNZA)를 확인한 후 다음 질문에 답해보자.

1. new SparseArray()로 빈 SparseArray 객체를 생성하면 메모리를 얼마나 차지하는가?
2. 연속된 인덱스 0~99에 객체 100개를 저장하는 SparseArray는 메모리를 얼마나 차지하는가(객체 자체가 차지하는 메모리는 제외)?

3. 임의의 인덱스로 저장된 객체 100개를 저장하는 SparseArray는 메모리를 얼마나 차지하는가?

연습문제 3

3.3절 Speed3에서는 그룹의 대표 역할을 하는 수조에서만 amount와 size 필드를 사용하며 다른 수조에서는 의미 없는 필드다. 공개 API를 변경하지 않고 메모리 효율성을 개선할 수 있도록 Size3을 리팩터링하자.

힌트: 수조 객체는 연결되기 전에 생성된다는 점을 고려하자. 클라이언트는 수조의 참조에 계속 접근할 수 있고 자바에서는 객체의 타입을 동적으로 변경할 수 있다.

연습문제 4(미니 프로젝트)

UniqueList<E> 클래스는 중복을 허용하지 않는 고정된 크기의 인덱싱된 리스트를 표현하며 다음과 같은 공개 인터페이스를 노출한다.

- public UniqueList(int capacity): 주어진 용량의 빈 UniqueList를 생성한다.
- public boolean set(int index, E element): 주어진 인덱스가 0에서 capacity -1 사이에 있고 index에 해당하는 요소가 존재하지 않으면 주어진 요소를 주어진 인덱스에 삽입하고 true를 리턴한다. 그렇지 않으면 리스트를 변경하지 않고 false를 리턴한다.
- public E get(int index): 주어진 인덱스의 요소를 리턴한다. 인덱스가 유효하지 않거나 할당되지 않았을 때 null을 리턴한다.

위의 인터페이스를 고려해 다음 문제를 해결하자.

1. UniqueList를 공간 효율적인 방식으로 구현하라.
2. UniqueList를 시간 효율적인 방식으로 구현하라.

요약

- HashSet을 비롯한 하이 레벨 컬렉션은 일반적으로 성능과 코드 가독성을 향상시키지만 로우 레벨 컬렉션보다 메모리를 많이 차지한다.

- 공간이 절대적으로 필요하면 정수 ID를 사용해 객체 오버헤드를 피할 수 있다.
- 캐시 지역성 덕분에 데이터를 연속된 메모리 영역에 저장하면 성능을 개선할 수 있다.
- 부동 소수점 수는 정수보다 범위가 넓지만 해상도가 가변적이다.

퀴즈와 연습문제 정답

돌발 퀴즈 1

문자열 인터닝^{string interning} 기법을 이용해 각 문자열 리터럴의 사본 하나만 실제로 메모리에 저장한다.

자바 9 이전에는 'Hello World'와 같은 문자열 리터럴을 문자당 2바이트가 필요한 UTF-16으로 표현했다. 자바 9 이후부터는 콤팩트 문자열^{compact string} 기능으로 인해 문자열에 ASCII 문자만 포함된 경우 문자당 한 바이트로 인코딩한다. 두 경우 모두 문자를 배열에 저장한다. 실제 문자 외에도 다음과 같은 공간이 추가로 필요하다.

- String 객체의 오버헤드 12바이트
- 문자열의 해시 코드를 저장하는 4바이트
- 바이트 배열을 가리키는 참조 4바이트
- 인코딩의 종류(일반 또는 콤팩트)를 나타내는 플래그 1바이트
- 바이트 배열의 오버헤드 16바이트

정리하면 'Hello World'(11 문자) 사본 하나를 저장하는 데 필요한 메모리는 다음과 같다.

$$11 + 12 + 4 + 4 + 1 + 16 = 48바이트$$

돌발 퀴즈 2

언어를 설계하는 과정에서 2가지 상충되는 결정 때문에 배열과 제네릭이 함께 작동할 수 없다.

- 컴파일러는 제약 없는^{unbounded} 타입 파라미터를 지우고 Object로 대체한다.
- 배열은 정적 타입을 저장한다(이를 이용해 배열에 대한 쓰기 연산의 유효성을 확인한다).

결론적으로 new T[10]이 적법하다면 이는 new Object[10]과 같다. 하지만 이는 프로그래머가 원하는 바가 아니므로 이 표현식은 적법하지 않아야 한다.

돌발 퀴즈 3

그렇다. set.contains(x)를 호출하면 이어서 set.contains(y)를 호출할 때 긍정적인 영향을 미칠 수 있다. 첫 번째 호출 때문에 HashSet의 버킷 배열 일부가 캐시에 올라가기 때문이다(그림 2.7에서 HashSet의 내부 구조를 참조하라). 객체 x와 y의 해시 코드가 비슷하다면 두 번째 호출에서 y가 위치한 버킷을 캐시에서 얻을 수도 있다.

이유는 다르지만 TreeSet에서도 그렇다. TreeSet은 전체적으로 연결된 자료 구조이며 요소를 찾으려면 트리 경로를 순회한다. set.contains(y)를 호출할 때 y에 이르는 경로 위의 노드가 캐시에 존재하면 이득을 볼 수 있다(모든 경로는 루트 노드에서 시작하므로 루트 노드가 캐시에 존재할 가능성이 크다).

돌발 퀴즈 4

싱글턴 클래스는 로우 레벨 서비스로의 단일 접근 지점을 만드는 일반적인 방법이다. 유일한 생성자를 private로 선언하고 항상 같은 인스턴스를 리턴하는 public 메서드를 제공하는 방법으로 싱글턴 클래스를 만들 수 있다. 하나뿐인 인스턴스는 통상 클래스의 private 정적 필드에 저장한다.

메서드를 처음 호출하는 시점에서 하나뿐인 인스턴스를 생성(지연 초기화)한다면 스레드 안전성 문제에 주의해야 한다. 이를 안전한 초기화[safe initialization] 문제라고 하는데 브라이언 고에츠[Bryan Goetz]의 『Java Concurrency in Practice』를 비롯한 서적(8장의 참고문헌)을 참조하라.

돌발 퀴즈 5

변수 x를 float나 double 타입으로 선언한다. 그리고 무간섭 정수 범위 밖의 값으로 초기화한다. 예를 들어 float x=1E8처럼 정의한다.

이 문제는 조슈아 블로크^{Joshua Bloch}와 닐 개프터^{Neal Gafter}의 책 『Java Puzzlers』에 소개된 재미있는 퀴즈 중 하나다.

연습문제 1

우선 구체 클래스 HashMultiset부터 살펴보자. 이 클래스는 AbstractMapBasedMultiset을 확장하고 (super로 시작하는 행에서) 지원 클래스 Count를 사용한다. Count 클래스는 제자리 수정이 가능한 정수를 표현하며 Integer의 변경 가능한 버전이다.

```
public final class HashMultiset<E> extends AbstractMapBasedMultiset<E> {

    public static <E> HashMultiset<E> create() {  ❶ 팩터리 메서드
        return new HashMultiset<E>();
    }

    private HashMultiset() {  ❷ private 생성자
        super(new HashMap<E, Count>());  ❸ 슈퍼클래스의 생성자 호출
    }
```

보다시피 (public static으로 시작하는 행의) public 팩터리 메서드에서 빈 HashMultiset을 생성하고 이로 인해 (private로 시작하는 행의) private 생성자를 호출한다. 그리고 생성자 안에서는 (super로 시작하는 행에서) 슈퍼클래스의 생성자에 새로운 HashMap을 전달한다. 다음으로 슈퍼클래스 AbstractMapBasedMultiset에서 관련 부분을 살펴보자. 여기서 전체적인 구현을 가능하게 하는 인스턴스 필드(다음 코드의 backingMap)를 찾을 수 있다.

```
abstract class AbstractMapBasedMultiset<E> extends AbstractMultiset<E>
                                        implements Serializable {
    private transient Map<E, Count> backingMap;
```

이 코드로부터 HashMultiset의 내부 구조를 추측할 수 있다. 즉 객체를 요소의 중복 횟수로 맵핑하는 방식으로 구현되며 이는 HashMap을 바탕으로 한다. HashSet[3]이 시간 효율성에 초점을 맞춰 Set을 구현했듯이 HashMap과 Map의 관계도 마찬가지다. 두 클래스 모두 메

---

3   HashSet은 내부적으로 모든 값이 같은 더미(dummy) 값인 HashMap이다.

모리 사용량을 늘리는 대가로 시간 효율성에 초점을 맞춘다. 이제 연습문제에서 던진 두 질문에 답해보자.

1. add와 count 메서드는 상수 시간 복잡도를 갖는다. 복잡도가 상수 시간인 HashMap 의 메서드를 고정된 횟수만큼 호출하기 때문이다. 해싱된 자료 구조의 일반적인 원칙대로 hashCode 메서드를 바탕으로 제공되는 해시 함수는 객체를 정수 범위 전체에 골고루 분산해야 한다.
2. HashMultiset 클래스는 시간 효율성에 최적화됐다.

연습문제 2

먼저 다음과 같은 코드에 나열된 SparseArray의 인스턴스 필드를 살펴보자. 삭제된 요소의 부재가 실제로 (클라이언트에) 가시화되는 시점까지 삭제를 지연시키기 위한 플래그로 mGarbage를 사용한다(3장에서 살펴본 지연의 예다).

```
public class SparseArray<E> implements Cloneable {
    private boolean mGarbage = false;
    private int[] mKeys;
    private Object[] mValues;
    private int mSize;
```

다음 코드는 new SparseArray() 호출과 관련 있는 2가지 생성자를 보여준다(일부 생략). mValue로 시작하는 행은 안드로이드에 특화된 효율적인 배열 생성 방법이다.

```
public SparseArray() {
    this(10); ❶ 기본 초기 용량은 10
}
public SparseArray(int initialCapacity) {
    ...
    mValues = ArrayUtils.newUnpaddedObjectArray(initialCapacity);
    mKeys = new int[mValues.length];
    mSize = 0;
}
```

위의 코드만으로도 질문에 답하기 충분하다.

1. 2장과 4장에서 객체와 배열의 크기를 배웠으므로 아직 논의하지 않은 boolean 기본 타입의 mGarbage 필드를 제외하면 SparseArray의 모든 필드의 크기를 평가할 수 있어야 한다. boolean 값은 한 비트로 인코딩할 수 있지만 메모리 사용량은 VM에 따라 다르다. 현재 버전인 HotSpot에서 boolean은 한 바이트를 차지한다. 참고로 CPU가 가리킬 수 있는 메모리의 최소 단위도 바이트다. 지금까지 그랬듯이 주소를 8의 배수로 정렬하기 위한 패딩은 무시한다.

   즉 빈 SparseArray의 메모리 사용량은 다음과 같다.

   - SparseArray 객체의 오버헤드 12바이트
   - mKeys, mValues, mSize 필드 12바이트
   - mGarbage 필드에 1바이트
   - mKeys 배열의 오버헤드 12바이트
   - 길이가 10인 mKeys 배열에 10 * 4바이트
   - mValues 배열의 오버헤드 12바이트
   - 길이가 10인 mValues 배열에 10 * 4바이트

   모두 합쳐 137바이트가 필요하다.

2. 인덱스가 0부터 99까지인 객체 100개를 포함하는 SparseArray에는 길이가 최소 100 인 두 배열 mKeys와 mValues가 필요하다. 1번 질문의 계산 방식을 이용하면 857바이트라는 결과를 얻는다.

3. 클래스 이름에 'sparse'라는 단어가 들어간 데서 알 수 있듯이 인덱스의 실제 값은 SparseArray의 구조에 영향을 미치지 않는다. 따라서 이러한 경우 메모리 사용량은 2번 질문과 같은 857바이트다.

연습문제 3

공간 효율성을 최대화하려면 일반 수조에는 Container 타입의 parent 필드만 저장한다. 그룹을 대표하는 수조(즉 트리 루트)만 amount와 size 필드를 포함하는 특별한 객체를 가리킨다. 이러한 지원 객체의 타입은 Container의 서브클래스여야 하며 Container를 실제 서브클래스로 변환하려면 축소 변환downcast이 필요하다.

이러한 방법은 일반적인 수조의 메모리 사용량을 줄이지만 Speed3에서 필요하지 않던 추가적인 객체가 필요하므로 그룹 대표 수조의 크기는 커진다. 따라서 대부분의 수조가 다른 수조에 연결돼 그룹 개수가 적은 경우에만 공간 효율성이 개선된다.

연습문제 3의 답을 구현한 소스 코드는 온라인 저장소(https://bitbucket.org/mfaella/exercisesinstyle)의 **eis.chapter4.exercises.Container** 클래스에서 볼 수 있다.

연습문제 4

1. Memory2의 수조 구현에서 보듯이 일반 배열을 사용했을 때 메모리 절감이 ArrayList에 비해 크지 않으므로 UniqueList의 공간 효율성 버전에서도 ArrayList를 사용한다. 하지만 이로 인해 주어진 요소가 리스트에 존재하는지 확인해야 하며 이 작업에 선형 시간이 소모된다.

   다음 2가지 문제 때문에 구현이 복잡해진다.

   - 이미 존재하는 인덱스에 대해서만 List 인터페이스의 set과 get 메서드를 사용할 수 있다. 따라서 생성자에서 필요한 개수만큼의 null을 리스트에 채워야 한다.
   - set과 get 메서드는 주어진 인덱스가 범위 밖에 있으면 예외를 던지지만 연습문제 가 요구하는 명세에서는 이러한 경우 특별한 값(false와 null)을 리턴할 것을 요구 한다. 따라서 인덱스가 범위 안에 있는지 확인해야 한다.

   코드는 다음과 같다.

```
public class CompactUniqueList<E> {
    private final ArrayList<E> data;

    public CompactUniqueList(int capacity) {
        data = new ArrayList<>(capacity);
        for (int i=0; i<capacity; i++) {   ❶ null 채우기
            data.add(null);
        }
        assert data.size() == capacity;    ❷ 확인 작업
    }

    public boolean set(int index, E element) {
```

```
        if (index<0 || index>=data.size() || data.contains(element))
            return false;
        data.set(index, element);    ❸ 인덱스가 잘못되면 예외를 던짐
        return true;
    }


    public E get(int index) {
        if (index<0 || index>=data.size())
            return null;
        return data.get(index);    ❹ 인덱스가 잘못되면 예외를 던짐
    }
}
```

2. 시간 효율성에 초점을 맞춘 구현에서는 모든 연산을 최대한 빨리 이상적으로는 상수 시간에 수행해야 한다. 이를 위해 한 요소를 서로 다른 두 자료 구조에 모두 저장한다. 즉 인덱스를 바탕으로 하는 빠른 조회를 위해서는 리스트를 사용하고 중복된 객체를 거부하기 위해서는 Set을 사용한다. 필요한 필드는 다음과 같다.

```
public class FastUniqueList<E>
    private final ArrayList<E> dataByIndex;
    private final Set<E> dataSet;
```

생성자와 get 메서드는 위와 매우 비슷하며 온라인 저장소(https://bitbucket.org/mfaella/exercisesinstyle)에서 찾아볼 수 있다. set 메서드에서만 두 필드를 함께 사용한다.

```
public boolean set(int index, E element) {
    if (index<0 || index>=dataByIndex.size() || dataSet.contains(element))
        return false;
    E old = dataByIndex.set(index, element); ❶ 주어진 인덱스에 존재했던 객체를 리턴
    dataSet.remove(old);
    dataSet.add(element);
    return true;
}
```

참고문헌

메모리 절감 기법만 주제로 다루는 책을 찾기는 어려울 것이다. 많은 데이터를 작은 메모리에 밀어넣다 보면 Memory4처럼 귀찮은 인코딩과 모호한 프로그램으로 이어지기 마련이다. 그리고 대부분 환경에서는 코드의 명료함이 메모리 공간보다 훨씬 소중하다.

코드 가독성을 유지하면서 메모리 사용량을 절감하는 방법 중 하나로 Memory1에서 HashSet을 ArrayList로 대체한 것처럼 공간 효율성이 높은 자료 구조를 선택할 수 있다. 표준적인 알고리듬과 자료 구조의 시간 및 공간 복잡도를 더 알고 싶다면 3장 후반부에서 언급한 서적을 참조하라.

다음과 같은 책에서 유용한 조언을 추가로 얻을 수 있다.

- Scott Oaks, 『Java Performance : The Definitive Guide』(O'Reilly Media, 2014)
  수많은 성능 향상 기법 중에서 이 책은 메모리를 절약하는 우수 사례를 한 장에 걸쳐 소개한다. 어떠한 객체가 가장 많은 메모리를 차지하는지 알 수 있는 도구와 더불어 다양한 메모리 절감 방법을 알려준다.
  번역서: 『자바 성능 튜닝』(최가인 역)(비제이퍼블릭, 2016)
- Elecia White, 『Making Embedded Systems』(O'Reilly Media, 2011)
  절묘한 제목의 '적은 것으로 많은 일 하기Doing More with Less' 장에서 임베디드 프로그래밍에 유용한 메모리 절감 방법을 조언한다. 주로 프로그램의 코드 세그먼트segment와 데이터 세그먼트를 모두 줄이는 데 초점을 맞춘다.
  번역서: 『디자인 패턴을 적용한 임베디드 시스템』(우정은 역)(한빛미디어, 2013)

5

모니터링을 이용한
신뢰성 향상

5장에서 다루는 내용

- 계약 형태로 메서드 명세 작성하기
- 런타임에 계약 준수 강제하기
- 어서션 사용하기
- 사후 조건의 가벼운 대안으로서 클래스 불변 조건 확인하기

소프트웨어의 신뢰성은 다양한 작동 환경에서 시스템이 원하는 대로 작동하는지를 말한다. 5장에서는 프로그램의 예상하지 못한 작동을 방지하고 쉽게 알게 해주는 주요 코딩 기법을 살펴본다. 하지만 그보다 먼저 소프트웨어의 일부에 기대했던 동작을 정의하는 방법 즉 명세를 작성하는 방법을 알아본다. 5장에서도 이 책의 구조에 따라 Container와 같은 한 가지 클래스의 동작에 초점을 맞춘다. 계약에 의한 설계방법론은 객체지향 프로그램과 그에 포함된 클래스의 명세를 구성하는 방법으로서 널리 사용한다.

5.1 계약에 의한 설계

일상적인 언어에서 계약은 사람들 사이에 이득을 교환하면서 그 대가로 의무를 받아들이는 것을 말한다. 정확하게 말해 한 명의 의무가 다른 사람에게는 이익이 된다. 예를 들어

전화요금제는 통신사와 전화기 주인 사이의 계약이다. 통신사는 전화 서비스를 제공하는 의무를 이행하고 전화기 주인은 그 대가로 요금을 내는 의무를 진다. 따라서 각자 상대방의 의무로부터 이득을 얻는다.

계약에 의한 설계방법론에서는 소프트웨어의 구성품 특히 메서드마다 계약을 부과한다. 그리고 메서드 계약은 사전 조건^{precondition}과 사후 조건^{postcondition}, 페널티^{penalty}로 이뤄진다.

5.1.1 사전 조건과 사후 조건

사전 조건은 메서드가 올바로 기능하는 데 필요한 요구 사항을 말하며 파라미터의 적법한 값과 (인스턴스 메서드의 경우) 현재 객체의 적법한 상태를 기술한다. 예를 들어 제곱근을 구하는 메서드의 사전 조건에 따르면 주어진 인자는 음이 아닌 수여야 한다.

호출할 메서드의 사전 조건을 지키는 것은 호출자(호출하는 쪽)의 책임이다. 일상적인 계약에 비유해 설명하면 사전 조건은 호출자에게는 의무이고 피호출자에게는 이득이다. 메서드는 정해진 사전 조건이 성립한다고 수동적으로 가정해도 되고 능동적으로 사전 조건이 성립하는지 확인하고 그 결과에 따라 적절하게 행동해도 된다.

사전 조건은 호출자가 완벽하게 제어할 수 있는 성질의 조건만 포함해야 한다. 파일 이름을 인자로 받는 메서드를 예로 들면 주어진 파일이 존재해야 한다는 조건은 사전 조건에 포함될 수 없다. 파일이 존재하는지 호출자가 100% 확신할 수 없기 때문이다(다른 프로세스가 언제든지 파일을 지울 수 있다). 이러한 경우 메서드에서 예외를 던질 수 있지만 그 예외는 호출자의 처리를 강제하는 확인된^{checked} 예외여야 한다.

반대로 사후 조건은 메서드의 효과와 리턴 값, 관계된 모든 객체의 상태 변화를 기술한다. 잘 설계된 클래스라면 메서드 호출 후의 변화는 해당 객체에만 한정돼야 하지만 항상 그러한 것은 아니다. 예를 들어 수조 예제의 connectTo 메서드는 의도한 효과를 달성하기 위해 여러 수조의 상태를 변경해야 한다.

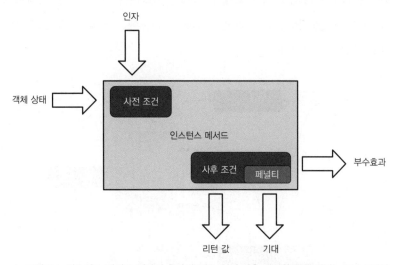

▲ **그림 5.1** 인스턴스 메서드 계약의 추상적 구조. 리턴 값을 제외한 모든 결과는 부수효과다.

사후 조건은 호출자가 사전 조건을 어겼을 때 어떠한 일이 발생하는지 즉 페널티도 명시해야 한다. 자바에서 주로 사용하는 페널티는 확인되지 않은[unchecked] 예외를 던지는 것이다. 그림 5.1은 인스턴스 메서드의 계약을 시각적으로 설명한다.

돌발 퀴즈 1 페널티로 확인된 예외를 던지지 않는 이유는 무엇일까?

예를 들어 java.util.Iterator 인터페이스의 next 메서드의 계약은 다음과 같다.

1. **사전 조건:** 반복자[iterator]가 끝에 다다르지 않았다. 즉 hasNext가 true를 리턴한다.

2. **사후 조건**: 반복 순서상 다음 차례의 항목을 리턴하고 반복자는 한 자리 전진한다.

3. **페널티**: 사전 조건이 성립하지 않으면 (확인되지 않은 예외인) NoSuchElementException 을 던진다.

반복자가 이미 끝에 다다른 상태에서 next를 호출하는 것은 사전 조건 위반이며 클라이언트 측의 오류다(오류가 next 메서드 밖에 있다). 반대로 next 구현에서 반복자를 전진시키지 않으면 사후 조건 위반이다. 이는 메서드 자체의 오류다.

그림 5.2는 메서드 계약을 이루는 요소 사이의 데이터 의존성을 보여준다. 사전 조건은 인자의 적법한 값과 객체의 메서드 호출 전 상태를 기술한다. '사전 조건' 상자로 두 화살표가 향하는 것이 이를 나타낸다. Iterator::next 메서드에는 인자가 없으므로 사전 조건은 반복자의 상태만 명시한다.

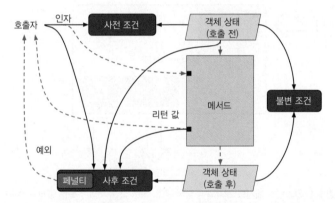

▲ **그림 5.2** 인스턴스 메서드 계약의 자세한 구조. 실선은 계약에 언급되는 데이터의 의존성을 의미한다. 점선은 계약과 상관 없이 발생하는 런타임 상호작용(실제로 일어난 일)을 의미한다.

사후 조건은 메서드 호출로 야기되는 모든 변화를 기술하므로 다음과 같은 데이터를 언급한다.

- 리턴 값(메서드의 주요 효과)
- 객체의 이전 상태와 새로운 상태: 이전 상태는 메서드의 동작에 영향을 미치는 입력이고 새로운 상태는 메서드로 인한 결과 중 하나다.
- 입력으로 주어진 인자의 값

- `System.out.println` 호출처럼 전역적으로 접근 가능한 객체나 정적 메서드로 인한 부수효과

여기서 마지막 데이터는 그림 5.2에서 생략됐고 나머지는 '사후 조건' 상자로 향하는 화살표로 나타냈다. 예를 들어 "다음 차례의 항목을 리턴하고 반복자는 한 자리 전진한다"라는 말은 `Iterator::next`가 리턴 값을 참조해야 한다는 것과 반복자의 이전 상태와 새로운 상태를 사후 조건으로 기술한다는 것을 의미한다.

5.1.2 불변 조건

메서드 계약과 더불어 클래스에는 불변 조건이 존재한다. 불변 조건은 클래스 필드에 대해 항상 참인 조건을 말하는데 메서드가 실행되는 동안 클래스가 변화하는 동안을 제외하고 항상 성립해야 한다.

불변 조건은 특정 시점의 객체 상태를 기술하는 정적 일관성 규칙static consistency rule이다. 반면 사후 조건은 메서드 실행 전후의 객체 상태를 비교하므로 동적 일관성 규칙dynamic consistency rule이다.

이름에서 알 수 있듯이 불변 조건은 메서드 실행 전후 항상 성립해야 한다. 따라서 그림 5.2에서 객체의 이전 상태와 새로운 상태로부터 불변 조건으로 향하는 화살표가 존재한다.

생성자로 인해 조성되는 객체의 초기 상태도 불변 조건을 만족해야 하고 모든 public 메서드는 이를 검증할 책임을 진다. private 메서드의 주 목적은 public 메서드를 지원하는 역할이므로 불변 조건을 검증할 책임은 없다. 따라서 private 메서드는 주로 다른 public 인스턴스 메서드에 의해 직·간접적으로 호출된다. 즉 객체 상태가 변화하는 도중이므로 private 메서드 입장에서는 불변 조건에 맞지 않는 중간 상태를 관찰하게 되며 이러한 일관적이지 않은 상태를 내버려둘 수밖에 없다. public 메서드가 실행된 후에야 객체 상태가 일관성을 회복해 불변 조건이 성립한다.

5.1.3 정확성과 견고성

소프트웨어 신뢰성은 정확성과 견고성 2가지 품질로 세분화할 수 있으며 둘의 차이는 시스템 환경을 어떻게 가정하느냐에 달려 있다. 정확성을 측정할 때는 시스템이 정상^{nominal} 환경이라고 가정한다. 다시 말해 환경이 시스템의 기대를 충족하며 그러한 환경에서는 메서드 사전 조건이 성립하고 외부로부터의 입력은 적당한 방식과 올바른 형식으로 전달될 뿐만 아니라 시스템에서 필요한 모든 자원은 사용 가능한 상태다. 한마디로 시스템이 정확하다는 것은 기대한 환경이 주어진다는 가정하에 시스템이 계획대로 작동한다는 뜻이다.

일반적으로 정확성은 완벽하게 성립하거나 전혀 성립하지 않는 불리언^{Boolean} 속성이다. 부분적인 정확성은 말이 되지 않는다. 하지만 완벽하게 형식적이고 완전한 명세를 만드는 일은 실용적이지 않으며 명세가 모호해지면 정확성도 모호해지기 마련이다. 작고 통제된 세계 안의 수조 예제에서는 명확한 명세를 세우고 이를 바탕으로 클래스가 올바른지 확인한다. 다음으로 정확성에 대한 자신감을 최대화하는 기법을 알아본다. 내가 이 책을 쓸 때 그랬듯이 클래스 하나에 몇 개월 동안 시간을 들일 수 없는 실세계 시나리오에서 이러한 기법이 유용하다.

반면 견고성은 예외적이고 예상하지 못한 환경에서 시스템이 어떻게 동작하는지를 다룬다. 컴퓨터 메모리나 디스크가 모자라거나 외부에서 주어진 입력의 형식이나 범위가 틀린 경우 사전 조건이 깨진 상태에서 메서드가 호출되는 상황을 대표적인 예로 들 수 있다. 견고한 시스템은 이러한 상황에서 우아하게^{gracefully} 동작해야 하며 우아하다는 말의 정의는 상황에 따라 크게 달라진다.

필수 자원을 사용할 수 없다면 프로그램이 종료되기 전에 자원 사용이 가능할 때까지 한두 번 잠시 기다릴 수 있다. 문제가 계속돼 프로그램을 종료할 수밖에 없다면 문제의 원인을 사용자에게 명확하게 알려야 한다. 더불어 사용자가 나중에 작업을 순조롭게 다시 시작할 수 있도록 데이터 손실을 최소화해야 한다.

돌발 퀴즈 2 프로그램이 종이에 인쇄한다면 종이가 떨어졌을 때 우아한 대처법은 무엇일까?

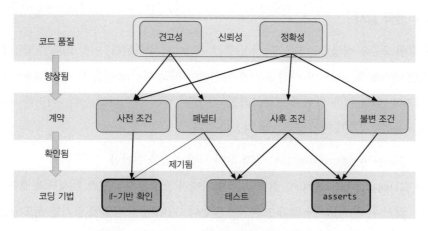

▲ **그림 5.3** 신뢰성의 속성과 계약 기반 명세, 코딩 기법 사이의 관계

그림 5.3은 신뢰성을 이루는 2가지 소프트웨어 품질과 앞에서 다룬 여러 가지 명세, 5장과 6장에서 사용할 3가지 코딩 기법 사이의 관계를 요약해 보여준다.

정확성은 계약과 사전, 사후 조건의 비교, 클래스 불변 조건을 바탕으로 정의된다. 페널티는 호출자가 사전 조건을 어기는 경우에만 발생하므로 견고성과 관련 있는 주제이며 정확성과 직접적인 관련은 없다.

계약을 구현하고 강제하는 데 도움을 주는 코딩 기법은 다음과 같다.

- 일반적인 if 기반 검사는 호출자가 사전 조건을 지키는 방식으로 메서드를 호출했는지 확인하고 그렇지 않으면 페널티를 발생시킨다.
- assert 구문은 사전 조건과 불변 조건을 확인하는 데 유용하며 안전이 중요한 소프트웨어에서 특히 쓸모 있다.
- 마지막으로 테스트는 소프트웨어의 신뢰성에 대한 확신을 높여줄 수 있으며 주로 사후 조건을 검사하고 페널티를 발생시킨다.

5장과 6장에서는 3가지 기법의 사례를 살펴본다. 첫 2가지는 소프트웨어를 운영하는 도중 진행되는 모니터링^{monitoring} 기법인 반면 테스트는 운영 전에 별도로 수행한다.

5.1.4 계약 검사

프로그램 오류의 상당수는 메서드 사전 조건 위반에서 비롯된다. 이를 최대한 빨리 드러내려면 메서드가 런타임에 사전 조건을 확인해야 하고 사전 조건을 어기면 적절한 예외를 던져야 한다. 이를 방어적 프로그래밍^{defensive programming}이라고 한다. 이러한 용도로 주로 사용하는 2가지 예외 클래스는 다음과 같다.

- `IllegalArgumentException`: 인자 값이 사전 조건을 위반함
- `IllegalStateException`: 현재의 객체 상태가 호출된 인스턴스 메서드와 호환되지 않거나 주어진 인자 값과 호환되지 않는다. 이미 닫힌 파일에 읽기를 시도하면 이러한 예외가 발생한다.

어서션 구문은 더 구체적인 검사 메커니즘을 제공하는데 그 형태는 다음과 같다.

```
assert condition : "Error message!";
```

이 코드가 실행되면 불리언 조건을 평가한 후 조건이 거짓이면 `AssertionError`를 던진다. 오류 메시지는 던져질 예외 객체로 전달돼 예외 객체를 캐치^{catch}하지 않으면 화면에 출력된다. 달리 말해 어서션 구문은 다음 코드와 비슷하다.

```
if (!condition) {
  throw new AssertionError("Error message!");
}
```

이쯤에서 어서션 구문이 if를 이용한 일반적인 확인과 비슷하다고 생각할 수 있지만 둘 사이에는 중요한 차이가 있다. JVM은 기본적으로 어서션 구문을 실행하지 않는다. 어서션을 실행하려면 JVM의 명령 줄 옵션에 '-ea'를 지정하거나 IDE에서 적절한 설정을 해야 한다. 어서션을 비활성화하면 불리언 조건을 확인하는 데 성능을 낭비하지 않는다.

표준적인 if 기반 검사는 항상 실행되는 반면 어서션으로 실행되는 검사는 매번 끄거나 켤 수 있다. 일반적으로 개발하는 동안 어서션을 활성화하고 제품으로 배포할 때는 기본 설정에 따라 어서션을 비활성화한다. 그렇다면 어서션이 항상 더 나은 방법일까? 더 간결하고 제어할 수도 있으니 말이다. 모든 런타임 오류 검사에 어서션을 사용해야 할까? 어서션의 유연함에는 대가가 따르며 제품 배포를 비롯한 모든 경우에 항상 수행해야 하는 검사도 존재한다.

계약에 의한 설계는 어떠한 검사가 항상 수행돼야 하는지 간단한 기준을 제공한다.

- public 메서드의 사전 조건은 항상 확인해야 하므로 if를 이용한다.
- 사후 조건과 불변 조건, public이 아닌 메서드의 사전 조건을 비롯한 다른 모든 확인은 개발하는 동안에만 수행한다. 따라서 어서션을 이용한다.

이론적으로는 이렇다. 사전 조건 위반은 메서드 계약을 준수하지 않는 클라이언트 때문에 발생한다. 반면 사후 조건과 불변 조건 위반은 클래스 자체의 문제다. 다음과 같이 가정해보자.

> 각 클래스의 개발과 테스트를 거친 후에는 내부적인 문제가 없다.

여기서 내부적인 문제란 클래스의 클라이언트가 계약에 명시된 모든 규칙을 지켰는데도 불구하고 버그가 발생하는 것을 말한다. 그 타당성 논의는 나중에 하고 위의 가정을 있는 그대로 받아들이자. 위의 가정이 성립한다면 프로그램이 오작동하는 유일한 방법은 다른 클래스를 잘못 사용하는 클래스가 존재하는 것이고 적절하게 캡슐화된 시스템에서 이러한 일은 public 메서드를 통해서만 일어날 수 있다. 따라서 public 메서드의 사전 조건을 확인만 해도 이러한 버그를 드러낼 수 있다. 런타임에 사전 조건을 확인하는 것만으로 문제가 해결되지는 않지만 실행할 때 문제를 빨리 알아차릴수록 근본 원인을 찾아내는 데 도움이 된다.

그렇다면 내부적인 문제가 존재하지 않는다는 가정은 얼마나 타당할까? 이는 결국 개발 프로세스의 품질과 강도에 달려 있다. 품질과 강도가 높을수록 가정이 성립할 확률도 높다. 개발 프로세스의 품질이란 개발자가 업계의 우수 사례를 따르는지 여부를 말한다. 개발 프로세스의 강도 특히 테스트에 소모된 인력과 시간을 말한다. 예를 들어 내부적인 문제로부터 자유로워지려면 클래스가 작아야 한다. 작은 클래스를 작성하는 것은 OOP의 불문율 중 하나다.

5.1.5 더 큰 그림

그림 5.4는 5장과 6장에서 다룰 기법을 더 넓은 관점에서 조망한다. 이 책은 프로그래머가 매일 활용할 수 있는 프로그래밍 기법과 스타일에 초점을 맞춘다. 그 밖에 적어도 2가지가 소프트웨어의 품질 특히 신뢰성에 기여할 수 있다.

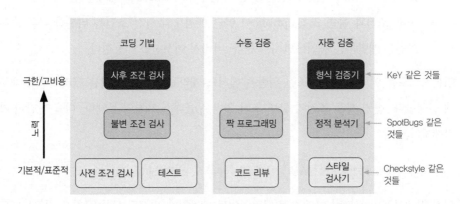

▲ **그림 5.4** 넓은 관점의 품질 보증 기법

첫째, 수동 검증human oversight이 있다. 동료 개발자가 회사 표준에 따라 여러분의 코드를 검증하는 것이다. 이러한 검토를 주기적으로 수행하거나 두 동료 사이에 지속적으로 수행할 수 있다. 후자를 짝 프로그래밍pair programming이라고 한다.

둘째, 일부 소프트웨어 도구를 이용하면 컴파일러가 수행하는 확인에 더해 코드 속성을 자동으로 검증할 수 있다. 이러한 도구는 가장 기본적인 것부터 가장 발전된 형태까지 3가지로 나눌 수 있다.

- **스타일 검사기**style checker: 가독성과 통일성uniformity을 목적으로 하며 상대적으로 표면적인 속성을 검사하는 도구다. 이러한 품질은 신뢰성과 유지보수성에 간접적으로 이득을 준다.
  - 기능 예시: 들여쓰기가 올바로 통일됐는지 검사하기(중첩 레벨에 따라 같은 수의 공백을 사용했는지 검사)
  - 도구: CheckStyle[1]
- **정적 분석기**static analyzer: 컴파일러의 타입 검사type-checking 단계와 같은 의미론적 분석이 가능한 도구다. 스타일 검사기와 정적 분석기를 린터linter라고도 한다.
  - 기능 예시: 익명 클래스에 호출 불가능한 메서드가 있는지 검사하기(다른 메서드를 오버라이드하지 않고 클래스 내부에서 사용하지도 않는 클래스)
  - 도구: SpotBugs[2], SonarQube[3]
- **형식 검증기**formal verifier: 주로 학술적 연구에서 유래한 도구로 컴파일러보다 프로그램을 깊이 이해한다. 즉 주어진 모든 값의 집합에 대해 프로그램 실행을 시뮬레이션할 수 있다. 이를 기호적 실행symbolic execution이라고 한다.
  - 기능 예시: 정수 변수가 음수가 될 수 있는지 검사[4]
  - 도구: KeY[5]

여러분의 조직과 과업에 따라 어떠한 품질 보장 활동과 도구를 선택할지가 달라진다. 비디오게임 개발과 군사, 헬스케어 분야 고객의 요구는 완전하게 다를 수밖에 없다. 이제 지금까지의 관점으로 돌아가 동료가 코드를 검토하거나 선택한 도구로 검증하기 전에 작

---

1 이 책을 쓰는 시점에서 https://checkstyle.sourceforge.io
2 이 책을 쓰는 시점에서 https://spotbugs.github.io
3 이 책을 쓰는 시점에서 www.sonarqube.org
4 일반적으로 결정할 수 없다. 형식 검증기는 이를 채택하거나 기각하는 것을 시도하겠지만 이러한 시도가 성공한다고 보장할 수 없다.
5 이 책을 쓰는 시점에서 www.key-project.org

은 단위 코드의 신뢰성을 높이는 데 집중하자.

5.2 계약을 바탕으로 수조 설계하기

이제 계약에 의한 설계를 적용해 수조를 설계하고 Reference 구현에 반영해보자. 우선 수조의 메서드 계약을 표 5.1과 같이 정리한다. 생성자의 계약은 빈 수조를 만드는 것뿐이므로 표에서 제외한다.

▼ 표 5.1 Container 메서드의 계약

메서드	사전 조건	사후 조건	페널티
getAmount	없음	현재 수조에 담긴 물의 양을 리턴함	없음
connectTo	인자는 null이 아님	두 그룹의 수조를 병합하고 물을 재분배함	NPE[†]
addWater	인자가 음수이면 그룹에 충분한 물이 존재해야 함	그룹의 모든 수조에 같은 양의 물을 분배함	IAE[†]

[†] NPE = NullPointerException
[‡] IAE = IllegalArgumentException

표 5.1에서 보듯이 계약은 메서드의 예상되는 동작을 구조적으로 즉 가정^{assumption}과 보장^{guarantee}을 명확하게 나눠 표현할 뿐이다. 1장의 메서드 설명과 달리 계약은 사전 조건과 그에 따른 페널티도 함께 기술한다.

- connectTo의 인자는 null이 아니어야 하고 그렇지 않으면 NullPointerException을 던진다.
- addWater를 음수 인자 $-x$로 호출했을 때 수조에 연결된 그룹에 담긴 물의 양은 최소 x 이상이어야 한다. 그렇지 않으면 IllegalArgumentException을 던진다.

이 둘은 표준 예외 클래스로 모두 확인되지 않은 예외이며 RuntimeException의 서브클래스다.

이처럼 인자가 null이 아니어야 한다는 사전 조건은 매우 일반적이어서 두 예외 중 어느 것을 적용해야 할지 모호할 때도 있다. 다음 상자에서 설명한다.

NullPointerException과 IllegalArgumentException

인자 값이 원하지 않는 null일 때 NPE와 IAE 중 어느 것을 던져야 하는가? 프로그래머의 관심사 중 하나인 이 질문은 스택오버플로우(StackOverflow)의 질문과 답변에서 자주 볼 수 있고 유명한 서적인 『이펙티브 자바』에서도 다루고 있다.

둘 중 하나를 선택하는 주요 기준을 살펴보자. 다음의 경우 NPE를 사용한다.

- 어느 값 때문에 문제가 발생했는지 명확할 때

다음의 경우 IAE를 사용한다.

- 사전 조건 위반으로 문제가 발생한 것이 명확할 때
- JVM이 만들어내는 NPE와 명확하게 구별될 때

IAE를 옹호하는 강한 주장이 있지만 권위 있는 책 『이펙티브 자바』(3판 72번 항목 참조)에서도 볼 수 있듯이 관례적으로 NPE를 선호한다. Objects 클래스의 유틸리티 메서드에서도 이러한 관례를 적용했다.

```
public static Object requireNonNull(Object x)
public static Object requireNonNull(Object x, String message)
```

두 메서드는 x가 null일 때 NPE를 던지고 그렇지 않으면 x를 그대로 리턴한다. 이 메서드는 자바 7부터 어떠한 객체가 null이 아니라는 것을 보장하는 용도로 사용한다.

다음으로 클래스 불변 조건을 살펴볼 차례다. 이상적인 불변 조건은 계약에 따른 객체 상태를 정확하게 기술한다. 더 자세하게 말해 일련의 적법한 연산을 수행한 후 가능한 필드 값을 정의한다. Reference를 예로 들면 불변 조건은 다음과 같다.

- I1. 모든 수조의 amount 필드는 음수가 아니다.
- I2. 모든 수조는 한 그룹에만 속한다.
- I3. 각 수조의 group 필드는 null이 아니고 this 객체를 포함하는 수조를 가리킨다.
- I4. 같은 그룹에 속하는 모든 수조의 amount 필드는 같은 값을 갖는다.

이 불변 조건이 표 5.1의 계약과 어떠한 관련이 있는지 생각해보자. 불변 조건 I1은 직관적인데 수조에 담긴 물의 양이 음수일 수는 없다. addWater의 사전 조건은 물의 양이 0 밑으로 내려가는 것을 방지해 외부 공격으로부터 불변 조건을 지켜내는 역할을 한다. 불변 조건 I2와 I3은 모든 그룹이 하나의 수조로 시작해 한 번에 두 그룹만 병합된다는 정책의 결과다. 생성자에서 이러한 불변 조건을 조성하며 connectTo 메서드는 두 그룹을 올바로 병합해 불변 조건을 유지해야 한다. 마지막으로 불변 조건 I4는 그룹과 물의 양 사이의 관계를 나타내며 addWater와 connectTo는 사전 조건에 명시된 대로 이를 유지해야 한다.

4개 불변 조건 I1~I4가 완전함[complete]을 증명하는 것은 흥미로운 문제다. 즉 일련의 생성자와 메서드를 적법한 방식으로 호출해 얻을 수 있는 모든 수조의 집합에서 4개 불변 조건이 성립한다는 것을 보여줘야 한다. 게다가 4개 불변 조건 중 하나만 제거해도 이러한 성질을 만족하지 않아야 한다.[6]

돌발 퀴즈 3 "addWater에 0을 전달하면 모든 수조에 변화가 일어나지 않는다"라는 조건은 Container 클래스의 유효한 불변 조건인가?

이제 계약과 불변 조건을 명확하게 이해했으니 이를 바탕으로 Reference의 정확성과 견고성을 개선하자. 사전 조건과 사후 조건을 활용하는 방법은 명확하다. 앞에서 제시한 원칙에 따라 if나 어서션을 바탕으로 메서드의 처음과 끝에서 검사를 수행한다. 불변 조건의 검사는 언제 하느냐가 문제다. 얼마나 자주 프로그램의 어느 곳에서 검사해야 할까? 모든 (public) 메서드의 시작과 끝에서 불변 조건이 성립해야 한다는 것을 떠올려보자. 극단적으로는 이에 해당하는 모든 지점에서 검사를 수행할 수 있다. 반대쪽 극단을 보면 사전 조건과 사후 조건을 적절하게 확인하면 불변 조건이 성립하는 것을 보장하므로 모든 불변 조건의 검사를 생략할 수 있다. 하지만 '적절하게'라는 단어에 후자의 약점이 존재한다. 5.3절에서는 모든 메서드에서 사전 조건과 사후 조건을 세심하게 검사하는 Container 버전을 살펴볼 텐데 이처럼 철저한 검사를 수행하는 것이 얼마나 귀찮고 큰 비용을 유발하는지 알게 될 것이다. 다음으로 5.4절에서는 사후 조건을 불변 조건으로 대체할 텐데 일반적으로 이러한 방식이 검사하기에 간단하다.

5장에서 다루는 Container 버전은 Reference와 같은 필드를 포함하며 이를 다시 살펴보면 다음과 같다.

---

6   예를 들어 불변 조건 I1을 제거하면 고립된 수조의 물의 양이 음수인 경우가 허용된다. 일련의 생성자와 메서드를 적법한 방식으로 호출하면 이러한 결과를 얻지 못한다.

```
public class Container {
    private Set<Container> group;   ❶ 현재 수조에 연결된 수조들
    private double amount;          ❷ 현재 수조에 담긴 물
```

5.3 계약을 검사하는 수조 [Contracts]

5.3절에서 개발하는 Container 버전은 메서드를 호출할 때마다 사전 조건과 사후 조건을
검사한다.

5.3.1 addWater의 계약 검사하기

addWater 메서드부터 시작하자. 표 5.1에서 이미 살펴본 계약은 다음과 같다.

- **사전 조건**: 인자가 음수일 때 그룹에 충분한 물이 존재한다.
- **사후 조건**: 그룹에 속하는 모든 수조에 같은 양의 물을 분배한다.
- **페널티**: IllegalArgumentException을 던진다.

앞에서 제시한 원칙에 따르면 사전 조건은 간단하게 if 구문으로 확인할 수 있다.

사후 조건 검사는 제품을 배포할 때 쉽게 비활성화할 수 있도록 어서션을 이용한다. 지금
까지 살펴본 addWater의 사후 조건은 모호한 용어를 바탕으로 한다. 추가한 물을 똑같이
분배한다는 말은 어떠한 의미인가? 메서드 끝에서 그룹에 속한 모든 수조에 같은 양의
물이 담겨야 하는 것은 당연하지만 이것이 전부는 아니다. 그룹에 담긴 전체 물의 양은
이전에 담겨 있던 전체 물의 양에 추가한 물의 양을 더한 것과 같아야 한다. 이를 확인하
려면 메서드를 시작할 때 정보를 따로 저장하고 이를 바탕으로 객체에 일어난 변화가 기
대한 바와 같은지 확인해야 한다.

따라서 메서드를 다음과 같이 4단계로 구성해야 한다.

1. if로 사전 조건을 검사한다.
2. 나중에 사후 조건을 검사하기 위해 임시 변수에 현재 그룹에 담긴 물의 양을 저장
   한다.
3. 물을 추가하는 연산을 실제로 수행한다.

4. 2단계에서 저장한 데이터를 이용해 사후 조건을 검사한다.

어서션을 비활성화했을 때 사후 조건을 검사하는 데 필요한 모든 시간과 공간 측면의 비용이 사라져야 한다는 설계의 목적을 상기하자. 이러한 목적에 맞춰 2단계와 4단계는 어서션이 활성화됐을 때만 수행한다. 4단계는 이렇게 하기가 쉽다. 어서션의 조건 부분에서 postAddWater를 호출하면 된다. 반면 2단계는 어서션으로 표현하기에는 부적절하다. 이를 어서션으로 바꾸려면 항상 참인 더미^{dummy} 비교문으로 대입 구문을 감쌀 수 있다(코드 5.1 참조). 여기서는 이전에 그룹에 담긴 물의 양이 양수라는 조건을 이용한다. 이러한 방법을 이용하면 어서션이 비활성화된 경우에도 스택에 변수 oldTotal을 추가로 할당하는 비용만 부담하면 된다.[7]

돌발 퀴즈 4 어서션이 활성화됐을 때만 불리언 플래그를 true로 설정하는 방법은 무엇일까?

다음 코드는 2단계와 4단계를 지원 메서드에 맡기는 구현 방식을 보여준다.

코드 5.1 Contracts: addWater 메서드

```
public void addWater(double amount) {
    double amountPerContainer = amount / group.size();
    if (this.amount + amountPerContainer < 0) {  ❶ 사전 조건 검사
        throw new IllegalArgumentException(
                  "Not enough water to match the addWater request.");
    }
    double oldTotal = 0;  ❷❶ 사후 조건 검사를 위한 데이터 저장
    assert (oldTotal = groupAmount()) >= 0;  ❷❷ 더미 어서션

    for (Container c: group) {  ❸ 실제 작업 수행
        c.amount += amountPerContainer;
    }
    assert postAddWater(oldTotal, amount) :  ❹ 사후 조건 검사
              "addWater failed its postcondition!";
}
```

---

7 더미 어서션을 이용한 기교가 마음에 들지 않는다면 어서션이 활성화됐을 때 특정 플래그를 true로 설정하고 어서션이 비활성화됐을 때 이 플래그를 if 구문의 조건으로 사용해 검사 연산을 생략할 수 있다(돌발 퀴즈 4에서 이 방법을 다룬다).

코드 5.1의 addWater 구현은 두 작업을 새로운 지원 메서드에 위임한다. groupAmount는 그룹에 속한 수조에 담긴 물의 총량을 계산하고 postAddWater는 addWater의 사후 조건을 확인하는 역할을 한다. groupAmount의 코드는 단순한데 현재 그룹에 포함된 모든 수조의 amount 필드를 더해 나간다.

```
private double groupAmount() {    ❶ 그룹에 담긴 물의 총량을 리턴
    double total = 0;
    for (Container c: group) { total += c.amount; }
    return total;
}
```

postAddWater 메서드는 수행할 작업을 두 단계로 나눈다. 우선 그룹에 속한 모든 수조에 같은 양의 물이 담겨 있는지 확인한다. 다음으로 그룹에 담긴 전체 물의 양이 이전에 담겨 있던 전체 물의 양에 추가한 물의 양을 더한 것과 같은지 확인한다(다음에 제시된 postAddWater 구현은 임시 버전으로 잠시 후 더 나은 방법을 살펴본다).

```
private boolean postAddWater(double oldTotal, double addedAmount) {
    return isGroupBalanced() &&
            groupAmount() == oldTotal + addedAmount;   ❶ 두 double이 정확하게 같은지 확인
    }

private boolean isGroupBalanced() {    ❷ 그룹에 속한 모든 수조에 같은 양의 물이 담겨 있는지 확인
    for (Container x: group) {
       if (x.amount != amount) return false;
    }
    return true;
}
```

보다시피 사후 조건을 확인하려면 검사를 수행하지 않는 버전에 비해 몇 줄의 코드가 더 필요하다! 원래 메서드보다 코드가 추가됨으로써 사후 조건을 검사하는 과정에서 실수할 확률이 더 커진다. 이러한 대가를 치를 가치가 있을까? 검사 내용이 메서드가 수행한 계

산을 단순하게 반복할 뿐이라면 무의미한 노력인 것이 분명하다. 하지만 결과가 올바른지 확인할 다른 방식, 바라건대 더 간단한 방법을 찾아낸다면 2가지 다른 알고리듬이 서로 검사할 수 있다. 사후 조건을 검사하는 부분에서 실수하더라도 클래스를 더 이해하는 계기가 될 수 있다.

이제 어서션을 활성화한 후 간단한 예제에서 위의 addWater를 실행하면... 제대로 동작하지 않는다! VM이 addWater의 사후 조건에서 실패를 보고한다. 다음 코드 조각을 실행하면 어서션 실패가 발생한다. 문제를 찾아낼 수 있는가?

```
Container a = new Container(), b = new Container(), c = new Container();
a.connectTo(b);
b.connectTo(c);
a.addWater(0.9);
```

문제는 postAddWater(코드 5.3)에서 두 double 값을 비교하는 데서 발생한다. 부동 소수점 수를 자주 사용하지 않는다면 부동 소수점 수가 실제 실수$^{real\ number}$와 다르게 동작한다는 사실을 잊기 쉽다. 즉 $(a/b) * b$의 결과가 a와 다를 수 있다.

예를 들어 이진수로는 0.9를 정확하게 표현할 수 없으며 이진수로 표현하면 순환 소수가 되므로 근사치로 저장된다. 이를 3으로 나누고 3개의 수조를 더했다면 근사 과정이 더 추가된다. 결과적으로 한 그룹에 속한 수조에 담긴 물의 양을 모두 더하면 기대했던 값과 약간 다를 수 있다. 요약하면 그룹에 속한 물의 총량을 2가지 다른 방식으로 구한 후 ==로 비교한 것이 문제다. 두 값은 근사치이므로 정확하게 일치하지 않는다. 자세한 계산 과정은 이 책의 범위에서 벗어나지만 5장 후반부의 참고문헌에서 참고자료 목록을 볼 수 있다. 위의 예제에서 addWater를 호출한 후 얻는 값은 다음과 같다.

기대했던 amount: 0.9

실제 amount: 0.8999999999999999

따라서 부동 소수점 수를 비교할 때는 어느 정도 오차를 감내해야 하며 다루려는 수의 범위에 따라 오차 크기도 달라진다. 여기서는 물의 양을 리터 단위로 가정하고(갤런 단위로 해도 좋다) 수조에 수십, 수백리터의 물을 담는다고 가정하자. 이러한 경우 한 방울 정도의 물에는 관심이 없으므로 감내할 오차는 물 한 방울과 거의 비슷한 $0.0001 = 10^{-4}$리터 정도로 하자. 개선된 postAddWater는 다음과 같다.

코드 5.4 Contracts: 지원 메서드 postAddWater와 almostEqual

```java
private boolean postAddWater(double oldTotal, double addedAmount) {
    return isGroupBalanced() &&
            almostEqual(groupAmount(), oldTotal + addedAmount);
}

private static boolean almostEqual(double x, double y) {
    final double EPSILON = 1E-4;   ❶ 반올림 오류의 감내 오차
    return Math.abs(x-y) < EPSILON;
}
```

돌발 퀴즈 5 addWater에 '수가 아님(not-a-number)' (Double.NAN)을 인자로 전달하면 어떻게 될까?

5.3.2 connectTo의 계약 검사하기

connectTo 메서드와 그 계약을 확인해보자.

- **사전 조건**: 인자가 null이 아니다.
- **사후 조건**: 두 수조 그룹을 병합한 후 물을 재분배한다.
- **페널티**: NullPointerException을 던진다.

이러한 사전 조건은 매우 일반적이어서 JDK에서는 이를 처리하는 정적 메서드 Objects.requireNonNull(arg, msg)을 제공한다. 앞에서 설명했듯이 이 메서드는 인자 arg가 null이면 주어진 메시지와 함께 NPE를 던지고 그렇지 않으면 arg를 그대로 리턴한다.

반대로 사후 조건을 검사하려면 복잡하다. 우선 사후 조건을 필드를 바탕으로 한 일련의 확인 과정으로 바꿔보자. connectTo의 끝에서 this.group이 가리키는 그룹을 G라고 하면 사후 조건은 다음 조건을 만족해야 한다.

1. G는 null이 아니고 이전 두 그룹 this와 other에 포함된 모든 수조를 G가 포함해야 한다.

2. G에 포함된 모든 수조의 group 필드는 G를 참조해야 한다.

3. G에 속한 모든 수조의 amount 값은 같아야 하고 이전 두 그룹에 속했던 모든 수조에 담긴 물의 총량을 G에 포함된 수조의 개수로 나눈 값이어야 한다.

1번 성질을 검사하기 위해서는 병합을 수행하기 전 즉 connectTo 시작 부분에서 이전 두 그룹 this와 other를 따로 저장해야 한다. 메서드에서 두 그룹을 수정할 수 있으므로 두 집합의 복사본을 저장해야 한다. 2번 성질을 검사하기 위해서는 정보를 미리 저장할 필요가 없다. G의 모든 수조를 순회하면서 group 필드가 G를 가리키는지 여부만 확인하면 된다. 마지막으로 3번 성질을 검사하기 위해서는 모든 amount 필드의 값 또는 적어도 this와 other에 포함된 모든 수조의 총합을 알아야 한다. 요약하면 병합 전에 다음과 같은 정보를 저장해둬야 한다.

- this와 other 그룹의 복사본
- 두 그룹에 담긴 물의 총량

이 정보를 한군데 모아둔 내부 클래스 ConnectPostData를 다음 코드와 같이 정의하자.

코드 5.5 Contracts: 내부 클래스 ConnectPostData

```
private static class ConnectPostData {   ❶ 사후 조건 검사에 필요한 데이터 저장
    Set<Container> group1, group2;
    double amount1, amount2;
}
```

이제 connectTo의 코드를 앞에서 살펴본 addWater처럼 4단계로 구성해보자. 여기서도 어서션을 비활성화했을 때 오버헤드를 최소화해야 한다. 코드 5.6에서 어서션을 비활성화했을 때 발생하는 오버헤드는 지역 변수 postData를 할당하는 것뿐이다(5번째 행). 이를 달성하기 위해 항상 성공하는 더미 어서션 구문 안에서 saveConnectPostData를 호출했다(6번째 행).

다음 코드에서 실제로 연결을 생성하는 부분은 Reference와 같으므로 가독성을 위해 생략한다.

```java
public void connectTo(Container other) {
    Objects.requireNonNull(other,   ❶ 사전 조건 검사
            "Cannot connect to a null container.");
    if (group==other.group) return;

    ConnectPostData postData = null;   ❷ 사후 조건 검사를 위한 데이터 준비
    assert (postData = saveConnectPostData(other)) != null;   ❸ 더미 어서션
    ... ❹ 실제 동작 수행(Reference와 같음)

    assert postConnect(postData) :   ❺ 사후 조건 검사
            "connectTo failed its postcondition!";
}
```

saveConnectPostData 메서드는 사후 조건 검사에 필요한 정보를 저장하고 postConnect에서는 그 정보를 이용해 사후 조건을 검증한다. 코드는 다음과 같다.

```java
private ConnectPostData saveConnectPostData(Container other) {
    ConnectPostData data = new ConnectPostData();
    data.group1 = new HashSet<>(group);   ❶ 얕은 복사
    data.group2 = new HashSet<>(other.group);
    data.amount1 = amount;
    data.amount2 = other.amount;
    return data;
}
private boolean postConnect(ConnectPostData postData) {
    return areGroupMembersCorrect(postData)
        && isGroupAmountCorrect(postData)
        && isGroupBalanced()
        && isGroupConsistent();
}
```

postConnect 메서드는 가독성 향상을 위해 작업을 4개 메서드에 위임하는데 그 설명은 표 5.2에서 볼 수 있다.

isGroupBalanced는 코드 5.3에서 이미 살펴본 바와 같다. 다음으로 이전 두 그룹이 올바로 병합됐는지 검사하는 코드를 살펴보자(코드 5.8). 우선 새로운 그룹이 이전 두 그룹의 모든 수조를 포함하는지 확인한다(2~3번째 행). 그리고 새로운 그룹에 필요 이상의 수조가 존재하지 않는다는 것을 확인하기 위해[8] 새로운 그룹의 크기가 이전 두 그룹의 크기를 더한 것과 같은지 검사한다(4번째 행).

▼ 표 5.2 connectTo의 사후 조건 검사에 사용하는 4가지 메서드

메서드	검사하는 속성
areGroupMembersCorrect	새로운 그룹이 이전 두 그룹의 합집합인지 확인
isGroupConsistent	새로운 그룹의 모든 수조가 해당 그룹을 참조하는지 확인
isGroupAmountCorrect	새로운 그룹에 담긴 물의 총량이 이전 두 그룹에 담긴 물의 총량과 같은지 확인
isGroupBalanced	새로운 그룹에 속한 수조 각각의 물의 양이 모두 같은지 확인

코드 5.8 Contracts: 지원 메서드 areGroupMembersCorrect

```java
private boolean areGroupMembersCorrect(ConnectPostData postData) {
    return group.containsAll(postData.group1)
        && group.containsAll(postData.group2)
        && group.size() == postData.group1.size() +
                           postData.group2.size();
}
```

자동 계약 검사

이 책에서는 명확하게 정의된 API를 중심으로 설계를 잡아가는 방법이라는 관점에서 계약을 설명한다. 이와 달리 일부 프로그래밍 언어에서는 계약 개념을 다른 차원에서 대한다. 즉 계약을 형식적으로 정의할 수 있는 애드혹(ad-hoc) 언어와 그렇게 정의된 계약을 정적이나(컴파일 시간에) 동적으로(런타임에) 자동으로 검사할 수 있는 특수한 도구를 제공한다.

---

8   그룹 크기 확인은 필수적이지 않을 수 있다. connectTo 호출 전에 모든 수조가 불변 조건을 준수했다면 connectTo가 병합할 두 그룹에 속하지 않은 수조에 접근할 수 없다. 메서드 구현이 잘못됐더라도 새로운 그룹의 크기가 더 작아질 뿐 커질 수는 없다.

Eiffel 프로그래밍 언어에서는 require와 ensure 구문을 이용해 사전, 사후 조건을 검사할 수 있다. 계약에 의한 설계방법론을 제창한 버트랜드 메이어(Bertrand Meyer)가 Eiffel을 고안했다. Eiffel에서는 사후 조건에서 메서드 시작 전의 필드 값에 접근하는 기능까지 제공하며, 애노테이션 (annotation)을 이용해 컴파일러가 해당 계약을 런타임에 검사하도록 지시할 수도 있다.

자바는 계약을 지원하지 않지만 KeY(www.key-project.org)와 Krakatoa(http://krakatoa.lri.fr)와 같은 도구를 이용할 수 있다. 두 도구는 자바 모델링 언어(Java Modelling Language)로 명세를 작성하는 기능과 반자동화된 정적 계약 검증을 제공한다.

5.4 불변 조건을 검사하는 수조 [Invariants]

5.3.2절에서 사후 조건 검사가 얼마나 복잡한 작업인지 살펴봤다. 비교적 간단한 대안으로 주기적으로 불변 조건을 확인할 수 있다. 5장 전반부에서 살펴본 Reference의 불변 조건은 다음과 같다.

- I1. 모든 수조의 amount 필드는 음수가 아니다.
- I2. 모든 수조는 한 그룹에만 속한다.
- I3. 각 수조의 group 필드는 null이 아니며 this 객체를 포함하는 수조를 가리킨다.
- I4. 같은 그룹에 속하는 모든 수조의 amount 필드는 같은 값을 갖는다.

클래스를 올바로 구현했고 클라이언트가 클래스를 (모든 메서드의 사전 조건에 부합하게) 올바로 사용한다면 모든 사후 조건과 불변 조건은 성립한다. 프로그래밍 과정에서 오류가 있다면 사후 조건이 위배되고 사후 조건 위배는 불변 조건 위반으로 이어질 수 있다(그렇지 않을 수도 있다). 사전 조건이 충족되더라도 (메서드 구현이 잘못됐다면) 사후 조건이 위반되고 불변 조건이 깨질 수 있다. 하지만 사후 조건이 어긋난다고 불변 조건이 반드시 깨지는 것은 아니다.

addWater에 물 x리터를 추가해도 실제로는 $\frac{x}{2}$l만 추가되는 버그가 있다고 가정하자. 메서드 수행 후에도 객체의 모든 상태는 적법하므로 불변 조건은 유지된다. 불변 조건은 정적인 일관성 규칙이므로 객체의 현재 상태만 확인하기 때문이다. 반면 Contracts 구현에서 수행하는 사후 조건 검사는 이 오류를 잡아낸다.

요약하면 사후 조건 검사가 더 안전하지만 비용이 크다. 반대로 불변 조건 검사는 더 쉽지만 사후 조건 검사에서는 드러나는 오류가 불변 조건 검사를 통과할 수 있다는 것이 약점이다.

그렇다면 불변 조건을 어느 곳에서 검사해야 할까? 이론적으로 모든 메서드의 시작과 끝, 모든 생성자의 끝에서 수행할 수 있다. 이 방법이 표준적이지만 모든 경우에 적용하기에는 너무 엄격하다. 약간의 틈을 허용한다면 불변 조건을 실제로 깰 수 있는 메서드에서만 검사를 수행해 불필요한 검사를 피할 수 있다.

생성자에서 불변 조건을 성립시킨다고 가정해보자. Reference의 생성자는 그렇게 가정할 수 있을 만큼 간단하다. 그렇다면 어떠한 메서드에서 불변 조건을 깰 수 있을까? 불변 조건은 객체 상태에 따른 속성이므로 필드 값을 변경하는 메서드에서만 잠재적으로 불변 조건을 깰 위험이 있다.

Reference의 3개 public 메서드를 살펴보자.

- getAmount는 분명하게 읽기 전용 메서드이므로 불변 조건을 깰 수 없다.
- addWater는 amount 필드를 수정하므로 변경하는 모든 수조의 불변 조건 I1과 I4를 위반할 수 있다.
- 마지막으로 connectTo 메서드는 많은 수조의 모든 필드를 변경하므로 가장 위험한 메서드다. 이 메서드의 구현이 잘못되면 많은 수조의 모든 불변 조건이 깨질 수 있다.

표 5.3이 이를 요약한다.

▼ **표 5.3** 각 메서드에서 수정하는 필드와 위반 가능한 불변 조건

메서드	수정하는 필드	위반 가능한 불변 조건
getAmount	없음	없음
connectTo	amount와 group	I1, I2, I3, I4
addWater	amount	I1, I4

불필요한 작업을 피하기 위해 각 불변 조건을 위반할 수 있는 메서드의 끝에서만 해당 불변 조건을 검사할 수 있다. 이러한 검사는 어서션으로 구현하며 불변 조건을 해당 메서드의 사후 조건처럼 취급한다. 문제를 이렇게 단순화해도 불변 조건 위반을 유발하는 메서드를 알아낼 수 있으므로 여전히 안전하다. 그리고 객체가 불변 조건을 준수하는 상태에서 시작됐고 (private로) 적절하게 캡슐화됐다면 public 메서드만 검사하면 된다. 따라서 public 메서드에 문제가 생기면 해당 메서드에서 어서션 오류가 발생한다.

표 5.3에 따르면 connectTo와 addWater 메서드에 집중하면 된다. 두 메서드 모두 여러 객체의 상태를 변경하므로 수정된 모든 객체의 불변 조건을 검사해야 한다. 특히 connectTo 메서드에서는 이 작업이 매우 번거롭다. 계약에 따르면 a.connectTo(b)를 호출한 경우 메서드를 시작할 때는 a나 b에 연결된 모든 수조의 상태를 변경한다. 하지만 메서드가 끝나는 시점에서 불변 조건을 검사할 때는 어느 수조가 a와 b 그룹 중 어디에 포함됐었는지 알 수 없다. 오직 메서드의 정확성을 신뢰할 뿐이다.

5.4.1 connectTo에서 불변 조건 검사하기

앞에서 논의했듯이 connectTo의 끝에서 불변 조건을 검사하는 방법은 2가지다.

1. 모든 객체의 불변 조건을 검사할 수 있도록 메서드 시작 부분에서 this와 other가 속한 그룹(의 사본)을 저장한다.
2. 메서드 끝에서 결과로 얻은 그룹에 대해서만 포함된 수조의 상태를 검사한다.

1번이 더 안전하지만 5.4절에서 connectTo의 사후 조건을 검사할 때처럼 복잡한 작업이 필요하다. 그보다 실용적이며 메서드의 신뢰성을 부분적으로 보장하는 2번을 선택하길 권한다. 2번은 이전 두 그룹을 올바로 병합했다는 가정하에 불변 조건에 언급된 나머지 속성을 모두 검사한다.

다음 코드는 불변 조건 검사를 private 지원 메서드에 위임하는 방법을 보여준다. connectTo의 주요 코드는 Reference와 같으므로 생략한다.

```
public void connectTo(Container other) {
    Objects.requireNonNull(other,   ❶ 사전 조건 검사
                        "Cannot connect to a null container.");
    ...  ❷ 실제 동작(Reference와 동일)
    assert invariantsArePreservedByConnectTo(other) :
        "connectTo broke an invariant!";   ❸ 불변 조건 검사
}

private boolean invariantsArePreservedByConnectTo(Container other) {
    return group == other.group &&
        isGroupNonNegative() &&
        isGroupBalanced() &&
        isGroupConsistent();
}
```

2번을 선택하면 connectTo 시작 부분에서 객체 상태를 저장할 필요가 없다. (2번째 줄에서) 사전 조건을 검사하고 (Reference와 동일한) 연결 작업을 수행한 후 마지막으로 (단순화된) 불변 조건을 검사한다(assert로 시작하는 행).

불변 조건을 검사하는 과정에서 지원 메서드를 3개 더 호출하는데 isGroupBalanced는 앞에서 살펴본 대로 불변 조건 I4를 검사한다. 다음 불변 조건 검사 메서드 2개는 다음 코드와 같다.

```
private boolean isGroupNonNegative() {  ❶ 불변 조건 I1 검사
    for (Container x: group) {
        if (x.amount < 0) return false;
    }
    return true;
}
private boolean isGroupConsistent() {  ❷ 불변 조건 I2, I3 검사
    for (Container x: group) {
        if (x.group != group) return false;
    }
    return true;
}
```

2번 대안이 모든 불변 조건 위반을 잡아내지 못한다는 점을 확실하게 하기 위해 그림 5.5의 시나리오를 살펴보자. 그림 왼쪽(Before)에서는 3개 수조가 두 그룹으로 연결된다. 즉 a는 고립된 상태이고 b와 c는 연결된다. 물의 양은 모든 수조에서 같으므로 신경쓰지 않는다. 이 상태에서는 모든 불변 조건이 성립한다.

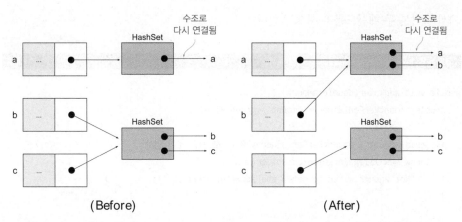

▲ **그림 5.5** 잘못 구현된 a.connectTo(b)를 호출하기 전후 상황. 불변 조건 검사만으로는 이 결함을 잡아낼 수 없다. 물의 양은 중요하지 않으므로 생략한다.

이제 그림 오른쪽(After)에서 잘못 구현된 a.connectTo(b)를 호출하면 어떠한 일이 생기는지 알아보자. 그림을 보면 모든 수조를 한 그룹으로 병합하지 않았다. a를 포함하던 그룹이 a와 b를 포함하도록 변경됐고 수조 b도 새로운 그룹을 가리킨다. 하지만 수조 c와 그 그룹에는 변화가 없고 수조 c는 여전히 b와 c가 한 그룹인 것처럼 행동한다.

이 결함 때문에 b가 동시에 두 그룹에 속하므로 불변 조건 I2를 위반하지만 Invariants 구현은 문제를 찾아내지 못한다. 그리고 2번 대안을 선택함으로써 (isGroupConsistent 메서드에서) 연결된 두 수조(a와 b)가 같은 그룹을 가리키고 해당 그룹에 속한 모든 수조의 group 필드가 같은 그룹을 참조하는지 여부만 검사한다.

2번 대신 1번 대안을 선택한다면 그림 5.5의 결함을 잡아낼 수 있고 Contracts 구현은 이 결함을 사후 조건 위반으로 감지해낸다.

5.4.2 addWater 불변 조건 검사

addWater 구현도 connectTo와 비슷한 과정을 따른다. 앞의 표 5.3에서 살펴봤듯이 addWater
가 실제로 위반할 수 있는 불변 조건 I1과 I4의 유효성만 검사한다.

다음 코드에서 보듯이 불변 조건 검사를 private 지원 메서드에 위임하며 이 메서드는 앞
에서 살펴본 두 메서드를 다시 호출한다.

코드 5.11 Invariants: addWater와 그 지원 메서드

```
public void addWater(double amount) {
    double amountPerContainer = amount / group.size();

    if (this.amount + amountPerContainer < 0 {   ❶ 사전 조건 검사
        throw new IllegalArgumentException(
            "Not enough water to match the addWater request.");
    }

    for (Container c: group) {
        c.amount += amountPerContainer;
    }
    assert invariantsArePreservedByAddWater() :   ❷ 불변 조건 검사
            "addWater broke an invariant!";
}

private boolean invariantsArePreservedByAddWater() {
    return isGroupNonNegative() && isGroupBalanced();
}
```

5.5 전혀 새로운 문제에 적용해보기

5장에서 배운 내용을 새롭고 (물과 상관 없는) 건조한 예제에 적용해보자. BoundedSet<T>는
최대 크기가 정해진 집합으로 요소의 삽입 순서를 기억한다. 자세하게 말해 BoundedSet에
는 객체 생성 시 정해지는 최대 크기인 용량이 존재한다. 이 클래스는 다음과 같은 메서
드를 제공한다.

- **void add(T elem)**: 주어진 요소를 크기가 정해진 집합에 추가한다. 추가로 인해 요소의 개수가 용량을 초과하면 (가장 먼저 삽입한) 가장 오래된 요소를 제거한다. 집합에 이미 존재하는 요소를 다시 추가하면 해당 요소를 갱신한다(즉 해당 요소를 집합에서 가장 최신 요소로 지정한다).
- **boolean contains(T elem)**: 크기가 정해진 집합에 주어진 요소가 존재하면 true를 리턴한다.

이러한 기능은 캐시처럼 프로그램에서 최근 사용된 항목을 기억해야 할 때 흔히 사용된다. 많은 프로그램에서 제공하는 '최근 파일 열기'나 윈도우 시작 메뉴의 '최근 사용한 프로그램' 기능을 구체적인 예로 들 수 있다.

5.5.1 계약

신뢰성 높은 구현을 위한 첫 단계로 사전 조건과 사후 조건을 명확하게 구별해 메서드 계약을 자세하게 기술해야 한다. 이 예제에서는 (null이 아닌) 모든 인자로 언제든지 메서드를 호출할 수 있으므로 메서드의 사전 조건이 없다. 따라서 추가적인 설명도 더 이상 필요없다. add의 계약은 다음과 같다.

- **사전 조건**: 인자는 null이 아님
- **사후 조건**: 주어진 요소를 크기가 정해진 집합에 추가한다. 추가로 인해 요소의 개수가 용량을 초과하면 (맨 먼저 삽입한) 가장 오래된 요소를 제거한다. 집합에 이미 존재하는 요소를 다시 추가하면 해당 요소를 갱신한다(즉 해당 요소를 집합에서 가장 최신 요소로 지정한다).
- **페널티**: NullPointerException을 던진다.

contains를 생각해보면 이 메서드가 집합을 변경하지 않는다는 사실을 명시해야 한다.

- **사전 조건**: 인자는 null이 아님
- **사후 조건**: 인자로 주어진 요소가 크기가 정해진 집합에 이미 존재하면 true를 리턴한다. 이 메서드는 집합을 변경하지 않는다.
- **페널티**: NullPointerException을 던진다.

5.5.2 기본 구현

계약을 검사하기 전에 일반적인 BoundedSet 구현부터 살펴보자. 이를 바탕으로 검사에 필요한 비용을 더 명확하게 이해할 수 있다. 우선 크기가 정해진 집합을 내부적으로 어떻게 표현할지를 선택해야 한다. 연결 리스트는 요소의 삽입 순서를 유지하고 removeFirst라는 메서드로 가장 오래된 요소를 효율적으로 삭제할 수 있으므로 간편한 선택일 수 있다. 그렇다고 해서 크기가 정해진 집합의 삽입 연산이 상수 시간에 실행된다는 말은 아니다. 이미 존재하는 요소를 갱신하려면 리스트를 순회해 현재 위치에서 요소를 제거한 후 리스트 앞으로 옮겨야 하는데 여기에 선형 시간이 필요하다.

클래스의 기본 구조는 다음과 같다.

```java
public class BoundedSet<T> {
    private final LinkedList<T> data;
    private final int capacity;

    public BoundedSet(int capacity) {   ❶ 생성자
        this.data = new LinkedList<>();
        this.capacity = capacity;
    }
```

이제 두 메서드를 살펴보자. 보다시피 리스트를 사용하면 매우 간단한 구현이 가능하지만 그 대신 성능에 제약이 있다(이 책 전반에 걸쳐 살펴본 기회비용이 여기에도 존재한다).

```java
public void add(T elem) {
    if (elem==null) {
        throw new NullPointerException();
    }
    data.remove(elem);   ❶ elem이 이미 존재하면 제거
    if (data.size() == capacity) {
        data.removeFirst();   ❷ 용량이 가득 찬 경우 가장 오래된 요소를 제거
    }
    data.addLast(elem);   ❸ elem을 최신 요소로 추가
}
public boolean contains(T elem) {
    return data.contains(elem);
}
```

5.5.3 계약 검사

수조 예제와 마찬가지로 계약을 검사하도록 BoundedSet 메서드 구현을 보강하자.

두 계약 중에서 흥미로운 부분인 add의 사후 조건에 집중하자. add는 크기가 정해진 집합 상태에 큰 변화를 주므로 보강된 add 메서드의 시작 부분에서는 우선 크기가 정해진 집합의 현재 상태를 저장해야 한다. 그리고 add의 끝에서는 private 지원 메서드를 이용해 크기가 정해진 집합의 현재 상태와 add의 시작 부분에서 저장해둔 상태를 비교해 계약에 따라 상태가 변경됐는지 검사해야 한다.

클래스에 복사 기능을 추가하는 현대적인 방법으로 복사 생성자[9]를 사용할 수 있는데 생성자의 인자로 같은 클래스의 다른 객체를 받는다. BoundedSet에서는 다음과 같이 쉽게 구현할 수 있다.

```
public BoundedSet(BoundedSet<T> other) {   ❶ 복사 생성자
    data = new LinkedList<>(other.data);
    capacity = other.capacity;
}
```

앞에서도 말했듯이 메서드 앞부분의 상태 복사를 비롯해 사후 조건 검사와 관련 있는 모든 동작은 어서션이 활성화된 경우에만 실행해야 한다. 여기서도 복사 동작을 더미 어서션 구문으로 감싸는 방법으로 해결했다.

```
public void add(T elem) {
    BoundedSet<T> copy = null;
    assert (copy = new BoundedSet<>(this)) != null;   ❶ 더미 어서션 구문
    ...   ❷ 실제 동작은 여기서 수행
    assert postAdd(copy, elem) :   ❸ 사후 조건 검사
          "add failed its postcondition!";
}
```

마지막으로 사후 조건 검사를 실제로 수행하는 private 지원 메서드의 코드는 다음과 같다. 우선 새로 추가된 요소가 리스트 맨 앞에 있는지 확인한다. 그 다음으로 현재 리스트

---

9   새로운 클래스를 작성할 때 clone 메서드보다 이 방법을 선호하는 이유를 알고 싶다면 『이펙티브 자바』의 아이템 13을 참조하라.

의 복사본을 만들고 사본에서 새로 추가된 요소를 제거한다. 그리고 이렇게 얻은 리스트와 이전 리스트의 요소 순서가 add 호출 전후에 같은지 확인한다. 이 확인 작업은 리스트의 equals 메서드를 간단하게 이용할 수 있다.

```
private boolean postAdd(BoundedSet<T> oldSet, T newElement) {
    if (!data.getLast().equals(newElement)) { ❶ newElement는 반드시 앞에 있어야 함
        return false;
    }
    ❷ 새로운 리스트와 이전 리스트에서 newElement를 제거
    List<T> copyOfCurrent = new ArrayList<>(data);
    copyOfCurrent.remove(newElement);
    oldSet.data.remove(newElement);
    if (oldSet.data.size()==capacity) {   ❸ 용량이 가득 찬 경우 가장 오래된 요소를 제거
        oldSet.data.removeFirst();
    }
    ❹ 나머지 객체는 모두 같아야 하고 순서도 같아야 함
    return oldSet.data.equals(copyOfCurrent);
}
```

수조 예제와 마찬가지로 사후 조건을 검사하는 작업이 검사 대상이 되는 add 연산 자체보다 개발 시간과 실행 시간 면에서 더 큰 비용을 차지한다. 따라서 이러한 검사는 안전이 중요한 경우나 특별하게 헷갈리는 루틴 등의 특별한 경우에만 수행하자.

5.5.4 불변 조건 검사

불변 조건은 메서드 수행으로 인해 변화가 일어나는 동안만 제외하고 클래스의 필드가 항상 갖춰야 할 조건에 대한 정적 일관성 속성이다. (data와 capacity 필드로) 크기가 정해진 집합을 표현하는 방식에 따르면 크기가 정해진 집합을 올바로 정의하는 데는 2가지 일관성 속성으로 충분하다.

- I1. data 리스트 길이는 capacity 이하여야 한다.
- I2. data 리스트에는 중복된 요소를 포함할 수 없다.

이 두 조건을 만족하는 모든 리스트와 정수는 유효하며 빈 상태에서 시작해 크기가 정해진 집합에 일련의 적법한 연산을 적용해 얻을 수 있다. 다음과 같은 private 지원 메서드

를 이용해 불변 조건을 검사하자.

```
private boolean checkInvariants() {
    if (data.size() > capacity)  ❶ 불변 조건 I1 검사
        return false;
     ❷ 불변 조건 I2 검사
    Set<T> elements = new HashSet<>();
    for (T element: data) {
        if (!elements.add(element))  ❸ add가 false를 리턴하면 이 요소는 중복임
            return false;
    }
    return true;
}
```

contains 메서드는 간단한 한 줄 메서드여서 객체 상태를 망가뜨릴 수 없으므로 이번에도 add 메서드에 집중하자.

보강된 add에서는 모든 호출의 끝부분에서 불변 조건을 검사한다. 항상 그랬듯이 이러한 검사를 assert 구문 안에서 수행함으로써 모든 신뢰성 강화 조치를 활성화, 비활성화할 수 있게 했다(기본적으로 비활성화된 상태라는 것을 기억하자).

```
public void add(T elem) {
    ...  ❶ 실제 동작은 여기서 수행

    assert checkInvariants() : "add broke an invariant!";
}
```

add의 잠재적 버그 중 일부는 5.5.3절의 철저한 사후 조건 검사로 잡아낼 수 있지만 불변 조건 검사만으로는 잡아낼 수 없다. 예를 들어 add에서 용량이 가득 차지 않았는데도 가장 오래된 요소를 제거했다고 가정해보자. 이 결함 때문에 집합이 일관성이 깨진 상태를 유발하지 않으므로 문제를 알아채지 못한다. 더 정확하게 말해 문제를 발생시킨 add 호출 후의 상태 자체는 일관성이 유지된다. 객체의 과거를 고려하면 올바른 상태가 아니지만 불변 조건은 과거를 고려하지 않는다. 반대로 사후 조건은 호출 전후의 크기가 정해진 집합 상태를 비교해 이러한 결함을 잡아낼 수 있다.

5.6 실제 사례

계약에 의한 설계 원칙을 따르도록 addWater를 리팩터링하기란 쉽지 않다. 실제 비즈니스 로직보다 사전 조건과 사후 조건을 검사하는 코드가 더 긴 경우가 많다. 핵심은 그럴 가치가 있느냐는 것이다. 고려해야 할 몇 가지 실제 사례를 소개한다.

- ATM 거래를 처리하는 소프트웨어를 만드는 작은 스타트업에서 일한다고 가정해보자. 은행이 빠르게 성장 중인 소매점 네트워크의 확장을 감당하지 못하는 레거시 시스템을 빨리 교체하고 싶어한다. 따라서 마감일이 매우 촉박하다. 마감을 맞추기 위해 팀의 소프트웨어 리더는 솔루션을 빨리 전달할 수 있도록 비즈니스 로직에 집중한다는 재앙에 가까운 결정을 내린다. 다행히 은행은 아무도 신뢰하지 않았다. 은행에는 자체 소프트웨어 테스터 팀이 존재했고 배포 전에 모든 것을 세심하게 검사했다. 결국 우아하게 개발된 여러분의 소프트웨어에 작은 버그가 존재한다는 것이 밝혀졌다. 계좌에 남은 잔액보다 더 많은 돈을 인출할 수 있었다. 그리고 모든 문제는 사전 조건을 검사하지 않은 데서 비롯됐다. 소프트웨어는 실패하기 마련이며 그 실패는 재앙을 부를 수도 있다. 개발하는 동안 신뢰성에 비용을 들이면 나중의 곤란을 피할 수 있다.

- 이전에 개발한 라이브러리가 프로그래밍 언어의 새로운 기능을 활용하도록 리팩터링한다고 가정해보자. 또는 새 기능을 추가하기 위해 기존 코드를 리팩터링할 수 있다. 라이브러리를 처음 릴리즈할 때는 나쁜 설계로 인한 비용이 많이 들지 않을 수 있지만 시간이 흐를수록 나쁜 설계의 영향이 커진다. 사람들은 이를 기술 부채technical debt라고 하는데 기술 부채가 커질수록 라이브러리의 미래 발전에 장애가 된다. 계약에 의한 설계와 이와 관련 있는 프로그래밍 기법을 이용하면 명세의 명확성과 신뢰성을 개선함으로써 기술 부채를 다루는 데 도움이 된다.

- 새로운 소프트웨어를 만들 때 개발자가 흔하게 겪는 딜레마 중 하나는 어떠한 프로그래밍 언어를 사용하느냐는 것이다. 그 답은 여러 요인에 따라 다르지만 시스템의 복잡성과 신뢰성은 중요한 요인이다. 시스템 설계가 복잡할수록 예상하지 못한 환경에서 견고하게 동작할 가능성은 줄어든다. 신뢰성이 주요 고려 사항이라면 언어에서 컴파일 시간에 계약을 검사하는 기능을 지원하는지 따져봐야 한

다. 컴파일 시간에 더 많은 결함을 찾아내기 위해 프로그래밍 패러다임을 바꿔야 할 수도 있다. 예를 들어 함수형 프로그래밍은 신뢰성을 향상시키지만 배우기 어렵고 성능이 낮을 때도 있다.

자신을 속이지 말자. 실패는 피할 수 없다. 그래서 견고성을 정의할 때 모든 실패의 원인을 피하도록 시스템을 설계하는 것이 아니라 실패할 경우 시스템이 우아하게 반응하는 것이라고 한 이유가 여기에 있다. 현대적인 분산 시스템은 근본적으로 실패가 발생할 수밖에 없으므로 부분 실패와 불일치, 제어 불가능한 노드 사이에서 주고받는 메시지의 재정렬 등을 고려해야 한다. 이러한 사항은 설계 시 고려할 계약의 일부이므로 우아하게 처리할 수 있어야 한다.

5.7 배운 내용 적용해보기

연습문제 1

1. `java.util.Collection` 인터페이스에서 `add` 메서드의 계약을 작성해보자(자바독^{Javadoc}을 참조할 수 있다).
2. `java.util.HashSet` 클래스의 `add` 메서드에도 같은 작업을 해보자.
3. 둘이 어떻게 다른지 비교해보자.

연습문제 2

다음과 같은 계약으로 정의되는 정적 메서드 `interleaveLists`를 구현하자.

- **사전 조건**: 메서드는 같은 길이의 `List` 2개를 인자로 받는다.
- **사후 조건**: 메서드는 두 리스트의 요소가 번갈아 저장된 새로운 `List`를 리턴한다.
- **페널티**: 주어진 두 리스트 중 하나가 `null`이면 메서드는 `NullPointerException`을 던진다. 두 리스트의 길이가 다르면 `IllegalArgumentException`을 던진다.

사전 조건은 항상 검사하고 사후 조건은 어서션이 활성화된 경우에만 검사하게 하자. 어서션이 비활성화된 경우 오버헤드를 최소화하자.

연습문제 3

java.math.BigInteger 타입의 객체는 임의의 크기의 정수를 표현하며 내부적으로는 정수 배열로 인코딩된다. OpenJDK(http://mng.bz/Ye6j)에서 소스 코드를 확인하고 다음과 같은 private 메서드를 찾아보자.

```
private BigInteger(int[] val)
private int parseInt(char[] source, int start, int end)
```

1. private 생성자의 계약을 작성해보자. 생성자가 정상적으로 종료하는 데 필요한 모든 조건을 사전 조건에 포함하자. 생성자가 사전 조건을 능동적으로 검사하는가?
2. parseInt 메서드에도 같은 작업을 해보자.

연습문제 4

다음 메서드는 주어진 두 정수의 최대 공약수를 리턴해야 한다(코드를 이해할 필요는 없으니 걱정하지 말자). 어서션이 활성화됐을 때 사후 조건을 검사하도록 메서드를 수정하고 1,000개 정수 쌍에 이를 실행해보자(eis.chapter5.exercises.Gcd 클래스의 코드는 온라인 저장소 https://bitbucket.org/mfaella/exercisesinstyle에서 찾을 수 있다).

힌트: 가장 간단한 방법으로 사후 조건을 검사하자. 검사 자체의 정확성은 의심하지 않아도 된다.

```
private static int greatestCommonDivisor(int u, int v) {
    if (u == 0 || v == 0) {
        if (u == Integer.MIN_VALUE || v == Integer.MIN_VALUE) {
            throw new ArithmeticException("overflow: gcd is 2\^{}31");
        }
        return Math.abs(u) + Math.abs(v);
    }
    if (Math.abs(u) == 1 || Math.abs(v) == 1) {
        return 1;
    }
    if (u > 0) { u = -u; }
    if (v > 0) { v = -v; }
    int k = 0;
    while ((u & 1) == 0 && (v & 1) == 0 && k < 31) {
```

```
    u /= 2;
    v /= 2;
    k++;
}
if (k == 31) {
    throw new ArithmeticException("overflow: gcd is 2\^{}31");
}
int t = (u & 1) == 1 ? v : -(u / 2);
do {
    while ((t & 1) == 0) { t /= 2; }
    if (t > 0) { u = -t; }
    else { v = t; }
    t = (v - u) / 2;
} while (t != 0);
return -u * (1 <{}< k);
}
```

요약

- 소프트웨어의 신뢰성은 명확한 명세에서 시작된다.
- 표준적인 명세는 메서드 계약과 클래스 불변 조건을 바탕으로 한다.
- 개발 과정 전체에 걸쳐 public 메서드의 사전 조건을 검사해야 한다.
- 개발이 진행 중이거나 안전성이 중요한 소프트웨어라면 필요에 따라 사전 조건과 사후 조건, 불변 조건을 검사한다.
- 어서션을 이용하면 프로그램을 실행할 때 일부 검사를 활성화하거나 비활성화할 수 있다.

퀴즈와 연습문제 정답

돌발 퀴즈 1

페널티로 확인된 예외를 던지는 방식은 호출자가 해당 예외를 처리하거나 throws절에 포함해 선언하도록 강제한다. 하지만 사전 조건만 준수하면 이러한 것을 방지할 수 있으므로 예외 처리를 강제하는 것은 귀찮은 일이다. 따라서 호출자가 직접 통제할 수 없는 경우에만 확인된 예외를 던지게 하자.

돌발 퀴즈 2

우아한 반응으로는 문제를 사용자에게 알린 후 인쇄를 재시도하거나 취소할 기회를 주는
것이다. 반대로 우아하지 않은 반응은 프로그램이 종료되거나 인쇄 요청을 아무 확인 없
이 무시하는 것이다.

돌발 퀴즈 3

주어진 명제는 메서드 호출 전후의 상태를 비교하므로 불변 조건이 아니라 사후 조건이
다. 불변 조건은 객체의 현재 상태만 가리킨다.

돌발 퀴즈 4

플래그를 false로 초기화한 후 더미 어서션 안에서 true로 설정한다.

```
boolean areAssertionsEnabled = false;
assert (areAssertionsEnabled = true) == true;
```

돌발 퀴즈 5

수가 아님^{NaN, not-a-number}은 양의 무한대, 음의 무한대와 함께 부동 소수점 수에 정의된
특수한 값 중 하나다. NaN은 특별한 산술적 규칙을 따르는데 퀴즈에서 고려해야 할 규칙
은 다음과 같다.

- NaN / n의 결과는 NaN
- NaN + n의 결과는 NaN
- NaN < n의 결과는 false
- NaN == NaN의 결과는 false(말 그대로 수가 아닌 것은 수가 아닌 것이 아니다!)

Contracts 구현(코드 5.1)의 addWater 코드에서 amount 파라미터 값에 NaN을 전달하면
this.amount + amountPerContainer < 0이 false로 평가돼 사전 조건 검사를 통과한다. 그
리고 그룹에 포함된 모든 수조에 NaN 값이 저장된다. 마지막으로 어서션이 활성화됐다
면 postAddWater 메서드(코드 5.4)를 이용해 사후 조건을 검사한다. 그리고 그 과정에서

NaN으로 인해 isGroupBalanced()와 almostEqual()이 모두 실패하면서 AssertionError를 던지며 메서드가 종료된다.

(기본 설정대로) 어서션을 비활성화한 경우 addWater 호출로 인해 아무 증상 없이 그룹에 포함된 모든 수조에 NaN 값이 저장된다. 따라서 addWater의 계약은 NaN을 비롯한 특수한 값을 적절하게 처리할 수 있어야 한다. 사전 조건에서 이러한 값을 유효하지 않은 값으로 선언하는 것도 좋은 방법이다.

연습문제 1

1. 추상 메서드의 계약은 더 구체적이어야 한다. 추상 메서드는 구현이 없는 순수 계약
   pure contract이므로 계약이 명확하고 상세해야 한다. Collection 인터페이스는 컬렉션 계층 구조의 루트로서 광범위한 변형을 수용할 수 있어야 하므로(정확하게 말해 클래스와 인터페이스를 통틀어 34개) 이러한 경우 특히 민감하다.

   Collection.add의 자바독은 많은 정보를 제공한다. 우선 선택적 연산optional operation이라는 점에 주목하자. 이는 2가지 대안적 계약이 존재한다고 생각할 수 있다. 첫째, 불변immutable 컬렉션처럼 삽입을 지원하지 않는 구현이 존재하며 그에 따른 계약은 다음과 같다.

   - **사전 조건**: 어떠한 호출도 불법이다.
   - **사후 조건**: 없다.
   - **페널티**: UnsupportedOperationException을 던진다.

Collection을 구현하는 클래스에서 삽입을 지원한다면 다른 계약을 따라야 한다. 클래스마다 삽입이 합법적인 경우를 정의하기 위해 add의 사전 조건을 자유롭게 선택할 수 있지만 삽입을 거부할 때는 다음 계약에 정해진 페널티를 따라야 한다.

   - **사전 조건**: 구현에 따른다.
   - **사후 조건**: 컬렉션이 주어진 요소를 포함해야 하며 호출로 인해 컬렉션이 변경됐으면 true를 리턴한다.
   - **페널티**: 다음과 같은 예외를 던진다.

- 인자 타입이 올바르지 않으면 ClassCastException을 던진다.
- 인자가 null이고 컬렉션이 null 값을 거부하면 NullPointerException을 던진다.
- 인자가 다른 이유로 유효하지 않으면 IllegalArgumentException을 던진다.
- 현재 상태에서 인자를 삽입할 수 없으면 IllegalStateException을 던진다.

위의 계약에서는 어떠한 조건에서 삽입으로 인해 컬렉션이 변경되는지를 명시하지 않는데 이는 서브클래스의 몫이다.

2. HashSet에 특화된 add의 계약은 다음과 같다.

- **사전 조건**: 없다(모든 인자가 적법하다).
- **사후 조건**: 주어진 인자와 같은(equals의 결과에 따라) 요소가 이미 존재하지 않으면 주어진 요소를 컬렉션에 삽입한다. 호출 전에 컬렉션이 주어진 요소를 포함하지 않으면 true를 리턴한다.
- **페널티**: 없다.

3. HashSet의 계약에서는 컬렉션이 중복된 요소를 포함하지 않는다고 명시한다. 하지만 중복 요소를 삽입하려는 시도 자체는 사전 조건을 위반하지 않으므로 오류는 아니다. 컬렉션에 아무 변화도 일어나지 않을 뿐이다.

연습문제 2

interleaveLists 메서드의 코드는 다음과 같다. 일반적인 if 구문으로 사전 조건을 검사하며 사후 조건 검사는 별도 메서드에 위임해 어서션을 활성화했을 때만 호출되게 했다.

```
public static <T> List<T> interleaveLists(List<? extends T> a,
                                          List<? extends T> b) {
  if (a==null || b==null)
      throw new NullPointerException("Both lists must be non-null.");
  if (a.size() != b.size())
      throw new IllegalArgumentException(
              "The lists must have the same length.");

  List<T> result = new ArrayList<>();
  Iterator<? extends T> ia = a.iterator(), ib = b.iterator();
  while (ia.hasNext()) {
```

```
        result.add(ia.next());
        result.add(ib.next());
    }
    assert interleaveCheckPost(a, b, result);
    return result;
}
```

사후 조건을 검사하는 지원 메서드의 코드는 다음과 같다.

```
private static boolean interleaveCheckPost(List<?> a, List<?> b,
                                           List<?> result) {
    if (result.size() != a.size() + b.size())
        return false;

    Iterator<?> ia = a.iterator(), ib = b.iterator();
    boolean odd = true;
    for (Object elem: result) {
        if ( odd && elem != ia.next()) return false;
        if (!odd && elem != ib.next()) return false;
        odd = !odd;
    }
    return true;
}
```

연습문제 3

우선 private 멤버를 어떻게 문서화하는지 몇 가지 구체적인 내용을 알아보자. BigInteger 의 공식 자바독은 private 멤버를 언급하지 않으며 기본적으로 자바독에서는 이를 언급 하지 않는다. 명령 줄 옵션에서 --show-members private를 지정하면 private 멤버가 문서 에 보이는데 생성자에 자바독 스타일의 주석이 달리지만 private 메서드에는 자유로운 형태의 간략한 주석이 달려 있다. 생성자는 더 자세한 문서화를 해야 할 만큼 중요성을 인정받은 것이다. 7장에서는 자바독과 문서화 가이드라인을 더 자세하게 알아본다. 이제 주석과 코드를 바탕으로 계약을 작성하자.

1. 생성자의 자바독을 보면 생성자가 실행되는 동안 val을 수정하면 안된다고 명시한다. 이는 프로그램에서 생성자를 실행하는 동시에 다른 코드를 실행하는 멀티스레드 환

경을 고려한 것이다. 5장에서 다룬 전통적인 형태의 계약은 순차적 프로그램에 초점을 맞추므로 이러한 요구 사항을 전통적인 계약에 포함하기에는 적합하지 않다.

생성자의 소스 코드를 훑어보면 val 배열이 null이 아니며 비어 있지 않다고 가정하는데 이를 반영한 계약은 다음과 같다.

- **사전 조건**: val은 null이 아니며 비어 있지 않다.
- **사후 조건**: 2의 보수 빅엔디안^{big-endian} 형태로 인코딩된 정수를 val에 저장하는 BigInteger를 생성한다.
- **페널티**: 다음과 같은 예외를 던진다.
  - val이 null이면 NullPointerException을 던진다.
  - val이 비어 있으면(길이가 0이면) NumberFormatException을 던진다.

생성자에서 배열 val이 비었는지 능동적으로 확인한다. val이 null이면 자동으로 NPE를 던지므로 이를 따로 검사할 필요는 없다.[10]

2. parseInt의 주석을 보면 "start < end라는 것을 가정한다"라고 선언하는데 이는 명시적인 사전 조건 중 하나다. 메서드 몸체를 훑어보면 인자 source는 null이 아니고 start와 end는 source의 유효한 인덱스여야 한다. 마지막으로 주어진 구간의 모든 문자는 숫자여야 한다. 이를 계약 형태로 옮기면 다음과 같다.

- **사전 조건**: source는 비어 있지 않은 문자 시퀀스다. start와 end는 source의 유효한 인덱스여야 하며 start < end.
- **사후 조건**: start와 end로 지정된 인덱스 사이의 숫자를 정수로 리턴한다.
- **페널티**: 다음과 같은 예외를 던진다.
  - source가 null이면 NullPointerException을 던진다.
  - 주어진 구간에 숫자가 아닌 문자가 존재하면 NumberFormatException을 던진다.
  - start와 end가 source의 유효한 인덱스가 아니면 ArrayIndexOutOfBounds Exception을 던진다.

---

10 의도를 명확하게 하고 예외에 따른 오류 메시지를 지정하기 위해 명시적으로 검사를 할 수도 있다.

메서드에서 주어진 구간의 모든 문자가 숫자인지 능동적으로 검사하는 반면 null 검사는 중복으로 간주해 생략한다. 문서에 언급된 유일한 사전 조건은 검사하지 않는다. start ≥ end인 채 메서드를 호출하면 예외를 던지는 대신 source[start]에 해당하는 한 문자만 정수로 리턴한다.

부연하면 이 메서드는 인스턴스 필드를 사용하지 않으므로 static이어야 한다.

연습문제 4

이 연습문제의 코드는 아파치 커먼스^{Apache Commons} 프로젝트의 Fraction[11] 클래스를 약간 수정한 것으로 도널드 커누스의 오묘한 알고리듬을 구현한 것이다. 사후 조건 확인에 필요한 인자를 메서드 안에서 변경하므로 인자 값을 두 임시 변수에 따로 저장해야 한다. 메서드 끝에서는 이 변수와 보조 메서드를 이용해 사후 조건을 검사한다.

```
private static int greatestCommonDivisor(int u, int v) {
    final int originalU = u, originalV = v;

        ❶ 원래 연산 수행(u와 v가 수정된다)

    int gcd = -u * (1 <{}< k);
    assert isGcd(gcd, originalU, originalV) : "Wrong GCD!";
    return gcd;
}
```

보조 메서드 isGcd에서는 가능하면 간단한 방법을 사용하자. 여기서는 '최대 공약수'의 정의를 그대로 받아들여 다음 2가지를 검사한다.

- gcd는 originalU와 originalV의 공약수다.
- gcd보다 큰 공약수는 존재하지 않는다.

```
private static boolean isGcd(int gcd, int u, int v) {
    if (u % gcd != 0 || v % gcd != 0)   ❶ gcd가 공약수인지 검사
        return false;
    for (int i=gcd+1; i<=u && i<=v; i++)   ❷ gcd부터 u와 v 중 작은 수까지 검사
```

---

11 클래스 전체 경로는 org.apache.commons.lang3.math.Fraction이다.

```
            if (u % i == 0 && v % i == 0)
                return false;
        return true;
}
```

위에서 살펴본 isGcd 구현은 u와 v 중 작은 수에 비례하는 선형 시간을 소모하므로 매우 비효율적이다. 더 합리적인 방법으로 고전적인 유클리드^{Euclid} 알고리듬(https://en.wikipedia.org/wiki/Euclidean_algorithm)을 사용하거나 JDK의 BigInteger.gcd()처럼 이미 구현된 GCD 프로시저를 호출할 수 있다.

참고문헌

- Bertrand Meyer, 『Object-Oriented Software Construction』(Prentice Hall, 1997)
  계약에 의한 설계방법론과 이를 지원하는 프로그래밍 언어인 에펠^{Eiffel}을 정식 소개한다.

- Jean-Michel Muller 등, 『Handbook of Floating-Point Arithmetic』(Birkhäuser, 2010)
  부동 소수점 수 지식을 가족과 친구에게 뽐내고 싶은가? 500페이지가 넘는 이 책을 공부하면 박사 학위도 딸 수 있다.

- David Goldberg, 『What Every Computer Scientist Should Know About Floating-Point Arithmetic』(ACM Computing Surveys, 23, 1991)
  44페이지에서 솔깃한 약속을 하지만 박사 학위는 수여하지 않는다.

- Joshua Bloch, 『Effective Java』(Addison-Wesley, 2017)
  자바 플랫폼 설계자 중 한 명이 저술한 자바의 우수 사례를 담은 책의 제3판이다. 번역서: 『이펙티브 자바』(이병준 역)(인사이트, 2018)

6

나를 속여봐: 테스트를 이용한 신뢰성 향상

계약에 의한 설계를 들어본 적이 없는 개발자도 테스트가 뭔지는 안다. 테스트는 모든 소프트웨어 개발 프로젝트의 최종 단계로 어느 악당이 테스터를 불러 여러분이 시간을 아끼기 위해 사용한 영리한 꼼수를 '버그'로 낙인찍는 것을 말한다. 이러한 농담과 달리 현대적인 소프트웨어 개발 프로세스에서 테스트의 역할은 갈수록 커지고 있다. 테스트 주도 개발^{TDD, Test-Driven Development}로 잘 알려진 관점에서 보면 실제로 배포할 코드보다 테스트부터 만들어야 한다. 여기서 테스트는 실행 가능한 명세 역할을 하며 시스템의 나머지 부분은 테스트를 통과해야 한다.[1]

---

[1] 6장의 참고문헌에서 소개한 『Growing Object-Oriented Software, Guided by Tests』에서 TDD를 더 자세하게 공부할 수 있다.

6장의 내용은 어떠한 관점에서 테스트를 바라보느냐와는 무관하다. 단지 Reference 구현(또는 그 API를 준수하는 모든 구현)에 테스트를 보강하고 가능하면 넓은 범위의 기능을 커버하고자 한다. 이 책의 주제에 맞게 여기서는 단위 테스트, 쉽게 말해 한 클래스를 테스트하는 데 집중한다. 6장 후반부에서는 테스트 용이성 관점에서 수조 API를 철저하게 분석하고 일반적인 우수 사례를 바탕으로 몇 가지 개선안을 제시한다.

6.1 테스트의 기본적 개념

소프트웨어 업계에서 테스트는 주요 검증 활동이다. 따라서 수많은 관련 이론과 기법이 존재한다. 다른 주제와 마찬가지로 이 책에서는 테스트의 기본적인 내용만 다루지만 이 것으로 충분하다. 이 주제에 특화된 방대한 자료를 찾아볼 수 있으며 6장의 참고문헌에서 그중 일부를 소개한다.

테스트의 목표는 최대한 많은 버그를 찾아내 제거하는 것이며 이를 바탕으로 프로그램의 정확성과 견고성을 개선할 수 있다. 더 정확하게 말해 복잡한 프로그램에 버그가 없을 거라고 절대로 기대할 수 없으며 실제 사용 시 필연적으로 발생할 큰 결함을 테스트로 찾아내야 한다. 하지만 테스트만으로 작고 미묘한 버그를 모두 찾아낼 수는 없다. 오랜 시간 동안 프로그램을 사용해야만 그러한 버그가 발생하는 조건이 성립하곤 한다.

소프트웨어 공학의 다른 측면과 마찬가지로 좋은 테스트를 설계하는 능력은 탄탄한 이론은 물론 실전 경험에서 비롯된다. 이 책에서 당장 실전을 경험할 수는 없으니 차선책으로 이론을 설명한 후 그 이론을 구체적인 사례에 적용한다.

6.1.1 테스트 커버리지

커버리지coverage를 고려한 체계적인 방법을 채용함으로써 테스트에서 큰 결함을 모두 발견할 가능성을 높일 수 있다. 커버리지는 테스트 설계의 중요 주제 중 하나로 여러 의미로 해석된다. 일반적으로 커버리지는 테스트가 시스템의 다른 부분을 시뮬레이션할 수 있는 정도를 말한다. 커버리지를 측정하는 2가지 방법은 코드 기반code-based 커버리지와 입력 기반input-based 커버리지다. 코드 기반 커버리지는 주어진 테스트 집합에서 한 번이라도 실행되는 소스 코드의 비율을 말한다. 6장에서는 이 비율을 여러 가지 방법으로 측정해본다. 코드 기반 커버리지는 전통적으로 화이트박스 테스트^{whitebox test}와 관련 있다. 화이트박스 테스트는 테스트할 소프트웨어^{SUT, Software Under Test}의 내부 관련 지식과 소스 코드를 알고 있다고 가정한다.

반면 입력 기반 커버리지는 테스트할 프로그램의 내부는 무시하고 API에 집중한다. 대략적으로 말해 가능하면 입력의 전체 집합을 분석하고 전체를 대표하는 더 작은 값의 집합을 도출해야 한다. 입력 기반 커버리지는 SUT의 소스 코드에 독립적이라는 점에서 블랙박스 테스트^{blackbox test}와 관련 있다.

2가지 커버리지는 서로 보완하는 관계로 6장에서 둘 다 살펴본다. 먼저 다양한 입력 값을 선택할 수 있는 테스트 슈트를 설계하면서 입력 기반 커버리지를 살펴본다. 그리고 이렇게 만들어진 테스트의 코드 커버리지를 도구를 이용해 측정한다. 즉 입력 기반 커버리지를 목표로 삼고 테스트 계획 자체를 검증하는 방법으로 코드 기반 커버리지를 활용한다.

6.1.2 테스트와 계약에 의한 설계

자세한 내용을 다루기 전에 테스트의 목적과 계약 검증에 중점을 두고 5장에서 살펴본 기법의 목적을 비교해보자.

사전 조건을 검사하고 적절한 페널티를 부여하는 것은 방어적 프로그래밍의 기본이며 일반적으로 모범 사례로 간주된다. 테스트는 이를 대체하기보다 오히려 강화하는 것이다. 6장 후반부에서는 이러한 방어 조치가 제대로 취해지는지를 검증하는 테스트를 작성한다.

메서드 안에서 사후 조건과 불변 조건을 검사하는 것은 별개 문제다. 이는 클래스 자체의 결함을 찾아내는 것이 목적이며 단위 테스트의 목적도 이와 같다. 따라서 둘은 서로 대안적으로 선택할 수 있다.

이러한 기법과 비교했을 때 실전에서 테스트를 훨씬 더 일반적으로 활용하는 2가지 이유는 다음과 같다.

- 테스트를 이용하면 불변 조건과 사후 조건 검사를 클래스 밖으로 옮길 수 있다. 이렇게 하면 클래스를 작고 단순하게 유지하는 것은 물론 책임 경계가 명확해지

고 조직적 측면에서 개발과 테스트를 다른 팀에 맡길 수 있다.

■ 테스트를 하려면 SUT에 제공할 입력 값의 집합을 세심하게 설계해야 한다. 다른 기법에서는 이러한 관점이 빠져 있다. 즉 메서드 안에서 사후 조건과 불변 조건을 검사하는 것은 전체적으로 절반 정도에 그친다. 주어진 메서드를 다양한 입력으로 호출해보는 체계적인 방법(테스트 계획이라고 한다)이 없으면 프로그램 개발과 배포의 어느 단계에서든 버그를 찾아내지 못한다. 테스트를 하면 이 과정을 책임져야 하며 커버리지 척도를 바탕으로 SUT의 정확성과 견고성의 신뢰도를 가늠할 수 있다.

그림 6.1은 테스트와 코드 품질, 계약에 의한 설계 사이의 관계를 보여준다. 테스트는 메서드가 사후 조건을 만족하는지, (사전 조건에 비춰봤을 때) 올바르지 않은 값에 대해 정해진 페널티를 일으키는지를 검사한다. 이렇게 함으로써 결함을 드러내 제거하는 데 도움을 준다.

안전성이 특별하게 중요한 코드에서는 5장에서 다른 기법을 이용해 테스트를 보강할 수 있다. 예를 들어 불변 조건 검사를 이용해 시스템이 항상 견고한 상태에서 실행되는지 확인할 수 있다. 이렇게 하면 테스트에서 놓친 버그가 있더라도 더 쉽게 진단하고 고칠 수 있다.

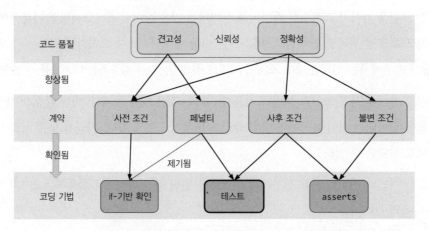

▲ **그림 6.1** 신뢰성의 속성과 계약 기반 명세, 코딩 기법의 관계

돌발 퀴즈 1   메서드 계약의 어느 부분이 메서드 테스트와 관련 있는가?

현대적인 테스트는 변화하는 테스트 집합을 빠르고 반복적으로 실행하는 능력에 바탕한다. 이러한 자동화는 라이브러리와 프레임워크에서 제공하는데 자바의 JUnit과 .NET 언어의 NUnit을 비롯한 xUnit 계통의 프레임워크를 가장 널리 사용한다. JUnit에 익숙하지 않은 독자를 위해 6.1.3절에서 JUnit을 간략하게 소개한다.

6.1.3 JUnit

JUnit은 자바의 표준 단위 테스트 프레임워크로 테스트 슈트를 작성하고 실행하는 기능을 무료 오픈소스로 제공한다. 여기서 다룰 테스트는 JUnit 4.0을 이용하므로 프레임워크를 간단하게 설명하는 것부터 시작한다.

JUnit은 자바 애노테이션을 폭넓게 이용하는데 애노테이션에 익숙하지 않다면 다음 상자를 참조하자.

자바 애노테이션

애노테이션은 메서드 시그니처(signature) 바로 앞에 첨부할 수 있는 꼬리표(tag)이며 '@' 기호로 시작한다. 다음 코드에서 프로그래머 대부분에게 친숙한 애노테이션인 @Override를 볼 수 있다.

```
public class Employee {
  private String name, salary;
  ...
  @Override
  public String toString() {
    return name + ", monthly salary " + salary;
  }
}
```

toString 메서드에 붙은 꼬리표 @Override는 컴파일러에게 해당 메서드가 오버라이드할 의도로 만들어졌다는 것을 나타낸다. 즉 해당 메서드가 슈퍼클래스의 메서드를 오버라이드하는지 컴파일러가 확인하게 하고 그렇지 않으면 컴파일이 실패하게 한다. @Override는 인자가 없는 애노테이션이지만 애노테이션은 인자를 몇 개든지 포함할 수 있다(잠시 후 그 예를 살펴보자).

실전에서 애노테이션은 프로그램 구성 요소에 메타데이터를 첨부하는 일반적인 수단으로 이용하며 메서드는 물론 클래스와 필드, 지역 변수, 메서드 인자 등에 애노테이션을 첨부할 수 있다. 애노테이션은 프로그램 구성 요소에 추가적인 정보를 부여하는 요소이며 바이트코드에 전달돼 런타임에 리플렉션을 이용해 읽어 들일 수 있다. 프로그래머는 자신의 애노테이션을 쉽게 정의할 수 있으며 애노테이션을 해석해 프로그램 실행을 조작하고 보강하는 도구를 작성할 수 있다.

JUnit의 모든 테스트는 메서드에 대응하며 연관된 테스트를 한 클래스로 묶는다. 반대로 클래스의 모든 메서드가 테스트에 대응될 필요는 없다. 테스트에 대응하는 메서드는 다음과 같은 @Test 애노테이션을 부여한다.

```
@Test
public void testSomething() { ... }
```

(일반적인 견고성 테스트가 그렇듯이) 주어진 테스트에서 예외를 던진다면 @Test 애노테이션의 expected 속성에 예상되는 예외 클래스를 지정해 JUnit에 그 사실을 알려야 한다.

```
@Test(expected = IllegalArgumentException.class)
public void testWrongInput() { ... }
```

C#의 애트리뷰트

애트리뷰트는 C#에서 프로그램 구성 요소에 메타데이터를 첨부하는 수단이다. 작동 방식은 자바 애노테이션과 비슷하지만 @ 기호 대신 각진 괄호를 구분한다. 예를 들어 자바의 @Deprecated 애노테이션은 C#의 [Obsolete] 애트리뷰트에 해당한다.

위의 코드에서 보듯이 테스트 메서드는 값을 리턴하지 않는다. 테스트의 성공과 실패는 JUnit 어서션으로 결정되는데 이를 자바의 assert 구문과 혼동하지 말자. JUnit의 어서션은 연산 결과로 기대되는 값과 실제로 얻은 값을 비교하기 위해 프레임워크에서 제공하는 정적 메서드다. 어서션이 실패하면 자바 assert 구문과 마찬가지로 AssertError를 던진다. JUnit은 이 예외를 잡은 후 슈트에 포함된 나머지 테스트를 계속 실행하고 각 테스트의 결과를 요약해 최종 보고한다.

가장 일반적인 어서션은 org.junit.Assert 클래스에 포함된 public static void 메서드로 다음과 같다.

- assertTrue(String message, boolean condition): 주어진 조건이 참이면 테스트가 성공한다. 이 메서드는 가장 범용적인 JUnit 어서션으로 Boolean을 리턴하는 어떠한 검사도 끼워 넣을 수 있다. 이 메서드와 다음에 살펴볼 메서드에 전달되는 메시지 문자열은 어서션이 실패할 때 던지는 예외에 포함되며 최종 보고에서도 볼 수 있다.

- assertFalse(String message, boolean condition): 앞의 메서드와 반대로 조건이 거짓이면 테스트가 성공한다.

- assertEquals(String message, Object expected, Object actual): expected와 actual 둘 다 null이거나 (equals에 정의된 기준에 따라) 서로 같으면 테스트가 성공한다. Object 대신 long이나 float, double을 비롯한 기본 타입을 받아들이는 어서션도 제공하지만 부동 소수점 수를 받아들이는 버전은 사용 금지됐으니[2] 다음 메서드를 사용하자.

- assertEquals(String message, double expected, double actual, double delta): expected와 actual이 delta만큼의 오차 안에 있으면 테스트가 성공한다. delta는 비교할 때 허용되는 오차를 나타낸다. 5.3절에서 살펴봤듯이 부동 소수점 수는 직접 비교하면 안되고 오차를 고려해 비교해야 한다. 잠시 후 다시 살펴본다.

JUnit을 명령 줄에서 실행할 수도 있지만 일반적으로 IDE의 일부로 실행해야 테스트를 쉽게 실행하고 시각적으로 분석할 수 있다.

6.2 수조 테스트하기 [UnitTests]

이제 수조 예제로 돌아가보자. 6.2절에서는 다른 절과 달리 Container 클래스의 새로운 버전을 개발하기보다 그 기능을 검증하는 테스트 집합을 만든다. 그렇다면 어떠한 버전

---

2   사용이 금지됐을 뿐만 아니라 항상 실패한다.

의 Container 클래스를 테스트해야 할까? 여기서는 블랙박스 접근법을 이용하므로 특정 Container 클래스 구현을 대상으로 삼지 않는다. 그보다 1장에서 규정한 API를 목표로 삼는다. 이로 인해 이 책에서 소개한 API를 준수하는 어떠한 구현체에도 테스트를 실행할 수 있으며 6.2.4절에서 실제로 실습해본다. 여러분의 마음속에 구체적인 구현체를 떠올리는 것이 편하다면 Reference를 떠올려도 좋다.

온라인 저장소(https://bitbucket.org/mfaella/exercisesinstyle)의 eis.chapter6.UnitTests 클래스에서 앞으로 설명할 테스트의 코드를 볼 수 있다.

6.2.1 테스트 초기화하기

아래에서 살펴볼 테스트는 일반적인 클라이언트가 사용하는 API에만 접근하므로 객체의 내부 상태를 직접 검사할 수 없다. 여기서 피드백을 얻을 수 있는 메서드는 getAmount뿐이다(값을 리턴하는 유일한 메서드다). 이 문제는 6장 후반부에서 다시 다룬다.

모든 테스트는 하나 이상의 Container 객체를 조작해야 한다. 각 테스트의 시작 부분에서 수조를 생성하는 대신 테스트 클래스에 Container를 필드로 추가하고 JUnit의 @Before 애노테이션이 부여된 메서드에서 해당 필드를 초기화하면 코드 중복을 피할 수 있다. 메서드에 @Before를 첨부하면 매번 테스트를 실행하기 전에 해당 메서드를 실행한다. 이처럼 여러 테스트가 공유하는 객체를 테스트 비품fixture이라고 한다. 지금까지의 내용을 바탕으로 테스트 클래스는 다음과 같이 시작한다.

```
public class UnitTests {
    private Container a, b;      ❶ 테스트 비품

    @Before                     ❷ JUnit이 테스트 전에 이 메서드를 매번 호출하게 함
    public void setUp() {
        a = new Container();
        b = new Container();
    }
```

설명에 완벽을 기하기 위해 @Before와 쌍을 이루는 @After 애노테이션도 알아두자. @After로 태그된 메서드는 테스트가 실행된 후 매번 실행되며 테스트 비품 관련 자원을 해제해야

할 때 유용하다. 정적 메서드에 @BeforeClass나 @AfterClass 애노테이션을 붙이면 클래스에 포함된 일련의 테스트 전체를 실행하기 전후에 해당 메서드를 한 번만 실행한다. 데이터베이스 연결이나 네트워크 채널처럼 비용이 많이 들고 여러 테스트에서 공유하는 테스트 비품을 생성하고 해제할 때 유용하다.

이제 Container의 첫 번째 테스트를 설계하고 생성자가 예상대로 작동하는지 검사하자. 생성자에는 입력이 없으므로 테스트는 한 번만 실행하면 되며 API에 언급된 유일한 속성 즉 새로 만든 수조가 비어 있는지 검사한다.

```
@Test
public void testNewContainerIsEmpty() {
    assertTrue("new container is not empty", a.getAmount() == 0);
}
```

이러한 경우 클래스가 주어진 값을 근사할 이유가 없으므로 두 부동 소수점 수를 직접 비교해도 된다. 그리고 다음과 같이 assertEquals를 사용하는 방법보다 assertTrue의 가독성이 더 높아 보인다.

```
assertEquals("new container is not empty", 0, a.getAmount(), 0);
```

Hamcrest 매처를 이용한 가독성 높은 어서션

지금까지는 JUnit에서 기본적으로 제공하는 어서션을 이용했지만 JUnit과 함께 제공되는 Hamcrest 라이브러리를 이용하는 것이 좋다. 이 라이브러리를 이용해 생성한 매처(matcher) 객체를 assertThat 어서션에 넘겨주면 검사할 조건의 가독성을 더 높일 수 있다.

기본적인 어서션은 다음과 같다.

```
assertEquals("new container is not empty", 0, a.getAmount(), 0);
```

Hamcrest 어서션을 이용해 이를 다시 작성하면 다음과 같다.

```
assertThat("new container is not empty", a.getAmount(), closer(0, 0));
```

조건을 Hamcrest로 작성하면 높은 가독성을 제공할 뿐만 아니라 실패 시 진단에 도움을 주며 명확한 매처를 작성할 수 있다. 이 차이를 체험하기 위해 비어 있어야 할 수조에 실수로 0.1단위의 물이 채워졌다고 가정해보자. assertEquals를 이용한 첫 번째 어서션 메시지는 다음과 같다.

```
    new container is not empty
    expected:<0.0> but was:<0.1>
```

반면 Hamcrest를 이용한 어서션 메시지는 더 자세하다.

```
    new container is not empty
    Expected: a numeric value within <0.0> of <0.0>
         but: <0.1> differed by <0.0> more than delta <0.0>
```

6.4절의 두 번째 예제부터 Hamcrest 매처를 사용한다.

6.2.2 addWater 테스트하기

이제 addWater를 테스트하자. addWater의 입력은 메서드 인자와 객체의 현재 상태로 이뤄진다. 이 2가지 입력은 매우 다양한 값을 가질 수 있으므로 테스트할 메서드에 넘겨줄 입력 값을 체계적으로 선택하는 방법이 필요하다. 이를 위한 표준적인 블랙박스 기법을 입력 도메인 모델링input domain modeling이라고 한다.

입력 도메인 모델링

입력 도메인 모델을 이용하면 메서드에 적합한 의미 있는 제한된 입력 값 집합을 얻을 수 있다. 그 과정은 다음과 같다.

1. 서로 연관된 입력의 특성을 몇 가지로 정의한다. 여기서 특성이란 가능한 입력 값 전체의 집합을 유한한(바라건대 작은) 유형으로 분할partition하는 특징을 말하며 이러한 유형을 블록이라고 한다. 특성은 입력의 종류나 메서드 계약을 바탕으로 도출할 수 있다. 예를 들어 정수 입력은 일반적으로 세 블록인 음수, 0, 양수로 나눌 수 있다.
2. 이러한 특성을 조합해 유한한 집합을 만든다. 예를 들어 그림 6.2는 int 타입의 2가지 특성을 보여주는데 이를 바탕으로 가능한 조합 6가지를 만들었다. 관례상 0은 짝수로 취급하므로 해당 조합은 공집합이다.

3. 각 조합에서 선택한 입력 값으로 테스트를 구성한다. 테스트는 이렇게 주어진 입력으로 메서드를 실행하고 계약에 따라 그 결과를 기대했던 값과 비교한다(예외를 던지는 것도 예상했던 결과에 포함될 수 있다).

이 기법을 addWater에 먼저 적용하고 connectTo에도 적용해보자.

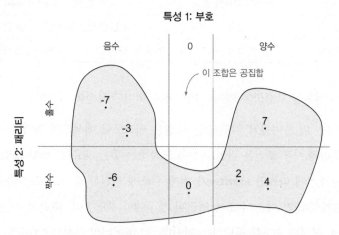

▲ **그림 6.2** int 입력 타입의 2가지 특성인 부호(sign)와 패리티(parity). 둘을 바탕으로 정수를 5개 집합으로 나눌 수 있다. '부호 0과 홀수 패리티' 조합은 모순이므로 제외한다.

특성 선택하기

입력의 특성을 도출하는 첫 번째 방법은 데이터 타입을 고려하는 것이다. 기본적인 데이터 타입의 표준적인 특성은 다음과 같다.

- 수치 타입에서 0은 다른 값과 산술적 특성이 다르므로 구별하는 것이 좋다.
- 마찬가지로 API에서 음수와 양수를 다르게 취급하는 경우가 많은데 음수는 받아들이지 않는 경우가 많다.
- 모든 참조 타입에 대해 null 값은 특별한 조치가 필요하므로 주의해야 한다.
- 마지막으로 문자열과 배열, 컬렉션에 대해서는 빈 경우를 구별해야 한다.

표 6.1에 요약한 타입 기반 특성은 이 주제를 피상적으로 다뤘을 뿐이다. 전문적인 테스터라면 훨씬 다양하고 흥미로운 표준 특성을 활용한다. 예를 들어 문자열은 전체 유니코드Unicode 문자 공간(기술적으로 코드 포인트code point라고 한다)을 아우를 수 있으며 희귀한 문

자와 알파벳은 오류의 주범이기도 하다.

▼ 표 6.1 일반적인 입력 타입별 표준 특성(타입 기반 특성)

타입	특성	블록
int/long	부호	{음수, 0, 양수}
float/double	부호와 특수한 값	{음수, 0, 양수, 무한대, NaN}
String	길이	{null, 빈 문자열, 비어 있지 않은 문자열}
배열이나 컬렉션	크기	{null, 빈 배열/컬렉션, 비어 있지 않은 배열/컬렉션}

돌발 퀴즈 2　날짜를 표현하는 데이터 타입에는 어떠한 특성이 있을까?

특성을 찾아내는 더 흥미롭고 의미 있는 방법은 테스트할 메서드의 계약을 이용하는 것이다. 사전 조건과 사후 조건은 관련 특성을 도출하는 좋은 재료다. addWater의 계약을 살펴보자. 사후 조건에 따르면 addWater가 현재 수조에 연결된 모든 수조에 물을 분산시키는데 이는 현재 수조가 다른 수조에 연결된 경우에만 해당한다. 따라서 첫 번째 특성은 고립된 수조와 연결된 수조를 구별하는 것이다. 이 바이너리 특성을 C1이라고 하면 현재 수조가 고립된 상태와 다른 수조에 연결된 상태로 입력 값을 두 블록으로 나눌 수 있다.

이에 더해 사전 조건에서는 메서드 인자가 음수일 때 요청을 처리하기에 충분한 물이 그룹에 존재해야 한다. 이를 바탕으로 입력을 다음과 같은 4개 블록으로 나누는 특성 C2를 생각할 수 있다.

1. 인자가 양수다.
2. 인자가 0이다. 0이라는 수는 특수한 산술적 속성을 띠므로 관례적으로 따로 구별한다.
3. 인자가 음수이고 그룹에 충분한 물이 존재한다(유효한 음수).
4. 인자가 음수이고 그룹에 충분한 물이 존재하지 않는다(유효하지 않은 음수).

표 6.2는 이 두 속성을 요약한다.

▼ 표 6.2 addWater 테스트를 위해 선택한 2가지 특성

이름	특성	블록
C1	이 수조가 적어도 한 수조에 연결됨	{true, false}
C2	인자와 그룹에 담긴 물의 양 사이의 관계	{양수, 0, 유효한 음수, 유효하지 않은 음수}

블록 조합 선택하기

각 특성은 입력을 작은 블록 집합으로 나눈다. 최대한 많은 결함을 찾아내려면 서로 다른 특성으로 나눠진 블록의 조합 일부나 전체를 테스트해야 한다. 예제에서는 특성과 블록의 수가 적으므로 극단적으로 8개 블록 조합 전체를 테스트할 수 있다.

1. (C1=false, C2=양수)

2. (false, 0)

3. (false, 유효한 음수)

4. (false, 유효하지 않은 음수)

5. (true, 양수)

6. (true, 0)

7. (true, 유효한 음수)

8. (true, 유효하지 않은 음수)

이러한 전략을 말 그대로 전체 조합 커버리지[All Combinations Coverage]라고 한다. 여기서는 특성 C1과 C2가 독립적이므로 8개 조합 모두 유의미하다. 다른 경우 이 전략을 따르기에는 조합이 너무 많을 수 있다. 더 적은 수의 조합을 선택하는 대안적인 전략을 다음 상자에서 소개한다.

입력 커버리지 기준

연구자와 실무자 사이에서 수행되는 테스트 수를 제안하는 여러 가지 방법이 제안됐는데 그중 가장 일반적인 2가지는 다음과 같다.

- 개별 선택 커버리지(Each Choice Coverage): 이 기준에 따르면 각 특성에서 파생된 모든 블록이 적어도 한 테스트에서 사용돼야 한다.

addWater의 예를 들면 다음은 이 기준을 만족한다.

1. (true, 0)
2. (true, 양수)
3. (true, 유효한 음수)
4. (false, 유효하지 않은 음수)

두 번째 특성 C2로 인한 블록이 4개이므로 최소 4개로 구성된 여러 가지 테스트 집합이 가능하다.

- 기반 선택 커버리지(Base Choice Coverage): 이 기준에 따르면 기반이 되는 블록 조합을 선택한 후 어떠한 특성의 모든 값이 등장할 때까지 해당 특성 하나만 변경한다. 우리 예제에서는

1. (true, 양수)

위와 같이 가장 일반적인 경우를 기반 조합으로 선택한다. 이제 첫 번째 특성의 값을 바꾸면 다음과 같다.

2. (false, 양수)

반면 기본 조합에서 두 번째 특성을 바꾸면 다음과 같은 3개 조합을 얻을 수 있고 모든 선택이 완료된다.

3. (true, 0)
4. (true, 유효한 음수)
5. (true, 유효하지 않은 음수)

돌발 퀴즈 3 독립적인 세 특성이 존재하고 각 특성에 따른 블록 개수가 n_1, n_2, n_3이라면 전체 조합 커버리지를 달성하는 데 몇 개의 테스트가 필요한가? 개별 선택 커버리지와 기반 선택 커버리지에는 몇 개의 테스트가 필요한가?

실제 값 선택하기

입력 도메인 모델 방법론의 마지막 단계로 각 특성 조합에 대한 특정 값을 선택해야 한다. addWater의 다음 조합 중 7번 조합을 예로 다음 단계를 진행하자.

1. (C1=false, C2=양수)
2. (false, 0)
3. (false, 유효한 음수)

4. (false, 유효하지 않은 음수)

5. (true, 양수)

6. (true, 0)

7. (true, 유효한 음수)

8. (true, 유효하지 않은 음수)

이 마지막 단계는 다음과 같은 코드를 실행하는 데 필요한 수조 c와 double 값 amount를 7번 조합 즉 C1=true와 C2=유효한 음수 중에서 선택하는 것이다.

```
c.addWater(amount);
```

쉽게 말해 수조 c는 적어도 하나의 수조와 연결돼야 하고 amount는 음수이며 c 그룹에는 요청을 처리하기에 충분한 양의 물이 담겨 있어야 한다. API를 이용하면 이 시나리오를 쉽게 재현할 수 있다. 이에 따른 테스트 메서드는 다음과 같다.

```
@Test
public void testAddValidNegativeToConnected() {
    a.connectTo(b);   ❶ 필요한 시나리오 구성
    a.addWater(10);
    a.addWater(-4);   ❷ 테스트할 코드
    assertTrue("should be 3", a.getAmount() == 3);
}
```

실제로 무엇을 테스트하는가?

addWater가 값을 리턴하지 않는데 올바로 동작하는지 어떻게 알 수 있을까? 간단하게 getAmount를 호출하면 실제 값과 기대했던 값을 비교할 수 있다. 하지만 getAmount가 현재 물의 양을 제대로 돌려주는지 어떻게 알 수 있을까? 불가능하다. 게다가 다음 두 줄의 코드가 테스트 시나리오를 올바로 구성하는지 확인할 수 있는가?

```
a.connectTo(b);
a.addWater(10);
```

이것도 확신할 수 없다.

이 테스트의 목표는 addWater지만 connectTo와 getAmount, addWater를 모두 테스트한다! 문제가 생겼을 때 세 메서드 중 어느 메서드가 문제인지 알 수 없다. 대부분의 경우 getAmount는 단순하므로 addWater나 connectTo의 문제라고 생각할 수 있지만 항상 그러한 것은 아니다. 3장의 Speed3을 보면 getAmount도 addWater만큼 복잡하다. 두 메서드 모두 다음 코드와 같이 부모 포인터를 따라 루트까지 트리를 거슬러 올라가야 한다.

코드 6.1 Speed3: getAmount와 addWater 메서드

```
public double getAmount() {
    Container root = findRootAndCompress();    ❶ 루트를 얻고 경로를 최소화

    return root.amount;                        ❷ 루트에서 물의 양 읽기
}

public void addWater(double amount) {
    Container root = findRootAndCompress();    ❸ 루트를 얻고 경로를 최소화

    root.amount += amount / root.size;         ❹ 루트에 물 더하기
}
```

(필드의 가시성을 외부에 공개하거나 테스트를 Container 클래스 안에 둠으로써) 테스트가 수조 내부의 상태에 접근하게 하는 급진적인 조치가 없으면 이 문제에서 벗어날 수 없다. 이는 곧 화이트박스 테스트를 의미하는데 구현에 의존적인 테스트를 하게 되므로 쓸모가 적다. 테스트 용이성을 다루는 6.3절에서 더 자세하게 알아보자.

코드 6.1에서 고립된 수조(C1=false)에 대한 **addWater** 테스트 4가지를 볼 수 있다. 모든 물이 한 수조에 담겨 있어 **addWater**가 반올림을 수행할 필요가 없으므로 코드를 단순하게 하기 위해 (반올림 오류의 허용 오차 없이) double을 직접 비교한다. 마지막 테스트는 사전 조건을 의도적으로 위반해 예외를 일으킨다. @Test 애노테이션의 expected 파라미터를 이용하면 어떠한 예외가 발생해야 하는지 JUnit에게 알려줄 수 있다.

```java
@Test
public void testAddPositiveToIsolated() {   ❶ C1=false, C2=양수
    a.addWater(1);
    assertTrue("should be 1.0", a.getAmount() == 1);
}
@Test
public void testAddZeroToIsolated() {        ❷ C1=false, C2=0
    a.addWater(0);
    assertTrue("should be 0", a.getAmount() == 0);
}
@Test
public void testAddValidNegativeToIsolated() {   ❸ C1=false, C2=유효한 음수
    a.addWater(10.5);
    a.addWater(-2.5);
    assertTrue("should be 8", a.getAmount() == 8);
}
@Test(expected = IllegalArgumentException.class)
public void testAddInvalidNegativeToIsolated() {   ❹ C1=false, C2=유효하지 않은 음수
    a.addWater(-1);
}
```

표 6.2의 2가지 특성 즉 현재 수조 그룹의 연결 또는 고립 상태와 인자로 전달된 물의 양은 테스트 슈트를 고안할 때 좋은 출발점이지만 더 많은 테스트가 필요하다면 다른 특성을 추가할 수 있다. 예를 들어 부동 소수점 수를 입력으로 사용할 때는 양의 무한대와 음의 무한대, 수가 아님^{NaN}을 비롯한 특수 값을 고려해야 한다. 우선 이러한 특수 값에 대한 대응(예외를 던질 수 있다)을 명시해 addWater의 계약을 보강할 수 있다. 그리고 이러한 값을 고려한 특성을 추가해 더 많은 블록 조합과 테스트를 만들 수 있다.

6.2.3 connectTo 테스트하기

이제 connectTo 메서드를 테스트하자. 메서드의 입력은 메서드 파라미터와 연결될 두 수조의 현재 상태로 이뤄진다. 인자에 대한 유일한 사전 조건은 null이 아니라는 것뿐이며 특성 C3에 이 속성을 추가한다. 나아가 C3에 특별한 값으로 this를 고려할 수 있다.

connectTo의 계약에서는 이를 명시하지 않았는데 수조를 자신과 연결하면 그 결과는 NOP라는 것을 명시해 계약을 개선하자.[3]

connectTo 메서드는 두 그룹을 병합하므로 병합 이전의 두 그룹의 크기를 바탕으로 시나리오를 구별하는 것이 자연스럽다. 그룹 정의에 따르면 빈 그룹은 존재할 수 없다. 고립된 수조는 그 자체로 그룹을 이루므로 크기가 1인 그룹은 더 큰 그룹과 구분한다. 크기가 1보다 큰 그룹은 2^+로 표기한다. C5('other 그룹의 크기')에는 메서드 인자가 null인 경우 즉 other 그룹이 존재하지 않는 경우를 나타내는 값 'none'을 추가했다.

마지막으로 또 다른 특성(C6)은 두 그룹이 같은지(이미 연결됐는지)를 나타낸다. 표 6.3은 언급한 모든 특성을 요약한다.

▼ **표 6.3** connectTo 테스트를 위해 선택한 특성

이름	특성	블록
C3	인자의 값	{null, this, other}
C4	this 그룹의 크기	{1, 2^+}
C5	other 그룹의 크기	{none, 1, 2^+}
C6	두 그룹이 같음	{true, false}

이번에는 서로 독립적이지 않은 특성이 존재하므로 모든 조합이 가능하지는 않다. 다음과 같은 제약을 고려하자.

- connectTo의 인자가 null이면(C3=null) other 그룹이 존재하지 않으므로 C5=none 이고 C6=false다.
- 수조 자신과의 연결을 시도하면(C3=this) 다른 특성 값은 (1, 1, true)나 (2^+, 2^+, true) 둘 중 하나다.
- 서로 다른 수조 2개를 연결하는데(C3=other) 두 수조가 이미 연결된 경우(C6=true) 두 수조를 포함하는 그룹의 크기는 1이 아니다.

---

3 NOP는 '아무 것도 하지 않음(No Operation)'의 준말이다. 기계어 코드 명령어에서 아무 것도 하지 않는 것을 나타낸다. 일반적으로 null operation을 나타내기도 한다.

이러한 제약을 바탕으로 조합 수를 36개에서 9개로 줄일 수 있다.

1. (other, 1, 1, false)

2. (other, 2^+, 1, false)

3. (other, 1, 2^+, false)

4. (other, 2^+, 2^+, false)

5. (other, 2^+, 2^+, true)

6. (this, 1, 1, true)

7. (this, 2^+, 2^+, true)

8. (null, 1, none, false)

9. (null, 2^+, none, false)

각 조합에 테스트를 한 번 수행하되 8번과 9번 조합을 구별할 수 없으므로 마지막 조합은 제외한다. 두 경우 모두 NPE를 던진다. 이를 일반화하면 이렇다. 어떠한 특성 값이 사전 조건을 위반해 예외가 발생하면 일반적으로 모든 경우를 테스트하지 않고 한 번만 테스트해도 충분하다.

여기서도 앞과 같이 관측 가능성 문제가 발생한다. connectTo의 주요 효과는 두 그룹을 병합하는 것이지만 API만으로는 그룹 내부를 검사할 수 없다. 두 수조가 연결됐는지 확인하는 메서드는 존재하지 않으며 수조 상태를 리턴하는 메서드는 getAmount뿐이다. getAmount가 리턴하는 값이 두 그룹의 상태와 일치하는지 확인할 수는 있지만 테스트에서 두 그룹이 정말 병합됐는지 확인할 방법은 없다.

다음 코드는 connectTo 테스트 중 1~3번 조합을 보여준다. 여기서는 비어 있는 상태로 고립된 두 수조 a와 b를 테스트 비품으로 사용한다.

코드 6.3 UnitTests: 3가지 connectTo 테스트

```
@Test
public void testConnectOtherOneOne() {   ❶ C1=other, C2=1, C3=1, C4=false
    a.connectTo(b);   ❷ 테스트할 연산
    a.addWater(2);
    assertTrue("should be 1.0", a.getAmount() == 1);
```

```
}
@Test
public void testConnectOtherTwoOne() {    ❸ C1=other, C2=2⁺, C3=1, C4=false
    Container c = new Container();
    a.connectTo(b);
    a.connectTo(c);    ❹ 테스트할 연산
    a.addWater(3);
    assertTrue("should be 1.0", a.getAmount() == 1);
}
@Test
public void testConnectOtherOneTwo() {    ❺ C1=other, C2=1, C3=2⁺, C4=false
    Container c = new Container();
    b.connectTo(c);
    a.connectTo(b);    ❻ 테스트할 연산
    a.addWater(3);
    assertTrue("should be 1.0", a.getAmount() == 1);
}
```

6.2.4 테스트 수행

표 6.4는 우리가 만들어낸 17개 테스트를 4가지 다른 구현에 대해 수행한 결과를 보여준
다. 4가지 구현은 2장의 Reference, 속도에 집중한 3장의 Speed3, 견고성에 집중한 5장
의 Contracts와 Invariants를 포함한다.

▼ 표 6.4 서로 다른 구현에서 통과한 테스트 수. 어서션 활성화 여부의 영향을 받지 않는다.

	Reference	Speed3	Contracts	Invariants
constructor	1/1	1/1	1/1	1/1
addWater	**6**/8	**6**/8	8/8	8/8
connectTo	8/8	8/8	8/8	8/8
실패한 테스트	C2=유효하지 않은 음수	C2=유효하지 않은 음수	–	–

처음 두 구현은 addWater에서 존재하는 물보다 더 많은 물을 빼려고 할 때(C2=유효하지 않
은 음수) 실패한다. 두 구현에서는 이 조건을 검사하지 않고 수조에 담긴 물의 양이 음수
가 되는 것을 허용한다.

두 구현이 계약을 그대로 따르도록 의도적으로 설계했고 테스트에 실패하고 말았다. 테스트 결과가 어서션 활성화 여부의 영향을 받지 않는다는 점에 주목해야 하는데 표준 if 구문이 항상 사전 조건을 검사하기 때문이다.

6.2.5 커버리지 측정

오픈소스 자바 코드 커버리지 프레임워크인 JaCoCo를 이용하면 테스트의 코드 커버리지를 확인할 수 있다. JaCoCo는 자바 에이전트^{Java agent}를 이용해 런타임 정보를 수집한다. 자바 에이전트는 JVM에서 백그라운드로 실행하는데 프로그램 실행을 조사하거나 조작할 수 있다. 도구를 이용해 정보를 수집한 후에는 탐색 가능한 HTML 페이지를 비롯한 여러 가지 형태로 리포트를 얻을 수 있다. JUnit과 마찬가지로 JaCoCo도 대부분의 IDE에 잘 통합돼 있으며 명령 줄에서도 실행할 수 있다.

JaCoCo는 다음과 같은 여러 가지 코드 커버리지 기준을 측정할 수 있다.

- **명령어 커버리지**^{instruction coverage}: 실행된 바이트코드 명령어의 비율
- **행 커버리지**^{line coverage}: 실행된 자바 코드 행의 비율. 컴파일러는 한 행을 여러 명령어로 컴파일하며 그중 한 명령어만 실행돼도 행 전체가 실행된 것으로 간주한다. 따라서 행 커버리지는 명령어 커버리지보다 항상 크다.
- **분기 커버리지**^{branch coverage}: 실행된 조건 분기의 비율이다. if와 switch구문을 포함한다.

UnitTests.java[4] 파일에서 지금까지 만든 테스트 코드와 JaCoCo를 명령 줄에서 사용하는 방법을 찾아볼 수 있다. JaCoCo로 테스트를 실행하면 커버리지 보고서를 얻을 수 있는데 표 6.5에서 그 내용을 요약한다. Reference와 Speed3에 대해 모든 바이트코드 명령어를 실행했는데 나쁘지 않은 결과다.

---

4 온라인 저장소(https://bitbucket.org/mfaella/exercisesinstyle)의 eis.chapter6 패키지에 파일이 존재한다.

여러 구현을 대상으로 측정한 코드 커버리지. 여기서 'assert on/off'는 JUnit 어서션이 아니라 자바의 assert 구문을 말한다.

버전	명령어	행	분기
Reference	100%	100%	100%
Speed3	100%	100%	100%
Contracts(assert off)	38%	50%	25%
Contracts(assert on)	92%	100%	63%
Invariants(assert off)	51%	56%	29%
Invariants(assert on)	92%	100%	68%

모든 바이트코드를 실행했는데 버그를 찾지 못했다고 해서 버그가 없는 것은 아니다. 여러분이 선택한 입력이 버그를 찾아내기에 부적합할 가능성이 크다. 예를 들어 악의적인 개발자가 addWater에서 π(Math.PI)리터의 물을 추가하면 프로그램이 비정상 종료하게 했다고 가정해보자. 블랙박스 테스트를 아무리 여러 번 수행해도 이를 찾아내기 어렵다. 하지만 코드 커버리지 분석을 세밀하게 하면 이러한 함정을 잡아낼 수도 있다.

Contracts와 Invariants에서는 (-ea 명령 줄 옵션으로) 자바 assert구문을 활성화했는지에 따라 커버리지가 크게 달라진다. assert를 비활성화하면 사후 조건과 불변 조건을 검사하는 코드를 실행하지 않으므로 행 커버리지는 50%에 그치고 명령어 커버리지는 그보다 작다. 반대로 assert를 활성화하면 행 커버리지는 100%가 된다. 모든 검사가 통과되고 검사를 통과하지 못하는 경우의 분기는 실행되지 않으므로 명령어 커버리지와 분기 커버리지는 100%가 될 수 없다. SUT가 항상 올바르며 해당 분기는 절대로 실행되지 않으므로 테스트를 아무리 많이 하더라도 이 수치를 더 높일 수는 없다.

돌발 퀴즈 4 프로그램이 assert 구문을 포함한다면 테스트할 때 어서션을 활성화해야 할까, 비활성화해야 할까?

6.3 테스트 용이성 [Testable]

프로그램 단위를 테스트하려면 입력을 제공할 수 있어야 하고(제어 가능성^{controllability}) 입력의 효과를 관측할 수 있어야 한다(관측 가능성^{observability}). 나아가 테스트할 단위^{UUT, Unit Under Test}가 다른 단위에 의존적이라면(메서드 안에서 다른 클래스의 메서드를 호출한다면) 테스트에서 찾아낸 결함이 UUT에서 비롯된 것인지 의존하는 단위 중 하나에서 비롯된 것인지 알 수 없다. 그래서 단위 테스트를 적절하게 수행하려면 그 의존성으로부터 UUT를 고립시켜야 한다.

6.3.1절에서 테스트의 이러한 3가지 측면을 살펴보고 예제의 테스트 용이성을 개선한다. 개선된 모든 버전은 Reference와 같은 구조를 공유하며 필드를 다시 살펴보면 다음과 같다.

```
public class Container {
    private Set<Container> group;    ❶ 현재 수조에 연결된 수조
    private double amount;           ❷ 현재 수조에 담긴 물의 양
```

테스트 용이성은 API의 속성이므로 개선된 버전의 공개 API는 약간 변경해야 한다.

6.3.1 제어 가능성

제어 가능성은 UUT에 임의의 입력을 제공하는 것이 얼마나 쉬운지를 나타낸다. Container 클래스는 API를 바탕으로 클라이언트로부터 입력을 직접 받으므로 제어 가능성이 크다.

제어 가능성이 낮은 단위는 파일이나 네트워크 연결, 더 나쁜 경우에는 GUI에서 입력을 받는다. 그러한 단위를 테스트하려면 커뮤니케이션 채널의 다른 쪽 끝을 시뮬레이션하는 인프라스트럭처가 필요하다. 이러한 주제는 우리 예제에서 크게 벗어나며 별도 책에서 다뤄야 할 만큼 광범위하므로 여기서는 자세하게 다루지 않는다. 6장 후반부 참고문헌에서 몇 가지 참고자료를 찾을 수 있다.

돌발 퀴즈 5 파일에서 수조 객체를 읽는(역직렬화^{deserialization}) 정적 메서드를 Container 클래스에 추가하면 테스트 용이성에 어떠한 영향을 미칠까?

6.3.2 관측 가능성

1장에서 만든 수조 API는 단순함에 집중한 것으로 관측 가능성 면에서는 점수가 낮다.

우선 connectTo와 addWater 메서드는 값을 리턴하지 않는다. 테스트 용이성을 높이기 위해서는 메서드 호출에 대한 즉각적인 피드백을 얻을 수 있도록 메서드가 값을 리턴하는 것이 좋다. 예를 들어 connectTo는 적어도 (다음 코드처럼) 두 수조가 이미 연결됐는지 알수 있도록 Boolean 값을 리턴할 수 있다. Collection의 add 메서드도 이와 비슷하게 삽입 성공 여부를 나타내는 값을 리턴한다.

> 코드 6.4 Testable: connectTo 메서드(일부 생략)

```
public boolean connectTo(Container other) {
  if (group==other.group) return false;
  ...  ❶ 실제 연산 수행(Reference와 같음)
  return true;
}
```

더 흥미로운 것은 addWater가 물이 더해진 후 수조에 담긴 물의 양을 리턴한다는 것이다.

> 코드 6.5 Testable: addWater 메서드

```
public double addWater(double amount) {
  double amountPerContainer = amount / group.size();
  for (Container c: group) { c.amount += amountPerContainer; }
  return this.amount;
}
```

수조 상태를 관찰하려고 할 때 수조 상태를 리턴하는 유일한 메서드는 getAmount다. 이러한 관점은 열쇠 구멍으로 방 안을 들여다보는 것처럼 매우 제한적이다. 수조 연결 상태는 완전하게 숨겨져 있어 연결된 수조 사이에 물이 고르게 분산된다는 사실을 바탕으로 유추할 수밖에 없다. 더 많은 정보를 노출하고 테스트 용이성을 높이기 위해 API에 메서드를 추가하는 것이 직관적일 것이다. 다음 코드와 같이 두 수조가 이미 연결됐는지 확인하는 메서드를 추가할 수 있다. Reference에서는 연결된 모든 수조가 같은 그룹 객체를 가리키므로 다음과 같이 간단하게 구현할 수 있다.

```
public boolean isConnectedTo(Container other) {
   return group == other.group;
}
```

7장에서는 가독성 개선을 위해 이러한 메서드를 몇 개 더 추가한다.

돌발 퀴즈 6 현재 수조에 직 · 간접적으로 연결된 수조의 개수를 리턴하는 public 메서드를 Container 클래스에 추가하면 테스트 용이성에 어떠한 영향을 미칠까?

6.3.3 고립하기: 의존성 제거

단위 테스트는 한 단위(클래스 하나)를 고립된 상태로 테스트하는 것을 골자로 한다. 이를 바탕으로 다른 클래스의 버그를 찾지 않더라도 해당 단위에 결함이 있다는 것을 알 수 있다. 이러한 점에서 수조 클래스는 표준 JDK를 제외한 다른 클래스에 의존하지 않으므로 이상적인 테스트 '단위'다.

하지만 대부분의 실전 시나리오에서는 여러 클래스가 서로 복잡하게 연결되며 테스트와 뒤따르는 결함 진단도 더 복잡해진다. 이러한 문제를 완화하기 위해 의심하지 않아도 될 만큼 간단한 가짜 객체로 실제 의존성을 교체하는 모킹mocking이나 스터빙stubbing 기법을 이용하며 Mockito와 Powermock 등의 라이브러리를 이용하면 이러한 작업을 자동화할 수 있다.

의존성이 존재할 때 테스트 용이성을 높이는 일반적인 방법은 의존성 주입dependency injection이다. 간단하게 말해 (Container가 HashSet을 생성하듯이) 테스트할 클래스에서 다른 타입의 객체를 만든다면 의존성 주입에서는 클라이언트가 해당 객체를 외부에서 전달한다.

Reference의 기존 생성자가 다음과 같다면

```
public Container() {
   group = new HashSet<Container>();
   group.add(this);
}
```

다음과 같이 변경할 수 있다.

```
public Container(Set<Container> emptySet) {
    group = emptySet;
    group.add(this);
}
```

이렇게 하면 테스트 슈트가 HashSet을 Set 인터페이스를 구현한 단순한 가짜 객체로 대체해 테스트에서 감지된 결함이 HashSet이 아닌 Container의 코드에서 유래했다는 것을 쉽게 알 수 있다. 결국 테스트 용이성이 높아진다. HashSet은 JDK의 검증된 클래스이므로 이러한 방식은 비합리적일 수 있다. 이 예제에서 의존성 주입 기법의 장·단점을 살펴보자.

의존성 주입을 이용한 생성자의 단점은 다음과 같다.

- Container 클래스의 구현을 노출함으로써 캡슐화를 위반한다. 새로운 수조에 set이 필요하다는 사실을 노출할 뿐만 아니라 어떠한 종류의 set을 사용할지 클라이언트가 정할 수도 있다. Reference의 set 기반 구현을 Speed3처럼 트리 기반 구현으로 변경하기 위해서는 수조의 공개 API를 변경해야 한다. 이는 의존성 주입에 따른 일반적인 문제로 테스트 용이성 향상과 캡슐화 훼손 사이의 균형을 맞춰야 한다.

- 호출자에게 큰 부담을 준다. 즉 새로운 수조를 만들 때마다 새로운 Set을 전달해야 한다. 비어 있지 않은 set을 전달하거나 같은 set을 여러 수조에 전달하는 등 클라이언트가 오류를 일으킬 방법은 수없이 많다.

두 번째 문제는 비교적 쉽게 피할 수 있다. 우선 클라이언트가 제공한 set이 비어 있는지 확인하고 그렇지 않으면 종료한다. 나아가 같은 set 객체로 여러 수조를 초기화하는 것을 피하기 위해서는 인자로 주어진 set을 복사하면 된다. 단 클라이언트가 제공한 구현체가 클론clone 연산을 지원해야 한다.

```
public Container(Set<Container> emptySet) {
    if (!emptySet.isEmpty())
        throw new IllegalArgumentException("The set is supposed to be empty!");
```

```
    group = (Set<Container>) emptySet.clone();
    group.add(this);
}
```

마지막으로 리플렉션을 이용하면 set을 직접 생성함으로써 set이 비어 있다는 것을 확인하는 동시에 클론을 피할 수 있다. 코드 6.7처럼 Class 객체를 받아 새로운 set을 초기화하면 된다. 클라이언트가 제공한 Class 객체가 Set<Container>를 가리키도록 하기 위해 제네릭을 사용한 점에 주목하자. 한 가지 주의할 점은 클라이언트가 선택한 set 구현체가 인자가 없는 생성자를 지원해야 한다는 것이다. 그렇지 않으면 getDeclaredConstructor 메서드가 예외를 던진다.

코드 6.7 Testable: 의존성 주입을 지원하는 생성자

```
public Container(Class<? extends Set<Container>{}> setType)
        throws ReflectiveOperationException {
    group = setType.getDeclaredConstructor()
                    .newInstance();
    group.add(this);
}
```

실전에서는 의존성 주입을 바닥부터 구현하기보다 이를 목적으로 하는 프레임워크를 이용하는 것이 좋다. 다음 상자를 참조하자.

의존성 주입 프레임워크

자바 엔터프라이즈 에디션(자카르타 EE)을 비롯한 몇몇 자바 프레임워크나 구글 Guice와 같은 작은 라이브러리, 스프링을 포함한 엔터프라이즈 애플리케이션을 위한 대규모 프레임워크에서 의존성 주입을 지원한다. 공통적으로 제공하는 기능은 다음과 같다.

1. 의존성 주입이 필요한 메서드나 생성자에 표식을 남긴다. 일반적으로 애노테이션을 이용하는데 스프링은 @Autowired를 사용하고 Guice와 JEE는 @Inject를 이용한다. 이처럼 프레임워크가 여러분의 코드를 호출하게 하는 방식을 제어 역전(Inversion of Control)이라고 한다.
2. 주입할 파라미터에 구체 클래스를 바인딩한다.
3. 프레임워크가 어떠한 구체 클래스를 인스턴스화할지 런타임에 결정하고 이를 메서드나 생성자에 전달한다.

6.4 전혀 새로운 문제에 적용해보기

이제 6장에서 설명한 기법을 다른 사례에 적용해보자. 이번에는 5장과 마찬가지로 크기가 정해진 집합 자료 구조를 다시 다룬다. 6장은 5장과 개념적으로 연결돼 있고 테스트하기 전에 5장에서 했던 것처럼 계약을 명확하게 정의하는 것이 선행돼야 하기 때문이다.

수조 예제에서는 테스트 케이스를 만든 후 테스트 용이성이라는 주제를 다루고 그와 관련 있는 API 개선을 살펴봤다. 크기가 정해진 집합 예제에서는 이와 반대로 실전에서 부딪히는 순서대로 문제를 해결한다.

- 우선 테스트 용이성을 고려해 API를 설계(개선)한다.
- 그 다음에 테스트 슈트를 설계한다.

5장에서 봤듯이 BoundedSet은 생성 시 용량이 정해진 집합으로 다음과 같은 기능을 제공한다.

- void add(T elem): 주어진 요소를 크기가 정해진 집합에 추가한다. 추가 때문에 요소 개수가 용량을 초과하면 (맨 먼저 삽입한) 가장 오래된 요소를 제거한다. 집합에 이미 존재하는 요소를 다시 추가하면 해당 요소를 갱신한다(즉 해당 요소를 집합에서 가장 최신 요소로 지정한다).
- boolean contains(T elem): 크기가 정해진 집합에 주어진 요소가 존재하면 true를 리턴한다.

5장에서는 다음과 같이 연결 리스트와 용량을 바탕으로 크기가 정해진 집합을 표현했다.

```
public class BoundedSet<T> {
    private final LinkedList<T> data;
    private final int capacity;
```

이제 BoundedSet을 분석하고 테스트 용이성을 개선하자.

6.4.1 테스트 용이성 개선

크기가 정해진 집합의 API 중에서 상태 정보를 제공하는 메서드는 contains뿐이므로 관측 가능성이 매우 떨어진다. 요소 삽입 순서는 물론 다음 차례에서 삭제할 가장 오래된 요소도 알 수 없다. 게다가 집합의 현재 크기도 알 수 없다.

앞에서 관측 가능성을 설명할 때 가장 간단한 개선 방법은 메서드에 생략된 리턴 값을 추가하는 것이라고 했다. 예를 들어 (실제로 제거된 요소가 있다면) 집합에서 제거된 객체를 리턴하도록 add 메서드에 T 타입의 리턴 값을 추가할 수 있다. Map.put(key, val)이 이전에 key에 연관됐던 값을 리턴하는 것도 비슷한 관점에서 이해할 수 있다.

수정된 add의 계약을 살펴보자. 리턴 값 설명에 더불어 null 인자를 받아들이지 않는다는 것을 명시했다. 그렇지 않으면 null을 리턴하는 의미가 모호해진다.

- T add(T elem): 주어진 요소를 크기가 정해진 집합에 추가한다. 추가 때문에 요소 개수가 용량을 초과하면 (맨 먼저 삽입한) 가장 오래된 요소를 제거한 후 리턴한다. 그렇지 않으면 null을 리턴한다.

  집합에 이미 존재하는 요소를 다시 추가하면 해당 요소를 갱신한다(즉 해당 요소를 집합에서 가장 최신 요소로 지정한다).

  이 메서드는 null 인자를 받아들이지 않는다.

add에 리턴 값을 추가하는 것은 좋은 출발점이지만 크기가 정해진 집합을 수정해야만 상태를 조회할 수 있다. 테스트 용이성을 개선하기 위해서는 외부적인 동작과 관련 있는 모든 정보를 조회할 수 있어야 한다(예를 들어 클라이언트가 인지하는 모든 연산에 영향을 미치는 모든 정보). 이 예제에서는 표준적인 size 메서드에 더해 현재 요소의 순서를 알 수 있어야 한다. 요소 순서가 add와 contains의 동작에 영향을 미치기 때문이다. 요소 순서를 노출하는 몇 가지 방법을 비교해보자.

1. 다음과 같은 메서드를 추가해 클라이언트가 객체 내부의 리스트에 접근할 수 있게 한다.

```
public List<T> content() {
    return data;
}
```

말할 필요도 없이 나쁜 방법이다. 클라이언트가 내부 데이터를 망치게 하고 싶지는 않을 테니까!

2. 내부적인 객체 리스트의 사본을 클라이언트에게 리턴한다.

```
public List<T> content() {
    return new ArrayList<>(data);
}
```

1번보다는 낫지만 (복사에 선형 시간이 필요하므로) 비효율적이다. 그리고 호출자가 리턴된 리스트를 수정할 수 있는데 이는 무의미하며 오류의 소지가 크다(호출자가 크기가 정해진 집합 자체를 수정한다는 착각을 불러일으킨다).

3. 내부적인 객체 리스트의 불변 뷰unmodifiable view를 클라이언트에게 리턴한다. 불변 뷰는 원본 리스트를 감싸면서 (add와 remove처럼) 리스트를 수정하는 모든 메서드를 차단한다. Collections 클래스는 표준 컬렉션의 불변 뷰를 생성하는 몇 가지 정적 메서드를 제공하며 다음과 같이 한 행으로 수행할 수 있다.

```
public List<T> content() {
    return Collections.unmodifiableList(data);
}
```

1번과 2번에 비해 모든 면에서 우월하다. 리스트를 복사할 필요가 없으므로 효율적이고 리턴한 객체가 읽기 전용이므로 아무 위험도 없다.

3가지 방법의 공통적인 유일한 단점은 List라는 리턴 타입이 많은 의미를 내포한다는 것이다. 지금 당장은 내부적인 표현이 리스트를 바탕으로 하므로 구현하기 쉽다. 하지만 나중에 내부적인 표현을 다른 방식 예를 들어 배열로 바꾼다면 content 구현은 훨씬 복잡해진다. 다음 해법에서는 집합 내용에 대한 더 제한된 뷰를 노출해 이러한 문제를 해결한다. 바로 리스트 대신 반복자를 리턴하는 것이다.

4. 클라이언트에서 집합 내용에 대한 읽기 전용 반복자를 리턴한다. 반복자의 remove 메서드를 이용하면 컬렉션을 수정할 수 있다는 것을 기억하는가? 따라서 리턴하는 반복자의 remove 메서드를 차단해야 한다. 마찬가지로 불변 뷰를 이용하면 문제를 해결할 수 있다.

```
public class BoundedSet<T> implements Iterable<T> {
  ...
  public Iterator<T> iterator() {
    return Collections.unmodifiableList(data).iterator();
  }
}
```

6.4.2절에서는 테스트 용이성을 극대화하기 위해 (메서드가 불변 리스트 뷰를 리턴하는) 3번 해법을 선택했다고 가정한다.

6.4.2 테스트 슈트

크기가 정해진 집합을 수정하는 유일한 메서드인 add를 테스트하는 데 집중하자. add의 계약을 분석하면 메서드의 동작에 영향을 미치는 3가지 특성을 다음과 같이 도출할 수 있다.

- C1. add의 인자가 null인지 아닌지. null이면 페널티로 NPE를 던진다.
- C2. 삽입 수행 전 크기가 정해진 집합의 크기. 특히 집합이 가득 찼을 때 즉 크기 가 용량과 같을 때 메서드의 동작이 달라진다. 모든 코너 케이스$^{corner\ case}$가 그렇 듯이 집합이 비어 있을 때는 오류의 소지가 크므로 이러한 경우를 따로 구분하는 것이 좋다.
- C3. add의 인자로 주어진 객체가 삽입을 수행하기 전의 집합에 이미 존재하는지 여부. 이미 존재하는 요소를 삽입할 때는 집합이 가득 찬 경우에도 요소를 제거하 지 않으므로 메서드의 동작에 영향을 미친다.

표 6.6은 3가지 특성과 가능한 값(블록)을 요약한다.

▼ **표 6.6** 크기가 정해진 집합의 add 메서드 테스트를 위해 선택한 특성

이름	특성	블록
C1	인자의 값	{null, other}
C2	삽입 전 크기	{ empty, full, other}
C3	인자가 삽입 전에 존재했는지 여부	{ absent, present }

다음과 같은 특성 사이의 제약을 바탕으로 유효한 블록 조합 수를 줄일 수 있다.

- 요소가 null이면(C1=null) 존재하지 않는 요소다(C3≠present).
- 삽입 수행 전에 크기가 정해진 집합이 비어 있다면(C2=empty) 주어진 인자는 존재하지 않는다(C3≠present).

이러한 제약을 고려하면 다음과 같은 8가지 조합이 남는다.

1. (C1=null, C2=empty, C3=absent)
2. (null, full, absent)
3. (null, other, absent)
4. (other, empty, absent)
5. (other, full, absent)
6. (other, other, absent)
7. (other, full, present)
8. (other, other, present)

앞의 세 조합은 인자가 null이라는 같은 이유로 사전 조건을 위반하므로 6장 전반부에서 논의한 대로 하나로 합칠 수 있다. 결국 6가지 테스트 케이스가 남는다.

JUnit으로 테스트 케이스를 구현하기 위해서는 우선 테스트 비품으로 사용할, 크기가 정해진 집합을 용량 3으로 초기화한다. 매우 작은 용량이지만 크기가 정해진 집합의 흥미로운 동작을 모두 테스트하기에는 충분하다.

```
public class BoundedSetTests {
    private BoundedSet<Integer> set;  ❶ 테스트 비품

    @Before  ❷ 각 테스트 전에 수행함
    public void setUp() {
        set = new BoundedSet<>(3);
    }
```

이제 앞의 세 테스트를 수행하는 코드를 작성하자. 이번에는 어서션 조건의 가독성을 높이기 위해 다음과 같은 Hamcrest 매처를 사용한다.

- is: 아무 것도 하지 않는 매처. 아무 검사도 하지 않지만 영어 문장과 더 비슷한 조건을 만들 수 있다.
- nullValue: Hamcrest에서 null을 나타낸다.
- contains: 테스트 결과로 얻은 Iterable을 명시된 시퀀스 값과 비교한다. 모든 요소가 (equals 기준에 따라) 같고 순서도 같으면 매치된다.

각 매처는 org.hamcrest.Matchers 클래스의 정적 메서드이며 매처의 짧은 이름을 사용하기 위해서는 메서드를 정적 임포트해야 한다.

다음 테스트에서 테스트 용이성을 개선하기 위해 추가한 content 메서드를 contains 매처와 함께 사용한 점에 주목하자. 리스트를 리턴해(Iterable을 리턴해도 잘 동작한다) 요소의 시퀀스 전체를 기대했던 상태와 한 번에 비교할 수 있다.

```
@Test(expected = NullPointerException.class)  ❶ C1=null
public void testAddNull() {
    set.add(null);
}
@Test
public void testAddOnEmpty() {  ❷ C1=other, C2=empty
    Integer result = set.add(1);
    assertThat("Wrong return value",
               result, is(nullValue()));  ❸ Hamcrest에서 null을 검사하는 방법
    assertThat("Wrong set content",
    set.content(), contains(1));  ❹ Iterable을 지원하는 Hamcrest 매처
}
@Test
public void testAddAbsentOnNonFull() {  ❺ C1=other, C2=other, C3=absent
    set.add(1);
    Integer result = set.add(2);  ❻ 테스트할 연산
    assertThat("Wrong return value", result, is(nullValue()));
    assertThat("Wrong set content", set.content(), contains(1, 2));
}
```

이 중에서 두 테스트는 한 테스트에서 어서션을 한 번만 사용한다는 일반적인 규칙을 어긴다. 이 규칙은 단위 테스트는 초점을 유지해야 한다는 것 즉 테스트가 실패하는 이유는 오직 한 가지여야 한다는 것을 의미한다. 일반적인 소프트웨어 공학 규칙이 그렇듯이 이

규칙도 따르면 좋다는 정도로 생각하자. 물론 테스트를 둘로 나눌 수 있다. 즉 첫 번째 테스트에서 add의 리턴 값을 검사한 후 두 번째 테스트에서 삽입 후의 집합 상태를 검사할 수 있다. 하지만 코드를 추가해야 할 만큼 복잡한 테스트는 아니며 오류 메시지 덕분에 테스트가 실패한 원인도 쉽게 알 수 있다.

6.5 실제 사례

소프트웨어 엔지니어로 몇 년 일해본 사람이라면 "단위 테스트가 유용한 것은 알지만 테스트를 작성할 시간이 없다"라거나 "라이브러리부터 작성한 후 시간이 허락하면 단위 테스트를 작성한다"라는 말을 들어봤을 것이다. 전자와 같이 말하는 사람은 머지 않아 그 대가를 치를 것이고 후자의 말은 소프트웨어를 먼저 작성하고 테스트를 만들던 과거 방식(폭포수^{waterfall} 모델)을 반영한다. 이제 테스트가 유용한 몇 가지 상황을 살펴보자.

- 여러분이 성공적인 미들웨어 플랫폼 개발팀의 일원이라고 가정해보자. 관리자가 재무팀에서 사용할 급여 계산 기능을 RESTFul 서비스로 제공하라고 지시한다. 동료를 아무리 믿더라도 허락받지 않은 연봉 인상을 제공할 수는 없는 노릇이다. 여러분은 결국 서비스에 정확성을 기하기 위해 테스트를 작성하기로 했다. RESTFul 서비스를 테스트하는 것은 귀찮지만 다행히 깔끔하고 분리된 API 테스트를 작성할 수 있는 라이브러리가 존재한다.

- 머신 러닝^{ML} 모델을 실전 배포한다는 말은 모델이 워크플로우^{workflow}의 일부가 된다는 말이다. 예를 들어 매일 이른 아침 데이터베이스를 쿼리해 얻은 데이터를 훈련된 머신 러닝 모델에 입력하고 다음 날의 판매량을 예측할 수 있다. 어느 날 열성적인 신입 데이터베이스 엔지니어가 일부 쿼리를 최적화했는데 데이터가 조회된 후 워크플로우가 멈춰버렸다. 그 사고 이후 데이터베이스 개발팀은 머신 러닝 모델이 예측하는 데 필요한 데이터 형식을 검사하는 테스트를 작성하기로 한다.

- 컴퓨터과학 박사 과정인 여러분은 연구 성과를 제품화하려고 한다. 가장 믿을 만한 동료 학생과의 긴 대화 끝에 스타트업을 창업하기로 한다. 몇 년 후 아직 빌 게이츠 수준은 아니지만 회사는 성장했고 나름대로 코드 베이스도 확보했다. 이렇

게 될 줄 예상했던 영특한 여러분은 자동화된 테스트를 작성했고 이는 개발팀의 안전망 역할을 하고 있다. 코드 베이스가 발전하면서 테스트도 진화한다. 사실 새로운 기능을 개발하기 전에 테스트부터 작성한다. 이것이 바로 테스트 주도 개발 TDD의 기본적인 아이디어다. 여러분의 기대에 따른 시나리오를 코드로 작성하고 테스트가 실패하면 테스트를 통과할 때까지 수정한다.

6.6 배운 내용 적용해보기

연습문제 1

다음과 같은 계약을 따르는 getDivisors 메서드의 테스트 계획을 수립해 실행하라.

- **사전 조건**: 메서드의 유일한 파라미터는 정수 n이다.
- **사후 조건**: 메서드는 n의 모든 약수를 Integer의 List에 담아 리턴한다. n==0이면 빈 리스트를 리턴한다. n이 음수이면 그 반대 부호를 취한 후의 약수를 리턴한다. 예를 들어 12와 −12에 대해 같은 결과 [1, 2, 3, 4, 6, 12]를 리턴한다.
- **페널티**: 없다(모든 정수는 유효한 인자다).

연습문제 2

입력 도메인 모델 방법론을 이용해 String 클래스의 다음 메서드를 위한 테스트 계획을 수립해 실행하라.

```
public int indexOf(int ch, int fromIndex)
```

연습문제 3

1. 입력 도메인 모델 방법론을 이용해 interleaveLists 메서드를 위한 테스트 계획을 수립해 실행하라. 메서드 계약은 다음과 같다(5장 연습문제 2와 같다).
   - **사전 조건**: 메서드는 같은 길이의 List 2개를 인자로 받는다.
   - **사후 조건**: 메서드는 두 리스트의 요소가 번갈아 저장된 새로운 List를 리턴한다.
   - **페널티**: 주어진 두 리스트 중 하나가 null이면 메서드는 NullPointerException을 던진다. 두 리스트의 길이가 다르면 IllegalArgumentException을 던진다.

2. 여러분이 수립한 테스트 계획의 코드 커버리지를 측정하자. 수동으로 측정하거나 커버리지 도구를 이용하자.

연습문제 4

(크기가 동적으로 커지는) T 타입 집합에 대한 인기도 컨테스트를 표현하는 제네릭 인터페이스 PopularityContest<T>의 테스트 용이성을 개선하자. 인터페이스는 다음과 같은 메서드를 포함한다.

- void addContestant(T contestant): 새로운 참가자를 추가한다. 중복된 참가자는 무시한다.
- void voteFor(T contestant): 주어진 참가자에게 투표한다. 해당 참가자가 존재하지 않으면 IllegalArgumentException을 던진다.
- T getMostVoted(): 가장 많이 득표한 참가자를 리턴한다. 컨테스트가 비어 있으면 (참가자가 없으면) IllegalStateException을 던진다.

요약

- 입력 도메인 모델 방법론을 이용하면 의미 있는 테스트 입력을 찾을 수 있다.
- 여러 파라미터의 입력 값을 어떻게 조합하느냐에 따라 테스트 수와 커버리지 수준이 달라진다.
- 입력 커버리지와 코드 커버리지를 바탕으로 테스트 커버리지를 평가할 수 있다.
- 메서드의 피드백을 추가해 테스트 용이성을 개선할 수 있다.
- 의존성 주입을 이용하면 테스트할 클래스의 의존성을 간단하게 대체해 해당 클래스를 고립시킬 수 있다.

퀴즈와 연습문제 정답

돌발 퀴즈 1

계약의 모든 부분은 테스트와 관련 있다. 사후 조건은 메서드가 의도하는 효과를 기술하므로 테스트가 검사해야 할 어서션을 짚어준다. 대부분의 단위 테스트는 대상 메서드에 적법한 입력을 제공한 후 출력이 사후 조건을 준수하는지 검사한다. 마지막으로 다른 유형의 테스트는 6장에서 살펴본 대로 올바르지 않은 입력을 제공한 후 메서드가 계약에 명시된 페널티에 따라 반응하는지 검사한다.

돌발 퀴즈 2

날짜는 프로그래머와 테스터 모두에게 골칫거리다. 국제적인 차이를 무시하고 그레고리안Gregorian 달력을 사용하더라도 프로그램과 테스트에서 다양한 불규칙성을 다뤄야 한다. 초보자라면 한 달의 길이가 28, 29, 30, 31로 다르다는 점 특히 2월을 조심해야 한다. 표 6.7은 가능한 3가지 특성을 요약한다.

▼ **표 6.7** 날짜 데이터 타입의 가능한 3가지 특성

이름	특성	블록
C1	윤년	{true, false}
C2	달의 길이	{28, 29, 30, 31}
C3	달에 속하는 일(日)	{첫날, 중간, 마지막 날}

돌발 퀴즈 3

- 전체 조합 커버리지: $n_1 * n_2 * n_3$
- 개별 선택 커버리지: $\max\{n_1, n_2, n_3\}$
- 기반 선택 커버리지: $1 + (n_1 - 1) + (n_2 - 1) + (n_3 - 1) = n_1 + n_2 + n_3 - 2$

돌발 퀴즈 4

2가지 방법 모두 사용하자. 우선 소프트웨어가 실제 배포 환경과 똑같이 작동하도록 어서션 없이 테스트한다. 그리고 실패한 테스트가 있으면 어서션을 활성화해 결함을 찾는 과정에서 도움을 얻을 수 있다.

돌발 퀴즈 5

역직렬화를 수행하는 메서드는 파일에서 복잡한 입력을 받아들이므로 테스트 용이성을 떨어뜨린다.

돌발 퀴즈 6

일반적으로 읽기 전용 메서드는 안전하고(문제의 소지가 적고) 객체의 상태를 관찰할 수 있는 수단을 제공하므로 테스트 용이성에 도움을 준다. 결과적으로 groupSize 메서드를 추가함으로써 테스트 용이성이 개선된다.

연습문제 1

다른 표준 타입(표 6.1 참조)과 마찬가지로 입력 n의 부호를 첫 번째 특성 C1으로 정한다. 두 번째 특성 C2는 사후 조건에서 파생된 것으로 메서드가 리턴할 약수의 개수를 나타내며 다음과 같은 4개 블록이 도출된다.

- **약수 없음**: $n = 0$일 때만 가능하다. 계약에 따라 출력으로 빈 리스트를 리턴해야 한다.
- **약수 1개**: $n = 1$이거나 $n = -1$일 때만 가능하다.
- **약수 2개**: n이 소수prime number이거나 소수의 반대 부호일 때만 가능하다.
- **약수 2개 초과**: 기타 모든 입력에 해당한다.

표 6.8은 이러한 특성을 요약한다.

▼ **표 6.8** getDivisors의 입력 n의 특성

이름	특성	블록
C1	부호	{음수, 0, 양수}
C2	약수의 개수	{0, 1, 2, 2 이상}

보다시피 C1 = 0이면 C2 = 0이므로 두 특성은 독립적이지 않다. 따라서 $3 * 4 = 12$개 조합 대신 7개의 의미 있는 조합이 가능하며 적은 노력으로 전체 조합 커버리지를 적용할 수 있다. 다음 테스트는 그중 2개이며 나머지 5개 테스트는 저장소(https://bitbucket.org/

mfaella/exercisesinstyle)의 클래스 **eis.chapter6.exercises.DivisorTests**에서 볼 수 있다.

```
@Test
public void testZero() {    ❶ C1=C2=0
  List<Integer> divisors = getDivisors(0);
  assertTrue("Divisors of zero should be the empty list",
            divisors.isEmpty());
}

@Test
public void testMinusOne() {    ❷ C1=음수, C2=1
  List<Integer> divisors = getDivisors(-1);
  List<Integer> expected = List.of(1);
  assertEquals("Wrong divisors of -1", expected, divisors);
}
```

연습문제 2

indexOf의 자바독을 요약해 다음과 같이 계약 형태로 표현할 수 있다.

- **사전 조건**: 없음(모든 호출은 합법적이다)
- **사후 조건**: 현재 문자열의 주어진 인덱스에서부터 주어진 문자를 찾기 시작해 그 문자를 처음 발견한 인덱스를 리턴한다. 주어진 문자를 찾을 수 없다면 −1을 리턴한다.
- **페널티**: 없음

유용한 특성을 도출하기 위해 사용할 수 있는 단서는 사후 조건과 표준 타입 기반 특성(기억이 나지 않으면 표 6.1을 참조하자)뿐이다. 표준 타입 기반 특성을 그대로 가져와 첫 번째 특성 C1을 문자열이 비어 있는지 여부로 정한다. 첫 번째 인자 ch는 한 문자(유니코드)를 나타내는 정수이므로 C2는 표준적인 부호 특성을 그대로 이용한다. 두 번째 인자 fromIndex도 현재의 문자열 길이 n보다 작은 정수다. 이 값을 분할하기 위해 표준 부호 특성에 fromIndex와 n의 관계를 더해 C3로 정한다. C3는 다음과 같이 5가지 경우로 나뉜다.

- fromIndex가 음수다.
- fromIndex가 0이고 문자열이 비어 있다(유효하지 않은 0).

- fromIndex가 0이고 문자열이 비어 있지 않다(유효한 0).

- fromIndex가 양수이고 n 이상이다(유효하지 않은 양수).

- fromIndex가 양수이고 n보다 작다(유효한 양수).

마지막으로 특성 C4는 지정된 부분 문자열에 주어진 문자가 존재하는지를 나타낸다. 표 6.9는 이러한 4가지 특성을 요약한다.

▼ **표 6.9** indexOf 테스트를 위해 선택한 특성

이름	특성	블록
C1	문자열이 비어 있는지 여부	{empty, nonempty}
C2	ch의 부호	{negative, zero, positive}
C3	fromIndex의 부호와 현재 문자열 길이의 관계	{negative, valid zero, invalid zero, valid positive, invalid positive}
C4	부분 문자열에 주어진 문자가 존재하는지 여부	{present, absent}

전체 조합 60개 중 다음 27개만 의미가 있다("*"는 와일드카드를 표현한다).

- (empty, *, negative, invalid zero, invalid positive, absent) (9개 조합)

- (nonempty, *, negative, valid zero, invalid positive, valid positive, absent) (12개 조합)

- (nonempty, zero, positive, negative, valid zero, valid positive, present) (6개 조합)

27개 테스트를 작성하고 싶지 않다면 전체 조합 커버리지 대신 앞에서 설명한 더 제한된 전략을 도입해야 한다. 여기서는 개별 선택 커버리지를 채택해 각 특성에서 파생된 블록이 적어도 하나는 포함되도록 조합을 선택한다. C3이 5개 블록으로 이뤄지므로 어떠한 조합을 선택하더라도 최소 5개 조합은 필요하다.

1. (nonempty, positive, valid positive, present)

2. (nonempty, positive, negative, present)

3. (nonempty, zero, invalid positive, absent)

4. (nonempty, negative, valid zero, absent)

5. (empty, positive, invalid zero, absent)

위의 첫 번째 테스트를 JUnit으로 구현한 코드는 다음과 같다.

```
public class IndexOfTests {
    private final static String TESTME = "test me";

    @Test
    public void testNominal() {
        int result = TESTME.indexOf((int)'t', 2);
        assertEquals("test with nominal arguments", 3, result);
    }
}
```

저장소(https://bitbucket.org/mfaella/exercisesinstyle)에서 나머지 테스트의 코드를 볼 수 있다.

연습문제 3

1. 사전 조건에서 특성에 포함할 만한 2가지 속성을 도출할 수 있다. 즉 리스트는 null이 아니어야 하며 두 리스트의 길이는 같아야 한다. 또한 어떠한 컬렉션을 사용하든 빈 경우를 특별한 경우로 고려해야 한다. 이러한 관찰을 바탕으로 정리한 3가지 특성은 표 6.10과 같다.

▼ **표 6.10** interleaveLists 테스트를 위해 선택한 특성

이름	특성	블록
C1	첫 번째 리스트의 유형	{null, empty, non-empty}
C2	두 번째 리스트의 유형	{null, empty, non-empty}
C3	두 리스트의 길이가 같음	{true, false}

C3는 C1, C2와 독립적이지 않으므로 일부 조합은 무의미하다. 의미가 있는 조합은 다음과 같다.

1. (null, nonempty, false)

2. (nonempty, null, false)

3. (empty, empty, true)

4. (empty, nonempty, false)

5. (nonempty, empty, false)

6. (nonempty, nonempty, false)

7. (nonempty, nonempty, true)

한 가지 특성 값이라도 사전 조건을 위반하면 다른 특성에는 정상적인 값만 조합해도 충분하므로 '(null, null, false)'는 생략했다. 물론 이러한 조합을 선택하더라도 틀린 것은 아니지만 과도한 걱정일 뿐이다. 3번과 7번 조합만 사전 조건을 만족한다는 데 주의하자.

조합이 7개뿐이므로 적은 노력으로 모두 테스트할 수 있다. 그중 3개 코드는 다음과 같다.

```java
public class InterleaveTests {
    private List<Integer> a, b, result;  ❶ 테스트 비품

    @Before
    public void setUp() {  ❷ 테스트 비품 초기화
        a = List.of(1, 2, 3);
        b = List.of(4, 5, 6);
        result = List.of(1, 4, 2, 5, 3, 6);
    }
}

@Test(expected = NullPointerException.class)
public void testFirstNull() {  ❸ 테스트 1: (null, nonempty, false)
    InterleaveLists.interleaveLists(null, b);
}

@Test(expected = NullPointerException.class)
public void testSecondNull() {  ❹ 테스트 2: (nonempty, null, false)
    InterleaveLists.interleaveLists(a, null);
}

@Test
public void testBothEmpty() {  ❺ 테스트 3: (empty, empty, true)
    a = List.of();
    b = List.of();
    List<Integer> c = InterleaveLists.interleaveLists(a, b);
```

```
        assertTrue("should be empty", c.isEmpty());
}
```

저장소(https://bitbucket.org/mfaella/exercisesinstyle)에서 나머지 테스트의 코드를 볼 수 있다.

2. 우선 사후 조건을 검사하는 지원 메서드를 커버리지 측정에 포함하는 것은 별 의미가 없다는 것을 알아야 한다. 사후 조건이 항상 성립하길 바란다면 테스트를 실행할 때 interleaveCheckPost의 코드 중 일부는 필연적으로 생략할 수밖에 없다. interleaveLists의 몸체만 분석하면 앞에서 언급한 7개 테스트로 100% 커버리지를 달성할 수 있다.

연습문제 4

주어진 인터페이스는 제어 가능성이 크지만 관측 가능성은 더 개선할 수 있다. 객체의 내부 상태에 접근 가능한 지점은 getMostVoted뿐이며 그나마 제한적이다. 가장 많이 득표한 항목만 알 수 있을 뿐 각 참가자의 득표 수는 알 수 없다. 이를 개선하기 위해 두 메서드에 리턴 값을 추가하자.

- boolean addContestant(T contestant): 새로운 참가자를 추가하고 주어진 참가자가 컨테스트에 존재하지 않으면 true를 리턴한다. 중복된 참가자이면 false를 리턴하고 컨테스트에는 아무 변화도 일어나지 않는다.
- int voteFor(T contestant): 주어진 참가자에게 투표하고 갱신된 득표 수를 리턴한다. 해당 참가자가 존재하지 않으면 IllegalArgumentException을 던진다.

새로운 voteFor는 강력한 테스트 도구이지만 득표 수를 리턴할 뿐만 아니라 실제로 투표를 수행한다. 따라서 다음과 같이 득표 수만 조회하는 읽기 전용 메서드를 추가하면 테스트에 유용할 것이다.

- int getVotes(T contestant): 주어진 참가자의 현재 득표 수를 리턴한다. 해당 참가자가 존재하지 않으면 IllegalArgumentException을 던진다.

게다가 getVotes를 이용하면 컨테스트에 변화를 주지 않고도 특정 참가자가 존재하는지 여부를 알 수 있다.

참고문헌

- Glenford J. Myers, Corey Sandler, Tom Badgett, 『The Art of Software Testing』(John Wiley & Sons, 2012)

  코드 리뷰와 검수를 비롯한 여러 가지 검증 기법과 테스트 전반에 걸친 입문서다. 오랜 시간 동안 입증된(초판은 1979년 출간됐다) 이론은 물론 테스트에 대한 애자일 agile 접근을 비롯한 최신 논의도 다룬다.

  번역서: 『The Art of Software Testing 3판』(이상기, 신준식 역)(인피니티북스, 2013)

- Lasse Koskela, 『Effective Unit Testing』(Manning Publications, 2013)

  여러 유형의 일반적인 테스트 결함(테스트 냄새)을 포함해 효과적인 테스트 설계를 위한 전반적인 조언을 담은 참고서다.

  번역서: 『개발자를 위한 단위 테스트: 클린 코드와 좋은 설계를 이끄는 단위 테스트』(이복연 역)(한빛미디어, 2013)

- Steve Freeman, Nat Pryce, 『Growing Object-Oriented Software, Guided by Tests』(Addison-Wesley, 2009)

  테스트 주도 개발TDD 방법론을 다룬 책이다. 인기 높은 목킹mocking 라이브러리 개발자이기도 한 저자가 현실적인 예제에 목킹을 적용하는 방법을 설명한다.

  번역서: 『테스트 주도 개발로 배우는 객체지향 설계와 실천』(이대엽 역)(인사이트, 2013)

- Paul Ammann, Jeff Offutt, 『Introduction to Software Testing』(Cambridge University Press, 2010)

  여러 가지 커버리지 기준에 대한 통합적 관점을 바탕으로 현대적 테스트 기법을 간략하게 다룬다.

7

큰소리로 코딩하자:
가독성

7장에서 다루는 내용

- 읽기 쉬운 코드 작성
- 자바독 주석을 이용한 계약 문서화
- 구현 관련 주석을 자기설명적 코드로 대체하기

소스 코드는 프로그래머와 컴퓨터라는 매우 다른 두 고객을 만족시켜야 한다. 컴퓨터는 난잡한 코드더라도 명확하게 구조화된 시스템만 따른다면 문제가 없다. 하지만 프로그래머는 프로그램의 겉모습에 민감하다. 컴퓨터에게는 아무 의미도 없는 공백이나 들여쓰기 때문에 이해하기 쉬운 코드와 모호한 코드의 차이가 벌어질 수 있다(부록 A에서 극단적인 예를 볼 수 있다). 이해하기 쉬운 코드에는 버그가 숨기 어려워 신뢰성이 높아지고 수정하기도 쉬워 유지보수성에도 도움을 준다.

7장에서는 가독성 높은 코드 작성을 위한 현대적 지침을 제시한다. 다른 장과 마찬가지로 가독성 관련 세세한 팁까지 통합적으로 다루지는 않는다. 그 대신 작은 코드에 적용 가능한 주요 기법에 집중하고 일반적으로 마주칠 만한 실제 사례에 활용해보자.

7.1 가독성을 바라보는 관점

가독성 높은 코드를 작성하는 방법은 학교에서 가르치지 않는 과소평가된 기술이지만 소프트웨어의 신뢰성과 유지보수성, 발전 과정에 큰 영향을 미친다. 프로그래머는 필요한 기능 집합을 기계친화적인 코드로 표현하는 훈련을 받는다. 이러한 인코딩 과정에는 시간이 필요하며 기능을 작은 단위로 쪼개기 위해 여러 추상화 계층을 쌓아 나간다. 전체 시스템 규모가 크다면 한 개발자가 모든 코드 베이스를 아우를 수 없다. 어떠한 개발자는 기능별로 수직적 관점에서 요구 사항부터 구현에 이르는 전체 추상 계층을 다룬다. 반면 다른 개발자는 한 계층의 API를 관리하고 감독한다. 때에 따라 어떠한 프로그래머도 동료가 작성한 코드를 읽고 이해해야 한다.

가독성을 향상시킨다는 것은 합리적인 교육을 받은 개발자가 주어진 코드 조각을 이해하는 데 걸리는 시간을 최소화한다는 뜻이다. 더 구체적으로 말해 코드에 익숙하지 않은 사람이 코드를 고장내지 않고 수정할 수 있다는 자신감을 얻는 데 걸리는 시간이라고 할 수 있다. 이러한 품질 속성을 학습 가능성^{learnability} 또는 이해 가능성^{understandability}이라고도 한다.

돌발 퀴즈 1 가독성의 영향을 받는 품질 속성은 무엇일까?

읽기 쉬운 프로그램은 어떻게 작성하는가? C언어가 2살이던 1974년 이 문제는 체계적으로 해결할 가치가 있다는 인정을 받았고 많은 영향을 미친 저서 『The Elements of Programming Style』이 출간됐다. 이 책에서 (C의 대부인) 커니건^{Kernighan}과 플러거^{Plauger}는 교과서에서 따온 작은 프로그램을 예로 들며 놀랄 만큼 뚜렷하고 현대적인 프로그래밍 스타일 관련 격언을 소개했다. 표현식에 대한 첫 번째 격언에서 가독성을 다음과 같이 요약했다.

> 여러분의 의도를 간단하고 직접적으로 말하라.

결국 가독성은 코드의 의도를 명확하게 표현하는 것이다. UML 설계자 중 한 명인 그레디 부치$^{Grady Booch}$는 다음과 같은 자연스러운 비유를 남겼다.

> 깨끗한 코드를 읽는 것은 잘 쓴 글을 읽는 것과 같다.

좋은 글을 쓰는 것은 몇 가지 정해진 규칙을 따르는 정도로는 이룰 수 없다. 오랜 글쓰기 경험은 물론 유명 작가의 명문을 읽어야 한다. 컴퓨터 코드의 표현력이 자연어보다 떨어지는 것은 분명하므로 명확한 코드를 작성하는 것은 아름다운 글을 쓰는 것보다 간단하다고 볼 수 있으며 적어도 더 구조적 접근이 가능하다. 하지만 이를 통달하려면 책으로 대체할 수 없는 수년의 실전 경험이 필요하다. 7장에서는 가독성을 개선하는 몇 가지 기본적인 방법을 알아보고 익숙한 수조 예제에 그러한 기법을 적용하는 데 집중한다.

리팩터링refactoring과 클린 코드clean code로 대표되는 가독성 문제는 지난 20년 동안 애자일 운동의 촉매제 역할을 해왔다. 리팩터링은 미래의 변경을 쉽고 안전하게 할 수 있도록 작동 중인 시스템을 재구성하는 기술이며 빠른 개발 단계와 반복적인 소프트웨어 개선을 선호하는 경량 개발 프로세스의 주재료 역할을 해왔다.

여러분이나 여러분의 회사가 애자일 철학을 완전하게 받아들이지는 않더라도 애자일과 함께 언급되는 개념을 놓치면 안된다. 나쁜 소프트웨어의 특징(코드 스멜)과 좋은 특징(클린 코드), 전자를 후자로 바꾸는 방법(리팩터링)은 모두 중요한 개념이다. 더 구체적인 내용을 알고 싶다면 7장 후반부의 참고문헌을 참조하자.

저명한 전문가가 개발한 가독성 관련 팁과 그 효과를 입증하는 자료를 살펴보면 도움이 될 수 있다. 하지만 불행하게도 가독성은 근본적으로 주관적인 주제이며 이를 객관적으로 측정하는 방법을 만들기는 어렵다. 그런데도 연구자들은 간단한 수치 조합으로 가독성을 평가하는 형식화된 모델을 만드는 시도를 계속해 왔다. 예를 들어 식별자의 길이나 표현식에 포함된 괄호의 개수 등을 이용할 수 있다. 이러한 노력은 지금도 계속되고 있으며 아직 온전한 합의에 이르지 못했다. 여기서는 업계에서 입증된 모범 사례에 집중한다. 우선 대형 IT 기업의 스타일 정책을 빠르게 훑어보는 것으로 시작하자.

7.1.1 기업 코딩 스타일 가이드

일부 대형 소프트웨어 기업은 코딩 스타일 가이드를 온라인에 다음과 같이 공개했다.

- 썬Sun은 공식 자바 스타일 가이드를 제공하곤 했는데 1999년 이후 변경이 없다. 그 내용은 http://mng.bz/adVx에서 볼 수 있다.

- https://google.github.io/styleguide/javaguide.html에서 구글의 전사적인 스타일 가이드를 볼 수 있다.
- 트위터^{Twitter}는 자바 유틸리티 라이브러리와 함께 스타일 가이드(http://mng.bz/gVAZ)를 제공한다. 이 가이드에는 구글과 오라클의 가이드에서 영감을 얻었다는 사실이 명시돼 있다.
- 페이스북^{Facebook}도 자바 유틸리티 클래스 라이브러리와 함께 스타일 가이드(http://mng.bz/eDyw)를 제공한다.

이러한 가이드 모두 7장에서 강조하는 일반적인 원칙에 동의하며 세세한 부분이나 소소한 장식 수준의 문제에서 차이를 보인다. 소스 파일 앞부분의 임포트 구문 목록을 예로 들면 구글 스타일은 다음과 같다.

```
import static com.google.common.base.Strings.isNullOrEmpty;
import static java.lang.Math.PI;

import java.util.LinkedList;
import javax.crypto.Cypher;
import javax.crypto.SealedObject;
```

같은 임포트 구문 목록을 트위터에서 추천하는 형식으로 쓰면 다음과 같다.

```
import java.util.LinkedList;

import javax.crypto.Cypher;
import javax.crypto.SealedObject;

import static com.google.common.base.Strings.isNullOrEmpty;

import static java.lang.Math.PI;
```

목록 순서와 빈 줄 사용이 다르다. 오라클과 페이스북은 import를 어떻게 사용하든 허용한다.

스타일 가이드는 회사 전체에 걸친 코드 베이스에 통일성을 부여하며 새로 고용된 직원용 안내 자료에 포함할 만하다. 그리고 복잡한 실제 문제를 다루기 전에 쉽게 익힐 수 있는 맛보기 문제로도 적합하다(어려운 문제에 부딪혔을 때 "적어도 스타일 가이드는 지켰어!"라고 위안 삼을 수도 있다). 장기적 관점에서 전문가로 성장하기 위해서는 7장에서 소개할 원칙을 고수하고 '클린 코드'와 '코드 컴플릿'을 비롯한 코딩 스타일 관련 명서를 읽는 데도 시간을 들여야 한다.

7.1.2 가독성의 재료

가독성에 영향을 미치는 소재는 다음과 같은 2가지로 나눌 수 있다.

- **구조적 특징**: 프로그램 실행에 영향을 미치는 특징. 아키텍처와 API 선택, 흐름 제어 구문 선택 등을 예로 들 수 있다. 이러한 특징은 다음과 같은 3가지 수준으로 나눌 수 있다.
  - **아키텍처 수준**: 하나 이상의 클래스와 관련 있는 특징
  - **클래스 수준**: 한 클래스와 그 안에 포함된 모든 메서드와 관련 있는 특징
  - **메서드 수준**: 한 메서드와 관련 있는 특징
- **외부적 특징**: 주석이나 공백, 변수 명명 규칙 등 프로그램 실행에 영향을 미치지 않는 특징

이제부터 각 유형에 해당하는 주요 지침을 간략하게 살펴보고 그러한 지침을 수조 예제에 적용해보자.

7.2 구조적 가독성 특징

아키텍처 수준 특징은 클래스를 나누는 방식과 그 사이의 관계 등을 비롯한 프로그램의 하이 레벨 구조를 의미한다. 일반적으로 말하는 이해하기 쉬운 아키텍처는 기능적 응집력이 큰$^{high\ cohesion}$ 소수의 클래스로 구성돼야 하며 클래스는 의존성이 복잡하지 않은 느슨한 네트워크로 연결돼야 한다$^{low\ coupling}$. 가독성을 높이는 또 다른 기법으로 가능하면 표준적인 디자인 패턴을 애용해야 한다. 대부분의 개발자가 그러한 패턴을 알고 있으므로 코드를 읽는 사람의 친숙함을 높이는 동시에 상황을 설명하는 보조 역할도 제공한다.

구조적 이해 가능성		
수준	특징	개선 방법
아키텍처	클래스의 역할	결합 줄이기
		응집도 높이기
	클래스 사이의 관계	아키텍처 패턴(MVC, MVP 등)
		디자인 패턴
		리팩터링(클래스 추출 등)
클래스	제어 흐름	가장 구체적인 형태의 루프 사용하기
	표현식	평가 순서 명확하게 하기
	지역 변수	복잡한 표현식 나누기
	메서드 길이	리팩터링(메서드 추출 등)

여기서 간단하게 언급한 팁은 더 큰 규모의 원칙과 연결되지만 작은 범위의 속성에 집중하는 이 책의 관례에 따라 아키텍처 특징은 깊이 다루지 않는다. 7장 후반부의 참고문헌에서 더 많은 정보를 얻을 수 있다. 표 7.1은 가장 관련성 높은 구조적 특징과 그에 대응하는 모범 사례를 요약한다.

클래스 수준 특징은 주어진 클래스의 API와 메서드 구성을 포함한다. 긴 메서드는 이해하기 어렵다는 황금률을 예로 들 수 있다. 메서드가 200줄이 넘으면 메서드 앞부분에서 무슨 일을 수행했는지 기억해내기 위해 편집기를 이리저리 스크롤하면서 한 화면에 들어오지도 않는 코드를 보느라 머리를 아래위로 부지런히 움직여야 한다. 이러한 문제가 한 메서드에서 발생하더라도 그 해법은 여러 메서드에 영향을 미칠 수 있으므로 클래스 수준 특징에 포함했다. 그 해법이란 해당 메서드를 여러 메서드로 나누는 것으로 리팩터링 규칙 중 메서드 추출에 해당하며 7장 후반부에서 살펴본다.

이제 제어 흐름 구문 선택과 표현식 작성법, 지역 변수 사용법을 비롯해 가독성에 영향을 미치는 메서드 수준 특징을 자세하게 살펴보자.

7.2.1 제어 흐름 구문

작은 범위의 가독성 문제 중 흥미로운 주제로 주어진 시나리오에 가장 적당한 루프 유형
을 선택하는 것을 꼽을 수 있다. 자바는 표준 for, while, do-while, 향상된 for 4가지 루
프를 제공한다. 처음 3가지는 적은 노력만으로 서로 변환이 가능하다는 점에서 본질적으
로 같다. 예를 들어 다음과 같이 종료 조건을 검사하는 루프를 생각해보자.

```
do {
    body
} while (condition);
```

위의 코드는 다음과 같이 반전된 조건 검사를 포함하는 루프로 다시 쓸 수 있다.

```
while (true) {
    body
    if (!condition) break;
}
```

두 코드 조각 중 어느 것이 더 쉽게 읽히는가? 당연히 첫 번째 코드가 낫다. 두 번째 코드
는 읽는 사람을 헷갈리게 하는 눈속임일 뿐이다. 코드를 읽는 사람이 같은 목적을 더 자
연스러운 방법으로 달성할 수 있다는 것을 바로 눈치채기 때문이다. 가독성을 최적화할
때는 읽는 사람이 이러한 느낌을 받지 않도록 해야 하며 코드를 읽는 과정이 막힘 없이
순조롭게 흘러가야 한다. 의도를 명확하게 표현한다는 것이 바로 이러한 의미다.

각 반복 단계의 끝에서 조건을 검사해야 하는 루프는 do-while로 구현해야 한다면 각 항
목에 대해 검사를 수행하는 루프는 어떻게 구현해야 할까? 3가지 방법을 비교해보자.

- while 루프는 for 루프에서 초기화와 갱신 기능을 제거한 루프라고 할 수 있다. 루
  프에 이러한 기능이 필요하고 그 기능을 간단하게 구현할 수 있으면 for 루프를
  사용하자. 코드를 읽는 사람이 각 구성 요소의 역할을 쉽게 인지할 수 있다.

  ```
  for (int i=0; i<n; i++) {
      ...
  }
  ```

예를 들어 위의 코드가 다음 코드보다 읽기 쉽다.

```
int i=0;
while (i<n) {
    ...
    i++;
}
```

- 향상된 for 구문은 배열이나 Iterable 인터페이스를 구현한 객체를 대상으로 특화된 표준 for 구문이라고 할 수 있다. 향상된 for 구문은 인덱스나 반복자 객체를 루프 몸체에 제공하지 않는다.

루프 구문을 선택할 때는 최소 특권 원칙^{principle of least privilege}이라는 일반적인 규칙을 적용하고 목적에 부합하는 가장 구체적인 구문을 선택해야 한다. 배열이나 Iterable을 구현한 컬렉션을 순회한다면 향상된 for 루프를 사용하자. 가독성을 높여줄 뿐만 아니라 컬렉션을 순회할 때 경계에서 벗어나지 않는다는 것을 보장한다.

루프의 초기화와 갱신 단계가 단순하다면 for 루프를 사용하자. 기타 상황에서는 while 루프를 사용하자.

자바 8부터는 루프를 고려할 때 스트림 라이브러리를 이용해 함수형 스타일의 루프를 작성할 수 있다. 다음과 같이 Set의 모든 요소를 찍어볼 수 있다.

```
Set<T> set = ...
set.stream().forEach(obj -> System.out.println(obj));
```

이 코드가 이전 스타일의 향상된 for보다 읽기 쉬운가?

```
for (T obj: set) {
    System.out.println(obj);
}
```

그렇지 않을 것이다. 스트림 내용을 필터링하거나 변환하는 등 단순한 루프 이상의 작업을 수행할 때만 함수형 스타일 API를 사용하라는 원칙을 따르자. 작업을 여러 스레드로 나눠 처리하려고 한다면 스트림을 사용해야 할 좋은 이유가 될 수 있다. 라이브러리가 멀티스레드와 관련 있는 귀찮은 세부 사항을 여러분 대신 처리해주기 때문이다.

가독성 향상 팁 작업을 수행하는 데 가장 자연스럽고 구체적인 유형의 루프를 선택하라.

돌발 퀴즈 2 n개 정수를 포함하는 배열을 0부터 $n-1$까지 초기화한다면 어떠한 루프를 사용해야 할까?

7.2.2 표현식과 지역 변수

표현식은 모든 프로그래밍 언어의 구성 요소로 얼마든지 복잡해질 수 있으며 그 길이에는 제한이 없다. 가독성을 개선하기 위해서는 복잡한 표현식을 간단한 하위 표현식으로 나눠야 하며 각 하위 표현식에서 도출된 값을 목적에 맞게 정의된 지역 변수에 할당해야 한다. 이렇게 새로 추가된 지역 변수의 이름은 상응하는 하위 표현식의 의미를 적절하게 설명해야 한다(변수 이름은 잠시 후 논의한다).

Reference 구현의 connectTo 메서드에서 새로운 연결이 이뤄진 후 수조 하나에 담겨야 할 물의 양을 계산하는 과정에서 이러한 가독성 향상 전략을 이미 적용했다. 이 계산을 가장 짧게 기술하면 다음과 같다.

```
public void connectTo(Container other) {
    ...
    double newAmount = (amount * group.size() +
                         other.amount * other.group.size()) /
                        (group.size() + other.group.size());
    ...
}
```

보다시피 세 줄로 나눠 들여쓰기했는데도 표현식이 길고 파악하기 어렵다. 여는 괄호와 닫는 괄호 사이가 멀어 코드를 읽는 사람이 괄호 짝을 맞추려면 한참 들여다보거나 적어도 잠시 멈칫할 것이다. group.size()와 other.group.size()가 반복되는 것도 눈에 거슬린다.

Reference 구현에서 다음과 같이 4개 변수를 추가하면서까지 가독성을 개선한 이유가 여기에 있다.

```
public void connectTo(Container other) {
    ...
    int size1 = group.size(),
        size2 = other.group.size();
    double tot1 = amount * size1,
           tot2 = other.amount * size2,
           newAmount = (tot1 + tot2) / (size1 + size2);
    ...
}
```

가독성을 개선한 두 번째 버전의 효율성이 떨어진다고 걱정하지는 말자. 일반적으로 지역 변수 몇 개를 추가하는 비용은 가독성의 이점에 비하면 무시해도 될 정도다. 특히 이 예제에서는 추가적인 변수 때문에 메서드 호출 횟수가 두 번 줄어 실행 속도도 더 빠르다.[1]

마틴 파울러^{Martin Fowler}는 이 아이디어를 그가 정립한 리팩터링 규칙에 명문화했다(참고문헌에서 자세한 정보를 얻을 수 있다). 디자인 패턴과 마찬가지로 원활한 의사소통을 위해 리팩터링 규칙마다 이름을 붙이는데 이 규칙의 명칭은 변수 추출^{Extract Variable}이다.

가독성 향상 팁　변수 추출 리팩터링 규칙: 하위 표현식을 설명적인 이름의 새로운 지역 변수로 대체하라.

7.3 외부적 가독성 특징

주석, 이름, 공백 3가지 외부적 특징을 이용해 가독성을 향상시킬 수 있다. 표 7.2는 7.3.1절에서 설명할 특징과 그에 상응하는 모범 사례를 요약한다.

1　가독성 향상 버전의 바이트 코드가 다른 버전보다 3바이트 짧다.

▼ 표 7.2 가독성에 영향을 미치는 외부적 코드 특성 요약

외부적 이해 가능성	
특징	개선 방법
주석	문서화 주석은 자세하게, 구현 주석은 가능하면 줄임
이름	설명적 이름
공백	문장 부호 역할을 하는 공백
들여쓰기	일관된 들여쓰기

7.3.1 주석

코드만으로는 자신을 만족스럽게 문서화할 수 없다. 가끔 자연어를 이용해 그 이상의 통찰을 제공하거나 특정 기능을 더 넓은 관점에서 바라봐야 한다. 주석을 다음과 같이 2가지로 나눠 생각하면 유용하다.

- 문서화나 명세 주석은 메서드나 클래스 전체의 계약을 설명한다. 클래스의 잠재적 클라이언트가 지켜야 할 규칙을 기술하는 데 목적을 둔다. 이러한 주석은 공개된public 주석으로서 일반적으로 이러한 주석을 추출해 알아보기 쉬운 형태(HTML 등)로 변환한다. 이러한 작업을 수행하는 자바 도구로 자바독이 있다(7장 후반부에서 설명한다).

- 구현 주석은 필드의 역할이나 헷갈리는 알고리듬과 관련 있는 코드 조각의 의도를 비롯한 클래스 내부의 통찰을 제공한다. 이러한 주석은 비공개private 주석으로 생각할 수 있다.

주석을 어디에 어떻게 달지는 어느 정도 논란거리지만 최근의 추세는 문서화 주석에 관대한 반면 구현 주석에는 엄격하다.

그 이유는 API가 구현에 우선하고 변경도 적으며 클라이언트가 서비스를 제대로 활용하기 위해 알아야 할 부분이 API뿐이라는 점에 기인한다. 각 클래스와 메서드의 책임과 계약이 명확하다는 점은 전체 시스템의 건강에 중요한 역할을 한다. 5장에서도 봤듯이 코드만으로도 계약을 어느 정도 표현할 수 있으며 그 정도는 프로그래밍 언어에 따라 다르

다. 그 이상 설명이 필요하다면 자연어를 바탕으로 한 주석과 다른 형태의 문서를 이용하자.

돌발 퀴즈 3 private 메서드의 동작을 설명하는 메서드는 명세 주석일까, 구현 주석일까?

API와 달리 메서드의 몸체는 변경이 잦고 클라이언트로부터 숨겨진다. 코드가 자주 바뀌면 주석도 자주 바뀌어야 하므로 프로그래머가 주석을 수정하는 것을 잊을 수 있다(주석을 수정하지 않더라도 프로그램 동작에는 영향이 없다). 이는 남의 얘기가 아니다. 빡빡한 일정 속에서 버그를 고치거나 새로운 기능을 추가하기 위해 코드를 변경해야 한다면 기능 구현을 위해 작동하는 코드와 테스트를 통과하는 데 집중할 것이다. 여러분의 회사에서 엄격한 코드 리뷰를 수행하지 않는 한 주석의 품질을 점검하는 과정은 없을 것이다. 이처럼 주석은 무시하고 실제로 작동하는 코드에 매달리는 경우가 흔하다.

주어진 코드 베이스의 주석이 오래돼 쓸모 없다는 말이 나온다면 주석의 대부분이 훌륭하고 최신 상태라고 해도 모든 주석이 하루아침에 쓸모 없어진다.

가독성 향상 팁 구현 주석은 최소화하고 문서화 주석을 선호하자. 모든 주석을 최신으로 유지하자(코드 리뷰가 도움을 줄 수 있다).

7.3.2 이름 짓기

필 칼튼^{Phil Karlton}의 유명한 말처럼 컴퓨터과학에서 어려운 2가지는 캐시 무효화^{cache invalidation}와 이름 짓기뿐이다. 4장에서 캐시 내용을 맛봤으니 이제 두 번째로 어려운 문제를 다룰 차례다. 하이 레벨 프로그래밍 언어에서는 프로그램 구성 요소에 임의의 이름을 붙일 수 있다. 자바에서는 패키지와 클래스, 메서드, 필드를 포함한 모든 변수가 해당한다. 언어에서는 이러한 이름에 (공백을 허용하지 않는 등의) 제약을 두며 실용적 측면에서는 상대적으로 짧은 이름을 추천한다.

(C#과 C++를 비롯한 많은 언어와 마찬가지로) 자바의 기본적인 문법적 관례인 카멜 표기법에 이미 익숙할 것이다. 여러 상황에서 사용할 수 있는 이름을 선택하는 일반적인 지침은 다음과 같다.

- 코드에 익숙하지 않은 사람도 이름이 지칭하는 구성 요소의 역할을 쉽게 떠올릴 수 있도록 설명적인 이름을 사용하자. 그렇다고 이름이 길어야 한다는 의미는 아니다. 다음과 같이 한 문자로 충분할 때도 있다.
  - 배열의 인덱스에는 관례적으로 i를 사용하므로 명확하게 이해할 수 있는 좋은 이름이다.
  - 같은 이유로 x는 카테지안^{Cartesian} 평면에서 수평 좌표를 표현하기에 적합하다.
  - 간단한 비교 수행자^{comparator}의 두 인자를 가리키는 이름으로 a와 b를 사용한다.

    ```
    Comparator<String> stringComparatorByLength =
        (a, b) -> Integer.compare(a.length(), b.length());
    ```

    이러한 경우 코드를 읽는 사람이 의도를 이해하는 데 더 설명적인 내용이 필요하지는 않다(반대로 비교 수행자의 이름은 길다는 점에 주의하자).

  - (class LinkedList<T>처럼) 타입 파라미터에는 T를 이름으로 부여하는데 관례적 이유뿐만 아니라 대부분의 타입 파라미터를 '요소의 타입^{type of elements}'이라고 읽기 때문이다.
- 클래스 이름은 명사구, 메서드 이름은 동사구로 짓는다.
- 표준이 아닌 축약어는 이름에 사용하지 않는다.

가독성 향상 팁 설명적인 이름을 사용하고 축약어를 피하며 확립된 관례를 따르자.

돌발 퀴즈 4 Employee 클래스에서 월급을 저장하는 필드의 이름으로 salary, s, monthlySalary, employeeMonthlySalary 중 어느 이름이 좋을까?

7.3.3 공백과 들여쓰기

자바를 비롯한 대부분의 언어는 코드의 시각적 레이아웃 면에서 매우 높은 자유를 허락한다. (거의) 모든 지점에서 다음 줄로 넘어가거나 심볼^{symbol} 근처에 자유롭게 공백을 넣거나 어디서나 빈 줄을 삽입할 수 있다. 이러한 자유를 (ASCII 아트처럼) 예술적 창조성을 발휘하는 데 사용하면 안 되며 나중에 여러분의 코드를 읽을 동료 프로그래머의 인지적 부담을 덜어주는 데 사용해야 한다.

적절한 들여쓰기의 필요성은 절대적이지만 여러분은 이미 이를 활용하는 방법을 알고 있을 거라고 믿는다. 기본적인 들여쓰기에 더해 공백을 이용해 행으로 나뉜 두 부분을 정렬할 수 있다. 다음과 같은 String 인스턴스 메서드처럼 인자 수가 많은 경우를 일반적인 예로 들 수 있다.

```
public boolean regionMatches(int toffset,
                             String other,
                             int ooffset,
                             int len)
```

코드의 빈 줄은 문장 부호처럼 생각하자. 길이나 내용의 긴밀성 면에서 메서드를 문단에 비유하면 빈 줄은 마침표와 비슷하다. 쉼표로 대체할 수 있는 곳에 빈 줄을 넣지 말자. 서로 다른 메서드나 한 메서드를 여러 부분으로 나눌 때처럼 코드를 개념적으로 구분하는 곳에 빈 줄을 사용하자. 잠시 후 Reference(코드 7.3)와 Readable(코드 7.4)의 connectTo 메서드를 그 예로 살펴본다.

가독성 팁　글을 쓸 때 문단 끝에서 마침표를 찍듯이 코드에서 빈 줄을 사용하자.

7.4절에서는 수조 예제를 가독성 관점에서 최적화한 Readable 구현을 살펴보자.

7.4 가독성 높은 수조 [Readable]

다음 기법을 이용해 Reference의 가독성을 높이는 것부터 시작하자.

- HTML 문서로 쉽게 변환 가능한 표준 형식에 따라 클래스 자체와 public 메서드에 주석을 달자. addWater와 getAmount의 몸체는 단순하므로 주석을 추가하는 것 외의 다른 작업은 하지 않는다.
- 리팩터링 규칙을 이용해 connectTo 메서드 몸체의 구조적 특징을 개선하자.

우선 자바 문서화 주석 표준인 자바독에 익숙해지는 것이 중요하다.

7.4.1 자바독을 이용한 클래스 헤더 문서화

자바독은 소스 파일에서 (표 7.3과 7.4의 태그를 이용해) 특별한 방식으로 구성된 주석을 추출해 깔끔한 HTML 형식으로 변환하는 자바 도구로서 쉬운 탐색이 가능한 문서를 만들 수 있다. 자바독은 원래 자바 API를 위한 익숙한 형태의 온라인 문서를 만들어내지만 IDE의 요청에 따라 즉각적인 문서 조각을 만들 때도 사용한다.

자바독에 쓸 목적으로 작성하는 주석은 /**로 시작해야 하며 다음과 같은 HTML 태그의 대부분을 지원한다.

- 〈p〉, 새 문단 시작
- 〈i〉...〈/i〉, 기울어진 글자
- 〈code〉...〈/code〉, 코드 조각용 서식 적용

▼ **표 7.3** 일반적인 자바독 태그 요약

태그	의미
@author	클래스 저자(필수)
@version	클래스 버전(필수)
@return	메서드 리턴 값 설명
@param	메서드 파라미터 설명
@throws나 @exception	주어진 예외를 던지는 조건 설명
{@link ...}	다른 프로그램 구성 요소(클래스나 메서드 등)를 가리키는 링크
{@code ...}	코드 조각용 서식 적용

▼ **표 7.4** 일반적인 자바독 호환 HTML 태그 요약

태그	의미
<code>...</code>	코드 조각용 서식 적용
<p>	새 문단 시작
<i>...</i>	기울어진 글자
...	굵은 글자

나아가 자바독에서는 '@' 기호로 시작하는 추가적인 여러 가지 태그를 지원한다(자바 애노테이션과 혼동하지 말자). 예를 들어 클래스 자체를 설명하는 주석에서 자기서술적인 태그인 @author와 @version 태그를 삽입할 수 있다. 두 태그 모두 필수적으로 요구될 수 있지만 생략하더라도 자바독이 문제 삼지는 않는다.

> **C#의 문서화 주석**
>
> C#의 문서화 주석은 '///'(슬래시 3개)로 시작하며 여러 가지 XML 태그를 포함할 수 있다. 컴파일러는 소스 파일에서 문서화 주석을 가져와 별도의 XML 파일로 저장한다. 비주얼 스튜디오는 이 파일 정보를 이용해 실시간 도움말 기능을 보강하며 프로그래머는 외부적인 도구를 이용해 주석을 HTML처럼 읽기 쉬운 형태로 바꾼다. 인기 있는 오픈소스 솔루션으로 DocFX가 있는데 자바와 C#을 비롯한 여러 언어를 지원한다.

자바독 태그를 하나씩 살펴보는 대신 여러 태그를 제대로 이용해 Container의 가독성을 개선하자. Container 소스 파일의 맨 위에 코드 7.1처럼 클래스에 대한 일반적인 설명을 포함한 소개용 주석을 추가한다. 이러한 주석에서 클래스에서만 사용하는 용어를 설명할 수 있다. 여기서는 현재 수조에 연결된 수조의 집합을 나타내는 그룹이라는 용어를 포함했다.

코드 7.1 Readable: 클래스 헤더

```
/**    ❶ 자바독 주석 시작
 * <code>Container</code>는 사실상 용량 제한이 없는 수조를 나타낸다.
 * <p>   ❷ HTML 태그의 대부분을 허용
 * 물은 넣거나 뺄 수 있다.
 * 두 수조는 영구적인 파이프로 연결될 수 있다.
 * 두 수조를 직·간접적으로 연결하면
 * 두 수조는 상호작용을 주고받으며
 * 물은 둘 사이에 균등하게 배분된다.
 * <p>
 * 이 수조에 연결된 모든 수조의 집합을
 * 이 수조의 <i>그룹</i>이라고 한다.
 *
 * @author Marco Faella    ❸ 자바독 태그
 * @version 1.0            ❹ 또 다른 자바독 태그
```

```
 */
public class Container {
    private Set<Container> group;
    private double amount;
```

코드 7.1의 주석을 이용해 자바독이 만든 HTML 페이지는 그림 7.1과 같다.

다음으로 생성자와 getAmount 메서드는 매우 단순해 가독성 개선을 위해 할 작업은 짧은 문서화 주석을 추가하는 것뿐이다. @return 태그를 이용해 메서드의 리턴 값을 설명한다.

코드 7.2 Readable: 생성자와 getAmount

```
/** 빈 수조를 만든다. */
public Container() {
    group = new HashSet<Container>();
    group.add(this);
}

/** 이 수조에 현재 담겨 있는 물의 양을 리턴한다.
 *
 * @return 이 수조에 현재 담겨 있는 물의 양을 리턴한다.
 */
public double getAmount() {
    return amount;
}
```

getAmount 주석의 중복된 내용은 자바독이 정보를 표현하는 방식에 기인한다. 클래스에 포함된 메서드는 HTML 페이지에서 두 번 표시되는데 첫 번째로 모든 메서드의 요약 부분(그림 7.2)에 표시되고 두 번째로 메서드별 상세 설명 부분(그림 7.3)에 다시 등장한다. 주석의 첫 문장은 모든 메서드의 요약 부분에 표시되므로 생략할 수 없다. @return으로 시작하는 행은 메서드별 상세 설명 부분에만 포함된다.

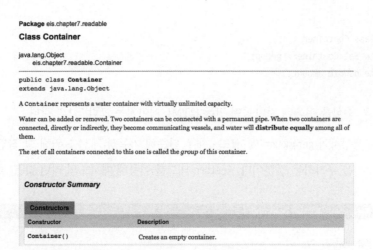

▲ 그림 7.1 자바독이 생성한 Readable의 HTML 문서 스냅샷. 클래스 설명과 생성자 목록을 포함한다.

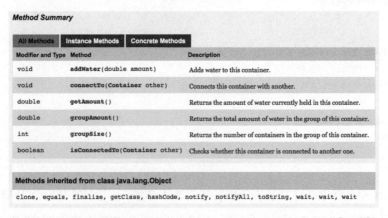

▲ 그림 7.2 자바독이 생성한 HTML 문서 스냅샷. Readable의 public 메서드 요약을 포함한다.

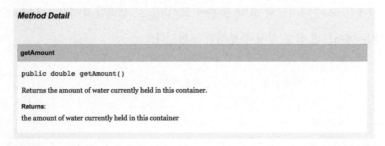

▲ 그림 7.3 자바독이 생성한 HTML 문서 스냅샷. getAmount 메서드의 자세한 설명을 포함한다.

7.4.2 connectTo 정리하기

이제 connectTo 메서드로 주의를 돌려 리팩터링을 이용해 가독성을 개선해보자. 우선 Reference 구현을 다시 살펴보자.

코드 7.3 Reference: connectTo 메서드

```
public void connectTo(Container other) {

    // 이미 연결됐으면 아무 것도 하지 않는다.
    if (group==other.group) return;

    int size1 = group.size(),
        size2 = other.group.size();
    double tot1 = amount * size1,
           tot2 = other.amount * size2,
           newAmount = (tot1 + tot2) / (size1 + size2);

    // 두 그룹을 병합
    group.addAll(other.group);
    // other에 연결된 모든 수조의 그룹을 수정
    ❶ 이러한 주석은 적당한 이름의 지원 메서드로 대체할 수 있다.

    for (Container c: other.group)   c.group = group;
    // 모든 수조의 물의 양 수정
    for (Container c: group)   c.amount = newAmount;
}
```

3장에서 지적했듯이 레퍼런스 구현의 결함 중 하나는 메서드 안의 코드를 한 줄 한 줄 설명하는 주석이 많다는 점이다. 동료 프로그래머를 이해시키려다 보면 이러한 과정을 자연스럽게 거치지만 목적을 달성하기에 가장 좋은 방법은 아니다. 그보다 메서드 추출 리팩터링 기법을 이용하는 편이 낫다.

가독성 팁 리팩터링 규칙 메서드 추출: 응집도가 높은 코드 블록을 서술적인 이름을 갖는 메서드로 옮기자.

connectTo 메서드에는 이 기법을 적용할 여지가 많다. 리팩터링 규칙을 5번 적용해 새로운 지원 메서드를 추가하고 가독성을 크게 개선한 코드는 다음과 같다.

```java
/** 이 수조를 다른 수조에 연결한다.
 *
 * @param other 이 수조에 연결할 수조
 */
public void connectTo(Container other) {
  if (this.isConnectedTo(other))
    return;

  double newAmount = (groupAmount() + other.groupAmount()) /
                     (groupSize() + other.groupSize());
  mergeGroupWith(other.group);
  setAllAmountsTo(newAmount);
}
```

자바독 태그 @param은 메서드 파라미터를 문서화하는데 파라미터 이름과 설명이 태그 뒤에 이어진다. Reference에 비해 훨씬 짧고 읽기 쉽다. 잘 모르겠다면 함수 몸체를 소리내 읽어보자. 사람이 쓰는 글이라고 해도 손색 없지 않은가?

적당한 이름의 지원 메서드 5개로 이러한 효과를 달성했다. 긴 메서드는 파울러^{Fowler}가 밝혀낸 냄새 중 하나로 메서드 추출 리팩터링 기법을 이용해 이 냄새를 제거할 수 있다. 애자일 말투로 표현하면 코드 7.4의 connectTo와 Reference는 5개 메서드-추출만큼 떨어져 있다.

주석이 어떠한 코드를 설명한다면 메서드 추출은 코드를 설명하는 동시에 해당 코드를 별도 메서드로 분리해 은닉한다. 그 덕분에 하이 레벨 설명과 로우 레벨 설명을 오락가락하는 귀찮음을 피함으로써 메서드의 추상화 수준을 높고 일관성 있게 유지할 수 있다.

connectTo에 적용할 수 있는 다른 리팩터링 기법으로 임시-질의 대체$^{Replace Temp with Query}$가 있다.

가독성 팁 리팩터링 규칙 임시-질의 대체: 지역 변수를 사용하는 대신 값을 계산하는 새로운 메서드를 호출한다.

이 규칙을 지역 변수인 newAmount에 적용할 수 있는데 변수를 최초로 할당한 후 setAll
AmountsTo의 인자로 전달된다. 이 규칙을 적용해 변수 newAmount를 제거하면 connectTo의
마지막 두 줄은 다음과 같다.

```
mergeGroupWith(other.group);
setAllAmountsTo(amountAfterMerge(other));
```

여기서 새로운 메서드 amountAfterMerge는 병합 후 각 수조에 담길 물의 양을 계산한다.
하지만 잠시 생각해보면 amountAfterMerge가 호출된 시점에서는 그룹이 이미 병합된 상
태이므로 메서드의 원래 역할을 수행하기 어렵다는 것을 알 수 있다. this.group이 가리
키는 집합이 other.group의 모든 요소를 포함하기 때문이다.

이를 해결하기 위해 갱신된 물의 양을 계산하는 표현식을 메서드로 캡슐화하는 동시에
지역 변수는 계속 사용할 수 있다. 이제 다음과 같이 두 그룹을 병합하기 전에 새로운 물
의 양을 계산할 수 있다.

```
final double newAmount = amountAfterMerge(other);
mergeGroupWith(other.group);
setAllAmountsTo(newAmount);
```

결론적으로 코드 7.4의 newAmount를 계산하는 표현식은 이미 가독성이 높고 별도 메서드
로 감출 필요가 없으므로 이 예제에서는 이러한 리팩터링을 추천하지 않는다. 대체할 표
현식이 복잡하거나 클래스 안에서 여러 번 등장할 때 임시-질의 대체 규칙을 유용하게
쓸 수 있다.

이제 가독성에 최적화된 connectTo를 지원하는 5가지 새로운 메서드를 살펴보자. 5가지
메서드 중 mergeGroupWith와 setAllAmountsTo는 객체 상태의 일관성을 깨뜨릴 수 있으므
로 외부에서 호출할 수 없도록 private로 선언해야 한다.

mergeGroupWith는 두 그룹의 수조를 병합하지만 물의 양은 갱신하지 않는다. 누군가가 이
메서드만 따로 호출한다면 일부 또는 모든 수조의 물의 양이 잘못될 가능성이 크다. 이
메서드는 connectTo의 끝에서 setAllAmountsTo를 바로 이어 호출할 때만 합당하다. 이 메
서드를 별도로 분리해야 하는지는 논란의 여지가 있다. 물론 이 메서드를 따로 분리해 메

서드 이름만으로 의도를 문서화할 수 있고 Reference처럼 주석을 붙일 필요도 없다. 한편 메서드를 분리하면 잘못된 상황에서 메서드를 호출할 위험이 생긴다. 7장에서는 코드의 명확성에 집중하고 있으니 별도 메서드로 분리한다. setAllAmountsTo도 비슷한 논쟁의 여지가 있다.

이 두 메서드의 코드는 다음과 같다.

코드 7.5 Readable: connectTo를 지원하는 2개의 새로운 private 메서드

```
private void mergeGroupWith(Set<Container> otherGroup) {
   group.addAll(otherGroup);
   for (Container x: otherGroup) {
      x.group = group;
   }
}

private void setAllAmountsTo(double amount) {
   for (Container x: group) {
      x.amount = amount;
   }
}
```

private 메서드에는 자바독 주석을 달지 않아도 좋다. 클래스 안에서만 사용하므로 해당 메서드를 자세하게 이해해야 할 사람도 별로 없다. 따라서 주석을 추가하는 비용이 이점보다 크다.

주석 비용은 주석을 작성하는 시간뿐만 아니라 다른 코드와 마찬가지로 주석을 유지 · 보수하는 비용도 포함한다. 주석을 유지 · 보수하지 않으면 설명하려는 코드와 내용이 맞지 않은 주석이 된다. 이러한 주석은 없는 편이 낫다.

주석을 서술적인 이름으로 대체해도 문제가 완전하게 사라지는 것은 아니다. 적절한 코딩 원칙과 프로세스를 따르지 않으면 이름도 언젠가 쓸모 없어진다. 철 지난 이름은 철 지난 주석만큼 바람직하지 않다.

나머지 지원 메서드 3개는 부작용 없는 읽기 전용 기능을 제공하며 public으로 선언했다. 이 메서드를 public으로 만드는 것은 간단한 결정이 아니다. 똑같은 멤버라도

private가 아닌 public으로 선언하면 유지·보수 비용이 훨씬 커진다. public 메서드를 추가하는 비용은 다음과 같다.

- 계약을 설명하는 적절한 문서
- 잘못된 클라이언트와 상호작용에 대비한 사전 조건 검사
- 정확성에 대한 믿음을 주는 일련의 테스트

여기서는 세 메서드가 따로 언급할 만한 사전 조건이 없는 단순한 읽기 전용 기능이므로 그 비용도 제한적이다.[2] 나아가 세 메서드는 클라이언트에게 새로운 정보를 제공한다. 따라서 5장에서 언급했듯이 세 메서드는 클래스의 테스트 용이성을 높여준다.

코드 7.6 connectTo를 지원하는 3개의 새로운 public 메서드

```java
/** 이 수조가 주어진 수조와 연결됐는지 확인한다.
 *
 * @param other 연결 여부를 검사할 수조
 * @return 이 수조가 <code>other</code>에 연결됐다면 <code>true</code>
 */
public boolean isConnectedTo(Container other) {
    return group == other.group;
}


/** 이 수조의 그룹에 포함된 수조의 개수를 리턴
 *
 * @return 그룹의 크기
 */
public int groupSize() {
    return group.size();
}


/** 이 수조의 그룹에 담긴 전체 물의 양을 리턴한다.
 *
 * @return 이 수조의 그룹에 담긴 전체 물의 양
 */
public double groupAmount() {
```

---

2   정확하게 말해 isConnectedTo의 인자는 null이 아니어야 한다. 이러한 당연한 사전 조건은 문서화하거나 능동적으로 검사할 필요가 없다. 이를 위반하면 예상대로 NPE를 던진다.

```
    return amount * group.size();
}
```

isConnectedTo 메서드도 이전 모든 구현에서는 추측할 수밖에 없었던 정보를 직접적으로 알려줘 클래스의 테스트 용이성 향상에 기여한다.

connectTo의 기능을 구성하는 6개 메서드는 모두 매우 짧으며 그중 connectTo 자체가 여섯 줄로 가장 길다. 간결함은 깔끔한 코드의 주요 특징이다.

7.4.3 addWater 정리하기

마지막으로 addWater를 살펴보자. 코드 내용은 Reference와 같고 자바독 문법을 이용해 계약을 더 잘 반영하도록 문서만 개선했다.

코드 7.7 Readable: addWater 메서드

```
/** 이 수조에 물을 더한다.
 * <code>amount</code>가 음수이면 물을 뺀다.
 * 그러한 경우 요청을 만족시키기에 충분한 물이
 * 그룹에 담겨 있어야 한다.
 *
 * @param amount 더할 물의 양
 */
public void addWater(double amount) {
    double amountPerContainer = amount / group.size();
    for (Container c: group) {
        c.amount += amountPerContainer;
    }
}
```

자바독의 메서드 설명을 5장에서 제시한 계약과 비교해보자.

- **사전 조건**: 인자가 음수일 때 그룹에 충분한 물이 존재한다.
- **사후 조건**: 그룹에 속하는 모든 수조에 같은 양의 물을 분배한다.
- **페널티**: IllegalArgumentException을 던진다.

클라이언트가 실제로 존재하는 물보다 많은 물을 빼 계약을 위반하면 어떠한 반응을 하는지 주석에 언급하지 않은 이유는 무엇일까? (Reference와 마찬가지로) 이 구현도 해당 조건을 검사하지 않으며 물의 양이 음수인 경우를 허용하기 때문이다. 그림 7.2에서 이 주석을 바탕으로 만든 HTML 페이지를 다시 살펴보자.

이 구현이 계약대로 조건을 검사하고 `IllegalArgumentException`을 던진다면 어떠할까? 자바 스타일 가이드와 이펙티브 자바에서는 `@throws`나 `@exception` 태그(둘 다 같다)를 이용해 비검사 예외를 문서화할 것을 권장한다.[3] 메서드 주석 안에 다음과 같은 행을 추가하면 된다.

```
@throws IllegalArgumentException
        실제로 존재하는 물보다 많은 물을 빼려고 시도하는 경우
```

자바 API 공식 문서를 보면 이를 표준적으로 준수한다. 예를 들어 `ArrayList`의 `get(int index)` 메서드는 리스트에서 `index`에 위치한 요소를 리턴하는데 문서에서는 인덱스가 올바른 범위에서 벗어나면 비검사 예외 `IndexOutOfBoundsException`을 던진다는 사실을 명시한다.

돌발 퀴즈 5 어떠한 public 메서드가 클래스 불변 조건을 위반하면 `AssertionError`를 던진다고 가정해보자. 이 사실을 메서드의 자바독 문서에 언급해야 할까?

7.5 가독성에 대한 마지막 고찰

7장의 내용은 거의 모든 시나리오에 적용 가능하다는 점에서 다른 장과 구별된다. 1장에서는 시간 효율성이나 공간 효율성을 비롯한 다른 코드 품질과 가독성이 충돌할 수 있다고 했지만 이러한 충돌이 일어나는 경우 대부분 가독성을 우선 고려해야 한다. 버그가 발생하거나 새로운 기능이 필요하면 소프트웨어는 필연적으로 진화해야 하며 그 과정에서 인간의 가독성은 굉장한 이점이다.

---

3 『이펙티브 자바』 3판 74번 항목

그렇다고 코드의 명확성과 알고리듬의 단순성을 혼동하지는 말자. 가독성을 핑계로 효율적인 알고리듬을 버리고 초보적인 알고리듬을 사용하라는 말은 아니다. 그보다 목표에 적합한 알고리듬을 선택해 최대한 깔끔하게 구현하기 위해 노력하자. 명확성은 성능 개선을 위한 꼼수를 거부할 뿐 적당한 엔지니어링을 거부하지는 않는다.

안전한 설명을 위해 덧붙이면 가독성을 사치스럽고 피해야 할 것으로 여기는 경우도 있다. 해커톤hackathon이나 코딩 경진대회처럼 시간이 극히 제한된 프로그래밍 환경이라면 일단 작동하는 코드를 만들어내야 한다. 모든 시간 지연은 비용이고 스타일 관련 고려는 창밖으로 던지자.

또 다른 예를 들면 소프트웨어의 합법적인 사용자를 비롯한 누군가가 소스 코드를 분석하지 못하게 하고 싶을 수도 있다. 소스 코드를 숨기거나 난독화하면 기업의 알고리듬이나 데이터를 감출 수 있다. 이러한 상황이라면 코드의 가독성을 버리고 주어진 목적을 달성하는 가장 어려운 코드가 필요하다. 이러한 작업을 맡아주는 소프트웨어를 난독화기 obfuscator라고 하는데 기능적으로는 주어진 프로그램과 같으면서 인간이 읽기에는 극도로 어려운 코드를 생성한다. 머신 코드와 자바 바이트 코드, 자바 소스 코드를 비롯한 모든 프로그래밍 언어[4]를 난독화할 수 있다. 구글에서 '자바 난독화기'를 검색하면 수많은 오픈소스와 상용 도구를 찾을 수 있다. 하지만 이러한 도구를 갖춘 가장 비밀스러운 회사에서도 내부적으로는 깔끔하고 자기서술적인 코드의 이점을 누릴 수 있으며 출시 전에만 코드를 난독화할 수 있다.

7.6 전혀 새로운 문제에 적용해보기

7.6절에서는 새로운 예제에 가독성을 위한 지침을 적용해보자. 2차원 double 배열을 인자로 받아 뭔가를 수행하는 하나의 메서드다. 완전하게 모호하지도 않고 그렇다고 가독성이 높지도 않은 애매한 스타일을 일부러 적용했다. 다음 내용을 더 읽기 전에 이 메서드가 무슨 일을 하는지 연습 삼아 맞춰보자.

---

4   일부 언어는 일부러 읽기 힘들게 설계돼 난독화할 필요가 없다. 그러한 언어를 알고 있는가?

```
public static void f(double[][] a) {
   int i = 0, j = 0;
   while (i<a.length) {
      if (a[i].length != a.length)
         throw new IllegalArgumentException();
      i++;
   }
   i = 0;
   while (i<a.length) {
      j = 0;
      while (j<i) {
         double temp = a[i][j];
         a[i][j] = a[j][i];
         a[j][i] = temp;
         j++;
      }
      i++;
   }
}
```

고통이 느껴지는가? 중첩된 while 루프와 의미가 없는 변수 이름을 보니 머리에서 정말 쥐가 나는 것 같다. 프로그램 전체를 이러한 스타일로 작성한다면 어떻게 될까!

추측한 대로 이 메서드는 주어진 정사각 행렬의 행과 열을 뒤바꾸는 표준적인 연산인 전치^{transpose}를 수행한다. 첫 번째 루프에서는 주어진 행렬이 행과 열의 수가 같은 정사각 행렬인지 확인한다. 자바의 행렬은 가변적이므로 모든 행의 길이가 주어진 행의 수와 같은지 확인해야 한다. 이제 각 부분을 알아볼 수 있게 주석을 추가한 버전을 살펴보자.

```
public static void f(double[][] a) {
   int i = 0, j = 0;
   while (i<a.length) {          ❶ 각 행에 대해
      if (a[i].length != a.length)   ❷ 행의 길이가 잘못됐는지 확인
         throw new IllegalArgumentException();
      i++;
   }
   i = 0;
   while (i<a.length) {          ❸ 각 행에 대해
      j = 0;
```

```
        while (j<i) {        ❹ i보다 작은 모든 열에 대해
            double temp = a[i][j];  ❺ a[i][j]와 a[j][i]를 바꿈
            a[i][j] = a[j][i];
            a[j][i] = temp;
            j++;
        }
        i++;
    }
}
```

이제 7장 지침에 따라 메서드의 가독성을 개선하자. 우선 정사각 행렬인지 검사하는 부분은 기능적으로 응집도가 높고 계약을 명확하게 기술할 수 있으므로 메서드 추출 리팩터링 규칙을 적용하기에 적합하다. 이 부분을 별도 메서드로 분리하면 다른 상황에서도 유용할 수 있으니 public 메서드로 선언하고 온전한 자바독 주석을 추가했다.

정사각 행렬 검사 과정에서 행렬을 수정하지 않으므로 향상된 for 루프를 사용하자.

```
/** 행렬이 정사각인지 확인한다.
 *
 * @param matrix 행렬
 * @return 행렬이 정사각이면 {@code true}
 */
public static boolean isSquare(double[][] matrix) {
    for (double[] row: matrix) {
        if (row.length != matrix.length) {
            return false;
        }
    }
    return true;
}
```

전치 메서드는 isSquare를 호출한 후 이어지는 두 직관적인 for 루프에서 작업을 수행한다. 여기서는 행과 열의 인덱스를 뒤바꿔야 하므로 향상된 for 루프를 사용할 수 없다.

그리고 메서드 이름과 변수 이름을 더 서술적인 이름으로 바꾼다. i와 j는 배열 인덱스에 표준적으로 사용하는 이름이므로 그대로 둬도 좋다.

```
/** 정사각 행렬을 전치한다.
```

```
 *
 * @param matrix 행렬
 * @throws IllegalArgumentException 주어진 행렬이 정사각이 아님
 */
public static void transpose(double[][] matrix) {
    if (!isSquare(matrix)) {
        throw new IllegalArgumentException(
                "Can't transpose a nonsquare matrix.");
    }
    for (int i=0; i<matrix.length; i++) {        ❶ 각 행에 대해
        for (int j=0; j<i; j++) {                ❷ i보다 작은 각 열에 대해
            double temp = matrix[i][j];          ❸ a[i][j]와 a[j][i]를 뒤바꿈
            matrix[i][j] = matrix[j][i];
            matrix[j][i] = temp;
        }
    }
}
```

7.7 실제 사례

코드 가독성 개선을 위한 매우 중요한 몇 가지 원칙을 살펴보고 이를 적용해봤다. 실전에서 이러한 활동이 얼마나 중요한지 이해하는 데 도움을 줄 사례를 살펴보자.

- 여러분이 작은 스타트업의 공동 창업자라고 가정해보자. 가스 인프라를 관리하는 회사의 소프트웨어 개발 프로젝트를 수주했다. 프로젝트의 목표는 법적 규제를 구현하는 것이다. 상황이 좋아 보인다. 명성을 쌓기 좋은 프로젝트를 수주했고 규제는 쉽게 바뀌지 않으므로 유지·보수 기간 동안 노력의 결실을 그대로 누릴 수 있을 것이다. 여러분 회사에서는 프로젝트를 빨리 끝내 고객에게 깊은 인상을 주기 위해 가독성, 문서화, 단위 테스트 등의 사치는 부리지 않기로 했다. 몇 년 후 회사는 성장했고 초기 멤버 중 절반은 회사를 떠났지만 가스 회사와 맺은 유지·보수 계약은 그대로다. 어느 날 불가능한 일이 일어난다. 관련 규제가 변경돼 새로운 요구 사항에 따라 소프트웨어를 수정해야 한다. 그리고 새로운 기능 개발보다 기존 코드의 동작 방식을 이해하는 것이 더 어렵다는 것을 절실하게 깨닫

는다. 가독성은 소프트웨어 회사에서 팀 운영에 결정적 영향을 미치는 중요한 요소다(http://mng.bz/pyKE).

- 여러분은 오픈소스 커뮤니티에 기여하려는 열정적이고 재능 있는 개발자다. 대단한 아이디어를 깃허브github에 공유해 기존 기여자를 매료시키고 많은 사람이 실제 프로젝트에 사용하길 바란다. 그리고 기여자를 매료시키는 데 가독성이 핵심 요소라는 것을 깨닫는다. 기여자는 여러분의 코드 베이스에 익숙하지 않고 여러 가지 질문을 할 것이기 때문이다.

다음 사례는 프로그래밍 커뮤니티가 가독성을 얼마나 중시하는지를 보여준다.

- 어떠한 프로그래밍 언어를 사용하든 가독성 향상에 노력을 기울여야 한다. 한편 일부 언어에서는 설계 단계부터 가독성을 고려한다. 파이썬은 가장 인기 높은 언어 중 하나로 논란의 여지는 있지만 그 인기 비결 중 하나는 타고난 가독성이다. 파이썬 언어 설계자 중 한 명이 소개한 코딩 스타일 가이드(PEP8Python Enhancement Proposal)의 기본적인 목적이 가독성 향상일 정도로 가독성을 중요하게 고려했다.
- 파이썬 이야기를 계속해보자(이 책은 자바를 다루지만 가독성 원칙은 범용적이다). 파이썬은 동적 언어지만 PEP 484에서는 파이썬 3.5부터 지원하는 선택적인 타입 힌트를 소개한다. 이러한 힌트는 성능에 아무 영향도 미치지 않고 타입 추론을 수행하지도 않는다. 타입 힌트의 목적은 가독성을 향상시키고 더 정적인 타입 검사를 지원하는 것이다. 이를 바탕으로 신뢰성도 함께 개선된다.

7.8 배운 내용 적용해보기

연습문제 1

```
List<String> names;
double[] lengths;
```

위와 같은 데이터가 주어졌을 때 다음과 같은 작업을 수행하려면 어떠한 종류의 루프를 사용해야 할까?

1. 리스트의 모든 이름을 출력한다.

2. 길이가 20자보다 긴 이름을 리스트에서 제거한다.

3. 모든 이름의 길이를 더한다.

4. 배열에 길이가 0인 항목이 있으면 불리언 플래그를 true로 설정한다.

연습문제 2

알다시피 String 클래스의 charAt 메서드는 주어진 인덱스에 위치한 문자를 리턴한다.

```
public char charAt(int index)
```

이 메서드의 계약을 설명하는 자바독 문서를 작성해 공식 문서와 비교해보자.

연습문제 3

다음과 같은 메서드가 어떠한 작업을 하는지 추측하고 가독성을 개선하자(자바독 메서드 주석도 추가하자). 이번 문제와 다음 문제의 코드는 온라인 저장소(https://bitbucket.org/mfaella/exercisesinstyle)에서 확인할 수 있다.

```
public static int f(String s, char c) {
    int i = 0, n = 0;
    boolean flag = true;
    while (flag) {
        if (s.charAt(i) == c)
            n++;
        if (i == s.length() -1)
            flag = false;
        else
            i++;
    }
    return n;
}
```

연습문제 4

다음 메서드는 (10,000명이 별점을 주고 4,000번 포크한) 깃허브 저장소에 올린 알고리듬 모음에서 발췌했다. 이 메서드는 byte 타입의 인접 행렬로 표현된 그래프에서 너비 우선 방문^{breadth-first visit}을 수행한다. 연습문제를 풀기 위해 알고리듬을 이해할 필요는 없으며 i번 노드에서 j번 노드로 향하는 간선이 존재하면 a[i][j]가 1이고 그렇지 않으면 0이라는 점만 알면 된다.

두 단계에 걸쳐 이 메서드의 가독성을 개선하자. 우선 변수 이름과 주석을 수정해 외형적인 변화를 가하자. 다음으로 구조적 변화를 가하자. 모든 변화는 API(파라미터 타입)와 가시적 행위(화면 출력)를 그대로 유지해야 한다.

```java
/**
 * BFS를 코드로 구현해 사용
 *
 * @param a 그래프 탐색을 수행할 구조. 인접 행렬 등
 * @param vertices 사용할 정점
 * @param source 소스
 */
public static void bfsImplement(byte [][] a, int vertices, int source){
                    //인접 행렬과 정점의 수를 전달
    byte []b=new byte[vertices]; //각 정점의 상태를 저장할 플래그 컨테이너
    Arrays.fill(b, (byte)-1); //상태 초기화
    /*      코드    상태
            -1  =  준비
             0  =  대기
             1  =  처리됨    */

    Stack<Integer> st = new Stack<>();          //운영 스택
    st.push(source);                            //소스 할당
    while(!st.isEmpty()){
        b[st.peek()]=(byte)0;                   //대기 상태 할당
        System.out.println(st.peek());
        int pop=st.peek();
        b[pop]=(byte)1;             //처리된 상태로 설정
        st.pop();                   //큐의 헤드 제거
        for(int i=0;i<vertices;i++){
            if(a[pop][i]!=0 && b[i]!=(byte)0 && b[i]!=(byte)1 ){
                st.push(i);
                b[i]=(byte)0;                   //대기 상태 할당
        } } }
}
```

요약

- 가독성은 신뢰성과 유지 · 보수성에 기여하는 주요 요소다.
- 구조적, 외부적 방법으로 가독성을 개선할 수 있다.
- 리팩터링의 일반적인 목적 중 하나는 가독성 개선이다.
- 구현 주석보다 자기문서화 주석을 사용하자.
- 문서를 쉽게 볼 수 있도록 표준 형식에 따라 문서를 자세하게 작성하자.

퀴즈와 연습문제 정답

돌발 퀴즈 1

읽기 쉬운 코드는 이해하기도 쉽고 수정할 때 안전하므로 가독성은 신뢰성과 유지 · 보수성에 좋은 영향을 미친다.

돌발 퀴즈 2

배열 요소를 변경해야 하고 그 인덱스도 필요하므로 향상된 for 루프를 사용할 수 없다. 명시적인 인덱스를 이용해 배열 전체를 순회한다면 표준 for 루프를 사용하는 것이 가장 좋다.

돌발 퀴즈 3

private 메서드는 클라이언트에 노출되지 않으므로 private 메서드의 동작을 설명하는 주석은 구현 주석으로 간주한다.

돌발 퀴즈 4

가장 적절한 이름은 monthlySalary 정도다. s와 salary는 너무 적은 정보만 포함하고 employeeMonthlySalary는 불필요하게 클래스 이름을 반복한다.

돌발 퀴즈 5

AssertionError는 내부적인 오류가 발생했을 때만 던지므로 문서화하면 안된다.

연습문제 1

1. 첫 번째 작업에는 향상된 for 루프가 제격이다.

```
for (String name: names) {
    System.out.println(name);
}
```

2. 두 번째 작업에는 반복자가 적당하다.

```
Iterator<String> iterator = names.iterator();
while (iterator.hasNext()) {
    if (iterator.next().length() > 20) {
        iterator.remove();
    }
}
```

3. 여기서도 향상된 for 루프를 사용한다.

```
double totalLength = 0;
for (double length: lengths) {
    totalLength += length;
}
```

또는 스트림을 이용해 한 줄로 작성할 수 있다.

```
double totalLength = Arrays.stream(lengths).sum();
```

4. 데이터(배열 내용)가 종료 조건을 결정할 때는 일반적으로 while 루프를 사용한다. 향상된 for 루프와 break 구문을 이용하는 방법도 적당하다. 이 방법은 배열 전체를 훑어야 하는 경우에도 자연스럽게 고려할 수 있다.

```
boolean containsZero = false;
for (double length: lengths) {
    if (length == 0) {
        containsZero = true;
        break;
    }
}
```

스트림 라이브러리를 이용하면 간단한 구현이 가능하다.

```
boolean containsZero = Arrays.stream(lengths).anyMatch(
                            length -> length == 0);
```

연습문제 2

OpenJDK 12의 자바독을 약간 단순화한 버전은 다음과 같다.

```
/**
 * 주어진 인덱스에 위치한 {@code char} 값을 리턴한다.
 * 인덱스는 {@code 0}에서 {@code length() - 1}까지의
 * 구간에 속한다. 시퀀스의 첫 번째 {@code char} 값의
 * 인덱스는 {@code 0}, 다음 인덱스는 {@code 1}과 같이
 * 배열의 인덱싱 방식을 따른다.
 *
 * @param index {@code char} 값의 인덱스
 * @return 이 문자열의 주어진 인덱스에 위치한 {@code char} 값
 *          첫 번째 {@code char} 값의 인덱스는 {@code 0}이다.
 * @exception IndexOutOfBoundsException {@code index} 인자가
 *              음수이거나 이 문자열의 길이 이상이다.
 */
```

연습문제 3

문자열에 주어진 문자가 등장하는 횟수를 세는 메서드라는 것을 쉽게 알 수 있다. while 루프와 플래그는 불필요하므로 다음과 같이 간단한 for 루프로 대체한다.

```
/** 문자열에 주어진 문자가 등장하는 횟수를 센다.
 *
 * @param s 문자열
 * @param c 문자
 * @return 문자 {@code c}가 {@code s}에 등장하는 횟수
 */

public static int countOccurrences(String s, char c) {
    int count = 0;
    for (int i=0; i<s.length(); i++) {
        if (s.charAt(i) == c) {
```

```
        count++;
      }
    }
  return count;
}
```

스트림 라이브러리를 이용하면 다른 방식의 구현이 가능한데 메서드 몸체를 다음과 같이 한 줄로 작성할 수 있다.

```
return (int) s.chars().filter(character -> character == c).count();
```

종단 연산 count가 long 타입 값을 리턴하므로 타입을 int로 변환했다. 더 견고한 구현이라면 오버플로우도 고려해야 한다.

연습문제 4

외부적 개선과 구조적 개선을 모두 포함한 마지막 버전을 바로 살펴보자. 우선 알고리듬은 각 노드의 상태를 유지하는데 초기 상태(아직 발견하지 못함), 큐에 들어감(스택에 들어갔지만 아직 방문하지 않음), 처리됨(방문함) 세 값 중 하나에 해당한다. 원래 구현에서는 이 정보를 byte 배열 b로 인코딩했다. 첫 번째 구조적 개선으로 이 정보를 열거형을 사용해 인코딩한다. 열거형은 메서드 안에서 지역적으로 선언할 수 없으므로 클래스 범위(메서드 밖)에서 선언한다.

```
private enum Status { FRESH, ENQUEUED, PROCESSED };
```

이제 위의 열거형을 활용하고 변수 이름을 다시 짓고 구현 주석을 제거하고 공백과 들여쓰기를 손보는 등 메서드 자체를 리팩터링하자. 그 결과는 다음과 같다.

```
/** 유향 그래프의 노드를 너비 우선 순서로 방문하고
 * 방문한 노드의 인덱스를 출력한다.
 *
 * @param adjacent 인접 행렬
 * @param vertexCount 정점 개수
 * @param sourceVertex 시작 정점
 */
```

```java
public static void breadthFirst(
                    byte[][] adjacent, int vertexCount, int sourceVertex) {
    Status[] status = new Status[vertexCount];
    Arrays.fill(status, Status.FRESH);

    Stack<Integer> stack = new Stack<>();
    stack.push(sourceVertex);

    while (!stack.isEmpty()) {
        int currentVertex = stack.pop();
        System.out.println(currentVertex);
        status[currentVertex] = Status.PROCESSED;
        for (int i=0; i<vertexCount; i++) {
            if (adjacent[currentVertex][i] != 0 && status[i] == Status.FRESH)
            {
                stack.push(i);
                status[i] = Status.ENQUEUED;
            }
        }
    }
}
```

위의 메서드에서 Stack이 가독성에는 영향을 미치지 않아 남겨뒀지만 Stack 클래스보다 LinkedList나 ArrayDeque를 사용할 것을 권한다.

참고문헌

- Robert Martin, 『Clean Code』(Prentice Hall, 2009)

  『애자일 소프트웨어 개발 선언서』 저자 중 한 명이 집필한 자세하고 통합적인 스타일의 지침서다. 이 책과 관련해 더 고수준의 아키텍처 설계를 다룬 『Clean Architecture』(Prentice Hall, 2017)가 있다.

  번역서: 『클린 코드: 애자일 소프트웨어 장인정신』(박재호, 이재영 역)(인사이트, 2013)

  번역서: 『클린 아키텍처: 소프트웨어 구조와 설계의 원칙』(박재호, 송준이 역)(인사이트, 2019)

- Steve McConnell, 『Code Complete』(Microsoft Press, 2004)

  변수 명명법을 비롯한 사소한 일부터 계획 수립과 팀 관리에 이르기까지 광범위하고 내용을 잘 정리한 실전 코딩 지침서다.

  번역서: 『코드 컴플리트 2』(서우석 역)(위키북스, 2020)

- Brian Kernighan, Plauger, 『The Elements of Programming Style』(McGraw-Hill, 1974)

  코드 가독성 문제를 체계적으로 다룬 첫 번째 책이다. 예제는 포트란과 PL/I로 작성됐다. 내용이 갱신된 제2판은 1978년 출간됐다. 커니건은 파이크[Pike]와 함께 20년 후 출간한 『The Practice of Programming』(Addison-Wesley, 1999) 1장에서 이 문제를 다시 다뤘다.

- Martin Fowler, 『Refactoring: Improving the Design of Existing Code』(Addison-Wesley, 2018)

  리팩터링 개념의 표준을 제시하고 대중화한 고전서의 제2판이다. 저자의 웹사이트 https://martinfowler.com에서 리팩터링 규칙의 일람표를 볼 수 있다. 널리 쓰이는 IDE에서는 한두 번의 클릭으로 상당수의 규칙을 적용할 수 있다.

  번역서: 『리팩터링 2판』(개앞맵시, 남기현 역)(한빛미디어, 2020)

- Donald Knuth, 『Literate Programming』(Center for the Study of Language and Information, 1995)

  프로그래밍을 문학 수준으로 끌어올리는 것을 다룬 에세이다.

- 『How to Write Doc Comments for the Javadoc Tool』

  공식 자바독 스타일 지침으로 이 책을 쓰는 시점에서 http://mng.bz/YeDe에서 볼 수 있다.

8

스레드 안전성

8장의 목표는 여러분의 구현에 스레드 안전성을 더하는 것이다. 어떠한 클래스가 스레드 안전하다는 것은 여러 스레드에서 해당 클래스의 객체와 상호작용할 때 동기화 문제를 신경 쓸 필요가 없다는 뜻이다. 다른 말로 하면 스레드 안전한 클래스는 동기화 문제를 스스로 해결한다. 그 덕분에 클라이언트는 해당 객체의 어떠한 메서드를 동시에 호출하더라도 부작용을 걱정할 필요가 없다. 5장에서 설명한 계약에 의한 설계방법론을 준수하는 메서드는 사후 조건이나 불변 조건 위반을 비롯한 부작용을 자세하게 기술할 수 있다.

스레드 안전성은 효율성이나 가독성처럼 일반적인 품질 속성으로 간주되지는 않는다. 하지만 병렬 하드웨어가 대중화되면서 그 중요성도 커지고 있다. 다른 기능적 결함과 달리 스레드 안전성의 결함은 오랫동안 발견되지 않을 수 있다. 특정 타이밍과 스케줄링 상황에서만 경합 조건이 발생해 객체 상태가 더럽혀지거나 교착 상태가 발생해 프로그램이 정지하는 등의 특수한 상황에서만 동기화 결함이 겉으로 드러난다. 이러한 이유 때문에 8장을 자세하게 읽어야 한다!

8장에서는 여러분이 synchronized 블록을 이용한 상호배제mutual exclusion 구현을 비롯한 기본적인 자바 멀티스레드 지식을 갖췄다고 가정한다. 시험 삼아 8장 후반부의 연습문제 1을 풀어보자. synchronized 키워드의 주요 속성을 복습할 수 있다.

8.1 스레드 안전성 달성의 어려움

스레드 안전성을 방해하는 2가지는 경합 조건과 교착 상태다. 일반적으로 경합 조건은 동기화를 너무 수행하지 않아서 발생하며 교착 상태는 동기화를 지나치게 했을 때 발생한다. 서로 다른 스레드에서 동시에 수행한 두 연산 때문에 적어도 한 연산의 사후 조건이 깨질 때 경합 조건이 발생한다. 공유된 객체를 동기화 없이 조작하면 경합 조건을 쉽게 만들어낼 수 있다.

여러 스레드가 다음과 같은 클래스의 인스턴스를 공유한다고 가정해보자.

```java
public class Counter {
    private int n;
    public void increment() { n++; }
    ...
}
```

두 스레드가 increment를 거의 동시에 호출한다면 n이 두 번 증가하는 대신 한 번만 증가할 수 있다.[1] n++가 원자적 연산atomic operation이 아니라 다음과 같은 3가지 원자적 연산으로 이뤄지기 때문이다.

1. n의 현재 값을 (레지스터 머신의) 레지스터에 복사하거나 (JVM에서) 스택에 복사한다.
2. 1을 더한다.
3. 갱신된 n 값을 해당 Counter 객체에 복사한다.

---

1   경합 조건과 별개로 가시성 문제 때문에 두 스레드가 서로 다른 카운터 값을 참조할 수도 있다.

두 스레드가 첫 번째 단계를 동시에 실행한다면(또는 두 스레드 중 하나가 갱신한 값을 저장하기 전에 다른 스레드가 동작한다면) 두 스레드 모두 같은 값 n을 읽어 1을 더한 후 같은 값 n+1을 저장한다. 결국 같은 값 n+1을 두 번 저장한다.

온라인 저장소(https://bitbucket.org/mfaella/exercisesinstyle)의 `eis.chapter8.threads.Counter` 클래스를 직접 실행하면 이를 확인할 수 있다. 이 코드는 5개 스레드를 시작한 후 각 스레드에서 같은 카운터 객체의 `increment` 메서드를 1,000번씩 호출한다. 그리고 프로그램 끝에서 카운터 값을 출력한다. 내 랩톱에서 프로그램을 세 번 실행한 결과는 다음과 같다.

```
4831
4933
3699
```

보다시피 이러한 상황에서 경합 조건은 매우 빈번하게 발생한다. 세 번째 실행에서는 증가 연산의 26%가 경합 조건 때문에 소실됐다. 알다시피 뮤텍스^{mutex}와 모니터를 비롯한 동기화 요소를 사용하면 경합 조건을 해결해 `increment`의 모든 호출을 상호배제적으로 수행할 수 있다. 즉 주어진 Counter 객체에 대해 해당 메서드가 수행 중이라면 다른 메서드 호출은 현재 호출이 끝난 후에 실행할 수 있다. 자바의 `synchronized` 키워드는 기본적인 동기화 메커니즘을 구성한다.

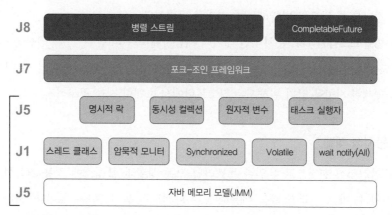

▲ **그림 8.1** 자바 멀티스레드 지원의 주요 계층. 각 계층이 처음 도입된 자바 버전을 부연했다(JMM은 처음 수정된 버전을 명시했다). 8장은 아래쪽 세 계층만 다룬다.

한편 무분별한 동기화 때문에 둘 이상의 스레드가 서로 순환하는 형태로 영원히 기다리는 교착 상태가 발생할 수 있다. 8.2절에서 이 현상을 재현한 예를 다룬다.

8장 나머지 부분에서는 synchronized 블록과 명시적 락explicit lock을 비롯한 저수준 동기화 요소를 이용해 경합 조건과 교착 상태를 인지하고 회피하는 방법을 배운다. 이 책의 기조대로 수조 예제를 바탕으로 실용적이면서도 요점을 명확하게 설명한다. 그리고 그 과정에서 흥미롭고 특수한 동기화 형태도 다룬다.

멀티스레드 문제와 해답을 더 통합적으로 이해하기 위해서는 사용하는 언어의 기본적인 메모리 모델 규칙을 살펴봐야 한다. 자바 환경에서 최고의 참고서는 예나 지금이나 참고문헌에서 언급한 『Java Concurrency in Practice』다. 더 나아가 언어가 제공하는 하이 레벨 동기화 기능에도 익숙해야 한다.

자바는 처음부터 스레드를 지원한 덕분에 멀티스레드 지원에서 첨병 역할을 했다. 지난 몇 년 동안 그림 8.1에서 다룬 3가지 하이 레벨 추상화를 비롯한 멀티스레드 지원이 꾸준하게 보강됐다.

- **실행자**executor **서비스**(자바 5): 사용자 정의 작업을 수행하는 적절한 수의 스레드를 생성하고 관리하는 몇 가지 클래스와 인터페이스다. `java.util.concurrent` 패키지의 `ExecutorService` 인터페이스와 `Executors` 클래스를 확인하자.
- **포크-조인**fork-join **프레임워크**(자바 7): 복잡한 계산을 여러 스레드로 분산하고fork 그 결과를 한 값으로 병합하는join 영리한 방법이다.
- **병렬 스트림**(자바 8): 순차적인 데이터 제공자에 복수의 단일uniform 연산을 적용하는 강력한 라이브러리다. `Stream` 클래스를 살펴보는 것부터 시작하되 라이브러리의 세세한 사항을 알기 위해서는 참고문헌에서 소개한 책을 공부하자.

8.1.1 동시성 레벨

스레드 안전성이 진정으로 유일한 목표라면 모든 상황과 클래스에 적용 가능한 간단한 방법이 있다. 바로 전역적 락을 이용해 모든 메서드를 동기화하는 것이다. 자바의 모든 객체에는 암묵적으로 락이 제공된다. 예를 들어 모든 컨테이너에 대한 전역 락이 필요하다면 Container.class[2] 객체의 락을 이용할 수 있다. 그리고 Container 클래스의 모든 메서드의 몸체를 다음과 같이 synchronized 블록으로 감싼다.

```
synchronized (Container.class) {
    ... ❶ 메서드 몸체
}
```

이렇게 하면 클래스 전체에 대한 모든 접근이 직렬화된다. 즉 다른 메서드에서 서로 다른 객체의 메서드를 호출해도 동시에 한 번의 호출만 메서드 몸체로 진입할 수 있다. 이처럼 전역적인 방식은 극단적으로 서툴고 동시성에서 얻을 수 있는 모든 성능 향상을 가로막는다. 게다가 락을 획득하고 해제하는 연산 때문에 싱글 스레드 프로그램의 성능까지 떨어진다.[3] 이러한 기법을 클래스 레벨 동시성이라고 하는데 표 8.1에 요약한 동시성 레벨 중 한쪽 극단에 위치한다.

▼ **표 8.1** 일반적인 클래스 대상 동시성 정책을 동시성이 증가하는 순서로 나열했다. 두 번째 열은 동시에 허용되는 연산, 세 번째 열은 해당 정책을 구현하는 데 필요한 락을 보여준다.

이름	동시 허용 연산	락의 개수
클래스 레벨	다른 클래스에 접근	클래스 당 락 하나
객체 레벨	다른 객체에 접근	객체 당 락 하나
메서드 레벨	다른 메서드에 접근	각 객체의 메서드 당 락 하나
무제한	모든 연산	락 필요 없음

이상적으로는 최대한의 동시성을 달성하면서 스레드 안전성을 보장해야 한다. 이를 위해 두 단계가 필요하다.

1. **명세 단계**: 여러분의 클래스가 동시성을 지원할 수 있는지를 명확하게 한다. 즉 경합 조건 없이 동시에 실행 가능한 메서드나 코드 조각을 알아낸다. 실용적으로는 서로 다른 데이터를 사용하는 코드 조각이 이에 해당한다.

---

2   해당 클래스의 동기화된 정적 메서드를 호출할 때 바로 이 락을 사용한다.
3   최적화된 런타임 환경에서는 이러한 부담을 회피하는 기법을 사용할 수도 있다. HotSpot의 편향된 락(biased locking)은 한 스레드가 락을 거의 소유하는 상황을 인식하고 이를 최적화한다.

2. **구현 단계**: 불법적인 동시 접근을 직렬화하고 합법적인 동시 접근만 허용하는 동기화 요소를 추가한다.

어떠한 클래스의 객체가 고립된 경우(객체가 서로 참조하거나 다른 타입의 공유 객체를 참조하지 않으면) 여러 스레드가 한 객체에 접근하지 않는 한 동시에 실행할 수 있으며 모든 인스턴스 메서드에 synchronized 키워드를 넣는 것만으로도 스레드의 안전한 구현이 가능하다. 이는 일반적인 객체 레벨 동시성에 해당하며 다음과 같은 평범한 클래스도 이에 속한다.

```
public class Employee {
    private String name;
    private Date hireDate;
    private int monthlySalary;
    ...
    public synchronized increaseSalary(int bonus) {
        monthlySalary += bonus;
    }
}
```

이처럼 간단한 경우도 더 개선할 수 있다. 모범 사례를 따르자면 클라이언트가 Employee 객체를 모니터로 사용할 때 충돌을 피하기 위해 메서드 전체를 synchronized로 지정하지 말자. private 필드를 모니터로 사용하는 것이 좀 귀찮고 공간을 더 사용하지만 견고성이 더 뛰어나다. 나아가 동기화를 비공개 구현으로 감출 수 있고 또 그래야만 한다.

```
public class Employee {
    private String name;
    private Date hireDate;
    private int monthlySalary;
    private Object monitor = new Object();
    ...
    public increaseSalary(int bonus) {
        synchronized (monitor) {
            monthlySalary += bonus;
        }
    }
}
```

표 8.1 세 번째 행의 메서드 레벨 동시성은 매우 이례적이며 여기에는 그럴 만한 이유가 있다. 한 객체의 모든 메서드가 서로 독립적이어야 하기 때문이다. 한 객체의 두 메서드가 독립적이라면 객체 상태를 구성하는 여러 부분 중 서로 다른 부분에 접근해야 한다. 모든 메서드가 이처럼 상호독립적이라면 이는 응집도가 낮다는 신호로 다른 클래스에 속해야 할 정보를 하나로 묶었을 수 있다. 동시성 정책을 논하기 전에 해당 클래스를 여러 클래스로 나눠야 한다.

C# 모니터

자바와 마찬가지로 C#에서도 객체마다 모니터가 제공되며 다음과 같은 문법으로 획득하고 해제할 수 있다.

```
lock (object) {
    ...
}
```

메서드에 다음과 같은 메서드 속성(자바의 애노테이션에 해당)을 붙이면 전체 메서드를 동기화 블록으로 선언할 수 있다.

```
[MethodImpl(
    MethodImplOptions.Synchronized)]
```

이와 달리 자바에서는 `Monitor.Enter(object)`와 `Monitor.Exit(object)`를 호출해 객체의 암묵적인 락을 획득하고 해제할 수 있다.

돌발 퀴즈 1 클래스의 사용자와 구현자 중 어느 쪽이 동시성 정책을 고려해야 할까?

마지막으로 무제한 레벨은 무상태^{stateless} 클래스나 불변 클래스에 적용된다. 두 클래스 모두 여러 스레드에서 동시에 사용해도 무방하다. 예를 들어 (Comparator 인터페이스를 구현하는) 비교자는 일반적으로 상태가 없으므로 특별한 주의 없이 여러 스레드에서 공유할 수 있다. 불변성은 8.4절에서 살펴본다.

수조 예제의 동시성 레벨은 클래스 레벨과 객체 레벨 사이에 위치하므로 이를 설명하고 구현하는 데 더 큰 노력이 필요하다. 8.1.2절에서 살펴보자.

8.1.2 수조 시스템의 동시성 정책

구현 방식과 상관 없이 계약을 지키기 위해서는 한 수조가 다른 수조를 참조해야 한다. 구체적으로 말해 connectTo 메서드와 addWater 메서드는 여러 수조의 상태를 변경해야 한다. 따라서 현재 객체의 락을 획득하는 방식으로는 스레드 안전성을 달성할 수 없다.

그중에서도 connectTo 메서드는 병합될 두 그룹의 수조를 모두 수정하므로 가장 까다롭다. 경합 조건을 피하려면 다른 스레드에서 병합될 두 그룹에 속하는 어떠한 수조에도 접근할 수 없다. 정확하게 말해 getAmount로 수조 상태를 읽을 수는 있지만 addWater나 connectTo로 상태를 수정하는 것은 막아야 한다. 즉 먼저 호출한 connectTo가 끝날 때까지 기다려야 한다.

요약하면 Container 클래스의 동시성 정책은 다음과 같다.

1. 클래스는 반드시 스레드 안전해야 한다.
2. 수조 a와 b가 다른 그룹에 속하면 a와 b의 어떠한 메서드 호출도 동시에 수행할 수 있다.
3. 기타 모든 메서드 호출은 동기화해야 한다.

Container 클래스의 사용자를 위한 정책은 1번뿐이다. 이는 클라이언트가 동기화를 고려하지 않고도 여러 스레드에서 동시에 객체를 사용할 수 있다는 뜻이다.

2번과 3번 속성은 Container 클래스의 개발자가 목표로 하는 동시성 레벨을 설명한다. 표 8.1과 비교하면 클래스 레벨과 객체 레벨 동시성 사이에 위치하는데 서로 다른 그룹에 속하는 객체끼리만 동시성을 허용하기 때문이다. 8장 나머지 부분에서는 synchronized와 volatile, ReentrantLock 클래스를 비롯한 자바 동기화 요소를 바탕으로 위의 목적을 달성하는 여러 가지 방법을 설명한다.

8.2 교착 상태 다루기

Reference보다 효율적이고 스레드 안전성에 적합한 3장의 Speed1을 수정하자. Speed1의 구조를 다시 상기해보자. 각 수조는 group 객체의 참조를 유지하며 그룹은 각 수조에 담긴 물의 양과 해당 그룹에 포함된 수조의 집합을 저장한다.

```java
public class Container {
    private Group group = new Group(this);

    private static class Group {
        double amountPerContainer;
        Set<Container> members;

        Group(Container c) {
            members = new HashSet<>();
            members.add(c);
        }
    }
}
```

동시성 정책의 명세를 보면 수조 클래스에서 동기화의 기본 단위가 그룹이라는 것을 쉽게 알 수 있다. 실제로 connectTo는 병합할 두 그룹의 모니터가 필요하다. 이처럼 한 메서드에서 모니터가 2개 이상 필요할 때 교착 상태가 발생할 위험이 존재한다. 교착 상태는 둘 이상의 스레드가 서로 획득한 모니터를 기다리는, 짧게 말해 순환 패턴을 띠며 영원히 대기하는 상태를 말한다.

가장 간단한 교착 상태 시나리오는 스레드 1이 모니터 A와 모니터 B를 차례대로 요청한 반면 스레드 2는 그 반대 순서로 모니터 점유를 요청하는 상태다. 스케줄링 상황에 따라 스레드 1이 A를 성공적으로 획득하고 스레드 1이 B를 획득하기 전에 스레드 2가 B를 성공적으로 획득한다면 두 스레드는 불행하게도 교착 상태에 빠진다. 다음과 같은 connectTo 구현은 자연스러워 보이지만 교착 상태의 위험이 존재한다.

```java
public void connectTo(Container other) {
    synchronized (group) {
        synchronized (other.group) {
            ... ❶ 실제 동작 수행
        }
    }
}
```

한 스레드에서 a.connectTo(b)를 호출하고 다른 스레드에서 b.connectTo(a)를 동시에 호출한다면 전형적인 교착 상태 위험이 발생한다. 일반적으로 클라이언트에 아무 제약도 가하지 않고 교착 상태를 피하는 2가지 방법은 원자적 락 시퀀스^{atomic lock sequence}와 순서 있는 락 시퀀스^{ordered lock sequence}다.

돌발 퀴즈 2 각 스레드가 한 번에 하나의 락만 획득할 때도 교착 상태가 발생할 수 있을까?

8.2.1 원자적 락 시퀀스

첫 번째 방법으로 교착 상태를 유발하는 락 획득 시퀀스를 원자적으로 만들 수 있다. 여기에는 두 시퀀스를 동시에 수행할 수 없게 막는 또 다른 락(globalLock이라고 하자)이 필요하다. 이렇게 하면 락 획득을 요청하는 시퀀스는 다른 시퀀스가 실행되는 동안 시작할 수 없다. 필요한 락 중 하나가 잠긴 상태라면 전역 락도 잠겨 있어 다른 시퀀스가 시작할 수 없고 교착 상태의 위험도 사라진다. 하지만 전혀 다른 락 집합을 획득하려는 시퀀스도 다른 시퀀스가 완료될 때까지 시작할 수 없다는 점을 기억하자. 이 방법은 허용하는 동시성 정도를 제약해 교착 상태를 방지한다.

자바의 암묵적인 락은 반드시 획득한 순서의 역순으로 해제되므로 전역 락은 암묵적인 락으로 구현할 수 없다. globalLock이 암묵적 락이라면 globalLock과 모니터 A를 순서대로 획득한 후 globalLock을 먼저 해제할 수 없다. 즉 다음 코드 조각에는 결함이 있다.

```
synchronized (globalLock) {
    synchronized (group) {
        synchronized (other.group) {
}   ❶ 여기서 globalLock을 해제하고 싶다.
            ...  ❷ 실제 동작 수행
        }
    }
}
```

잘못된 들여쓰기는 무시하더라도 첫 번째 닫는 중괄호는 우리가 의도한 globalLock이 아니라 other.group을 해제한다. 자바 API의 ReentrantLock 클래스를 이용한 명시적 락은 이러한 제약을 극복할 수 있다. ReentrantLock은 lock과 unlock 메서드를 이용해 언제든지 획득과 해제를 할 수 있다는 점에서 암묵적 락보다 유연하다. 다음과 같이 명시적 락을 클래스에 추가하자.

```
private static final ReentrantLock globalLock = new ReentrantLock();
```

이제 다음 코드처럼 connectTo의 시작부터 두 암묵적 락을 획득할 때까지 전역 락을 바탕으로 코드를 보호한다.

코드 8.1 AtomicSequence: 원자적 락 시퀀스로 교착 상태 방지

```
public void connectTo(Container other) {
  globalLock.lock();
  synchronized (group) {
    synchronized (other.group) {
      globalLock.unlock();
      ...  ❶ 물의 양을 다시 계산
      group.members.addAll(other.group.members);
      group.amountPerContainer = newAmount;
      for (Container x: other.group.members)
        x.group = group;
    }
  }
}
```

동시에 한 스레드만 globalLock을 획득할 수 있으므로 두 synchronized로 이뤄진 시퀀스를 실행할 수 있는 스레드도 하나뿐이고 교착 상태는 일어날 수 없다.

돌발 퀴즈 3 synchronized 블록 안에서 예외가 발생하면 어떻게 될까? ReentrantLock을 소유한 스레드가 예외를 던지면 어떻게 될까?

8.2.2 순서 있는 락 시퀀스

교착 상태를 피하는 더 효율적인 방법은 모니터 사이의 전역적인 순서를 정해 모든 스레드가 알 수 있게 하고 모든 스레드는 이 순서대로 락을 획득하게 하는 것이다. 각 그룹에

유일한 정수 ID를 할당하면 이러한 전역 시퀀스를 만들 수 있다. 구체적으로 클래스의 새로운 인스턴스를 생성할 때마다 증가하는 전역(즉 static) 카운터를 만들어 새로운 인스턴스에 유일한 ID를 할당할 수 있다.

이처럼 공유된 카운터로의 접근은 적절하게 동기화해야 한다. 동기화하지 않으면 경합 조건이 두 증가 연산에 영향을 미쳐 두 그룹에 같은 ID를 할당할 수 있다. 가장 간단한 방법으로 그림 8.1에 언급한 원자적 변수 타입 중 하나인 AtomicInteger를 이용하자. 이 클래스의 객체는 스레드 안전하면서도 가변적이다. 인스턴스 메서드인 incrementAndGet 을 이용하면 이름 그대로 유일한 순차적 ID를 스레드 안전하게 만들어낼 수 있다.

다음 코드는 필드 정의와 중첩 클래스를 포함한 Container 클래스의 첫 부분을 보여준다. 유일한 그룹 ID를 제외하면 Speed1과 비슷하다.

코드 8.2 OrderedSequence: 순서 있는 락 획득을 이용한 교착 상태 방지

```java
public class Container {
    private Group group = new Group(this);

    private static class Group {
        static final AtomicInteger nGroups =
            new AtomicInteger();   ❶ 생성된 그룹의 총 개수
        double amount;
        Set<Container> elems = new HashSet<>();
        int id = nGroups.incrementAndGet();   ❷ 순차적으로 증가하는 ID를 할당

        Group(Container c) {
        elems.add(c);
    }
}
```

새로운 Group 객체는 데이터베이스의 자동 증가 필드처럼 유일한 순차적 ID를 발급받는다. 코드 8.3의 connectTo 메서드는 ID 순서대로 모니터 획득을 요청해 교착 상태를 회피한다.

코드 8.3 OrderedSequence: connectTo 메서드

```
public void connectTo(Container other) {
    if (group == other.group) return;
    Object firstMonitor, secondMonitor;
    if (group.id < other.group.id) {
        firstMonitor = group;
        secondMonitor = other.group;
    } else {
        firstMonitor = other.group;
        secondMonitor = group;
    }
    synchronized (firstMonitor) {
        synchronized (secondMonitor) {
            ...  ❶ 물의 양을 다시 계산
            group.members.addAll(other.group.members);
            group.amountPerContainer = newAmount;
            for (Container x: other.group.members)
                x.group = group;
        }
    }
}
```

락을 획득할 대상 객체에 유일한 ID를 할당할 수 있다면 이를 바탕으로 교착 상태를 방지할 수 있다. 반대로 대상 객체에 유일한 ID가 없고 클래스를 수정할 수도 없다면 첫 번째로 살펴본 전역 락이 유일한 해법이다.

돌발 퀴즈 4 순서 있는 락 기법이 교착 상태를 방지하는 이유는 무엇인가?

8.2.3 숨은 경합 조건

8.2.1절과 8.2.2절에서 교착 상태를 회피하는 일반적인 방법을 살펴봤지만 수조 클래스에는 귀찮은 경합 조건이 아직 남아 있다. 한 그룹 객체를 서로 다른 연결(그룹 병합) 연산에서 동시에 모니터로 사용할 때 connectTo 호출 시 더 이상 아무 수조에도 연결되지 않는 쓸모 없는 그룹의 락을 획득하게 된다. 따라서 connectTo가 수행하는 연산은 현재 수조를 포함하는 새로운 그룹의 어떠한 연산과도 상호배제적일 수 없다.

8.2.2절의 순서 있는 락 기법을 사용할 때는 이 문제를 직관적으로 이해할 수 있다. connectTo의 첫 줄에서 그룹 ID를 비교하고 순서를 정하는 과정은 동기화로 보호되지 않는다. 따라서 현재 스레드가 그룹에 해당하는 락을 얻기 전에 두 그룹이 수정될 수 있다. 자연스러운 해법은 전역 락을 사용해 메서드의 시작부터 두 그룹의 락을 얻기 전까지 보호하는 것인데 이는 원자적 락 시퀀스와 비슷하다. 하지만 전역적 락만으로도 교착 상태를 방지할 수 있으므로 순서 있는 락 메커니즘을 사용할 이유가 사라진다. 결과적으로 원자적 락 시퀀스를 구현한 셈인데 이 방법은 경합 조건으로부터 자유로울까?

엄격하고 집중적인 테스트를 해보면 그렇지 않다는 점이 드러난다. 그림 8.2에서 보듯이 connectTo는 여전히 쓸모 없는 락을 획득하고 앞에서 약속한 동시성 정책을 어길 수 있다. 스레드 1이 a.connectTo(b)를 시작한 후 그룹 b를 갱신하기 전 즉 대입문 b.group = a.group을 실행하기 전에 제어권을 빼앗겼다고 가정하자.[4] 이러한 일이 벌어지는 이유는 여러 가지인데 가장 간단한 이유는 다른 스레드를 같은 하드웨어 코어에서 실행하도록 스케줄링된 것이다. 결론적으로 JVM은 고립된 채 실행되지 않으며 OS를 비롯한 수많은 프로세스와 하드웨어를 공유한다.

이 시점에서 스레드 2가 b.connectTo(c)를 호출한다. 첫 번째 스레드가 모니터를 획득했으므로 두 번째 스레드는 synchronized (b.group)에 멈춰 있다. 첫 번째 스레드가 모니터를 해제하면 두 번째 스레드가 모니터를 획득하지만 그 모니터에 해당하는 그룹은 가비

---

4 OS 스케줄러가 실행을 일시 중단한다.

지 컬렉션 대상이 된 쓸모 없는 객체다. 두 번째 스레드는 자신이 그룹 b의 모니터를 획득 했다는 환상에 빠지지만 사실 그 모니터는 쓸모 없는 모니터다. 따라서 그후의 모든 연산 은 b의 현재 그룹에 대한 어떠한 연산과도 상호배제적이지 않다.

그림 8.2에서 이 시나리오를 묘사하는데 이 문제를 해결한 '진짜' 스레드 안전한 수조 구 현을 8.3절에서 살펴보자.

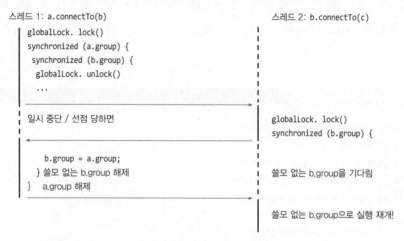

스레드 1: a.connectTo(b)

```
globalLock. lock()
synchronized (a.group) {
 synchronized (b.group) {
  globalLock. unlock()
  ...
```

일시 중단 / 선점 당하면

```
    b.group = a.group;
  } 쓸모 없는 b.group 해제
}   a.group 해제
```

스레드 2: b.connectTo(c)

```
globalLock. lock()
synchronized (b.group) {
```

쓸모 없는 b.group을 기다림

쓸모 없는 b.group으로 실행 재개!

▲ **그림 8.2** 원자적 락 시퀀스를 이용한 connectTo 구현에 영향을 미치는 경합 조건

8.3 스레드 안전한 수조 [ThreadSafe]

진정한 스레드 안전 구현을 위해 (코드 8.2와 8.3의) OrderedSequence에서 시작하자. OrderedSequence는 교착 상태를 해결했고 서로 다른 그룹에 속하는 수조 사이에 최대 병렬성을 제공한다. 이제 이를 바탕으로 8.2.3절에서 살펴본 경합 조건 문제를 해결하자. ThreadSafe라는 별명의 새로운 구현은 OrderedSequence와 같은 필드와 중첩 클래스 를 포함하며 두 수조를 연결할 때 전역적인 락을 사용하지도 않는다. 하지만 8.3.1절에서 설명하는 대로 올바른 락을 획득하기 위해 여러 번 시도한다.

8.3.1 connectTo 동기화

경합 조건을 피하기 위해서는 connectTo가 '현재' 시점에서 연결할 두 수조가 속하는 그룹의 모니터를 획득해야 한다. 동시성을 지나치게 희생시키지 않고 이 목표를 이루기 위해서는 고전적인 락 기반 동기화에서 락-프리 동기화로 관점을 바꿔야 한다. 첫 시도에 올바른 락을 획득하려면 전역 락을 사용해 병렬성을 완전하게 잃어버릴 수밖에 없다. 그 대신 다음 코드처럼 획득한 락이 현재 그룹이라는 것을 확인할 때까지 여러 번 시도해야 한다. 이를 위해 OrderedSequence의 순서 있는 락 시퀀스 코드를 잠재적인 무한 루프로 감싼다.

코드 8.4 ThreadSafe: connectTo 메서드

```
public void connectTo(Container other) {
   while (true) {
      if (group == other.group) return;
      Object firstMonitor, secondMonitor;
      if (group.id < other.group.id) {
         firstMonitor = group;
         secondMonitor = other.group;
      } else {
         firstMonitor = other.group;
         secondMonitor = group;
      }
      synchronized (firstMonitor) {   ❶ 모니터를 임시로 획득
         synchronized (secondMonitor) {
            if ((firstMonitor == group && secondMonitor == other.group) ||
                (secondMonitor == group && firstMonitor == other.group)) {
               ...   ❷ 실제 동작은 여기서 수행
               return;
            }
         }
      }
         ❸ 두 모니터 중 적어도 하나는 쓸모가 없으므로 재시도
   }
}
```

루프를 반복할 때마다 두 그룹이 현재 그룹인지 다시 말해 두 수조가 아직 해당 그룹을 참조하는지 확인하는 용도로 두 모니터를 임시로 획득한다. 확인 결과 문제가 없으면 (코드에서 생략된) 그룹 병합 연산을 수행한다. 그렇지 않으면 두 모니터를 해제한 후 병합할 두 수조의 group 필드를 다시 읽고 재시도한다. 다른 스레드가 두 수조를 망가뜨리지 않는다고 가정한다는 점에서 이를 낙관적^{optimistic} 동기화라고 한다. 가정이 맞지 않으면 재시도하면 된다.

> **락-프리 동기화**
>
> 락-프리 동기화처럼 문제가 없을 때까지 공유 객체에 연산을 반복하는 패턴은 비교-교환(CAS, Compare-And-Swap) 루프에서 빌려온 것이다. CAS는 세 인자 src, dst, old를 받는 CPU 명령어로 dst의 현재 내용이 old와 같으면 src와 dst의 메모리 위치에 해당하는 내용을 교환한다. 이 명령어를 이용하면 뮤텍스 없이 공유 변수를 안전하게 갱신할 수 있다.
>
> 먼저 공유 변수(dst) 값을 읽어 지역 변수(old)에 대입하고 (일반적으로 공유 변수의 이전 값을 바탕으로) 공유 변수의 새로운 값을 계산해 다른 지역 변수(src)에 저장한다. 마지막으로 위의 변수를 인자로 CAS를 호출해 다른 스레드가 잠시 공유 변수를 수정하지 않았을 때만 공유 변수를 갱신한다. CAS가 실패하면 처음부터 연산을 계속 반복한다. 이를 의사 코드로 나타내면 다음과 같다.
>
> ```
> do {
>     old = dst
>     src = 일반적으로 old 값을 이용해 계산한 새로운 값
> } while (cas(src, dst, old) == failed)
> ```
>
> 예제에서는 락-프리 기법을 이용해 올바른 모니터를 획득했고 병합 연산을 수행할 때는 고전적인 락 보호를 이용했다.

8.3.2 addWater와 getAmount 동기화

이제 나머지 두 메서드 addWater와 getAmount를 동기화하자. addWater의 구조는 connectTo와 비슷하다. addWater는 한 그룹의 모니터를 획득하지만 다른 스레드에서 주어진 수조의 현재 그룹을 변경할 수 있다.

이러한 일이 벌어지는 이유는 가장 단순한 synchronized 블록에 진입하는 것조차 원자적이지 않기 때문이다. 이러한 현상을 자세하게 분석하기 위해서는 자바 코드를 넘어 바

이트코드까지 살펴봐야 한다.

예를 들어 addWater가 다음과 같이 시작한다고 가정해보자.

```
public void addWater(double amount) {
    synchronized (group) {
        ...
    }
}
```

두 번째 줄을 바이트코드로 바꾸면 다음과 같다.

```
1: aload_0          지역 변수(this)를 스택에 푸시
2: getfield #5      스택의 맨 위를 팝해 pop group 필드에 저장
3: dup              스택의 맨 위를 복제
4: astore_2         스택의 맨 위를 지역 변수 #2에 저장
5: monitorenter     스택의 맨 위를 팝한 후 그 모니터를 획득
```

원자적인 것처럼 보였던 락 획득이 사실 일련의 짧은 바이트코드 명령어였고 맨 마지막 명령어에서 실제로 모니터 획득을 요청한다. 다른 스레드가 2행과 5행의 바이트코드 사이에서 현재 수조의 그룹을 변경하면 이어지는 모든 연산은 현재 수조의 새로운 그룹과 상호배제적이지 않다. 여기서는 그룹 참조를 변경하는 유일한 메서드인 connectTo를 동시에 호출해야만 이러한 문제가 발생한다.

따라서 앞의 코드처럼 획득한 모니터가 현재 시점의 그룹인지 확인될 때까지 여러 번 시도해야 한다.

코드 8.5 ThreadSafe: addWater 메서드

```
public void addWater(double amount) {
    while (true) {
        Object monitor = group;
        synchronized (monitor) {     ❶ 모니터를 임시 획득
            if (monitor == group) { ❷ 획득한 모니터가 최신임
                double amountPerContainer = amount / group.elems.size();
                group.amount += amountPerContainer;
                return;
            }
        }
        ❸ 쓸모 없는 모니터이므로 재시도
    }
}
```

마지막으로 코드 8.6의 getAmount를 살펴보자. 이 메서드는 간단한 접근 함수인데 정말 동기화가 필요할까? 기본 타입을 읽기만 하므로 최악의 경우더라도 곧 수정될 값을 읽어오는 정도가 아닐까? 그렇지 않다. 자바 메모리 모델의 명세를 보면 double 값을 한 번 읽는 연산도 원자적이지 않다. 64비트 읽기는 32비트 읽기 두 번으로 나뉘고 그 두 번의 연산 사이에 다른 스레드가 끼어들 수 있다. 동기화를 하지 않으면 상위 32비트와 하위 32비트 중 하나는 유효하지 않은 값을 읽을 수 있다. 다른 방법으로 amount 필드 선언에 volatile을 붙이면 읽기 연산을 원자적으로 수행한다.

코드 8.6 ThreadSafe: getAmount 메서드

```
public double getAmount() {
    synchronized (group) {
        return group.amount;
    }
}
```

getAmount에서 접근하는 group이 잘못된 값일지 걱정할 필요는 없다. 조금 오래된 값일 수는 있지만 틀린 값은 아니다. 멀티스레드 환경에서는 지금 당장 최신인 값이라도 언제든지 오래된 값이 될 수 있다. 이러한 점을 고려하면 반드시 현재 그룹에서 물의 양을 읽기 위해 부가적인 노력을 할 필요는 없다.

이러한 상황을 addWater와 비교해보자. addWater가 오래된 그룹을 수정해 아무 수조도 참조하지 않은 그룹에 물을 더했다면 추가한 물은 증발해버리고 메서드의 사후 조건을 위반한다.

8.4 불변성 [Immutable]

모든 스레드 동기화 문제는 한 스레드가 공유된 메모리 영역을 읽거나 쓰는 동안 다른 스레드가 해당 영역에 쓰기를 수행할 때 발생한다. 스레드 안전성을 달성하는 전혀 다른 방법은 모든 공유 객체를 불변 객체로 만드는 것이다. 객체를 초기화하고 공유한 후에는 어떠한 스레드도 객체를 수정할 수 없으므로 위험한 상황이 발생할 수 없다. 불행하게도 이러한 방법은 1장에서 정의한 API에서는 작동하지 않는다. 같은 수조에 getAmount를 두 번 호출하면 서로 다른 값을 리턴할 수 있다는 사실이 수조가 불변이 아니라는 점을 보여준다. String이나 Integer처럼 중요하면서도 불변인 경우도 있지만 자바 객체는 기본적으로 가변적이다. 사실 이러한 표준 클래스는 모든 자바 프로그래머가 불변 객체를 다뤄본 경험이 있고 불변 객체를 바탕으로 프로그램을 구성할 수 있다는 가정을 전제로 한다.

C#의 불변성

C#에서는 불변으로 만들려는 클래스의 모든 필드를 readonly로 선언하고 참조하는 모든 객체도 불변 클래스여야 한다.

C#의 문자열도 자바처럼 불변이지만 unsafe 키워드를 이용하면 불변성을 무시할 수 있다. 기타 불변 클래스로 System.DateTime이 있다.

어떠한 클래스가 불변이기 위해서는 모든 필드를 final로 선언해야 하고 참조하는 다른 모든 클래스도 불변이어야 한다.[5] 가변 클래스의 메서드는 객체 자신의 상태를 변경할 수 있지만 변경 불가 클래스의 메서드는 필요한 내용을 담은 같은 타입의 객체를 새로 생성해 리턴한다.

표준 String과 Integer 클래스를 바탕으로 이 원칙을 살펴보자. 프로그래머의 편의를 위해 컴파일 시간 메커니즘을 이용해 다음과 같이 불변성이 없이 쓰기를 수행하는 듯한 느낌을 줄 수 있다.

```
s += " and others";
n++;
```

이미 알고 있겠지만 이 두 줄의 코드는 보기와 달리 s와 n이 가리키는 객체를 수정하지 않는다. 그 대신 새로운 객체를 만들어 이전 객체를 대체한다. 예를 들어 컴파일러는 위와 같이 평범해 보이는 문자열 연결을 다음과 같이 전혀 상관 없는 클래스를 이용해 구현할 수 있다.

```
StringBuilder temp = StringBuilder();
temp.append(s);
temp.append(" and others");
s = temp.toString();
```

마찬가지로 Integer의 증가 연산을 예로 들면 저장된 정수 값을 언박싱unboxing하고 1을 더한 후 정적 팩터리 메서드[6]를 이용해 다시 박싱boxing하는 바이트코드로 변환할 수 있다. 이 과정은 다음 자바 코드 조각과 같다.

```
int value = n.intValue();        ❶ 언박싱
n = Integer.valueOf(value + 1);  ❷ 박싱
```

---

5 엄밀하게 말해 final로 선언한 필드가 없더라도 불변일 수 있지만 필드를 final로 선언하면 불변인 것이 보장된다. 이러한 구분은 final 변수와 사실상 final인 변수에도 적용할 수 있는데 후자는 내부 클래스의 가시성 문제를 유발한다.

6 생성자와 달리 정적 팩터리 메서드는 새로운 객체를 반드시 리턴할 필요가 없다. 실제로 valueOf는 −128에서 127 사이의 정수에 해당하는 Integer 객체를 캐싱한다.

논의로 돌아와보면 지금 불변 클래스를 다루는 이유는 불변 클래스가 근본적으로 스레드 안전하기 때문이다. 여러 스레드가 한 객체의 메서드를 호출해도 공유 메모리에 쓰기를 할 수가 없으므로 다른 스레드의 털끝도 건드릴 수가 없다. 복잡한 값을 리턴하는 메서드가 있더라도 새로운 객체를 리턴하므로 메서드가 리턴하기 전에는 다른 스레드에서 접근할 수 없다.

돌발 퀴즈 5 불변 클래스가 자연적으로 스레드 안전한 이유는 무엇인가?

불변성과 함수형 언어

함수형 패러다임을 비롯한 다른 프로그래밍 패러다임에서는 기본적으로 불변을 가정하며 필요할 때만 선택할 수 있다. 예를 들어 OCaml에서 `mutable`로 선언하지 않은 모든 변수는 불변이다. 이러한 것이 가능한 이유는 프로그램 전체가 하나의 거대한(또는 작은) 표현식이고 반복을 재귀로 대체했기 때문이다. 재귀 함수의 파라미터는 매 재귀마다 다른 값에 바인딩되므로 재귀는 불변성과 궁합이 잘 맞는다.

스칼라와 코틀린 같은 JVM 언어도 함수 스타일 프로그래밍과 불변성을 선호해 모든 변수를 기본적으로 불변으로 선언한다. 필요한 경우 `var` 키워드로 변경 가능한 변수를 생성할 수도 있다.

8.4.1 API

1장에서 설명한 API의 한계를 넘어 가변 버전과 같은 수준의 기능을 제공하는 불변 버전의 공개 인터페이스를 설계하자. 수조가 불변이라면 `addWater` 메서드는 갱신된 물의 양을 포함한 새로운 수조를 리턴하는 정도로는 불충분하다. 현재 수조가 다른 수조에 연결됐다면 다른 모든 수조도 갱신된 물의 양을 담은 새로운 객체로 대체해야 한다. 이처럼 `addWater`를 호출하고 현재 수조와 연결된 새로운 수조를 리턴받는 것이 얼마나 귀찮은 일인지 상상해보자. API에 광범위한 리팩터링이 필요하다.

우리가 조작할 주요 대상이 수조 시스템이라는 더 큰 관점을 바탕으로 API를 설계하자. 수조 시스템은 0부터 $n - 1$까지의 인덱스가 부여된 고정된 개수의 수조 n개로 생성되며 시스템 자체는 불변이다. 단 하나의 수조 상태를 변경하는 연산이라도 새로운 수조 시스템을 리턴하는 것처럼 보여야 한다. 이때 새로운 객체가 이전 객체와 데이터를 공유할지 여부를 고려해 구현해야 한다.

우선 ContainerSystem 클래스와 Container 클래스의 API 초안을 설계하자. 다음 코드 조각은 10개 수조로 이뤄진 시스템을 생성하고 여섯 번째 수조에 42단위의 물을 추가한다. 모든 객체는 불변이므로 수조에 물을 추가하면 새로운 수조 시스템을 리턴한다.

```
ContainerSystem s1 = new ContainerSystem(10); ❶ 수조 10개로 이뤄진 새로운 시스템
Container c = s1.getContainer(5);  ❷ 여섯 번째 수조
ContainerSystem s2 = s1.addWater(c, 42);  ❸ 42단위의 물을 담은 새로운 시스템
```

이처럼 변경이 필요할 때 새로운 객체를 리턴하는 방식을 영속적^{persistent} 자료 구조라고 한다. 이름 그대로 이러한 자료 구조는 클라이언트에게 전체 변경 내역을 제공한다. 예를 들어 위의 코드 조각에서 시스템 s2를 얻은 후에도 시스템 s1에 접근할 수 있다. 반대로 자료 구조를 제자리에서 변경해 과거 이력을 제공하지 않으면 임시적^{ephemeral} 자료 구조라고 하는데 전통적인 순차적 자료 구조가 이에 속한다. 영속적 자료 구조가 임시적 자료 구조보다 많은 기능을 제공하므로 일반적으로 공간 효율성과 시간 효율성이 떨어진다.

새로운 API로 돌아가보면 수조 c는 불변이며 시스템 s1에 속한다. 이 때문에 중요한 설계 결정이 필요하다. c는 s2에서도 유효한 수조인가? 즉 s2.addWater(c, 7)를 호출하는 것이 가능한가? 그렇지 않다면 API를 사용하기 매우 불편하다. 수조를 수정할 때마다 새로운 시스템을 생성하고 현재의 모든 수조는 무효화된다. 반대의 경우 c가 모든 수조 시스템에서 '여섯 번째 수조'를 가리키는 부적절한 의미로 사용된다. 두 경우 모두 별로 만족스럽지 않다. 그보다 (4장의 Memory3과 Memory4처럼) Container 대신 수조를 식별하는 정수 ID를 사용하자.

10개 수조로 이뤄진 시스템을 생성하고 여섯 번째 수조에 물을 추가하는 첫 번째 코드 조각을 다음과 같이 바꿀 수 있다.

```
ContainerSystem s1 = new ContainerSystem(10);
ContainerSystem s2 = s1.addWater(5, 42);  ❶ 수조 5에 물 42리터를 추가
```

11번째 수조가 필요하지만 처음부터 시스템을 다시 만들고 싶지 않다면 어떡해야 할까? ContainerSystem의 인스턴스 메서드가 추가적인 수조를 포함한 새로운 시스템을 리턴할

수 있다.

```
ContainerSystem s3 = s2.addContainer();   ❷ 11번째 수조 추가
```

당연히 connectTo 메서드는 수조 ID 2개를 인자로 받아 완전하게 새로운 수조 시스템을
리턴해야 한다(상황에 맞게 메서드 이름을 connect로 바꿨다).

```
s3 = s3.connect(5, 6);              ❸ 수조 5와 6을 연결
double amount = s3.getAmount(5);    ❹ 수조 5에는 21.0리터가 담겨 있음
```

정리하면 다음과 같은 메서드가 필요하다.

```
public class ContainerSystem {
    public ContainerSystem(int containerCount)
    public ContainerSystem addContainer()
    public int containerCount()  ❺ 시스템에 존재하는 수조의 개수

    public ContainerSystem connect(int containerID1, int containerID2)
    public double getAmount(int containerID)
    public ContainerSystem addWater(int containerID, double amount)
}
```

8.4.2 구현

가변 구현을 불변으로 바꿀 때는 다음과 같이 쓰기를 할 때 복사$^{copy-on-write}$ 기법을 적용
할 수 있다.

1. 가변 구현에서 모든 수조에 퍼져 있던 데이터를 수조 시스템으로 모은다.
2. (addWater와 connectTo를 비롯한) 변경 연산을 수행할 때 전체 자료 구조의 복사본을
   수정해 리턴한다.

이는 가변 클래스를 불변으로 바꾸는 가장 간단한 방법이지만 일반적으로 가장 효율적인
방법은 아니다. 더 세련된 방식은 변경 연산을 수행할 때 전혀 새로운 사본을 만드는 대
신 이전 객체에서 최대한 많은 부분을 재활용하는 것이다. 수조 연산에서 불변성을 더 영
리하게 구현하려면 정말 필요한 수조만 복제할 수 있다. 즉 주어진 변경 연산(addWater와

connectTo)의 영향을 받은 수조 그룹만 복제하고 나머지 수조는 addWater나 connectTo로 변경될 때까지 재사용한다.

> **영속적 자료 구조**
>
> 효율적인 불변 자료 구조 설계는 활발한 연구 분야다. 특히 함수형 언어와 관련해 불변성의 이점을 누리면서도 가변 자료 구조의 효율적인 처리를 목적으로 한다.
>
> 영리한 영속적 컬렉션을 제공하는 몇 가지 자바 라이브러리를 이용하면 수정된 복사본이 원래 객체와 일부 데이터를 공유함으로써 일반적인 쓰기를 할 때 복사와 비교해 시간과 공간을 절약할 수 있다. PCollections(https://github.com/hrldcpr/pcollections)와 Cyclops(https://github.com/aol/cyclops)가 그 예다.

이론적으로는 7장에서 다룬 모든 구현에 쓰기를 할 때 복사 기법을 적용할 수 있으며 우리가 만든 구현 수만큼 불변 구현을 만들어낼 수 있다. 하지만 실용적 면에서 대부분의 가변 구현을 쓰기를 할 때 복사를 적용한 클래스로 바꾸기만 하는 것으로는 원래의 유용함이 사라진다. 3장에서 부모 포인터 트리를 바탕으로 만든 가장 효율적인 가변 구현이었던 Speed3을 예로 들어보자. 이 구현의 가장 큰 장점인 빠른 수정과 조회는 가변성과 밀접한 연관이 있다. connectTo를 수행할 때마다 모든 트리를 포함한 포레스트^forest^(트리의 집합)를 복사해야 한다면 선형 시간이 필요하므로 수정 작업의 효율성이 완전하게 사라진다. 문제를 해결하기 위해서는 더 간단한 자료 구조를 사용해야 한다.

그 대신 여기서는 Memory3의 불변 버전을 살펴보자. 2개의 배열을 이용한 구현이 간단하며 복사도 효율적이다. connectTo 메서드는 여전히 선형 시간이 필요하지만 코드 두 줄만으로 모든 데이터를 복사할 수 있다. 그리고 참조로 연결된 트리의 포레스트를 복사하는 것과 연속된 메모리 영역을 복사하는 것은 점근적 복잡도는 같지만 실제로는 후자가 더 빨리 수행된다.

우선 Memory3이 사용하는 자료 구조를 떠올려보자.

- group 배열은 수조 ID를 그룹 ID로 맵핑한다.
- amount 배열은 그룹 ID를 해당 그룹의 수조 하나가 담고 있는 물의 양에 맵핑한다.

ContainerSystem의 인스턴스는 두 배열을 필드로 포함하는데 이 둘이 불변이라는 힌트를 주기 위해 final로 선언한다. final 배열 참조는 배열 내용이 수정되는 것을 막을 수 없지만 여기서는 강력한 불변성이 목적이라는 것을 상기시키는 용도로 사용한다.

Memory3에서는 두 수조를 연결하고 그룹이 병합될 때 amount에서 한 자리를 지워 amount 배열을 최대한 짧게 유지했다. 여기서는 메모리 사용량을 별로 신경 쓰지 않으므로 간단하게 두 그룹의 크기를 같게 즉 수조의 총 개수와 같게 유지한다.

ContainerSystem의 유일한 public 생성자는 빈 고립된 수조를 주어진 수만큼 포함하는 시스템을 만든다. 이를 위해 생성자는 수조마다 다른 그룹을 할당하며 i번째 그룹의 ID는 말 그대로 i다.

getAmount 메서드는 수조 ID를 인자로 받아 group 배열로부터 해당 그룹의 ID를 조회한다. 그리고 amount 배열에서 해당 그룹의 물의 양을 찾는다.

코드 8.7 Immutable: 필드와 생성자, getAmount 메서드

```java
public class ContainerSystem {
    private final int group[];          ❶ 수조 ID를 그룹 ID로 맵핑
    private final double amount[];       ❷ 그룹 ID를 수조 하나당 물의 양에 맵핑

    public ContainerSystem(int containerCount) {
        group = new int[containerCount];
        amount = new double[containerCount];
        for (int i=0; i<containerCount; i++) {
            group[i] = i;   ❸ i번째 수조의 그룹 ID는 i다.
        }
    }

    public double getAmount(int containerID) {
        final int groupID = group[containerID];
        return amount[groupID];
    }
}
```

getAmount 메서드는 읽기 전용 기능을 제공하므로 직관적이다(그리고 Memory3과 매우 비슷하다). 다음으로 상태를 변경하는 첫 번째 메서드를 살펴보자. addContainer 메서드는 수

조 하나가 추가된 새로운 시스템을 리턴하는데 두 배열을 final로 선언했기 때문에 생성자에서 초기화할 수밖에 없다. 상태 변경 메서드인 addWater와 connect에서도 같은 생성자를 사용할 수 있도록 생성자에 다음과 같은 두 파라미터를 전달하자.

- 복사 원본이 될 기존 시스템
- 수조 개수. addContainer 메서드는 이 파라미터를 이용해 수조 하나를 추가하고 나머지 상태 변경 메서드는 수조 개수를 그대로 유지한다.

코드 8.8은 addContainer와 지원용 생성자를 보여준다.

코드 8.8 Immutable: addContainer 메서드와 지원용 생성자

```
public ContainerSystem addContainer() {
    final int containerCount = group.length;
    ContainerSystem result =
        new ContainerSystem(this, containerCount + 1);  ❶ private 생성자 호출
    result.group[containerCount] = containerCount;
    return result;
}
private ContainerSystem(ContainerSystem old, int length) {
    group = Arrays.copyOf(old.group, length);  ❷ 효율적인 배열 복사
    amount = Arrays.copyOf(old.amount, length);
}
```

다음으로 addWater도 갱신된 물의 양을 포함하는 전혀 새로운 수조 그룹을 리턴해야 한다. 추가할 물의 양이 0이 아니라면 다음과 같이 위 코드의 private 생성자를 호출한 후 해당 그룹의 수위를 변경한다.

코드 8.9 Immutable: addWater 메서드

```
public ContainerSystem addWater(int containerID, double amount) {
    if (amount == 0)  ❶ 새로운 시스템을 만들 필요가 없다!
        return this;

    ContainerSystem result =
        new ContainerSystem(this, group.length);  ❷ private 생성자 호출
    int groupID = group[containerID],
```

```
        groupSize = groupSize(groupID);
    result.amount[groupID] += amount / groupSize;
    return result;
}
```

마지막으로 connect 메서드도 앞의 private 생성자를 이용해 새로운 시스템을 만든 후 두 그룹을 병합해 수조를 연결한다. 소스 코드는 저장소(https://bitbucket.org/mfaella/exercisesinstyle)에서 찾아볼 수 있다.

8.5 전혀 새로운 문제에 적용해보기

8.5절에서는 8장에서 수조 예제를 바탕으로 배운 기법을 활용할 수 있는 다른 예제를 살펴보자. 이제 배열처럼 인덱스가 부여된 공간에 요소를 저장하는 크기가 고정된 컨테이너를 나타내는 Repository<T> 클래스를 설계하자. 이 클래스는 두 위치의 내용을 뒤바꾸는 연산을 제공하며 8장의 주제에 맞게 여러 스레드가 저장소를 공유하고 조작할 수 있게 스레드 안전성이 필요하다.

클래스가 제공하는 생성자와 메서드는 다음과 같다.

- public Repository(int n): null로 초기화된 n개 자리로 이뤄진 저장소를 생성한다.
- public T set(int i, T elem): i번째 자리에 elem을 삽입하고 이전에 그 자리에 있던 객체를 리턴한다(자리가 비어 있었다면 null을 리턴한다).
- public void swap(int i, int j): i번째 자리와 j번째 자리의 내용을 뒤바꾼다.

앞에서 논의했듯이 클래스를 구현하기 전에 동시성 정책을 명확하게 해야 한다. 이러한 정책은 어떠한 연산을 병렬로 실행할 수 있고 어떠한 연산을 상호배제적으로 수행해야 하는지를 명시한다.

서로 다른 저장소 사이에는 데이터를 공유하지 않으므로 스레드 안전성을 보장하는 가장 간단한 동시성 정책은 객체 레벨 동시성이다. 각 저장소마다 락 하나를 사용하며 저장소의 모든 메서드는 그 락에 동기화된다. 하지만 여러 스레드가 동시에 한 저장소를 사용하며 각 스레드가 서로 다른 인덱스에 접근해도 같은 락을 획득해야 하므로 성능이 떨어진다.

더 수용적이고 효율적인 동시성 정책으로 같은 인덱스에 대한 동시 접근만 금지하고 나머지 연산은 동시 실행을 허용할 수 있다. 구체적으로 다음과 같다.

- 같은 인덱스에 대한 set 호출은 직렬화돼야 한다.
- 둘 중 한 인덱스라도 공유하는 swap 호출은 직렬화돼야 한다.
- swap(i, j) 호출과 i나 j에 대한 set 호출은 직렬화돼야 한다.
- 나머지 모든 연산은 동시에 수행할 수 있다.

이 정책에는 (null이 저장된) 빈 칸을 비롯한 모든 자리마다 락이 필요하다. 따라서 자리마다 모니터로 사용할 객체가 추가로 필요하며 배열의 요소와 그에 대응하는 모니터를 2개의 ArrayList에 저장한다.

```java
public class Repository<T> {
    private final List<T> elements;
    private final List<Object> monitors;

    public Repository(int size) {
        elements = new ArrayList<>(size);
        monitors = new ArrayList<>(size);
        for (int i=0; i<size; i++) {
            elements.add(null);   ❶ get이나 set을 호출하기 전에 리스트를 채워야 한다.
            monitors.add(new Object());
        }
    }
}
```

set 메서드는 단순하게 써야 할 자리의 모니터를 획득한다.

```java
public T set(int i, T elem) {
    synchronized (monitors.get(i)) {
        return elements.set(i, elem);
    }
}
```

swap 메서드는 뒤바꿀 두 자리의 락을 인덱스의 오름차순으로 획득해 교착 상태를 방지한다.

```
public void swap(int i, int j) {
    if (i == j) return;
    if (i > j) {   ❷ i가 더 작은 인덱스가 되게 한다.
        int temp = i;
        i = j;
        j = temp;
    }
    synchronized (monitors.get(i)) {   ❸ 인덱스 순서대로 모니터를 획득
        synchronized (monitors.get(j)) {
            elements.set(i, elements.set(j, elements.get(i)));
            ❹ List.set은 이전에 해당 위치에 있던 값을 리턴한다.
        }
    }
}
```

여러 스레드가 서로 다른 인덱스만 사용한다면 ArrayList를 동시에 읽고 쓸 수 있다. 하지만 ArrayList 자체는 스레드 안전한 클래스가 아니다. 그렇다면 위 코드에 문제가 있을까? ArrayList 문서를 자세하게 보면 (add 호출을 비롯한) 구조적 수정structural modification에만 직렬화가 필요하며 서로 다른 인덱스에 대한 get과 set 호출은 문제가 없다.

8.6 실제 사례

8장에서는 클라이언트가 명시적으로 동기화를 신경쓰지 않고도 여러 스레드가 수조와 상호작용할 수 있도록 수조를 스레드 안전하게 만들었다. 하지만 스레드 안전한 버전을 만들기 위해 코드를 리팩터링하는 수고가 꼭 필요할까? 싱글 스레드 버전도 잘 동작하는데 말이다. 여기서는 이 질문에 답하기 위해 스레드 안전성이 선택이 아닌 필수인 예를 살펴보자.

- 체스를 사랑하는 유능한 프로그래머인 여러분은 연습 삼아 재미로 컴퓨터와 할 수 있는 체스 프로그램을 자바로 만들려고 한다. 직접 만든 게임을 몇 번 해보니 이러한 멋진 게임을 전 세계에 공유하고 싶다(겸손은 미덕이 아니다). 그래서 게임을 서비스로 만들고 컴퓨터가 여러 사용자를 상대할 수 있게 해야 한다. 여러 게임을 처리하는 방식으로 2가지가 있는데 사용자 요청을 큐에 넣고 순서대로 처리하거

나 동시성을 이용해 여러 사용자를 동시에 처리하는 것이다. 두 번째 방법이 멀티코어 프로세서를 비롯한 병렬 하드웨어의 이점을 살리기에 적합하다.

- 응용 프로그램과 운영 체제, 네트워크 장치, 데이터베이스를 비롯해 지속적으로 운영되는 대부분의 컴퓨터 시스템은 로그를 남긴다. 이러한 로그는 재미로 남기는 것이 아니다. 제대로 관리되는 조직이라면 로그 내용을 일괄 처리하거나 실시간으로 분석해 위험을 줄인다. 기본적인 분석 워크플로우는 로그 파일 파싱과 중요 패턴이나 비정상 상태 인식, 통계 집계, 보고, 알람을 포함한다. 대규모 로그 파일을 효율적으로 처리하는 일반적인 패러다임으로 맵리듀스$^{Map-Reduce}$가 있는데 여러분의 추측대로 맵과 리듀스 두 단계로 이뤄진다. 맵 단계는 로그 분석 시스템이 로그 데이터의 청크^{chunk}를 네트워크에 분산된 여러 머신을 이용해 병렬 처리해 중간 결과를 만들게 해준다. 리듀스 단계는 중간 결과를 모아 최종 집계한다. 8장에서 언급한 포크-조인 프레임워크는 이러한 아이디어를 멀티코어 아키텍처에 맞게 변형한 것이다.

- 영국에서 살아본 경험이 있다면 축구의 인기를 실감할 수 있다. 일요일 오후에는 맥주를 마시는 사람과 그렇지 않은 사람으로 영국 국민을 나눌 수 있는데 후자는 축구선수나 (바라건대) 미성년자뿐일 것이다. 스포츠에 대한 열정을 깨달은 여러분은 스포츠 뉴스 피드를 구독자에게 실시간으로 보내주는 플랫폼을 만들기로 한다. 이러한 실시간 피드는 데이터 스트림을 형성한다. 이를 컨테이너 자료 구조에 저장한다. 그리고 구독자는 컨테이너에서 데이터를 요청한다. 스레드 안전한 뉴스 컨테이너 덕분에 데이터 생산자^{producer}와 소비자^{consumer}를 여러 스레드에서 실행할 수 있으며 고객이 원하는 팀의 소식을 이웃보다 빨리 접하게 해준다.

- 바깥 세상과 고립된 프로그램은 거의 쓸모 없다. 반대로 실세계의 프로그램은 파일이나 네트워크 연결을 비롯한 외부 자원을 이용한 입·출력을 기다려야 하는 경우가 잦다. 멀티스레드를 이용하면 프로그램이 이처럼 느린 주변 장치를 기다리는 동안에도 사용자에게 응답해줄 수 있다. 예를 들어 네트워크에서 파일을 다운로드하는 동안 사용자 상호작용이 멈추는 싱글 스레드 웹 브라우저가 있다고 가정하자. 이러한 웹 브라우저를 사용하려는 사람이 얼마나 될까? 개발자 자신뿐일 것이다.

8.7 배운 내용 적용해보기

연습문제 1

다음과 같은 Thread의 서브클래스는 정수 배열의 모든 요소를 1 증가시킨다. 그리고 보다시피 이 클래스의 모든 인스턴스는 한 배열을 공유한다.

```
class MyThread extends Thread {
    private static int[] array = ...  ❶ 초기 값 지정

    public void run() {
        _____1_____  ❷ 빈 칸
        for (int i=0; i<array.length; i++) {
            _____2_____
            array[i]++;
            _____3_____
        }
        _____4_____
    }
}
```

MyThread의 인스턴스 2개를 생성하고 두 스레드에서 병렬로 실행해 배열의 각 요소를 정확하게 두 번 증가시키는 프로그램을 작성하려고 한다. 모든 경합 조건을 제거해 프로그램이 올바로 동작하도록 다음 중 빈칸을 제대로 채운 보기를 골라보라(보기를 여러 개 선택할 수 있다).

(a) 1 = "synchronized (this) {"   4 = "}"
(b) 1 = "synchronized {"   4 = "}"
(c) 1 = "synchronized (array) {"   4 = "}"
(d) 2 = "synchronized (this) {"   3 = "}"
(e) 2 = "synchronized (array) {"   3 = "}"
(f) 2 = "synchronized (array[i]) {" 3 = "}"

연습문제 2

두 객체를 저장하며 다음과 같은 메서드를 제공하는 스레드 안전한 클래스 AtomicPair를 설계하라.

```
public class AtomicPair<S, T> {
    public void setBoth(S first, T second);
    public S getFirst();
    public T getSecond();
}
```

따라야 할 동시성 정책은 이렇다. setBoth 호출은 원자적이어야 한다. 즉 어떠한 스레드에서 setBoth(a, b)를 호출한 후 getFirst나 getSecond를 호출하면 갱신된 값을 리턴해야한다.

연습문제 3

간단한 소셜 네트워크의 각 사용자는 친구의 집합을 저장하며 친구 관계는 대칭적이다. 그 구현은 다음과 같은 클래스를 바탕으로 한다.

```
public class social SocialUser {
    private final String name;
    private final Set<SocialUser> friends = new HashSet<>();

    public SocialUser(String name) {
        this.name = name;
    }
    public synchronized void befriend(SocialUser other) {
        friends.add(other);
        synchronized (other) {
            other.friends.add(this);
        }
    }
    public synchronized boolean isFriend(SocialUser other) {
        return friends.contains(other);
    }
}
```

불행하게도 여러 스레드가 동시에 친구 관계를 맺으려고 하면 시스템이 멈추고 재시작해야 한다. 그 이유를 알겠는가? SocialUser를 리팩터링해 문제를 고칠 수 있는가?

연습문제 4

하루 안의 시각을 시, 분, 초로 표현하는 가변 클래스 Time을 가정해보자.

- `public void addNoWrapping(Time delta)`: 주어진 지연 시간을 더하되 최대값은 자정 1초 전(23:59:59)으로 한다.
- `public void addAndWrapAround(Time delta)`: 주어진 지연 시간을 더하되 자정부터는 00:00:00부터 다시 순환한다.
- `public void subtractNoWrapping(Time delta)`: 주어진 지연 시간을 빼되 최소값은 00:00:00이다.
- `public void subtractAndWrapAround(Time delta)`: 주어진 지연 시간을 빼되 0시보다 작아지면 반대로 순환한다.

위의 API를 불변 버전으로 바꿔 구현하라.

요약

- 합리적인 동시성 정책은 스레드 안전성에 지극히 필수적이다.
- 스레드 안전성의 가장 큰 적은 경합 조건과 교착 상태다.
- 전역 락이나 순서 있는 락 정책을 이용해 교착 상태를 회피할 수 있다.
- 암묵적 락과 달리 명시적 락은 원하는 순서대로 획득하고 해제할 수 있다.
- 불변성은 스레드 안전성의 대안적 방법이다.

퀴즈와 연습문제 정답

돌발 퀴즈 1

클래스의 사용자는 클래스가 스레드 안전한지 여부만 알면 된다. 나머지 동시성 정책은 구현자 몫이다. 하지만 실용적 관점에서 사용자도 클래스 성능을 가늠할 목적으로 동시성 정책에 관심을 보일 수 있다.

돌발 퀴즈 2

재진입이 가능한[reentrant] 락이라면 즉 락을 획득한 스레드가 락을 다시 획득할 수 있다면 교착 상태가 발생할 수 없다. 자바의 암묵적 락과 명시적 락은 모두 재진입이 가능하다. Posix 뮤텍스를 비롯한 몇몇 프레임워크에서는 락을 재진입 불가로 설정할 수 있으며 그때 이미 소유한 락을 다시 획득하려는 스레드는 교착 상태에 빠진다.

돌발 퀴즈 3

synchronized 블록 안에서 예외가 발생하면 락은 자동 해제된다. 반면 ReentrantLock은 직접 해제해야 한다. 따라서 try...catch 블록의 finally 절에서 unlock을 호출해 어떠한 상황에서도 락을 해제하자.

돌발 퀴즈 4

순서 있는 락 기법을 이용하면 알려진 전역 순서대로 락을 획득해 순환을 방지하므로 교착 상태를 방지할 수 있다.

돌발 퀴즈 5

불변 클래스는 자동으로 스레드 안전하다. 객체는 읽기만 가능하고 여러 스레드에서 동시에 읽더라도 안전성에 문제가 없기 때문이다. 새로운 객체를 생성하는 메서드는 스택에 있는 가변 지역 변수를 사용하므로 다른 스레드와 데이터를 공유하지 않는다.

연습문제 1

정답은 (c)와 (e)다. 두 보기 모두 한 스레드가 array[i]++를 실행하는 동안 다른 스레드가 같은 연산을 실행하지 못하게 한다. 서로 다른 i에 접근하더라도 말이다. (c)는 for 루프가 끝난 후 다른 루프를 실행할 수 있게 하므로 스레드를 완전하게 직렬화한다.

(a)와 (d)는 두 스레드가 서로 다른 모니터에 동기화하므로 상호배제를 전혀 제공하지 못한다. (b)와 (f)는 컴파일 오류를 발생시킨다. synchronized 블록에는 모니터를 제공할 객체를 지정해야 한다(array[i]는 객체가 아니다).

연습문제 2

주어진 동시성 정책을 준수하기 위해서는 세 메서드 모두 synchronized 블록을 사용해 같은 모니터에 동기화하면 된다. this를 락으로 사용해 동기화하면 메서드에 간단하게 한정자만 지정하면 되지만 8장에서 배웠듯이 별도 private 객체에 동기화하는 편이 낫다.

```java
public class AtomicPair<S, T> {
  private S first;
  private T second;
  private final Object lock = new Object();    ❶ 모니터 객체를 private 권한으로 생성

  public void setBoth(S first, T second) {
    synchronized (lock) {
      this.first = first;
      this.second = second;
    }
  }
  public S getFirst() {
    synchronized (lock) {
      return first;
    }
  }
  ...  ❷ getSecond도 비슷하다.
}
```

return 구문 하나뿐인데 synchronized 블록으로 감싼 모양이 이상해 보이겠지만 상호배제와 가시성 문제 해결에 필수적이다. 첫째, setBoth 실행 도중 getFirst나 getSecond를 실행하면 안 된다. 둘째, synchronized 블록이 없으면 getFirst를 호출한 스레드가 갱신된 값을 보게 된다는 보장이 없다. first와 second 모두 volatile로 선언하면 두 번째 문제(가시성)는 해결할 수 있지만 첫 번째 문제(상호배제)는 해결할 수 없다.

연습문제 3

두 SocialUser 객체 a와 b에 대해 한 스레드가 a.befriend(b)를 호출하고 다른 스레드가 동시에 b.befriend(a)를 호출하면 교착 상태가 발생한다. 객체마다 유일한 id를 부여하고 이를 바탕으로 순서 있는 락 기법을 사용하면 문제를 회피할 수 있다.

```
public class SocialUserNoDeadlock {
    private final String name;
    private final Set<SocialUserNoDeadlock> friends = new HashSet<>();
    private final int id;
    private static final AtomicInteger instanceCounter = new AtomicInteger();

    public SocialUserNoDeadlock(String name) {
        this.name = name;
        this.id = instanceCounter.incrementAndGet();
    }
}
```

befriend는 id의 오름차순으로 락을 획득해 교착 상태를 방지한다.

```
public void befriend(SocialUserNoDeadlock other) {
    Object firstMonitor, secondMonitor;
    if (id < other.id) {
        firstMonitor = this;
        secondMonitor = other;
    } else {
        firstMonitor = other;
        secondMonitor = this;
    }
    synchronized (firstMonitor) {
        synchronized (secondMonitor) {
            friends.add(other);
            other.friends.add(this);
        }
    }
}
```

연습문제 4

가변 API를 불변으로 바꾸기 위해서는 모든 가변 메서드의 리턴 값으로 해당 클래스의
객체를 지정한다. 그리고 모든 필드를 final로 선언하자. 나머지는 간단한 산수를 이용해
초를 분으로, 분을 시로 자리올림한다.

```
public class Time {
    private final int hours, minutes, seconds;
```

```
public Time addNoWrapping(Time delta) {
    int s = seconds, m = minutes, h = hours;
    s += delta.seconds;
    if (s > 59) { b  ❶ 넘치는 초를 분으로 올림
        s -= 60;
        m++;
    }
    m += delta.minutes;
    if (m > 59) {  ❷ 넘치는 분을 시로 올림
        m -= 60;
        h++;
    }
    h += delta.hours;
    if (h > 23) {  ❸ 시가 넘치면 최대값으로 지정
        h = 23;
        m = 59;
        s = 59;
    }
    return new Time(h, m, s);   ❹ 새로운 객체를 리턴
}
```

이 클래스의 나머지 부분은 저장소(https://bitbucket.org/mfaella/exercisesinstyle)에서 확인할 수 있다. 자바의 `java.time.LocalTime` 클래스가 예로 든 `Time` 클래스와 비슷한 기능을 제공한다는 점도 알아두자.

참고문헌

- Brian Goetz, Tim Peierls, Joshua Bloch, Joseph Bowbeer, David Holmes, Doug Lea, 『Java Concurrency in Practice』(Addison-Wesley, 2006)
  자바 동시성에 대한 필독서다. 기술적 엄밀함과 눈에 띄는 스타일을 바탕으로 모든 동시성 문제를 다룬다. 아쉽게도 이 책을 쓰는 시점에서는 자바 7부터 포함된 하이 레벨 동시성 기능을 다루지 않고 있다(이 주제는 다음 책을 참조하라).
- Raoul-Gabriel Urma, Mario Fusco, Alan Mycroft, 『Modern Java in Action』 (Manning Publications, 2019)

데이터 스트림에 대한 통합적인 입문서로 한 장을 할애해 스트림과 포크-조인 프레임워크를 바탕으로 한 병렬 컴퓨팅을 다룬다.

번역서: 『모던 자바 인 액션』(우정은 역)(한빛미디어, 2019)

- Joshua Bloch, 『Effective Java』(Addison-Wesley, 2017)

  장마다 다른 책을 소개하려고 했지만 이 책은 다양한 주제에 대한 매우 좋은 조언을 제공하므로 예외로 하자. 11장 전체에서 동시성, 항목 17에서 불변성을 다룬다.

  번역서: 『이펙티브 자바 3판』(개앞맵시 역)(인사이트, 2018)

- Anderson, Woll, 「Wait-Free Parallel Algorithms for the Union-Find Problem」(1991)

  8장의 스레드 안전한 수조 클래스는 Speed1을 바탕으로 개발했지만 별로 효율적인 자료 구조는 아니다. 이 연구 논문에서는 Speed3에서 사용한 부모 포인터 트리를 스레드 안전하고 훨씬 빠르며 노드 추가 시에도 대기할 필요가 없도록 구현하는 방법을 설명한다. 그리고 락 대신 비교-대체compare-and-swap 명령어를 이용해 스레드 안전성을 달성한다.

- Chris Okasaki, 『Purely Functional Data Structures』(Cambridge University Press, 1998)

  저자는 그의 박사 연구를 영속적 자료 구조로 깊이 있게 확장하며 ML과 Haskell 예제를 제공한다.

9

재활용합시다:
재사용성

9장에서 다루는 내용

- 소프트웨어의 구성 요소를 폭넓은 상황에 적용할 수 있게 일반화하기
- 제네릭을 이용해 재사용 가능한 클래스 만들기
- 데이터 스트림의 가변 컬렉터를 사용하고 용도에 맞게 바꾸기

지금까지는 특정 문제를 해결하는 구체적인 클래스를 만들었다. 이제 우리의 해법을 더 다양한 문제에 맞게 일반화하자. 이상적으로는 문제의 필수적인 특성을 부차적인 부분으로부터 분리하고 핵심적인 구조를 공유하는 모든 문제를 해결할 수 있는 해법을 개발해야 한다. 하지만 필수적인 부분과 부차적인 부분의 경계는 모호하다. 간단하게 말해 여러 상황에서도 유용한 핵심 구조를 뽑아내야 한다.

9장에서는 여러분이 한정된 타입 파라미터bounded type parameter를 비롯한 제네릭에 익숙하다고 가정한다.

9.1 경계 찾기

객체지향 초기에는 재사용성을 장점으로 내세웠다. 작고 재사용 가능한 컴포넌트를 만든 후 다른 곳에서 가져온 재사용 가능한 컴포넌트와 조합하기만 하면 된다는 장밋빛 미래를 제시했다. (첫 번째 객체지향 언어인 Simula가 소개된 1967년 이후) 50년 동안 객체지향을 실전에서 사용해온 지금 그 약속의 일부는 이뤄졌지만 일부는 아직도 요원하다.

프로그래머는 항상 라이브러리와 프레임워크를 비롯한 재사용 컴포넌트를 가져와 사용한다. 오늘날 상당수 개발자는 프레임워크로 정리된 표준적인 서비스를 바탕으로 한 웹 애플리케이션 개발에 초점을 맞춘다. 하지만 프레임워크 영역을 지나 응용 분야에 특화된 코드에 이르면 재사용성은 관심사에서 금방 사라지고 정확성과 성능, 적시성을 비롯한 기능적, 비기능적 압력에 압도당한다.

9장에서는 지금까지 만든 수조와 비슷한 객체에 일반성을 고려해 라이브러리를 만든다. 모든 라이브러리에서 그렇듯 '어디까지 일반화해야 하는가?'라는 질문에 답해야 한다. 물을 담는 수조에서 기름 탱크까지 확장하면 될까? 아니면 전 우주에 걸쳐 행성 사이에 인구와 무역이 오가는 네트워크까지 상상해야 할까? 이 선택을 도와주기 위해 일반화된 프레임워크에서 고려할 만한 몇 가지 시나리오와 지나친 일반화로 여길 만한 시나리오를 살펴보자.

시나리오 1 여러분의 Container 라이브러리를 사용하는 지역 수도회사에서 1년에 최대 $0.0000001l$의 수위 편차가 있다고 알려온다.

문제의 원인이 부동 소수의 반올림 오차라는 것을 알아냈다. 이를 해결하기 위해서는 크기 제한이 없는 분모와 분자를 바탕으로 한(BigInteger 객체 2개를 이용한) 유리수로 수위를 표현해야 한다.

이러한 변경은 상대적으로 직관적이다. 비즈니스 로직은 그대로 두고 amount 필드의 타입을 타입 변수 T로 바꾼다. 그리고 적당한 산술 연산을 제공하는 인터페이스를 T가 구현하게 한다.

시나리오 2 소셜 네트워크에서 관련성 있는 포스트 집합의 좋아요 총합을 알고 싶어한다. 두 포스트에 같은 사용자가 댓글을 달았다면 두 포스트가 관련 있다고 간주한다.

언뜻 보기에 시나리오 2는 수조와 별로 관련 없어 보이지만 포스트를 수조라고 생각하면 그렇지 않다. 두 포스트가 같은 사용자의 댓글을 얻으면 두 포스트는 연결된다. 그리고 addWater 대신 포스트에 좋아요를 추가하는 메서드가 필요하다. 마지막으로 getAmount 대신 현재 포스트에 연결된 모든 포스트의 좋아요 총합을 리턴하는 메서드가 필요하다.

이 시나리오는 수조와 별로 다르지 않다. 두 경우 모두에서 객체는 영구적으로 서로 연결되며 직·간접적으로 연결된 객체 집합을 처리하면 된다. 그리고 두 경우 모두에서 객체의 속성을 지역적으로 읽고 쓸 수 있으며 속성을 갱신하는 효과는 연결된 객체의 그룹에 따라 달라진다.

반면 지역적 속성을 수정하는 방법이나 그것이 전역적 속성에 영향을 미치는 방식은 시나리오마다 조금씩 다르다. 앞으로 하나의 계약 안에서 이 차이를 감추는 방법을 알아본다. 하지만 그 전에 세 번째 시나리오를 살펴보자.

시나리오 3 이동전화 통신사는 안테나 네트워크를 관리해야 한다. 안테나는 서로 영구적으로 연결되며 한 안테나에서 다른 안테나로 데이터를 전송할 때 몇 번의 연결을 거쳐야 하는지를 알고자 한다(이를 최단 경로^{shortest path} 문제라고 한다).

이 시나리오도 서로 연결 가능한 객체를 다루지만 주요 관심사인 안테나 사이의 거리는 어떠한 객체 2개를 선택하는지, 연결이 어떻게 이뤄졌는지에 따라 달라진다. 게다가 거리라는 속성은 연결된 모든 안테나 그룹에서 공유되지도 않는다. 따라서 이 시나리오에서는 연결 상태의 표현과 관리에 전혀 다른 방법이 필요하다. 이 시나리오를 수용하려면 매우 일반적인 코드가 필요한데 반대 급부로 이 코드를 특정 시나리오에 맞게 변경하는 것이 특화된 해법을 처음부터 개발하는 것보다 어려워진다.

이러한 논의에 따라 우리가 개발할 수조의 제네릭 구현은 시나리오 1과 2를 지원하지만 시나리오 3은 지원하지 않는다.

9.2 일반적인 프레임워크

우선 제네릭한 컨테이너[1]가 지원해야 할 필수 기능을 인터페이스로 표현하자.

1. 제네릭 컨테이너는 타입이 V(value의 앞 글자)인 속성을 갖는다. 클라이언트는 컨테이너의 속성을 지역적으로 읽고 쓸 수 있지만 속성 갱신효과는 연결된 컨테이너 그룹에 따라 달라진다. 수조의 경우 V = Double이다.

2. 클라이언트는 제네릭 컨테이너를 서로 영구적으로 연결할 수 있다.

개념적으로 두 기능은 독립적이므로 서로 다른 두 인터페이스(예를 들어 Attribute와 Connectable)로 표현해야 하지만 두 기능은 항상 함께 사용하므로 두 기능을 하나의 인터페이스 ContainerLike에 넣는다.

(기능 1을 위해) V 타입의 속성을 추가하면 다음과 같은 두 메서드를 제공하는 인터페이스를 얻는다.

```
public interface ContainerLike<V> {
    V get();              ❶ getAmount의 일반화
    void update(V value)  ❷ addWater의 일반화
    ...
}
```

하지만 속성 갱신효과가 연결된 컨테이너 그룹에 따라 달라진다는 점은 API에서 알 수 없다. 한편 제네릭 컨테이너를 다른 컨테이너에 연결하는 기능(기능 2)을 위해 적절한 메서드 시그니처를 선택하는 것은 쉽지 않다. 이상적으로 제네릭 컨테이너는 같은 타입의 컨테이너에만 연결될 수 있지만 자바 인터페이스에서는 이를 정확하게 명시할 수 없다. 이 문제는 프로그래밍 언어 이론 분야에서 2진 메서드[binary method] 문제로 잘 알려져 있다.

---

1   지금까지는 물을 담는 그릇(water container)이라는 의미로 한정해 '수조'로 번역했지만 9장에서는 무엇이든 담을 수 있는 논리적 모음을 뜻하는 컨테이너로 번역했다. 자바의 자료 구조를 지칭하는 컬렉션과 혼동하지 않길 바란다. - 옮긴이

2진 메서드

2진 메서드는 클래스 메서드의 일종으로 수조 클래스의 connectTo 메서드처럼 같은 클래스의 객체를 인자로 받는 메서드를 말한다. 일반적으로 객체의 상등성이나 객체 사이의 순서를 비교하는 메서드를 예로 들 수 있는데 자바에서는 Object 클래스의 equals 메서드나 Comparable 인터페이스의 compareTo 메서드가 이에 속한다. 자바와 C#을 비롯한 객체지향 언어의 타입 시스템은 주어진 클래스나 인터페이스의 모든 서브클래스가 특정 형태의 2진 메서드를 갖도록 강제할 수 없다. 즉 다음과 같이 할 수 없다.

```
public interface Comparable {
    int compareTo(thisType other);
}
```

여기서 thisType은 이 인터페이스를 구현하는 클래스를 나타내는 상상 속의 키워드다.

결과적으로 위와 같은 메서드의 난점을 해결하기 위해 자바에서는 2가지 방법을 제시한다.

- equals의 파라미터를 Object로 선언하고 인자의 타입이 적절한지는 서브클래스가 런타임에 확인한다.
- Comparable 관련 문제는 제네릭으로 해결한다. 이 인터페이스의 타입 파라미터로 T를 지정하고 compareTo 메서드의 파라미터를 타입 T로 선언한다. 그 덕분에 타입 안전성은 높아지지만 다음과 같은 유명한 오·남용 사례도 가능하다.

```
class Apple implements Comparable<Orange> { ... }
```

C#도 이러한 문제를 비슷한 방법으로 해결하지만 상등성 확인에 2가지 방법을 제공한다. Object를 파라미터로 받는 Object 클래스의 Equals 메서드를 사용하거나 IEquatable<T> 인터페이스를 사용한다.

connectTo의 시그니처를 정하는 문제는 2가지 해법이 있다.

- void connectTo(Object other): Object::equals와 비슷한 이 시그니처는 타입 안전성을 포기하고 컴파일러로부터 아무 도움도 받을 수 없게 한다. connectTo의 몸체에서는 다른 작업을 수행하기 전에 인자의 런타임 타입을 확인하고 하위 변환^{downcast}을 수행해야 한다.

- void connectTo(ContainerLike<V> other): 컴파일러의 도움을 약간 받을 수 있지만 충분하지는 않다. 이 시그니처에 따르면 connectTo는 어떠한 타입의 제네릭 컨테이너를 인자로 받는데 그 타입이 해당 제네릭 컨테이너와 같은 타입이어야 한

다. 따라서 여기서도 connectTo는 원하는 컨테이너 연결을 수행하는 더 구체적인 타입으로 인자를 변환해야 한다.

돌발 퀴즈 1 Employee 클래스에 public boolean equals(Employee e)를 추가하는 것은 좋은 선택일까, 아닐까? 그 이유는?

더 나은 대안으로 자바의 Comparable에서 사용한 방법을 채택할 수 있다. 제네릭 컨테이너가 연결될 수 있는 타입을 나타내는 타입 파라미터 T를 추가하고 그 파라미터가 올바른 방식으로 사용되길 기대할 수 있다. T가 인터페이스를 구현하는 같은 클래스이기를 강제할 수는 없지만 적어도 같은 인터페이스를 구현하는 (다른) 클래스인 것을 보장할 수는 있다.

```
public interface ContainerLike<V, T extends ContainerLike<V, T>{}> {
    V get();
    void update(V val);
    void connectTo(T other);
}
```

ContainerLike의 올바른 구현은 다음과 같다.

```
class MyContainer implements ContainerLike<Something, MyContainer> { ... }
```

Comparable의 올바른 구현도 이와 같다.

```
class Employee implements Comparable<Employee> { ... }
```

클래스에서 (T가 자기 자신이라는) 규칙만 따른다면 connectTo는 항상 자신과 같은 타입의 객체를 인자로 받으므로 하위 변환을 할 필요가 없다. 원래의 그룹 병합 작업만 수행하면 된다.

> **자바의 제네릭 구현**
>
> 자바는 타입 삭제(erasure) 기법으로 제네릭을 구현한다. 즉 컴파일러가 타입 파라미터를 이용해 표현력 높은 타입 검사를 수행한 후 타입 정보를 제거한다. 따라서 바이트코드에는 타입 파라미터가 포함되지 않으며 JVM에서도 지원하지 않는다.
>
> 이러한 구현 전략 때문에 제네릭의 용법이 제한된다. new T()와 같이 타입 파라미터만으로 타입을 인스턴스화할 수 없고 exp instanceof T처럼 타입 파라미터를 이용해 표현식의 런타임 타입을 확인할 수 없다.

> **C#과 C++의 제네릭 구현**
>
> 자바와 달리 C#과 C++는 타입 통일(reification) 기법으로 제네릭을 구현한다. 즉 제네릭 클래스의 구체화된 버전(예: List<String>)을 컴파일 시간(C++)이나 런타임(C#)에 구체 클래스로 변환한다. 타입 파라미터나 컴파일러, 런타임 환경에 따라 같은 클래스의 다른 버전은 코드를 공유하거나 공유하지 않을 수도 있다.
>
> 타입 통일 방식은 일반적인 타입을 사용할 수 있는 대부분의 곳에서 타입 파라미터를 사용할 수 있다는 장점이 있다. 하지만 코드(객체) 중복이나 런타임 타입 정보를 유지하는 데 필요한 자원을 비롯한 부담을 유발할 수 있다.

돌발 퀴즈 2 타입 파라미터 T에 대해 자바에서 T 타입의 배열을 할당할 수 있는가? C# 에서는 어떠한가?

9.2.1 속성 관리 API

이제 update로 속성을 수정하거나 connectTo로 제네릭 컨테이너를 연결할 때 속성이 어떠한 식으로 작동하는지를 인터페이스로 표현하자.

지원해야 할 일반성 정도를 정하기 위해 다음과 같이 가정하자.

1. 속성을 지역적으로 갱신할 때 그룹을 대표하는 값과 새로 주어진 지역적 값만 이용해 그룹을 대표하는 새로운 값을 계산할 수 있다. 즉 그룹의 대푯값은 필요한 연산을 수행하기에 충분한 정보를 포함해야 한다.

2. 두 그룹을 병합할 때 이전 두 그룹의 값만 이용해 새로운 그룹의 값을 얻을 수 있다.

가정 1과 2를 9장 전반부에서 제시한 일반화된 시나리오와 비교해보자. 시나리오 1은 기본적인 수조 시나리오를 조금 바꾼 것뿐이므로 문제가 없다. 시나리오 2에서 관심 있는 속성은 연결된 모든 포스트의 좋아요 총합 즉 그룹의 값이다. 여기서 속성을 지역적으로 갱신한다는 것은 특정 포스트에 좋아요를 추가하는 것이며 결과적으로 가정 1에 따라 그룹의 값도 증가한다.

이제 가정 2가 성립하는지 살펴보자. 두 포스트 그룹을 병합할 때(첫 번째 그룹의 포스트에 댓글을 단 사용자가 두 번째 그룹의 포스트에 댓글을 남겼을 때) 두 그룹의 값을 더하면 병합을 수행할 수 있다. 새로운 그룹 값을 계산하는 데 더 이상의 정보가 필요 없으므로 가정 2가 성립한다.

이 2가지 가정을 바탕으로 모든 컨테이너에서 성립해야 할 속성의 동작을 정의하는 API를 기술해보자. 지역적인 값과 그룹 값 사이의 혼동을 막기 위해 후자를 요약^{summary} 값이라고 하자. 우선 지역적인 값의 타입 V와 그룹 요약 값의 타입 S를 구분하자. 둘이 같은 타입일 수도 있는데 시나리오 2에서는 두 타입 모두 좋아요 수를 나타내는 Integer 타입이다. 수조 시나리오에서는 9.5절에서 설명하는 대로 다른 타입을 사용한다.

이제 컨테이너가 규약(가정 1과 2)을 따르는 데 필요한 연산을 제공하는 인터페이스 Attribute<V, S>를 소개할 차례다.

- 새로운 제네릭 컨테이너는 그룹의 요약 값을 초기화할 수 있다(seed 메서드).
- 제네릭 컨테이너의 get 메서드에서는 요약 값을 V 타입의 지역적인 값으로 바꿔주는 메서드가 필요하다(report 메서드).
- 제네릭 컨테이너의 update 메서드는 요약 값을 수정해야 한다(update 메서드).
- connectTo 메서드에서는 두 요약 값을 병합하는 메서드가 필요하다(merge 메서드).

이렇게 만들어진 인터페이스는 코드 9.2와 같고 표 9.1은 제네릭 컨테이너의 메서드와 Attribute 인터페이스의 메서드 사이의 의존성을 보여준다.

```
public interface Attribute<V, S> {
    S seed();                               ❶ 요약 값을 초기화
    void update(S summary, V value);        ❷ 주어진 값을 이용해 요약 값을 갱신
    S merge(S summary1, S summary2);        ❸ 두 요약 값을 병합
    V report(S summary);                    ❹ 요약 값을 해석
}
```

▼ **표 9.1** 제네릭 컨테이너의 메서드와 Attribute 인터페이스의 메서드 사이의 관계

제네릭 컨테이너의 메서드	속성의 메서드
생성자	seed
get	report
update	update
connectTo	merge

Attribute 객체는 속성 값을 포함하지 않으므로 무상태라는 점에 주목하자. S 타입의 객체(그룹 요약)와 V 타입의 객체(캐싱된 지역 값)는 제네릭 컨테이너 안에 별도로 저장된다.

Attribute 인터페이스는 자바 8에서 스트림 연산 결과를 하나의 값으로 수집할collect 때 사용하는 인터페이스와 매우 비슷하다. 9.2.2절에서 스트림과 가변 컬렉터를 간단하게 살펴보자.

9.2.2 가변 컬렉터

스트림은 시퀀스 연산을 표현할 수 있는 조합형 프레임워크를 제공함으로써 컬렉션을 보완한다. 여기서는 스트림 프레임워크를 빠르게 훑어보고 수조 예제와 관련이 깊은 기능인 가변 컬렉터에 집중한다. 스트림 프레임워크를 더 자세하게 알고 싶다면 9장 후반부에 소개하는 참고문헌을 참조하라.

stream 메서드를 이용하면 표준 컬렉션을 스트림으로 바꿀 수 있다. 이렇게 만들어진 스트림 객체는 중간intermediate 연산과 종단terminal 연산을 비롯한 여러 가지 연산을 제공한다. 중간 연산은 주어진 스트림을 같거나 다른 타입의 스트림으로 변환한다. 종단 연산은

스트림을 출력하는 대신 연산의 최종 결과를 출력한다. 가장 간단한 종단 연산인 forEach
는 스트림의 모든 요소를 대상으로 주어진 코드 조각을 실행한다. 예를 들어
listOfStrings가 문자열 리스트라면 다음 코드는 리스트의 모든 문자열을 출력한다.

```
listOfStrings.stream().forEach(s -> System.out.println(s));
```

forEach는 Consumer 타입의 객체를 인자로 받는데 Consumer는 함수형 인터페이스이므로
람다 표현식 구문을 이용해 간단하게 인스턴스화할 수 있다. 이제 길이가 10을 넘는 문자
열만 출력하도록 중간 연산을 추가하자.

```
listOfStrings.stream().filter(s ->  s.length() > 10)
                      .forEach(s ->  System.out.println(s));
```

일련의 스트림 연산 결과를 새로운 컬렉션에 수집하고 싶다면 collect 종단 연산을 이용
할 수 있다. 이 메서드는 Collector 타입의 가변 컬렉터 객체를 인자로 받는데 Collectors
클래스의 정적 팩터리 메서드를 이용하면 일반적인 컬렉터를 얻을 수 있다. 다음 코드는
필터링된 문자열을 리스트로 수집한다.

```
List<String> longStrings =
        listOfStrings.stream().filter(s ->  s.length() > 10)
                              .collect(Collectors.toList());
```

기타 컬렉터를 이용하면 연산 결과를 set이나 맵에 넣을 수 있고 Collector 인터페이스를
구현하면 자신만의 컬렉터를 만들 수도 있다. Collector를 구성하는 여러 단계를 이해하
기 위해 일반적인 컬렉션을 하나의 가변적인 결과로 수집하는 과정을 생각해보자. 일종
의 summary 객체를 초깃값으로 초기화한 후 컬렉션의 모든 요소에 대해 갱신할 것이다.
모든 요소를 스캔한 후 다른 타입 즉 결과 타입으로 변환한다.

```
Collection<V> collection = ...
Summary summary = new Summary();          ❶ 요약 값을 초기화
for (V value: collection) {
    summary.update(value);                ❷ 주어진 값을 이용해 요약 값을 갱신
}
Result result = summary.toResult();       ❸ 요약 값을 결과로 변환
```

Collector 인터페이스는 이 세 단계와 병렬 컬렉터에 필요한 단계를 추상화한다. 각 요소에 대해 루프를 도는 과정이 여러 스레드에 나눠진다면(각 스레드가 요소의 일부를 담당한다면) 스레드마다 요약 값을 생성하고 이 요약 값을 병합해 최종 결과를 계산한다. 이러한 병합 연산이 컬렉터를 구성하는 마지막 네 번째 단계다.

요약 값의 타입을 S, 최종 결과의 타입을 R이라고 하면 Collector 인터페이스에는 다음과 같은 메서드가 필요하다.

```
S supply();                              ❶ 요약 초깃값
void accumulate(S summary, V value);     ❷ 주어진 값을 이용해 요약 값을 갱신
S combine(S summary1, S summary2);       ❸ 두 요약 값을 병합
R finish(S summary);                     ❹ 요약 값을 결과로 변환
```

이렇게 상상으로 만들어낸 컬렉터와 수조의 수위를 추상화하는 Attribute 인터페이스 사이의 유사성에 주목하자. 하지만 실제 Collector 인터페이스의 메서드는 각각에 상응하는 함수를 수행하는 객체를 리턴해 간접적인 계층이 하나 더 추가된다. 이는 스트림 프레임워크의 나머지 부분과 그 바탕을 이루는 함수형 프로그래밍 스타일을 따른다. 네 메서드의 리턴 타입은 모두 하나의 추상 메서드를 포함하는 함수형 인터페이스다. 표 9.2에서 이 4가지 인터페이스를 요약한다.

▼ **표 9.2** 가변 컬렉터가 사용하는 함수형 인터페이스. java.util.function 패키지에는 40개 이상의 함수형 인터페이스가 존재한다.

인터페이스	추상 메서드의 타입	역할
Supplier<S>	void → S	요약 초깃값을 제공
BiConsumer<S, V>	(S, V) → void	주어진 값을 이용해 요약 값을 갱신
BinaryOperator<S>	(S, S) → S	두 요약 값을 병합
Function<S, R>	S → R	요약 값을 결과로 변환

이에 더해 해당 컬렉터가 다음 2가지 표준 특성을 갖는지를 알려주는 다섯 번째 메서드를 사용한다.

- **동시성**: 여러 스레드에서 동시 실행이 가능한 컬렉터인가?

- **순서**: 요소의 순서를 유지하는 컬렉터인가?

내부 열거형인 Characteristics를 이용해 이 2가지 특성을 표현한다. 요약하면 다음과 같은 메서드가 필요하다.

```
public interface Collector<V, S, R> {
    Supplier<S> supplier();                        ❶ 요약 초깃값을 제공
    BiConsumer<S, V> accumulator();                ❷ 주어진 값을 이용해 요약 값을 갱신
    BinaryOperator<S> combiner();                  ❸ 두 요약 값을 병합
    Function<S, R> finisher();                     ❹ 요약 값을 결과로 변환
    Set<Characteristics> characteristics();        ❺ 동시성과 순서 등의 특성을 조회
}
```

이처럼 함수형 인터페이스를 사용하면 컬렉터를 이용할 때 함수형 인터페이스를 간단하게 구현하는 2가지 방법인 람다 표현식과 메서드 참조를 활용할 수 있다. 9.2.3절에서 메서드 참조를 소개하고 문자열 컬렉터의 구현을 살펴보자.

돌발 퀴즈 3　컬렉터에서 combiner 메서드의 역할은 무엇이며 언제 사용하는가?

예제: 문자열 연결

지금까지의 내용을 정리하는 예제로 StringBuilder를 이용해 일련의 문자열을 하나의 문자열로 연결하는 컬렉터를 살펴보자. StringBuilder는 스레드 안전하지 않으므로 컬렉터도 동시성[2]을 지원하지 않는다. 반면 문자열을 주어진 순서대로 연결하므로 순서는 보전한다. 이는 컬렉터의 기본 설정과 같으므로 characteristics 메서드에서 빈 집합을 리턴할 수 있어 편리하다.

컬렉터를 정의할 때 람다 표현식이나 메서드 참조를 이용하지 않으면 다수의 익명 클래스가 필요하다. 컬렉터 자신을 나타내는 클래스 하나와 각 메서드에 상응하는 함수형 인터페이스를 인스턴스화하는 데 필요한 클래스 4개를 합쳐 총 5개의 익명 클래스가 필요하다. 이 중 첫 번째 메서드만 살펴보면 다음과 같다.

---

[2] 동시성 컬렉터를 만들기 위해서는 StringBuilder 대신 StringBuffer를 사용하거나 명시적으로 동기화하자.

```
Collector<String, StringBuilder, String> concatenator =
    new Collector<>() {  ❶ 외부 익명 클래스
        @Override
        public Supplier<StringBuilder> supplier() {  ❷ 요약 초깃값을 제공
            return new Supplier<>() {  ❸ 첫 번째 내부 익명 클래스
                @Override
                public StringBuilder get() {
                    return new StringBuilder();
                }
            };
        }
        ...  ❹ Collector의 나머지 메서드 넷을 오버라이드
    };
```

메서드 참조

메서드 참조는 자바 8부터 추가된 것으로 이미 존재하는 메서드나 생성자를 함수형 인터페이스의
인스턴스로 변환하는 새로운 표현식이며 2중 콜론 ':: '으로 표기한다. 가장 간단한 형태를 보면 다
음과 같이 메서드 참조를 이용해 인스턴스 메서드를 적당한 인터페이스로 바꿀 수 있다.

```
ToIntFunction<Object> hasher = Object::hashCode;
```

여기서 ToIntFunction<T>는 다음과 같은 유일한 메서드를 포함하는 함수형 인터페이스다.

```
int applyAsInt(T item)
```

메서드 참조는 특정 객체의 메서드도 참조할 수 있다.

```
Consumer<String> printer = System.out::println;
```

정적 메서드와 생성자에도 메서드 참조를 적용할 수 있다.

메서드 참조를 이용하면 위의 코드 조각도 훨씬 간단해진다. StringBuilder 생성자의 참
조를 이용해 제공자^{supplier}를 만들 수 있다. 컴파일러는 생성자를 Supplier<StringBuilder>
타입으로 세심하게 감싼다.

```
Collector<String, StringBuilder, String> concatenator = new Collector<>() {
    @Override
    public Supplier<StringBuilder> supplier() {
```

```
    return StringBuilder::new;   ❶ 생성자를 참조
  }
  ...  ❷ Collector의 나머지 메서드 넷을 오버라이드
};
```

나아가 Collector 클래스에서 제공하는 정적 메서드 of를 이용하면 외부 익명 클래스도
필요 없이 다음과 같은 간단한 코드를 작성할 수 있다. 여기서는 인터페이스의 주요 메서
드 4개에 모두 메서드 참조를 지정했다.

```
Collector<String, StringBuilder, String> concatenator =
    Collector.of(StringBuilder::new,        ❶ 제공자(생성자를 참조)

            StringBuilder::append,       ❷ 갱신 함수
            StringBuilder::append,       ❸ 병합 함수(또 다른 append 메서드)

            StringBuilder::toString);    ❹ 종결자
```

메서드 참조에서는 메서드 시그니처는 지정할 수 없고 메서드 이름만 지정한다. 컴파일
러는 메서드 참조가 수행된 곳의 문맥을 바탕으로 메서드 시그니처를 추론한다. 이러한
문맥은 특정한 함수형 인터페이스를 지목해야 한다. 예를 들어 위의 코드 조각에서 갱신
함수의 참조는 StringBuilder의 메서드 중에서 다음과 같은 메서드를 선택한다.

```
public StringBuilder append(String s)
```

문맥에 비춰보면 BiConsumer<StringBuilder, String>이 필요하기 때문이다. 여기서
append는 값을 리턴하지만 BiConsumer는 void를 리턴하는 불일치가 존재한다. 하지만 값
을 리턴하는 메서드를 호출한 후 리턴 값을 무시할 수 있듯이 컴파일러가 여러분을 위해
이를 알아서 처리한다. 표 9.3은 이러한 호환성 규칙을 요약한다.

StringBuilder::append와 함수형 인터페이스 BiConsumer 사이의 시그니처와 타입 비교. SB는 StringBuilder의 줄임말이다.

	메서드	목표 함수형 인터페이스
시그니처	SB append(String s)	BiConsumer<SB, String>
타입	(SB, String) → SB	(SB, String) → void

|**팁**| 값을 리턴하는 메서드의 참조를 void 함수형 인터페이스의 참조에 대입할 수 있다.

이제 병합 함수의 메서드 참조를 살펴보자. 문맥에 따르면 BinaryOperator<String Builder> 즉 (this를 포함해) 두 StringBuilder를 인자로 받아 StringBuilder를 리턴하는 메서드가 필요하다. StringBuilder 클래스의 또 다른 append 메서드가 이러한 역할을 한다.

```
public StringBuilder append(CharSequence seq)
```

여기서 목표로 하는 함수형 인터페이스는 인자 타입으로 StringBuilder를 기대하지만 append 메서드는 CharSequence를 인자로 받으므로 타입 변환이 필요한데 CharSequence가 StringBuilder의 슈퍼 타입이므로 이러한 변환이 가능하다. 표 9.4는 이를 요약한다.

▼ **표 9.4** StringBuilder::append와 함수형 인터페이스 BinaryOperator 사이의 시그니처와 타입 비교. SB는 StringBuilder의 줄임말이다.

	메서드	목표 함수형 인터페이스
시그니처	SB append(CharSequence seq)	BinaryOperator<SB>
타입	(SB, CharSequence) → SB	(SB, SB) → SB

|**팁**| 타입 T를 인자로 받는 메서드의 참조를 T의 서브 타입을 인자로 받는 메서드에 상응하는 함수형 인터페이스의 참조에 대입할 수 있다.

여기서 다룬 concatenator는 JDK의 정적 메서드 Collectors.joining()이 리턴하는 컬렉터 객체와 매우 비슷하다.

돌발 퀴즈 4 메서드 참조를 Object 타입의 변수에 대입할 수 있을까?

9.2.3 함수형 인터페이스를 컨테이너 속성에 적용하기

Collector에서 찾아낸 어댑터^{adaptor}를 응용하면 Attribute에도 적용할 수 있다. 즉 함수형 인터페이스 4개를 인자로 Attribute 타입의 객체를 리턴하는 정적 메서드를 이용할 수 있다. 클라이언트는 앞에서 살펴봤듯이 이 메서드를 바탕으로 4개의 람다 표현식이나 메서드 참조를 이용해 Attribute의 구체적인 구현을 만들 수 있다.

이러한 어댑터 메서드는 다음과 같은 형태가 될 것이다.

```
public static <V, S> Attribute<V, S> of(Supplier<S> supplier,
                                        BiConsumer<S, V> updater,
                                        BinaryOperator<S> combiner,
                                        Function<S, V> finisher) {
    return new Attribute<>() {   ❶ 익명 클래스
        @Override
        public S seed() {
            return supplier.get();
        }
        @Override
        public void update(S summary, V value) {
            updater.accept(summary, value);
        }
        @Override
        public S merge(S summary1, S summary2) {
            return combiner.apply(summary1, summary2);
        }
        @Override
        public V report(S summary) {
            return finisher.apply(summary);
        }
    };   ❷ 익명 클래스의 끝
}
```

9.3 제네릭 컨테이너 구현

이제 연결 상태와 그룹을 관리하는 ContainerLike의 제네릭 구현을 만들자. 그리고 속성의 동작 방식은 Attribute 타입의 객체에 위임하자. 전반적으로 가장 좋은 성능을 보인 3장의 Speed3을 바탕으로 제네릭 컨테이너를 구현하는 것이 좋은 선택이자 훌륭한 연습이 될 것 같다.

우선 부모 포인터 트리를 이용한 Speed3의 기본적인 구조를 떠올려보자. 각 수조는 트리에 속한 노드이며 그룹의 루트 수조만 해당 그룹의 크기(수조 개수)와 그 안에 담긴 물의 양을 알고 있다. 수조에는 필드가 3개 있는데 그중 2개는 루트 수조에서만 사용한다.

- (루트 수조인 경우) 그룹에 담긴 물의 양
- (루트 수조인 경우) 그룹 크기
- 부모 수조를 가리키는 참조(부모 수조에서는 자신을 가리킴)

Speed3 구현의 시작 부분은 다음과 같다.

```
public class Container {
    private Container parent = this;   ❶ 각 수조는 자기 트리의 루트로 시작한다.
    private double amount;
    private int size = 1;
```

이 클래스의 제네릭 버전인 UnionFindNode는 그룹 요약 값을 저장하는 S 타입의 객체와 요약 값, 지역적인 값을 조작하는 메서드로 이뤄진 Attribute 타입의 객체를 필드로 포함하는데 이 두 필드가 Speed3의 amount 필드를 대체한다. UnionFindNode의 필드와 생성자는 다음과 같다.

코드 9.3 UnionFindNode: 필드와 생성자

```
public class UnionFindNode<V, S>
    implements ContainerLike<V, UnionFindNode<V, S>{}> {

    private UnionFindNode<V, S> parent = this;   ❶ 각 노드는 루트로 시작한다.
    private int groupSize = 1;
```

```
private final Attribute<V, S> attribute;   ❷ 속성을 조작하는 메서드를 포함한다.
private S summary;

public UnionFindNode(Attribute<V, S> dom) {
    attribute = dom;
    summary = dom.seed();
}
```

(Speed3과 마찬가지로) get 메서드와 update 메서드는 코드 9.4와 같이 먼저 트리의 루트를
찾는다. 그리고 루트의 요약 값을 해석하거나 새로운 값을 바탕으로 요약 값을 갱신한다.
private 지원 메서드인 findRootAndCompress는 루트를 찾고 이후의 호출을 빠르게 수행할
수 있게 루트까지의 경로를 단축시킨다.

코드 9.4 UnionFindNode: get과 update 메서드

```
public V get() {   ❶ 현재 속성 값을 리턴
    UnionFindNode<V, S> root = findRootAndCompress();
    return attribute.report(root.summary);
}
public void update(V value) {   ❷ 속성을 갱신
    UnionFindNode<V, S> root = findRootAndCompress();
    attribute.update(root.summary, value);
}
```

마지막으로 connectTo 메서드는 3장에서 언급한 크기에 따른 연결 정책을 강제하며
Attribute의 merge를 호출해 연결할 두 그룹의 요약 값을 병합한다. 앞에서 약속한 대로
메서드 시그니처의 높은 표현력 덕분에 connectTo는 어떠한 인자도 타입을 변환할 필요
가 없다.

코드 9.5 UnionFindNode: connectTo 메서드

```
public void connectTo(UnionFindNode<V, S> other) {
    UnionFindNode<V, S> root1 = findRootAndCompress(),
                        root2 = other.findRootAndCompress();
    if (root1 == root2) return;
    int size1 = root1.groupSize, size2 = root2.groupSize;
```

```
S newSummary = attribute.merge(root1.summary, root2.summary);

if (size1 <= size2) {  ❷ 크기에 따른 연결 정책
    root1.parent = root2;
    root2.summary = newSummary;
    root2.groupSize += size1;
} else {
    root2.parent = root1;
    root1.summary = newSummary;
    root1.groupSize += size2;
}
}
```

그림 9.1은 지금까지 설명한 세 클래스를 요약해 보여준다. 이 세 클래스를 이용하면 일반적인 컨테이너의 동작을 구현하는 제네릭 프레임워크를 만들 수 있다.

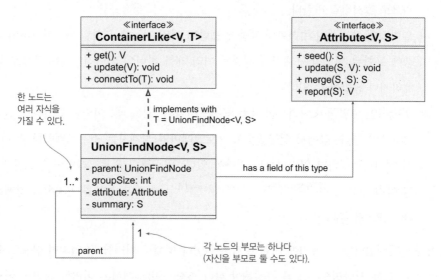

▲ **그림 9.1** 제네릭 컨테이너 프레임워크의 UML 클래스 다이어그램

9.4 일반적인 고려사항

이제 두 번째 시나리오를 위한 코드를 모두 살펴봤으니 주어진 기능의 집합을 더 폭넓은 상황에 적용할 수 있도록 일반화하는 과정을 살펴보자. 하지만 이 과정을 시작하기 전에 여러분의 코드나 명세를 일반화해야 하는 명백한 동기가 필요하다. 단순하게 우아한 프레임워크를 만들고 싶은 갈망이나 새로운 도전으로 이 과정을 시작할 수도 있다. 프로그래밍을 취미로 하거나 새로운 언어를 배우는 중이라면 그 정도 이유로도 충분하다. 반대로 프로그래밍을 직업으로 한다면 잘 만들어진 구체적인 코드를 더 느리고 복잡하고 유지·보수하기도 어려울 수 있는 일반적인 프레임워크로 바꿔야 할 비즈니스적 동기가 필요하다. 비즈니스 측면의 훌륭한 동기는 다음과 같다.

- 일반적인 해결책 자체가 제품인 경우: 여러분과 동료, 관리자는 여러분의 조직이 다른 조직에서 사용할 수 있는 일반적인 해결책을 독립적인 라이브러리나 프레임워크로 출시하길 바란다.
- 일반적인 해결책이 여러분의 제품에 포함된 여러 기능을 포함할 때: 여러분의 제품에 포함된 별도의 구체적인 해결책 여러 개를 하나의 일반적인 해결책으로 대체하거나 통합할 수 있다.
- 일반적인 해결책이 여러분의 제품을 진보시킬 수 있을 때: 이러한 동기라면 심사숙고해야 한다. 앞에서 언급했듯이 프로그래머와 설계자는 소프트웨어를 과도하게 엔지니어링하고 일반화하는 경향이 있다. 익스트림 프로그래밍의 구호인 "그건 아직 필요 없어!"YAGNI, You aren't gonna need it.는 이러한 성향을 인지하고 경계하라는 교훈을 준다.

동기가 명확해졌다면 그 동기에 비춰 현재 구현이나 명세로 처리할 수 없지만 앞으로 꼭 다뤄야 할 응용 시나리오(사례)를 구성해야 한다. 9장 전반부에서는 이러한 작업의 예로 일반화 범위 안에 있는 2가지 목표 시나리오와 그 범위에서 벗어나는 시나리오 하나를 제시했다.

이러한 시나리오를 바탕으로 하나 이상의 인터페이스로 이뤄진 API를 도출할 수 있는데 컨테이너 예제의 API는 두 인터페이스 ContainerLike와 Attribute로 구성된다. 우선 구체 구현에서 시작해 위에서 설계한 것과 같은 일반적인 인터페이스로 고쳐 나가는 과정을 거치는데 (3장의) Speed3의 구체 클래스인 Container를 제네릭 클래스인 UnionFindNode로 바꾸는 과정도 예가 될 수 있다. 이제 제네릭 프레임워크를 이용해 원래 기능을 재현하려면 약간의 코드가 필요하다. 9.5절에서 알아보자.

9.5 수조의 기능 재현하기 [Generic]

9.5절에서는 수조에 담긴 물의 양을 속성으로 삼는 구체적인 수조 구현을 9.4절에서 개발한 제네릭 구현을 바탕으로 재현한다. 그 결과 Speed3과 비슷하게 동작하지만 추상화 레벨이 추가된다. 이는 다양한 상황에 적용 가능한 제네릭 구현에 따르는 대가라고 할 수 있다.

9.5.1 수정된 시나리오

이번 구현의 시나리오는 책의 다른 부분에서 사용한 시나리오와 똑같지는 않지만 매우 비슷하다. 유일한 차이는 getAmount와 addWater 메서드 대신 ContainerLike 인터페이스가 제공하는 제네릭 메서드인 get과 update를 사용한다는 점이다.

```
Container a = new Container();
Container b = new Container();
Container c = new Container();
Container d = new Container();

a.update(12.0);   ❶ update는 addWater에 해당한다.
d.update(8.0);
a.connectTo(b);
  ❷ get은 getAmount에 해당한다.
System.out.println(a.get()+" "+b.get()+" "+c.get()+" "+d.get());
```

위 코드 조각의 실행 결과는 원래 시나리오와 같다.

```
6.0 6.0 0.0 8.0
```

9.5.2 구체적인 속성 설계

UnionFindNode를 구현하는 모든 구체 클래스는 타입 V와 S를 지정하고 Attribute<V, S> 타입의 객체를 지정해야 한다. 수조 예제에서는 물의 양을 저장하기에 적절한 타입으로 V = Double을 사용한다. 언뜻 보기에 요약 값의 타입도 S = Double이 적당해 보인다. 그룹의 요약 값은 그룹에 담긴 물의 총량 아닌가? 이렇게 요약 값을 알고 있다면 그 값을 그룹의 크기로 나눠 수조 하나에 담긴 물의 양도 알 수 있다. 하지만 Attribute 객체는 자신이 속한 UnionFindNode 객체에 접근할 수 없고 groupSize 필드에도 접근할 수 없다. 따라서 그룹 크기 관련 정보를 요약 값 안에 별도로 복사해 저장해야 한다. 해결책의 일반화에 따른 또 다른 대가라고 볼 수 있다.

결국 단순하게 S = Double로 하지 않고 그룹의 요약 값 역할을 할 클래스를 따로 만들어야 하는데 이 클래스를 ContainerSummary라고 하자. 이 요약 정보는 그룹 전체에 담긴 물의 양과 수조 개수를 포함한다. 2개의 파라미터를 받는 생성자가 자연스러워 보이지만 코드 9.6처럼 기본 생성자도 추가한다. 이 생성자를 바탕으로 Attribute 인터페이스 초기화 연산자 역할을 하는 메서드 참조(정확하게 말해 생성자 참조)를 이용할 수 있다.

코드 9.6 ContainerSummary: 필드와 생성자

```
class ContainerSummary {
    private double amount;
    private int groupSize;

    public ContainerSummary(double amount, int groupSize) {
        this.amount = amount;
        this.groupSize = groupSize;
    }
    public ContainerSummary() {    ❶ 기본 생성자
        this(0, 1);    ❷ 다른 생성자를 호출해 물의 양을 0, 수조 개수를 1로 설정
    }
```

다음 코드의 나머지 세 메서드는 각각 속성의 다른 연산을 구현한다.

```
    ❶ addWater에 해당
public void update(double increment) {
    this.amount += increment;
}
    ❷ 두 수조를 연결
public ContainerSummary merge(ContainerSummary other) {
    return new ContainerSummary(amount + other.amount,
                                groupSize + other.groupSize);
}
    ❸ 수조 하나에 담긴 물의 양을 리턴
public double getAmount() {
    return amount / groupSize;
}
```

마지막으로 Attribute 인터페이스의 정적 메서드 of와 4개의 메서드 참조를 이용해 UnionFindNode에 필요한 Attribute 객체를 생성하자. ContainerSummary의 메서드는 기본 타입은 double을 사용하고 Attribute는 박싱된 타입 Double을 사용하는 약간의 불일치가 있지만 걱정할 필요는 없다. 오토박싱, 오토 언박싱 덕분에 박싱된 타입을 사용하는 문맥에서도 기본 타입을 사용한 메서드 참조를 이용할 수 있다.

이제 이렇게 만들어진 Attribute 객체를 static final로 선언해 클라이언트에게 클래스 상수로 노출하자.

```
public static final Attribute<Double,ContainerSummary> ops =
    Attribute.of(ContainerSummary::new,  ❶ 기본 생성자를 참조
                 ContainerSummary::update,
                 ContainerSummary::merge,
                 ContainerSummary::getAmount);
```

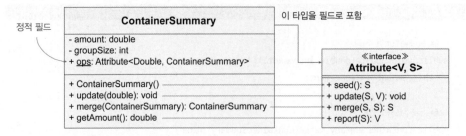

ContainerSummary

- amount: double
- groupSize: int
+ ops: Attribute<Double, ContainerSummary>

+ ContainerSummary()
+ update(double): void
+ merge(ContainerSummary): ContainerSummary
+ getAmount(): double

정적 필드

이 타입을 필드로 포함

《interface》
Attribute<V, S>

+ seed(): S
+ update(S, V): void
+ merge(S, S): S
+ report(S): V

▲ **그림 9.2** ContainerSummary와 Attribute의 관계를 보여주는 UML 클래스 다이어그램. update, merge, report 메서드의 첫 번째 인자는 그에 상응하는 ContainerSummary 메서드에서 this로 연결된다.

9.5.3 구체적인 수조 클래스 정의

구체적인 요약 값 타입과 그 지원 메서드를 정의했다면 단 세 줄의 코드로 지금까지 다룬 전형적인 수조의 기능을 재현할 수 있다. 다음 코드처럼 UnionFindNode를 상속받고 그 생성자에 적절한 Attribute 객체를 넘겨주면 된다.

코드 9.9 Generic: 세 줄로 구현한 수조

```
public class Container extends UnionFindNode<Double,ContainerSummary> {
    public Container() {
        super(ContainerSummary.ops);
    }
}
```

간단하지만 자바 제네릭의 한계점이 드러난다. 모든 UnionFindNode 객체가 같은 Attribute 객체를 가리키는 참조를 포함한다. 제네릭 타입 정보가 삭제되지 않는다면 이 참조를 UnionFindNode<Double, ContainerSummary>의 정적 필드로 만들 수도 있다. 그렇게 되면 같은 타입의 모든 노드는 요약 값을 조작하는 객체에 대해 참조 하나를 공유한다.

코드 9.9의 클래스 정의는 이 책에서 구현한 모든 수조 정의 중 가장 짧다. 간결함을 목적으로 최적화한 부록의 코드보다 짧다. 물론 약간의 속임수가 있다. 모든 기능을 제네릭 프레임워크로 옮겼기 때문이다. (UnionFindNode와 ContainerSummary 클래스, ContainerLike와 Attribute 인터페이스를 포함한) 모든 코드를 더하면 제네릭 버전이 이 책에서 가장 길다.

9.6 소셜 네트워크 포스트

지금까지 개발한 해결책의 일반성을 시험하기 위해 9장 전반부에서 제시한 두 번째 시나리오인 소셜 네트워크 포스트를 구현하는 구체적인 컨테이너를 설계하자. 같은 사람이 댓글을 단 포스트는 서로 연결되며 좋아요의 총합을 유지한다. 사실 이 시나리오는 수조보다 간단하다. 그룹에 속한 포스트가 얻은 좋아요의 총 개수만 그룹 요약 값에 포함하면 되며 그룹 크기는 알 필요가 없다. 결국 요약 값은 정수를 감싼 클래스일 뿐이다.

코드 9.10 PostSummary: 필드와 생성자

```
class PostSummary {
    private int likeCount;

    public PostSummary(int likeCount) {
        this.likeCount = likeCount;
    }
    public PostSummary() {}    ❶ 나중에 메서드 참조로 사용함
```

기본 생성자는 Attribute의 초기화 연산을 담당한다. 다음 코드의 메서드는 나머지 세 연산을 담당하며 여기서도 정적 메서드 of를 이용해 네 연산을 Attribute 타입의 객체 하나로 묶었다.

코드 9.11 PostSummary: 메서드와 정적 필드

```
    public void update(int likes) {
        likeCount += likes;
    }
    public PostSummary merge(PostSummary summary) {
        return new PostSummary(likeCount + summary.likeCount);
    }
    public int getCount() {
        return likeCount;
    }
    public static final Attribute<Integer,PostSummary> ops =
        Attribute.of(PostSummary::new,    ❶ 기본 생성자를 참조
                      PostSummary::update,
```

```
              PostSummary::merge,
              PostSummary::getCount);
}
```

9.5.3절의 수조처럼 다음과 같은 세 줄의 코드로 소셜 네트워크 포스트를 표현하는 클래스를 인스턴스화할 수 있다.

코드 9.12 Post: 제네릭 프레임워크로 좋아요 수 세기

```java
public class Post extends UnionFindNode<Integer,PostSummary> {
  public Post() {
    super(PostSummary.ops);
  }
}
```

9.7 전혀 새로운 문제에 적용해보기

이번 예제에서는 하나의 클래스가 아니라 GUI를 갖춘 어엿한 응용 프로그램을 만들어 이 책에서 소개한 원리를 더 큰 범위에 적용해보자. 온라인 저장소[3]에서 다음과 같은 방정식으로 나타낼 수 있는 곡선인 포물선parabola을 그리는 간단한 GUI 애플리케이션의 코드를 볼 수 있다.

$$y = ax^2 + bx + c$$

그림 9.3에서 스크린 캡처를 볼 수 있다. 맨 위 패널에서는 x 값의 고정된 구간에서 함수의 그래프를 그린다. 가운데 패널은 5개의 고정된 x 값에 상응하는 함수 값을 보여준다. 마지막 패널에서는 사용자가 세 파라미터 a, b, c를 즉시 변경할 수 있다.

---

3 기본적인 그래프 프로그램은 eis.chapter9.plot 패키지에서 볼 수 있고 일반화된 버전은 eis.chapter9.generic.plot에서 볼 수 있다.

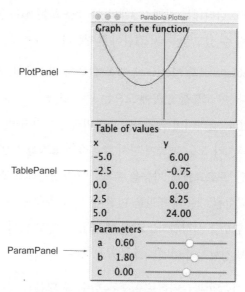

▲ **그림 9.3** 그래프 프로그램의 스크린 캡처

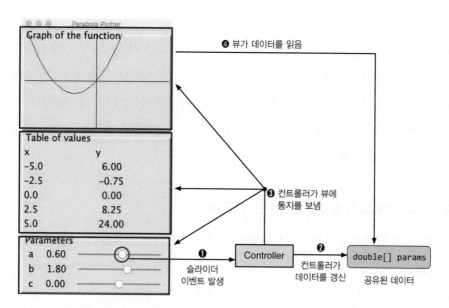

▲ **그림 9.4** 기본적인 그래프 프로그램의 통신 방식. 파라미터는 double 배열에 저장되며 모든 컴포넌트에서 공유한다. 이러한 방식에서는 각 컨트롤러가 모든 뷰를 알아야 한다.

기본 구현은 각 패널을 나타내는 클래스 3개와 이 셋을 묶는 Main 클래스로 이뤄진다. 이 버전은 포물선만 그릴 수 있고 몇 가지 결함이 존재한다.

- **코드 중복**: TablePanel과 PlotPanel 양쪽에 특정 지점에서 포물선 값을 구하는 코드가 포함된다. 이 코드를 한곳에 모으는 편이 낫다.
- **조잡한 통신 방식**: 슬라이더를 움직여 파라미터 값을 바꾸면 해당 이벤트에 상응하는 코드(컨트롤러)가 모든 패널에 다시 그리라는 요청을 보낸다. 이러한 방식도 나쁘지는 않지만 프로그램에 기능을 추가한다고 상상해보자. 수많은 위젯이 각자 방식대로 시각화될 내용에 영향을 미칠 수 있다. 이러한 통신 방식을 고수한다면 모든 위젯이 함수를 시각화하는 모든 패널(뷰)을 알고 있어야 한다. 그림 9.4는 이러한 방식에서 전형적인 이벤트 흐름을 보여준다.

프로그램이 임의의 개수의 파라미터로 표현된 함수 즉 다음과 같은 방정식의 곡선을 그릴 수 있게 일반화하자.

$$y = f(a_1, \ldots, a_n, x)$$

여기서 $a_1, \ldots, a_n$은 파라미터를 나타낸다. 미리 말해두지만 텍스트를 파싱해 함수 정의를 받아들이라는 말은 아니다. 일반화된 프로그램은 프로그래머의 수고를 최대한 덜면서도 여러 종류의 함수를 지원해야 하며 표시할 함수의 종류에 맞게 GUI를 자동으로 조정해야 한다. 예를 들어 아래쪽 패널의 슬라이더 개수는 파라미터 개수와 같아야 한다. 그리고 앞에서 언급한 설계상의 2가지 단점을 해결해야 한다.

9.7.1 파라미터화된 함수를 표현하는 인터페이스

일반화의 첫 단계로 인터페이스를 정해야 하는데 파라미터화된 함수를 나타내는 인터페이스를 ParametricFunction이라고 하자. 프로그램이 특정한 ParametricFunction에 맞게 완벽하게 조절되기 위해서는 인터페이스에 다음과 같은 기능이 필요하다.

- 파라미터 개수를 제공한다.
- 각 파라미터의 이름을 제공한다. 그 덕분에 파라미터 패널의 레이블을 'a', 'b', 'c' 등으로 바꿀 수 있다.

- 각 파라미터의 값을 조회하고 설정할 수 있다.
- 주어진 입력에 대해 현재 파라미터의 값으로 구성된 함수의 값을 평가할 수 있다. 이렇게 하면 앞에서 말한 코드 중복 문제가 해결된다. 함수 값을 계산하는 곳은 유일하게 파라미터화된 함수뿐이다.

이러한 기능을 자바로 옮기기 위해 0부터 $n-1$까지의 인덱스로 파라미터를 참조해야 하며 이렇게 얻은 인터페이스는 다음과 같다.

```java
public interface ParametricFunction {
    int getNParams();   ❶ 파라미터 개수를 리턴

    String getParamName(int i);   ❷ i번 파라미터의 이름을 리턴

    double getParam(int i);   ❸ i번 파라미터의 값을 리턴

    void setParam(int i, double val);   ❹ i번 파라미터의 값을 설정

    double eval(double x);   ❺ x에서의 함수 값을 리턴
}
```

이제 이 인터페이스를 구현하는 Parabola 클래스를 바탕으로 앞에서 살펴본 프로그램의 동작을 재현해보자(코드를 단순하게 하기 위해 사전 조건 검사는 생략했다).

```java
public class Parabola implements ParametricFunction {
    private final static int N = 3;   ❶ 파라미터는 3개
    private final static String[] name = { "a", "b", "c" };
    private double[] a = new double[N];

    public int getNParams() { return N; }
    public String getParamName(int i) { return name[i]; }
    public double getParam(int i) { return a[i]; }
    public void setParam(int i, double val) { a[i] = val; }
    public double eval(double x) { return a[0]*x*x + a[1]*x + a[2]; }
}
```

다른 형태의 파라미터화된 함수를 얼마나 쉽게 정의할 수 있는지 생각해보자. 예를 들어 다음 방정식과 같은 쌍곡선^{hyperbola}을 생각해보자.

$$y = \frac{a}{x} = f(a, x)$$

다음과 같은 클래스로 쌍곡선을 표현할 수 있다.

```java
public class Hyperbola implements ParametricFunction {
    private final static int N = 1;   ❶ 파라미터는 1개
    private final static String[] name = { "a" };
    private double[] a = new double[1];

    public int getNParams()          { return N; }
    public String getParamName(int i) { return name[i]; }
    public double getParam(int i)     { return a[i]; }
    public void setParam(int i, double val) { a[i] = val; }
    public double eval(double x)      { return a[0] / x; }
}
```

Parabola와 Hyperbola를 비교해보면 많은 코드가 같다는 것을 알 수 있다. 크게 다른 부분은 실제로 정의할 특정 함수를 구현한 eval뿐이다. 이를 바탕으로 생각해보면 인터페이스와 구체 클래스 사이에 추상 클래스를 추가해 많은 코드를 그 클래스로 옮길 수 있다.

추상 클래스 AbstractFunction은 파라미터를 저장하고 관리하며 표준적인 파라미터 이름도 제공한다(문자 'a', 'b' 등). 기본적으로 이 추상 클래스에서 많은 기능을 제공하지만 함수 값을 계산하는 eval을 구현하지 않으므로 여전히 추상 클래스다. 추상 클래스는 다음과 같이 구현할 수 있다(여기서도 코드를 단순하게 하기 위해 일부 검사는 생략했다).

```java
public abstract class AbstractFunction implements ParametricFunction {
    private final int n;
    protected final double[] a;   ❶ 효율성을 위해 서브클래스에서도 접근할 수 있게 함

    public AbstractFunction(int n) {   ❷ 서브클래스를 위한 생성자
        this.n = n;
        this.a = new double[n];
    }

    public int getNParams()          { return n; }
    public String getParamName(int i) {
        final int firstLetter = 97;   ❸ 'a'의 ASCII 코드
        return Character.toString(firstLetter + i);
```

```
  }
  public double getParam(int i) { return a[i]; }
  public void setParam(int i, double val) { a[i] = val; }
}
```

추상 클래스 덕분에 구체 클래스를 간단하게 정의할 수 있다. 예를 들어 `AbstractFunction`의 이점을 이용한 `Hyperbola`는 다음과 같다.

```
public class Hyperbola extends AbstractFunction {
  public Hyperbola() { super(1); }
  public double eval(double x) { return a[0] / x; }
}
```

9.7.2 통신 방식 개선

프로그램의 통신 방식을 개선하는 데도 리팩터링을 이용할 수 있다. 이제 관련 데이터(파라미터)를 저장하고 화면에 표시할 정보(함수 값)를 제공하는 핵심 객체로 파라미터화된 함수 객체를 만들었으니 모델-뷰-컨트롤러MVC, Model-View-Controller로 잘 알려진 아키텍처 패턴을 적용하기에 안성맞춤이다.

모델-뷰-컨트롤러

MVC는 GUI를 갖춘 데스크톱 프로그램을 위해 1970년대 제시된 아키텍처 패턴으로 소프트웨어 구성 요소를 3가지로 나눈다.

- 모델: 응용 프로그램 관련 데이터를 저장하는 컴포넌트
- 뷰: 사용자에게 데이터를 보여주는 컴포넌트
- 컨트롤러: 사용자 입력에 대응하는 컴포넌트

원래 패턴을 따르면 컨트롤러는 뷰와 직접 상호작용하지 않는다. 버튼 클릭을 비롯한 사용자 입력이 발생하면 컨트롤러는 모델에 그 사실을 알리거나 모델을 직접 변경한다. 그리고 모델이 갱신돼야 할 뷰에 통지를 보낸다.

MVC 패턴이 제안된 이후 웹 애플리케이션 프레임워크를 비롯한 다양한 곳에 활용됐으며 모델-뷰-어댑터(model-view-adapter)나 모델-뷰-프레젠터(model-view-presenter)와 같은 변종도 생겼다.

그래프 프로그램에서는 파라미터화된 함수가 모델 클래스, 세 패널이 뷰, 슬라이더에 연결된 이벤트 핸들러가 컨트롤러에 해당한다. 이제 원래 MVC 패턴에 부합하는 통신 방식을 설계하자.

- 프로그램을 시작하면 세 뷰는 자신을 모델의 관찰자^{observer}로 등록한다. 모델(파라미터화된 함수)은 관찰자의 참조를 저장한다.

  관련성이 적은 기능으로 ParametricFunction 인터페이스를 더럽히는 대신 관찰자의 참조를 저장하고 통지를 보내는 역할을 별도 클래스로 분리할 수도 있다(저장소에서 ObservableFunction을 참조하라). 이 클래스는 파라미터화된 함수를 감싸고 필요한 기능[4]을 더한다.

- 사용자가 파라미터 패널의 GUI를 이용해 슬라이더를 움직이면 컨트롤러가 모델에서 그에 상응하는 파라미터 값을 갱신한다. 컨트롤러에서는 다른 동작은 전혀 수행하지 않는다.

- 파라미터 값을 수정하기 위해 모델의 setParam이 호출되면 모델은 등록된 모든 뷰에게 모델에 변화가 일어났다는 것을 통지한다.

이제 ObservableFunction 클래스의 주요 코드를 살펴보자. 우선 이 클래스는 Parametric Function 객체를 감싸는 동시에 ParametricFunction 인터페이스를 구현한다. 그리고 등록된 관찰자를 ActionListener의 리스트로 관리한다. ActionListener는 자바 AWT 윈도우 툴킷에서 제공하는 표준 인터페이스로 단 하나의 메서드 void actionPerformed (ActionEvent e)를 포함한다. ActionEvent 인자는 통지받은 이벤트 관련 정보를 운반한다. 여기서는 사용자가 함수 파라미터를 변경하는 한 가지 이벤트만 처리한다. 그 덕분에 모든 통지에 대해 단 하나의 더미^{dummy} 이벤트 객체를 사용할 수 있다. ObservableFunction 클래스의 첫 부분은 다음과 같다.

```
public class ObservableFunction implements ParametricFunction {
    private final ParametricFunction f;   ❶ 감싸야 할 파라미터화된 함수
    private final List<ActionListener> listeners = new ArrayList<>();
    private final ActionEvent dummyEvent =
```

---

4   이러한 방식은 데코레이터(Decorator) 디자인 패턴의 한 예다.

```
        new ActionEvent(this, ActionEvent.ACTION_FIRST, "update");

  public ObservableFunction(ParametricFunction f) { this.f = f; }
```

ObservableFunction의 핵심 역할은 `setParam`이 호출될 때 모든 관찰자에게 통지를 보내는 것이다.

```
public void setParam(int i, double val) {
    f.setParam(i, val);
    for (ActionListener listener: listeners) {   ❶ 관찰자에게 통지
        listener.actionPerformed(dummyEvent);     ❷ 실제 정보를 운반하지 않는 더미 이벤트
    }
}
```

다른 모든 메서드는 내부에 저장된 `ParametricFunction` 객체에 위임한다. 그 예로 `getParam`의 구현은 다음과 같다.

```
public double getParam(int i) {   ❶ 내부 객체의 메서드에 위임
    return f.getParam(i);
}
```

그림 9.5는 개선된 통신 방식을 보여준다. 모든 뷰에게 통지를 보내는 것은 한 객체(모델)가 담당하므로 앞의 버전에 존재하던 3개 뷰를 더 작은 뷰로 나눌 수 있다. 예를 들어 TablePanel을 한 패널로 취급하는 대신 'y' 열에 해당하는 5개 레이블을 뷰로 각각 취급할 수 있다. 사용자가 파라미터 중 하나를 변경했을 때 다시 그려야 할 부분은 결국 레이블이기 때문이다.

이러한 통신 방식은 앞에서 살펴본 기본 애플리케이션 방식보다 견고하다. 새로운 뷰나 컨트롤러를 추가하는 것이 쉽기 때문이다. 새로운 뷰를 활성화하기 위해서는 모델에 해당 뷰를 전달해 모델 관찰자로 등록하면 끝이고 아무 컨트롤러도 변경할 필요가 없다. 마찬가지로 GUI에 새로운 컨트롤러(새로운 UI 위젯)를 추가할 때도 뷰 컴포넌트를 변경할 필요가 없다.

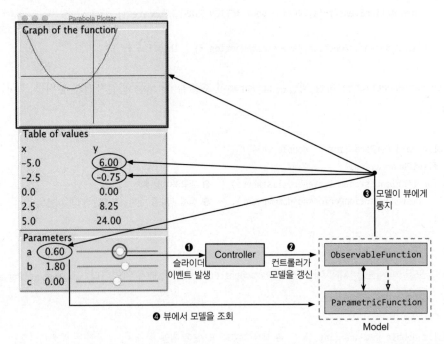

▲ **그림 9.5** 리팩터링한 그래프 프로그램의 통신 방식. MVC 원칙에 따라 컨트롤러는 모델을 통해서만 뷰와 상호작용한다. ObservableFunction과 ParametricFunction 사이의 화살표는 전자가 후자를 구현하는 동시에 ParametricFunction의 참조를 내부에 포함한다는 의미다.

9.8 실제 사례

9장에서 배웠듯이 제네릭은 여러 데이터 타입에서 작동하며 타입 안전성을 갖춘 자료 구조를 정의할 수 있는 매우 강력한 도구다. 제네릭의 타입은 선언할 때 프로그래머가 지정하는 파라미터처럼 취급된다(제네릭을 파라미터화된 다형성parametric polymorphism이라고도 한다). 타입 파라미터를 이용하면 같은 알고리듬을 여러 데이터 타입마다 반복해 작성할 필요가 없으므로 코드 재사용성이 향상된다. 이를 활용한 구체적인 실제 사례를 살펴보자.

- 제네릭의 가장 중요한 활용 사례는 아마도 벡터와 리스트, set, 트리, 큐, 스택을 비롯한 데이터 컨테이너일 것이다. 이러한 컨테이너를 관통하는 중요한 원칙을 알겠는가? 바로 처리하는 객체의 타입에 중립적이라는 점으로 객체를 어떻게 구조화하는지만 신경쓴다. 예를 들어 스택에서 데이터를 팝pop할 때 컨테이너는 팝

하는 객체의 타입에 신경쓰지 않는다.

- 8장에서 봤듯이 멀티스레딩은 항상 자바 언어의 주요 기능에 속했고 새로운 버전이 나올 때마다 개선돼 왔다. 그중 눈에 띄는 진일보는 자바 1.5에서 제네릭과 함께 추가된 동시성 유틸리티다. 그전에는 스레드를 표현할 때 Runnable 인터페이스를 구현했는데 이 인터페이스는 인자도 없고 리턴 값도 없는 메서드 run 하나만 포함한다. 따라서 스레드로부터 기대하는 결과 값이 없는 경우에만 유용했다. 이와 달리 새로운 Callable 인터페이스는 파라미터화된 타입을 리턴하는 제네릭 인터페이스다. 태스크를 실행하기 위해서는 Callable 인터페이스를 구현하는 객체를 ExecutorService에 제출한다. 그렇다면 이 실행자 서비스는 어떠한 타입을 리턴할까? 파라미터화된 또 다른 타입인 Future를 리턴한다. Future<T>는 계산이 완료되면 T 타입의 결과를 바라는 '기대' 개념을 표현한다.

- 첫 번째 사례에서 자료 구조가 데이터를 구조화하는 데 제네릭을 어떻게 활용하는지 논의했다. 하지만 파라미터화된 타입의 요소 하나만 저장할 때도 제네릭을 사용할 수 있다. 요소 하나를 저장하는 컨테이너의 예로 AtomicReference<T>가 있다. 이 클래스의 객체는 동기화 없이도 여러 스레드에서 공유할 수 있으므로 원자적이고 스레드 안전한 연산을 수행할 때 유용하다. 다른 예로 최근 등장한 Optional<T> 클래스가 있는데 이를 이용하면 null 값을 리턴할 필요가 사라진다. 연습문제 3에서 더 살펴보자.

- 실제 제품의 코드에서는 (관계형 데이터베이스를 비롯한) 영속성 메커니즘 접근을 제공하는 인터페이스인 데이터 접근 객체DAO, Data Access Object를 널리 사용한다. DAO의 목표는 영속성 메커니즘의 내부를 클라이언트에 노출하지 않으면서 기능을 제공하는 것이다. create, delete, update, findAll 등을 비롯한 CRUD 연산을 제공하는 DAO를 작성한다고 가정해보자. 이 DAO를 이용해 도메인 모델domain model에 존재하는 여러 가지 엔티티entity를 영속화하고 싶을 것이다. 제네릭을 바탕으로 DAO를 파라미터화하면 공통적인 연산을 여러 가지 타입의 엔티티에 적용할 수 있다.

9.9 배운 내용 적용해보기

연습문제 1

자바의 제네릭은 타입 삭제 기법으로 구현했지만 C#의 제네릭은 타입 통일 기법으로 구현했다는 사실을 떠올려보자. 그 결과 타입 파라미터 T와 관련 있는 명령문 중 C#에서는 유효하지만 자바에서는 불가능한 3가지를 표 9.5에 정리했다. 자바에서는 이러한 경우를 어떻게 처리할까? 즉 비슷한 효과를 낼 수 있는 대안은 무엇일까?

▼ **표 9.5** 타입 파라미터로 할 수 있는 것의 관점에서 C#과 비교한 자바 제네릭의 한계. 첫 번째 예는 C#에서 타입 제약(type constraint) 'where T: new()'가 유효하다고 가정한다.

명령문 타입	자바에서 불가능	C#에서 유효
새로운 객체	new T()	new T()
새로운 배열	new T[10]	new T[10]
런타임 타입 검사	exp instanceof T	exp is T

연습문제 2

제네릭 기반 구조인 UnionFindNode를 바탕으로 9장 전반부에서 제시한 첫 번째 시나리오, 무한 수조에 담긴 물의 양을 무한 정밀도의 유리수로 저장하는 수조를 만들자.

힌트: 바퀴를 다시 발명할 필요는 없다. 온라인에서 구할 수 있는 무한 정밀도 유리수 라이브러리를 이용하자.

연습문제 3

E 타입의 제네릭 이벤트를 처리하는 Schedule<E> 클래스를 설계하라. 여기서 E는 다음과 같은 인터페이스의 서브타입이다.

```
public interface Event {
    void start();
    void stop();
}
```

Schedule<E> 클래스는 다음과 같은 메서드를 제공해야 한다.

- public void addEvent(E event, LocalTime startTime, LocalTime stopTime): 지정된 시작 시각과 중단 시각을 이용해 스케줄에 이벤트를 추가한다. 주어진 메서드가 현재 스케줄에 등록된 다른 이벤트와 겹치면 IllegalArgumentException을 던진다. 현재 스케줄이 (launch 메서드를 이용해) 이미 개시된 상태라면 IllegalStateException을 던진다.

- public void launch(): 이 메서드를 호출하는 순간부터 스케줄은 등록된 이벤트의 start와 stop 메서드를 적시에 호출할 의무를 갖는다. 스케줄이 개시된 이후에는 이벤트를 추가할 수 없다.

- public Optional<E> currentEvent(): 현재 활성화된 이벤트가 존재하면 리턴한다. Optional은 null 값을 리턴하는 방식의 현대적인 대안으로 Optional<E> 객체는 E 타입의 객체 하나를 포함하거나 비어 있을 수 있다. 클라이언트가 스케줄을 개시했지만 현재 시점에서 활성화된 이벤트가 없으면 빈 Optional을 리턴한다. 클라이언트가 스케줄을 아직 개시하지 않았다면 IllegalArgumentException을 던진다.

더불어 구체적인 이벤트 클래스를 구현해보자. 예를 들어 HTTPEvent는 주어진 URL에 HTTP GET 요청을 보내는 것을 시작하고 중지할 수 있다.

연습문제 4

객체의 컬렉션을 인자로 받아 주어진 상등성 술어equivalence predicate를 바탕으로 컬렉션의 요소를 파티션partition하는 메서드를 작성하자.

```
public static <T> Set<Set<T>{}> partition(
    Collection<? extends T> c,
    BiPredicate<? super T, ? super T> equivalence)
```

BiPredicate<U, V>는 boolean test(U u, V v)를 유일한 메서드로 포함하는 표준 함수형 인터페이스다. 여기서 상등성 술어는 Object의 equals가 그렇듯이 상등 관계의 특성 즉 반사성reflexivity, 대칭성symmetry, 전이성transitivity 규칙을 따른다고 가정해도 좋다.

예를 들어 그 길이에 따라 문자열을 파티셔닝한다고 가정해보자. 다음과 같이 BiPredicate를 이용해 이러한 상등 관계를 정의할 수 있다.

```
BiPredicate<String, String> sameLength = (a, b) -> a.length() == b.length();
```

그리고 다음과 같이 문자열 집합에 partition 메서드를 적용한다.

```
Set<String> names = Set.of("Walter", "Skyler", "Hank", "Mike", "Saul");
Set<Set<String>{}> groups = partition(names, sameLength);
System.out.println(groups);
```

그 결과 다음과 같이 5개 문자열을 길이에 따라 두 그룹으로 묶을 수 있다.

```
[[Walter, Skyler], [Saul, Mike, Hank]]
```

힌트: 이 연습문제는 생각보다 수조 예제와 비슷하다.

요약

- 현대적인 프로그래밍에서는 강력하고 재사용 가능한 프레임워크를 응용 분야에 특화된 코드와 함께 사용한다.
- 제네릭은 재사용 가능한 컴포넌트를 작성하는 데 도움을 준다.
- 재사용 가능한 컴포넌트는 그렇지 않은 경우에 비해 부가 비용을 수반할 수 있다.
- 자바 8의 스트림은 제네릭을 바탕으로 설정이 매우 쉬운 데이터 처리 프레임워크를 제공한다.
- 소프트웨어의 일부를 일반화할 때는 몇 가지 목표 시나리오를 정의하는 것부터 시작하자.
- 재사용 가능한 소프트웨어 컴포넌트는 흔히 핵심 인터페이스 집합에 의존한다.
- 원래 모델-뷰-컨트롤러 아키텍처는 GUI를 갖춘 데스크톱 응용 프로그램에 적합한 역할 분담과 통신 프로토콜을 제시한다.

퀴즈와 연습문제 정답

돌발 퀴즈 1

Employee 클래스에 public boolean equals(Employee e) 메서드를 넣는 방식은 좋지 않다. 우선 Object의 equals 메서드를 오버라이딩하는 것이 아니라 오버로딩한다는 점을 명심하자. 그 결과 Employee 객체는 서로 다른 2가지 상등성 비교 기준을 갖게 된다. Object로부터 상속받은 식별성^{identity} 기반 기준과 더 구체적인 파라미터를 이용한 내용 기반 기준이 그것이다. 두 고용인을 비교할 때 두 번째 Employee 객체(메서드 파라미터)의 정적 타입에 따라 두 메서드 중 하나를 호출한다.

```
Employee alex = ..., beth = ...;
alex.equals(beth);              ❶ 내용 기반 비교
alex.equals((Object) beth);    ❷ 식별성 기반 비교
```

이러한 상황은 오류의 소지가 크고 프로그래머의 의도와 맞지도 않다.

돌발 퀴즈 2

자바에서는 타입 파라미터 T에 대해 타입 T의 배열을 할당(new T[...])할 수 없다. 배열은 런타임에 수행되는 모든 쓰기 연산과 타입 변환의 적법성을 검사하기 위해 타입 정보를 저장하고 사용한다. 타입 제거 방식에서는 런타임에 실제 T의 값(타입)을 바이트코드에 저장하지 않으므로 배열의 런타임 검사 메커니즘이 동작하지 않는다. 하지만 T[] 타입의 변수를 (할당하지 않고) 선언만 하는 것은 완전하게 적법하니 혼동하지 말자.

C#에서는 타입 통일 방식을 채택했으므로 즉 런타임에 실제 타입 정보를 알 수 있으므로 T 타입의 배열을 할당할 수 있다.

돌발 퀴즈 3

combiner 메서드를 사용하는 컬렉터는 병렬 컬렉터뿐이다. 이 메서드는 스트림 연산을 수행하기 위해 서로 협동하는 각각의 스레드에서 만든 부분적인 결과를 하나로 병합할 수 있는 객체를 리턴한다.

돌발 퀴즈 4

메서드 참조를 Object 타입의 변수로 직접 대입할 수 없다.

```
Object x = String::length;   ❶ 컴파일 시간 오류
```

특정한 함수형 인터페이스를 선택하는 데 필요한 정보를 문맥으로부터 얻을 수 없기 때문이다. 이러한 대입이 꼭 필요하다면 타입 변환을 이용하자.

```
Object x = (ToIntFunction<String>) String::length;   ❷ 유효한 자바 구문
```

연습문제 1

런타임에 타입 정보가 필요해 제네릭으로 충분하지 않다면 리플렉션이 해답일 수 있다. 예를 들어 'new T()' 대신 Class<T> 타입의 객체 t를 이용해 다음과 같이 생성자를 동적으로 호출할 수 있다.

```
Constructor<T> constructor = t.getConstructor();   ❶ 기본 생성자를 리턴
T object = constructor.newInstance();
```

상황에 따라 선택할 수 있는 다른 대안으로 생성자를 감싸는 함수형 인터페이스인 Supplier<T>를 비롯해 T 타입의 객체를 제공해주는 다른 방법을 클라이언트에게 제공할 수 있다.

'new T[10]'과 비슷한 효과를 내는 방법으로 배열 대신 컬렉션을 이용할 것을 추천한다.

```
List<T> list = new ArrayList<T>();
```

4장에서 봤듯이 List는 여러 가지 부가 서비스를 제공하면서도 부담은 적다(하지만 list[i]처럼 사용할 수는 없다. 인생은 힘든 법이다).

마지막으로 'exp instanceof T'와 같은 런타임 검사를 흉내내는 방법으로도 리플렉션을 이용할 수 있다. Class 타입의 객체 t를 이용하면 다음과 같이 주어진 표현식이 t의 서브타입인지 검사할 수 있다.

```
t.isInstance(exp);
```

연습문제 2

무한 정밀도 유리수를 제공하는 클래스 중에서 로버트 세즈윅^{Robert Sedgewick}과 케빈 웨인^{Kevin Wayne}이 만든 BigRational을 선택했다.[5] 이 클래스는 불변의 유리수를 직관적으로 구현하며 다음과 같이 사용할 수 있다.

```
BigRational a = new BigRational(1, 3);   ❶ 1/3
BigRational b = new BigRational(1, 2);   ❷ 1/2
BigRational c = a.plus(b);
System.out.println(c);   ❸ 5/6를 출력
```

9.5절의 Container 클래스를 수정해 수조에 담긴 물의 양을 BigRational 타입으로 저장해 보자. 우선 그룹 요약 값 클래스에서 물의 양을 저장하는 필드를 BigRational 타입으로 바꾸고 그룹 크기를 저장하는 필드는 정수 타입 그대로 사용한다. 물의 양에 산술 연산을 적용할 때마다 plus나 divides를 비롯한 BigRational의 메서드를 이용한다. 여기서는 그룹 요약 값을 나타내는 RationalSummary의 일부 코드만 살펴보자. 나머지 코드는 온라인 저장소에서 볼 수 있다.

```
class RationalSummary {
    private BigRational amount;
    private int groupSize;
    ...
    public void update(BigRational increment) {
        amount = amount.plus(increment);   ❶ BigRational은 불변임
    }
    ...
    public static final Attribute<BigRational, RationalSummary> ops =
        Attribute.of(RationalSummary::new,
                    RationalSummary::update,
                    RationalSummary::merge,
                    RationalSummary::getAmount);
}
```

---

5   온라인 저장소 https://bitbucket.org/mfaella/exercisesinstyle에서 찾아볼 수 있다.

그룹 요약 값 클래스를 정의한 후에는 `UnionFindNode`를 확장하고 `Attribute` 객체를 생성자에 전달해 수조 클래스를 얻을 수 있다.

```java
public class Container extends UnionFindNode<BigRational, RationalSummary> {
    public Container() {
        super(RationalSummary.ops);
    }
}
```

연습문제 3

`Schedule` 클래스는 중복 없는 이벤트의 정렬된 시퀀스를 저장해야 한다. 이를 위해 이벤트, 시작 시각, 중단 시각을 함께 저장하는 지원 클래스인 `TimedEvent`를 `Schedule`의 private 내부 클래스로 정의하자.

요소 사이의 순서를 직접 지정할 수 있는 `TreeSet<TimedEvent>`를 이용하면 시각이 부여된 이벤트를 정렬된 상태로 유지하고 중복을 찾아내는 것을 효율적으로 해낼 수 있다. `Set` 인터페이스의 모든 구현체는 요소의 중복을 거부한다는 점을 잊지 말자. `TreeSet`은 `Set`을 구현하며 요소 사이의 순서를 바탕으로 한 모든 연산과 중복 감지를 제공한다(즉 `equals`를 호출하지 않는다). 시각이 부여된 이벤트가 이미 삽입된 이벤트와 중복되지 않도록 하기 위해서는 중복된 이벤트끼리 서로 상등 관계가 성립하도록(compareTo가 0을 리턴하도록) 순서를 정의한다. 즉 다음과 같은 순서를 따를 수 있다.

- 이벤트 a가 이벤트 b보다 완전하게 앞선다면 a는 b보다 작다. 그 반대 경우도 마찬가지다.
- 두 이벤트가 중복이면 둘은 서로 같다(compareTo가 0을 리턴).

`TimedEvent`의 주요 코드는 다음과 같다.

```java
public class Schedule<E> {

    private class TimedEvent implements Comparable<TimedEvent> {
        E event;          ❶ 클래스 자체가 private이므로 필드를 은닉할 필요가 없다.
        LocalTime startTime, stopTime;
        @Override
```

```
    public int compareTo(TimedEvent other) {
        if (stopTime.isBefore(other.startTime)) return -1;
        if (other.stopTime.isBefore(startTime)) return 1;
        return 0;    ❷ 중복된 이벤트는 "서로 같다(상등)"
    }
    ...    ❸ 단순한 생성자는 생략
}
```

Schedule 객체의 필드는 다음과 같다.

- private volatile boolean active; — launch 메서드에서 true로 설정하고 스케줄을 실행하는 헬퍼 스레드의 끝에서 false로 설정한다. 스레드 사이의 가시성 문제를 해결하기 위해 volatile 한정자를 사용했다.

- private volatile Optional<E> currentEvent = Optional.empty(); — 스케줄을 실행하는 헬퍼 스레드가 관리하며 currentEvent 메서드는 그 값을 리턴한다.

- private final SortedSet<TimedEvent> events = new TreeSet<>(); — 시각이 부여된 이벤트의 시퀀스

addEvent 메서드는 시각이 부여된 이벤트를 TreeSet에 추가하며 유효하지 않은 3가지 경우를 검사한다.

```
public void addEvent(E event, LocalTime startTime, LocalTime stopTime)
{
  if (active)
     throw new IllegalStateException(
         "Cannot add event while active.");
  if (startTime.isAfter(stopTime))
     throw new IllegalArgumentException(
         "Stop time is earlier than start time.");
  TimedEvent timedEvent = new TimedEvent(event, startTime, stopTime);
  if (!events.add(timedEvent))    ❶ 중복이면 삽입 실패
     throw new IllegalArgumentException("Overlapping event.");
}
```

스케줄을 실제로 실행할 때는 다른 스레드로 분기^{fork}되므로 launch 메서드 자체는 블록되지 않는다. launch 메서드와 2가지 구체적인 이벤트 클래스(PrintEvent와 HTTPEvent)의 코드

는 온라인 저장소에서 볼 수 있다.

연습문제 4

UnionFindNode를 비롯한 제네릭 컨테이너 프레임워크의 구현체를 이용해 문제를 해결할 수 있다. 주어진 컬렉션의 각 요소를 노드로 만들고 두 요소가 주어진 술어에 따라 서로 같으면 해당하는 두 노드를 연결하면 된다. 이러한 식으로 모든 연결을 만들면 연결된 노드의 그룹이 바로 원하던 결과와 같아진다.

원하는 결과를 최종적으로 얻기 위해 각 노드는 자신과 연결된 노드의 집합을 알아야 한다. 이 정보를 그룹의 요약 값에 넣자. Attribute<V, S>를 구현해야 하는데 V와 S를 모두 Set<T>로 지정한다. 여기서도 어댑터 메서드 Attribute.of를 편리하게 사용하자.

```
public static <T> Set<Set<T>{}>
   partition(Collection<? extends T> collection,
           BiPredicate<? super T, ? super T> equivalent) {

   Attribute<Set<T>,Set<T>{}> groupProperty = Attribute.of(
           HashSet::new,      ❶ 생성자의 참조
           Set::addAll,       ❷ 메서드 인터페이스의 참조

           (set1, set2) -> {    ❸ 두 집합을 병합
               Set<T> union = new HashSet<>(set1);
               union.addAll(set2);
               return union;
           },
           set -> set);    ❹ 별도 해석이 필요 없음
```

우선 컬렉션의 요소에 대응하는 노드를 생성하자. 그리고 맵을 이용해 각 노드가 어떠한 요소에 대응하는지를 저장한다.

```
   Map<T, UnionFindNode<Set<T>, Set<T>{}>{}> nodeMap = new HashMap<>();
   for (T item: collection) {
     UnionFindNode<Set<T>, Set<T>{}> node =
         new UnionFindNode<>(groupProperty);
     node.update(Set.of(item));    ❶ 그룹 초기화
     nodeMap.put(item, node);      ❷ 현재 요소에 노드를 대응
```

```
}
```

그리고 서로 같은 요소에 대응하는 두 노드를 연결한다.

```
for (T item1: collection) {
    for (T item2: collection) {
        if (equivalent.test(item1, item2))
            nodeMap.get(item1).connectTo(nodeMap.get(item2));
    }
}
```

마지막으로 모든 그룹을 각각 set에 모으면 원하던 요소의 파티션을 얻는다.

```
Set<Set<T>{}> result = new HashSet<>();
for (T item: collection) {
    result.add(nodeMap.get(item).get());
}
return result;
```

참고문헌

■ Maurice Naftalin, Philip Wadler, 『Java Generics and Collections』(O'Reilly, 2006)

자바 5를 다루는 이 책에서는 최신 팁을 기대할 수는 없지만 제네릭 관련 내용을 제대로 다룬다.

■ Jaroslav Tulach, 『Practical API Design: Confessions of a Java Framework Architect』(Apress, 2008)

효과적인 재사용이 가능한 코드를 작성하는 것은 API를 적절하게 정의하는 것과 밀접한 관련이 있다. 이 책은 API 설계를 다루는 몇 안 되는 책 중 하나다.

번역서: 『자바 API 디자인: 자바 프레임워크 아키텍트가 알려주는 API 설계 이론과 실제』(이대엽 역)(위키북스, 2015)

- Raoul-Gabriel Urma, Mario Fusco, Alan Mycroft, 『Modern Java in Action』 (Manning Publications, 2019)

  8장에서 언급한 대로 스트림 라이브러리 관련 최고 서적 중 하나다.

  번역서: 『모던 자바 인 액션: 람다, 스트림, 함수형, 리액티브 프로그래밍으로 새로워진 자바 마스터하기 | 전문가를 위한 자바 8, 9, 10 기법 가이드』(우정은 역)(한빛미디어, 2019)

- Jon Skeet, 『C# in Depth』(Manning Publications, 2019)

  C#이 버전에 따라 어떻게 진화했는지를 보여주는 최신 서적이다. C#, C^{++}, 자바의 제네릭 구현 방식을 이론적으로 비교한다.

부록 A

코드 골프: 간결성

골프를 칠 때 공을 치는 횟수를 줄여야 하듯이 코드 골프는 짧은 코드로 주어진 목적을 달성하는 게임이다. 코드 골프 시합을 주최하는 여러 웹사이트에서는 새로운 문제를 제시하고 참가자 순위를 관리한다. 주어진 문제의 기한이 만료되면 참가자가 제출한 모든 코드가 공개되고 여러분은 최고의 골퍼가 사용한 트릭을 참조할 수 있다.

지금까지 배운 모든 스타일 규칙을 무시한 채 이 책에서 가장 모호한 코드를 제시한다는 점에서 부록의 내용은 7장 내용의 정반대라고 할 수 있다. 그러니 조심하자.

코드 골프가 주는 재미 외에도 프로그래밍 언어의 어두운 면을 탐험하고 일반적인 프로그래밍 환경에서도 편리하게 쓸 수 있는 몇 가지 트릭을 얻을 수도 있다.

A.1 내가 짤 수 있는 가장 짧은 코드 [Golfing]

코드 골프를 할 때는 지금까지 존중해온 것을 적당하게 양보하는 태도가 필요하다. 일부 규칙을 무시해야 짧은 코드를 얻을 수 있다. 그렇다고 특정 상황에서만 동작하는 클래스를 원하는 것은 아니다. 이번에 다룰 예제가 지켜야 할 경계선을 설정해보자.

- 1장에서 정하고 이 책 전반에 걸쳐 반복한 표준 사용 예를 지원하는 Container 클래스가 필요하다.
- 1장에서 정한 기능 명세도 지켜야 한다.
- 견고성과 성능 제약 특히 가독성을 비롯한 다른 것은 아무 것도 필요 없다.

이번 예제에서 Speed2처럼 연결된 수조 그룹은 원형 리스트로 나타낸다. 인스턴스 필드 n(next의 첫 글자)은 그룹에 속한 다음 수조를 가리키는 포인터다.

addWater로 물을 추가할 때도 Speed2처럼 수조에 담긴 물의 양은 인스턴스 필드 a에 지역적으로 저장하며 연결된 다른 수조에 분산하지 않는다. 따라서 getAmount를 호출할 때마다 전체 그룹을 스캔해 각 수조에 담긴 물의 양을 더한 후 그 총합을 그룹의 크기로 나눠 리턴한다.

실제 코드를 살펴보기 전에 인스턴스 필드 5개를 먼저 알아보자.

- a: 현재 수조에 추가된 물의 총량
- s, t: getAmount에서 필요한 임시 변수. 정상적인 상황이라면 메서드의 지역 변수여야 하며 s는 정수여야 한다. 이 둘을 필드로 선언해 몇 글자를 줄일 수 있다.
- n: 이 수조가 속한 그룹을 표현하는 리스트에서 다음[next]에 위치한 수조를 가리키는 포인터
- c: connectTo와 getAmount에서 사용하는 임시 변수. 두 메서드가 실행 중이 아닐 때 c는 n과 같다.

이렇게 짧게 만든 Container 구현은 다음 코드와 같다. 가독성을 위해 기본적인 공백과 들여쓰기는 남겨뒀다. 불필요한 공백을 모두 지우면 클래스의 코드는 223바이트이며 의도한 대로 동작한다. 반면 Reference의 코드는 공백을 포함해 1,322바이트다.

코드 A.1 Golfing: 223바이트의 코드로 구현한 수조

```
public class Container {
    float a, s, t;  ❶ s와 t는 지역 변수 역할을 함
    Container n=this, c=n;
    public float getAmount() {
```

```java
        for(s=t=0;s<1||c!=n;c=c.n, s++)   ❷ 쉼표에 주의
            t+=c.a;
        return t/s;
    }
    public void connectTo(Container o) {
        c=o.n; o.n=o.c=n; n=c;   ❸ 다음을 가리키는 포인터를 맞바꿈
    }
    public void addWater(float w) {
        a+=w;   ❹ 각 수조별로 누적
    }
}
```

이 모호한 구현을 이해하기 위해 가장 간단한 addWater 메서드부터 살펴보자. 새로 추가한 물은 필드 a(amount의 첫 글자)에 더해지고 다른 곳에서는 이 필드를 변경하지 않는다. 따라서 수조의 필드 a는 지금까지 해당 수조에 더해진 물의 총합을 저장한다.

이제 connectTo 메서드를 알아보자. 3장에서 봤듯이 두 원형 리스트를 병합하는 것은 매우 쉽다. 주어진 두 노드의 다음을 가리키는 포인터끼리 맞바꾸면 되는데 connectTo 메서드가 바로 그 작업을 수행한다. 그리고 지원 변수 c와 o.c의 값을 새로운(맞바꾼) n과 o.n의 값으로 갱신한다.

중첩 대입^{nested assignments} C와 마찬가지로 자바에서도 여러 대입문을 이어 쓸 수 있다. 대입문의 시퀀스는 오른쪽에서 왼쪽으로 평가되므로 시퀀스에 사용된 모든 변수에는 가장 오른쪽 표현식의 값이 대입된다.

마지막으로 getAmount의 복잡한 루프를 살펴보자. 이 루프는 그룹에 속한 모든 수조에 담긴 물의 총량을 구하는 동시에 그룹의 크기를 구한다. 루프를 마치고 나면 변수 t에는 물의 총량, 변수 s에는 그룹의 크기가 저장되며 메서드는 t/s를 리턴한다.

for 루프에서 사용한 쉼표 C의 표현식 exp1, exp2는 두 표현식을 모두 평가한 후 두 번째 표현식의 값을 리턴한다. 자바에서는 for 루프의 첫 번째 절과 세 번째 절에서만 이러한 구문을 허용하며 인덱스가 여러 개인 루프를 작성할 때 사용한다.

```java
for (i=0, j=n; i<n; i++, j--) ...
```

이를 염두에 두면 루프의 초기화 부분과 갱신 부분을 쉽게 이해할 수 있다. 그룹 크기와 물의 양은 모두 0에서 시작한다. 매 반복마다 크기는 1 증가하며 수조 포인터 c는 그룹 내의 다음 수조로 옮겨간다.

루프의 지속 조건staying condition은 설명이 필요하다. 원형 리스트 전체를 방문했을 때 즉 수조를 가리키는 포인터가 초깃값까지 다시 돌아올 때 루프를 종료해야 한다. 예제에서는 수조 포인터 c의 초깃값이 다음 포인터 n과 같다. 따라서 c! = n이면 루프를 계속 실행해야 한다. 하지만 주의할 점이 있다. for 루프의 지속 조건은 매 반복 이전에 검사하므로 루프가 적어도 한 번 반복되도록 s<1을 조건에 추가했다.

여기서 제시한 코드보다 짧은 코드가 분명하게 존재할 것이다. 더 짧은 코드를 만들 수 있다면 알려주길 바란다!

참고문헌

코드 골프를 주제로 다룬 문서는 별로 없다. 국제올림픽위원회에서 코드 골프를 정식 종목으로 채택할 때까지 관련 웹사이트를 찾아볼 수밖에 없다.

- 「Anarchy Golf」, http://golf.shinh.org – 이 웹사이트에서 내가 AWK 언어로 작성한 겸손한 코드를 볼 수 있다. marcof를 검색해보라.
- 「Code Golf on StackExchange」, https://codegolf.stackexchange.com – 코드 골프 시합을 주최하는 또 다른 웹사이트
- 「The International Obfuscated C Code Contest」, https://www.ioccc.org/ – 가장 모호하고 놀라운 코드를 작성하는 대회다. 언어의 어두운 면을 재미 있는 방식으로 탐험한다는 점에서 코드 골프와 일맥상통한다.

대규모 코드 골프와 극단적인 엔코딩의 예로 2004년에 나온 게임 .kkrieger를 들 수 있다. 이 게임은 둠Doom과 비슷한 품질의 3차원 1인칭 슈팅 게임으로 실행 파일의 크기가 96KB다. 96KB! 오타가 아니다!

부록 B
궁극의 수조 클래스

수조 클래스를 17개 다른 버전으로 만들었는데 결과적으로 가장 좋은 궁극의 수조 클래스는 무엇일까? 답은 간단하지 않다. (Novice를 제외한) 모든 버전이 특정 상황과 나름의 기준에 따라 최고의 구현이 될 수 있다. 예를 들어 addWater와 getAmount를 반드시 상수 시간에 실행해야 한다면 Speed1이 최고라고 할 수 있다. 마찬가지로 주어진 메모리 공간 안에 최대한 많은 수조를 집어넣어야 한다면 Memory4가 가장 나을 것이다. 두 경우 모두 다른 소프트웨어 품질 기준을 고려하지 않는다면 각각이 최적의 구현이겠지만 그러한 가정은 비현실적이다.

이 책에서 각 소프트웨어 품질 기준을 별도로 다룬 것은 순전히 설명을 쉽게 하기 위한 장치일 뿐이다. 실전에서도 여러 가지 소프트웨어 품질 기준을 별도로 생각하고 싶겠지만 모든 소프트웨어 품질 기준을 만족하는 코드를 만들어야 한다. 일부 품질 기준이 서로 충돌한다면 주어진 사업 환경 속에서 어떠한 품질 기준을 우선해야 할지는 상황(상사의 결정)에 따라 달라진다.

일반적으로 대부분 프로젝트에서 달성해야 할 소프트웨어 품질 기준으로는 가독성, 신뢰성, 시간 효율성을 들 수 있다. 메모리 효율성과 재사용성, 스레드 안전성을 고려해야 할 경우는 상대적으로 드물다. 이러한 가정하에 앞의 3가지 품질 기준을 최적화하는

Container 버전의 밑그림을 그려본다. 가장 빠른 구현(3장의 Speed3)과 가독성이 가장 뛰어난 버전(7장의 Readable), 5장과 6장에서 살펴본 신뢰성 향상 기법을 조합하자.

정확하게 말해 Speed3에서 시작해 다음과 같은 개선 작업을 수행한다.

- (가독성) 모든 public 메서드에 자바독 주석 추가
- (가독성) 메서드 추출 리팩터링을 비롯한 가독성 향상을 위한 모범 사례 적용
- (신뢰성) 모든 public 메서드에 사전 조건 검사 추가
- (신뢰성) 6장 6.2절에서 개발한 테스트 슈트 추가

결과로 만들어진 클래스의 주요 부분은 B.1절에서 볼 수 있으며 전체 소스 코드는 온라인 저장소(https://bitbucket.org/mfaella/exercisesinstyle)를 참조하라.

B.1 가독성 향상

Speed3은 부모 포인터 트리를 이용해 성능을 달성했다. 각 트리의 루트는 해당 그룹의 크기와 수조 하나에 담긴 물의 양을 포함한다. 두 수조를 연결할 때는 크기에 따른 연결 정책에 따라 둘 중 크기가 작은 트리를 더 큰 트리에 붙인다.

여기서는 가독성 개선효과가 가장 큰 connectTo 연산에 집중한다. 자바독 형식의 주석을 적절하게 추가하는 것은 물론 메서드 추출 리팩터링을 적용해 트리를 실제로 병합하는 부분을 새로운 지원 메서드인 linkTo로 위임한다. 이렇게 하면 connectTo가 매우 단순해진다. 즉 두 그룹의 루트를 찾아내고 찾아낸 두 루트가 같은지 확인하고(같으면 아무 일도 하지 않는다) 마지막으로 크기에 따른 링크 정책에 따라 두 트리를 병합한다.

덤으로 신뢰성 향상효과도 얻을 수 있다. 다음 코드에서는 null을 인자로 메서드를 호출하면 원하는 오류 메시지와 함께 NPE를 던진다.

코드 B.1 Ultimate: 궁극의 connectTo

```
/** 이 수조를 다른 수조와 연결한다.  ❶ 자바독 주석
 *
 * @param other 이 수조에 연결할 수조
```

```
    */
public void connectTo(Container other) {
    Objects.requireNonNull(other,
        "Cannot connect to a null container.");   ❷ 사전 조건 검사
    Container root1 = findRootAndCompress(),     ❸ 3장에서 살펴본 지원 메서드와 동일
            root2 = other.findRootAndCompress();
    if (root1==root2) return;   ❹ 이미 연결됐는지 확인

    if (root1.size <= root2.size) {   ❺ 크기에 따른 링크
        root1.linkTo(root2);
    } else {
        root2.linkTo(root1);
    }
}
```

나머지 작업은 지원 메서드 linkTo가 수행한다. linkTo 안에서는 다시 한 번 메서드 추출을 적용해 병합 후의 수조 하나당 물의 양을 계산하는 지원 메서드 combinedAmount를 추출한다.

코드 B.2 Ultimate: connectTo를 지원하는 private 메서드

```
private void linkTo(Container otherRoot) {
    parent = otherRoot;
    otherRoot.amount = combinedAmount(otherRoot);
    otherRoot.size += size;
}
private double combinedAmount(Container otherRoot) {
    return ((amount * size) + (otherRoot.amount * otherRoot.size)) /
            (size + otherRoot.size);
}
```

B.2 신뢰성 향상

특별하게 신경 쓸 만한 사전 조건이 필요한 연산은 수조에 물을 추가하는 연산뿐인데 현재 수조에 담긴 물보다 많은 물을 뺄 수 없다는 점에 주의해야 한다. 다음 코드는 자바독을 추가하고 사전 조건을 검사하도록 수정한 addWater를 보여준다.

```
/** 이 수조에 물을 더한다.  ❶ 자바독 주석
 * <code>amount</code>가 음수이면 물을 뺀다.
 * 그러한 경우 요청을 만족시키기에 충분한 물이
 * 그룹에 담겨 있어야 한다.
 *
 * @param amount 더할 물의 양
 * @throws IllegalArgumentException <code>amount</code>가 음수이고 요청을 처리하기에
     충분한 물이 없을 때
 */
public void addWater(double amount) {
   Container root = findRootAndCompress();

   double amountPerContainer = amount / root.size;
   if (root.amount + amountPerContainer < 0) {  ❷ 사전 조건 검사
      throw new IllegalArgumentException(
         "Not enough water to match the addWater request.");
   }
   root.amount += amountPerContainer;
}
```

마지막으로 6장에서 개발한 단위 테스트를 수정 없이 추가하자. 모든 테스트가 성공할 것이다.

정리하면 위의 버전은 시간 효율성과 가독성이 강점이고 신뢰성도 적절하게 강화됐다. 사전 조건 검사는 외부적 오용을 방어하며 테스트 슈트는 클래스 내부의 신뢰성에 대한 확신을 준다. 이 클래스를 안전성이 중요한 시스템의 일부로 사용한다면 다음과 같은 기법을 사용해 내부적 결함에 대한 민감성을 높일 수 있다.

- private 메서드에 사전 조건 검사 추가: 예를 들어 linkTo는 this와 otherRoot이 서로 다른 루트인지 확인할 수 있다.
- 5.4절에서 배운 불변 조건 검사 추가: 예를 들어 addWater와 connectTo는 수조에 담긴 물의 양이 항상 음이 아닌 수라는 것을 확인할 수 있다.
- 구현에 특화된 (화이트 박스) 테스트 추가: 6장에서 개발한 테스트는 구현이 아닌 메서드 계약에 바탕을 둔다. 이는 매우 훌륭한 블랙박스 접근법이다. 하지만 부록

B와 Speed3에서 사용한 부모 포인터 트리의 구현은 다소 헷갈린다. 여러 가지 상황을 제대로 처리하는지 확인하기 위해서는 트리의 구현을 대상으로 삼는 테스트를 추가할 만하다. 예를 들어 그룹의 크기가 다른 여러 수조를 연결해봄으로써 크기에 따른 링크 정책을 테스트할 수 있다.

찾아보기

소프트웨어의 품격

자바로 살펴보는 좋은 소프트웨어 개발

발 행 | 2021년 9월 24일

지은이 | 마르코 파엘라
옮긴이 | 최 광 민

펴낸이 | 권 성 준
편집장 | 황 영 주
편 집 | 조 유 나
        김 진 아
디자인 | 송 서 연

에이콘출판주식회사
서울특별시 양천구 국회대로 287 (목동)
전화 02-2653-7600, 팩스 02-2653-0433
www.acornpub.co.kr / editor@acornpub.co.kr

한국어판 © 에이콘출판주식회사, 2021, Printed in Korea.
ISBN 979-11-6175-561-8
http://www.acornpub.co.kr/book/seriously-software

책값은 뒤표지에 있습니다.

각 장의 주요 클래스

장	별칭	클래스	설명
1	UseCase	eis.chapter1.UseCase	활용 사례
	Novice	eis.chapter1.novice.Container	기본 구현
2	Reference	eis.chapter2.reference.Container	참조 구현
3	Speed1	eis.chapter3.speed1.Container	set을 이용한 첫 번째 addWater
	Speed2	eis.chapter3.speed2.Container	원형 리스트를 이용한 빠른 connectTo
	Speed3	eis.chapter3.speed3.Container	부모 포인터 트리를 이용한 최적 균형
4	Memory1	eis.chapter4.memory1.Container	ArrayList 기반
	Memory2	eis.chapter4.memory2.Container	배열 기반
	Memory3	eis.chapter4.memory3.Container	객체를 사용하지 않는 API
	Memory4	eis.chapter4.memory4.Container	객체를 사용하지 않는 API, 수조 하나당 불과 몇 바이트
5	Contracts	eis.chapter5.contracts.Container	계약에 따른 메서드 검사
	Invariants	eis.chapter5.invariants.Container	불변 조건에 따른 메서드 검사
6	UnitTests	eis.chapter6.UnitTests	Reference용 테스트 슈트
	Testable	eis.chapter6.testable.Container	테스트 용이성에 최적화
7	Readable	eis.chapter7.readable.Container	가독성에 최적화
8	ThreadSave	eis.chapter8.threadsafe.Container	스레드 안전성
	Immutable	eis.chapter8.threadsafe.ContainerSystem	불변, 객체 사용하지 않음
9	—	eis.chapter9.generic.ContainerLike	컨테이너 인터페이스
	—	eis.chapter9.generic.Attribute	컨테이너 속성 인터페이스
	—	eis.chapter9.generic.UnionFindNode	ContainerLike 구현
	Generic	eis.chapter9.generic.Container	UnionFindNode에 기반한 구체적인 컨테이너
부록 A	Golfing	eis.appendixa.golfing.Container	짧은 버전
	—	eis.appendixa.nowhitespace.Container	매우 짧은 버전
부록 B	Ultimate	eis.appendixb.ultimate.Container	빠르고 가독성 높고 신뢰성 높은 버전